westermann

David Fischer

W0229103

Rechtsvorschriften für das Notariat

Gesetzes- und Verordnungssammlung
für Ausbildung, Schule und Büro

12. Auflage

Bestellnummer 01976

Die in diesem Produkt gemachten Angaben zu Unternehmen (Namen, Internet- und E-Mail-Adressen, Handelsregistereintragungen, Bankverbindungen, Steuer-, Telefon- und Faxnummern und alle weiteren Angaben) sind i. d. R. fiktiv, d. h., sie stehen in keinem Zusammenhang mit einem real existierenden Unternehmen in der dargestellten oder einer ähnlichen Form. Dies gilt auch für alle Kunden, Lieferanten und sonstigen Geschäftspartner der Unternehmen wie z. B. Kreditinstitute, Versicherungsunternehmen und andere Dienstleistungsunternehmen. Ausschließlich zum Zwecke der Authentizität werden die Namen real existierender Unternehmen und z. B. im Fall von Kreditinstituten auch deren IBANs und BICs verwendet.

Die in diesem Werk aufgeführten Internetadressen sind auf dem Stand zum Zeitpunkt der Drucklegung. Die ständige Aktualität der Adressen kann vonseiten des Verlages nicht gewährleistet werden. Darüber hinaus übernimmt der Verlag keine Verantwortung für die Inhalte dieser Seiten.

Unter BuchPlusWeb finden Sie ergänzende Materialien zu diesem Titel. Geben Sie auf der Internetseite www.westermann.de die ISBN in das Suchfeld ein und klicken Sie auf den Schriftzug BuchPlusWeb.

service@westermann.de
www.westermann.de

Bildungsverlag EINS GmbH
Ettore-Bugatti-Straße 6-14, 51149 Köln

ISBN 978-3-427-**01976**-3

westermann GRUPPE

Nützliche Hinweise zum Umgang mit diesem Buch:

Sowohl bei der täglichen Arbeit als auch bei der systematischen Ausbildung in Kanzlei und Berufsschule stellt sich ständig das Problem, dass die für das Notariat wichtigen Rechtsvorschriften in den verschiedensten Gesetzen und Rechtsverordnungen verstreut und damit nur schwer zugänglich sind.

Mit diesem Praxisbuch ist das Problem gelöst:

–   Das Buch enthält **alle für die Arbeit im Notariat wichtigen Rechtsvorschriften**; mit Ausnahme des BGB, da dieses Gesetz ohnehin allgemein zur Verfügung steht.

–   Zum besseren Verständnis enthält jede Rechtsvorschrift eine **kurze Einführung** mit einem Überblick über ihre Bedeutung für das Notariat und ihre wesentlichen Inhalte.

–   Durch die Wiedergabe der Rechtsvorschriften **in Auszügen** ist gewährleistet, dass die für die praktische Arbeit und Ausbildung wichtigen Vorschriften schnell gefunden werden.

–   Die Zusammenstellung der für das Notariat wichtigen **Internet-Adressen** mit unzähligen Links ermöglicht die Lösung schwierigster Probleme und Fragen.

> Ein **Notariats-Lexikon**, in dem die für das Notariat wichtigen Fachbegriffe ausführlich und verständlich unter Hinweis auf die entsprechenden Rechtsvorschriften erläutert werden, können Sie unter der Internetadresse www.bildungsverlag1.de und dem Stichwort „BuchPlusWeb" kostenlos abrufen. Hierzu benötigen Sie den Zugangscode, der vorne im Lehrbuch steht, um die entsprechenden Inhalte freizuschalten.

Die Rechtsvorschriften basieren auf dem Stand von Anfang 2019. Gegenüber der 11. Auflage sind folgende Änderungen eingearbeitet:

–   Änderungen in der GBO in der BNotO, dem BeurkG und der DONot
–   Änderungen im Personenstandsgesetz,
–   Änderungen im GmbHG,
–   Änderungen im GrEStG.

Alle Vorschriften sind gründlich recherchiert; dennoch ist jegliche Haftung für evtl. Fehler ausgeschlossen.

Verlag und Autor hoffen, mit diesem Werk eine praktische Ausbildungs- und Arbeitshilfe für das Notariat geschaffen zu haben. Anregungen und Kritik sind stets willkommen.

David Fischer

Inhaltsverzeichnis

A Notarrecht

1	Bundesnotarordnung	BNotO	5
2	Beurkundungsgesetz	BeurkG	19
3	Dienstordnung für Notarinnen und Notare	DONot	32
4	Allgemeine Richtlinienempfehlungen der Bundesnotarkammer	RLNot	46
5	Gerichts- und Notarkostengesetz	GNotKG/KVGNotKG	50
6	Kurzübersicht	GNotKG	91
7	Gebührentabelle	GNotKG	95

B Verfahrensrecht

8	Grundbuchordnung	GBO	98
9	Baugesetzbuch	BauGB	109
10	Wohnungseigentumsgesetz	WEG	114
11	Erbbaurechtsgesetz	ErbbauRG	119
12	Grundstücksverkehrsgesetz	GrdstVG	123
13	Makler- und Bauträgerverordnung	MaBV	125
14	Personenstandsgesetz	PStG	127
15	Zivilprozessordnung	ZPO	130
16	Rechtspflegergesetz	RPflG	133
17	Bedingungen für Anderkonten und Anderdepots von Notaren	Anderkto	136
18	Gesetz über das Verfahren in Familiensachen und in den Angelegenheiten der freiwilligen Gerichtsbarkeit	FamFG	138
19	Verwendung von Urkunden im Ausland	AuslUrk	146

C Handels- und Gesellschaftsrecht

20	Handelsgesetzbuch	HGB	149
21	Gesetz betreffend die Gesellschaften mit beschränkter Haftung	GmbHG	159
22	Aktiengesetz	AktG	165
23	Partnerschaftsgesellschaftsgesetz	PartGG	170
24	Wechselgesetz	WG	173
25	Scheckgesetz	ScheckG	179

D Steuerrecht

26	Grunderwerbsteuergesetz	GrEStG	181
27	Erbschaftsteuer- und Schenkungsteuergesetz	ErbStG	185

E Anlagen und Muster

28	Anhang zur DONot	188
29	Anschriften und Internetadressen der Notarkammern	200
30	Nützliche Internetadressen	202

A	Notarrecht

1 Bundesnotarordnung (BNotO)

vom 24. Februar 1961 (BGBl. I S. 98)

Einführung

Die Bundesnotarordnung regelt das **Berufsrecht des Notars**. In einigen Bundesländern sind hauptberufliche Notare (sog. *„Nurnotare"*) bestellt, in anderen Bundesländern üben Rechtsanwälte das Notaramt im Nebenberuf aus, sog. *„Anwaltsnotare" (§ 3)*. Der Ort der Amtsausübung ist in *§ 10ff.* geregelt (Amtssitz, Amtsbereich und Amtsbezirk des Notars). Die Pflichten des Notars ergeben sich aus *§ 14ff.* (Neutralität, Verschwiegenheit, Schadensersatz usw.). Im Urlaubs- oder Krankheitsfall wird ein Notarvertreter bestellt *(§ 38ff.)*. Die „Auflösung" eines Notariats erfolgt durch den Notariatsverwalter *(§ 56ff.)*. Die Amtsführung des Notars wird regelmäßig durch die Dienstaufsichtsbehörde überprüft *(§§ 92, 93)*.

Übersicht

Erster Teil. Das Amt des Notars §§ 1–64 a

1. Abschnitt. Bestellung zum Notar §§ 1–13
2. Abschnitt. Ausübung des Amtes §§ 14–19 a
3. Abschnitt. Die Amtstätigkeit §§ 20–24
4. Abschnitt. Sonstige Pflichten des Notars §§ 25–32
5. Abschnitt. Abwesenheit und Verhinderung des Notars. Notarvertreter §§ 38–46
6. Abschnitt. Erlöschen des Amtes. Vorläufige Amtsenthebung. Notariatsverwalter §§ 47–64
7. Abschnitt. Allgemeine Vorschriften für das Verwaltungsverfahren § 64 a

Zweiter Teil. Notarkammern und Bundesnotarkammer §§ 65–91

1. Abschnitt. Notarkammern §§ 65–75
2. Abschnitt. Bundesnotarkammer §§ 76–91

Dritter Teil. Aufsicht. Disziplinarverfahren §§ 92–110 a

1. Abschnitt. Aufsicht §§ 92–94
2. Abschnitt. Disziplinarverfahren §§ 95–110 a

Vierter Teil. Übergangs- und Schlussbestimmungen §§ 111–118

§ 1. [Wesen und Aufgaben des Notars] Als unabhängige Träger eines öffentlichen Amtes werden für die Beurkundung von Rechtsvorgängen und andere Aufgaben auf dem Gebiete der vorsorgenden Rechtspflege in den Ländern Notare bestellt.

§ 2. [Beruf des Notars] [1]Die Notare unterstehen, soweit nichts anderes bestimmt ist, ausschließlich den Vorschriften dieses Gesetzes. [2]Sie führen ein Amtssiegel und tragen die Amtsbezeichnung „Notarin" oder „Notar". [3]Ihr Beruf ist kein Gewerbe.

§ 3. [Hauptberufliche Notare; Anwaltsnotare] (1) Die Notare werden zur hauptberuflichen Amtsausübung auf Lebenszeit bestellt.

(2) In den Gerichtsbezirken, in denen am 1. April 1961 das Amt des Notars nur im Nebenberuf ausgeübt worden ist, werden weiterhin ausschließlich Rechtsanwälte für die Dauer ihrer Mitgliedschaft bei der für den Gerichtsbezirk zuständigen Rechtsanwaltskammer als Notare zu gleichzeitiger Amtsausübung neben dem Beruf des Rechtsanwalts bestellt (Anwaltsnotare).

§ 4. [Bedürfnis für die Bestellung eines Notars] [1]Es werden so viele Notare bestellt, wie es den Erfordernissen einer geordneten Rechtspflege entspricht. [2]Dabei sind insbesondere das Bedürfnis nach einer angemessenen Versorgung der Rechtsuchenden mit notariellen Leistungen und die Wahrung einer geordneten Altersstruktur des Notarberufs zu berücksichtigen.

§ 5. [Befähigung zum Richteramt] Zum Notar darf nur ein deutscher Staatsangehöriger bestellt werden, der die Befähigung zum Richteramt nach dem Deutschen Richtergesetz erlangt hat.

§ 10. [Amtssitz] (1) Dem Notar wird ein bestimmter Ort als Amtssitz zugewiesen. In Städten von mehr als hunderttausend Einwohnern kann dem Notar ein bestimmter Stadtteil oder Amtsgerichtsbezirk als Amtssitz zugewiesen werden. Der Amtssitz darf unter Beachtung der Belange einer geordneten Rechtspflege nach Anhörung der Notarkammer mit Zustimmung des Notars verlegt werden. Für die Zuweisung eines anderen Amtssitzes aufgrund disziplinargerichtlichen Urteils bedarf es der Zustimmung des Notars nicht.

(2) Der Notar hat an dem Amtssitz seine Geschäftsstelle zu halten. Er hat seine Wohnung so zu nehmen, dass er in der ordnungsgemäßen Wahrnehmung seiner Amtsgeschäfte nicht beeinträchtigt wird; die Aufsichtsbehörde kann ihn anweisen, seine Wohnung am Amtssitz zu nehmen, wenn dies im Interesse der Rechtspflege geboten ist. Beim Anwaltsnotar müssen die Geschäftsstelle und eine Kanzlei nach § 27 Absatz 1 oder 2 der Bundesrechtsanwaltsordnung örtlich übereinstimmen.

(3) Der Notar soll seine Geschäftsstelle während der üblichen Geschäftsstunden offenhalten.

(4) Dem Notar kann zur Pflicht gemacht werden, mehrere Geschäftsstellen zu unterhalten; ohne Genehmigung der Aufsichtsbehörde ist er hierzu nicht befugt. Das Gleiche gilt für die Abhaltung auswärtiger Sprechtage ...

§ 10a. [Amtsbereich] (1) [1]Der Amtsbereich des Notars ist der Bezirk des Amtsgerichts, in dem er seinen Amtssitz hat. [2]Die Landesjustizverwaltung kann nach den Erfordernissen einer geordneten Rechtspflege die Grenzen des Amtsbereichs allgemein oder im Einzelfall mit der Zuweisung des Amtssitzes abweichend festlegen und solche Festlegungen, insbesondere zur Anpassung an eine Änderung von Gerichtsbezirken, ändern.

(2) Der Notar soll seine Urkundstätigkeit (§§ 20–22) nur innerhalb seines Amtsbereichs ausüben, sofern nicht besondere berechtigte Interessen der Rechtsuchenden ein Tätigwerden außerhalb des Amtsbereichs gebieten.

(3) Urkundstätigkeiten außerhalb des Amtsbereichs hat der Notar der Aufsichtsbehörde oder nach deren Bestimmung der Notarkammer, der er angehört, unverzüglich und unter Angabe der Gründe mitzuteilen.

§ 11. [Amtsbezirk] (1) Der Amtsbezirk des Notars ist der Oberlandesgerichtsbezirk, in dem er seinen Amtssitz hat.

(2) Der Notar darf Urkundstätigkeiten außerhalb seines Amtsbezirks nur vornehmen, wenn Gefahr im Verzuge ist oder die Aufsichtsbehörde es genehmigt hat.

(3) Ein Verstoß berührt die Gültigkeit der Urkundstätigkeit nicht, auch wenn der Notar die Urkundstätigkeit außerhalb des Landes vornimmt, in dem er zum Notar bestellt ist.

§ 11a. [Unterstützung eines im Ausland bestellten Notars] Der Notar ist befugt, einen im Ausland bestellten Notar auf dessen Ersuchen bei seinen Amtsgeschäften zu unterstützen und sich zu diesem Zweck ins Ausland zu begeben, soweit nicht die Vorschriften des betreffenden Staates entgegenstehen. Er hat hierbei die ihm nach deutschem Recht obliegenden Pflichten zu beachten. Ein im Ausland bestellter Notar darf nur auf Ersuchen eines inländischen Notars im Geltungsbereich dieses Gesetzes kollegiale Hilfe leisten; Satz 1 gilt entsprechend. Er hat hierbei die für einen deutschen Notar geltenden Pflichten zu beachten.

§ 12. [Bestallungsurkunde] [1]Die Notare werden von der Landesjustizverwaltung nach Anhörung der Notarkammer durch Aushändigung einer Bestallungsurkunde bestellt. [2]Die Urkunde soll den Amtsbezirk und den Amtssitz des Notars bezeichnen und die Dauer der Bestellung (§ 3 Abs. 1 und 2) angeben.

§ 13. [Vereidigung] (1) Nach Aushändigung der Bestallungsurkunde hat der Notar folgenden Eid zu leisten:

„Ich schwöre bei Gott, dem Allmächtigen und Allwissenden, die verfassungsmäßige Ordnung zu wahren und die Pflichten eines Notars gewissenhaft und unparteiisch zu erfüllen, so wahr mir Gott helfe."

Wird der Eid von einer Notarin geleistet, so treten an die Stelle der Wörter „eines Notars" die Wörter „einer Notarin".

(2) [1]Gestattet ein Gesetz den Mitgliedern einer Religionsgesellschaft, anstelle der Worte „Ich schwöre" andere Beteuerungsformeln zu gebrauchen, so kann der Notar, der Mitglied einer solchen Religionsgesellschaft ist, diese Beteuerungsformel sprechen. [2]Der Eid kann auch ohne religiöse Beteuerung geleistet werden.

(3) [1]Der Notar leistet den Eid vor dem Präsidenten des Landgerichts, in dessen Bezirk er seinen Amtssitz hat. [2]Vor der Eidesleistung soll er keine Amtshandlung vornehmen.

§ 14. [Allgemeine Berufspflicht] (1) [1]Der Notar hat sein Amt getreu seinem Eide zu verwalten. [2]Er ist nicht Vertreter einer Partei, sondern unabhängiger und unparteiischer Betreuer der Beteiligten.

(2) Er hat seine Amtstätigkeit zu versagen, wenn sie mit seinen Amtspflichten nicht vereinbar wäre, insbesondere wenn seine Mitwirkung bei Handlungen verlangt wird, mit denen erkennbar unerlaubte oder unredliche Zwecke verfolgt werden.

(3) Der Notar hat sich durch sein Verhalten innerhalb und außerhalb seines Amtes der Achtung und des Vertrauens, die dem Notaramt entgegengebracht werden, würdig zu zeigen. Er hat jedes Verhalten zu vermeiden, das den Anschein eines Verstoßes gegen die ihm gesetzlich auferlegten Pflichten erzeugt, insbesondere den Anschein der Abhängigkeit oder Parteilichkeit.

(4) Dem Notar ist es, abgesehen von den ihm durch Gesetz zugewiesenen Vermittlungstätigkeiten, verboten, Darlehen sowie Grundstücksgeschäfte zu vermitteln, sich an jeder Art der Vermittlung von Urkundsgeschäften zu beteiligen oder im Zusammenhang mit einer Amtshandlung eine Bürgschaft oder eine sonstige Gewährleistung zu übernehmen. Er hat dafür zu sorgen, dass sich auch die bei ihm beschäftigten Personen nicht mit derartigen Geschäften befassen.

(5) Der Notar darf keine mit seinem Amt unvereinbare Gesellschaftsbeteiligung eingehen. Es ist ihm insbesondere verboten, sich an einer Gesellschaft, die eine Tätigkeit im Sinne von § 34 c Abs. 1 der Gewerbeordnung ausübt, sowie an einer Steuerberatungs- oder Wirtschaftsprüfungsgesellschaft zu beteiligen, wenn er alleine oder zusammen mit den Personen, mit denen er sich nach § 9 verbunden oder mit denen er gemeinsame Geschäftsräume hat, mittelbar oder unmittelbar einen beherrschenden Einfluss ausübt.

(6) Der Notar hat sich in dem für seine Amtstätigkeit erforderlichen Umfang fortzubilden.

§ 15. [Amtsverweigerung] (1) Der Notar darf seine Urkundstätigkeit nicht ohne ausreichenden Grund verweigern. Zu einer Beurkundung in einer anderen als der deutschen Sprache ist er nicht verpflichtet.

(2) Gegen die Verweigerung der Urkunds- oder sonstigen Tätigkeit des Notars findet die Beschwerde statt. Beschwerdegericht ist eine Zivilkammer des Landgerichts, in dessen Bezirk der Notar seinen Amtssitz hat. Für das Verfahren gelten die Vorschriften des Gesetzes über die Angelegenheiten der freiwilligen Gerichtsbarkeit.

§ 16. [Ausschließung von der Amtsausübung] (1) Soweit es sich bei Amtstätigkeiten des Notars nicht um Beurkundungen nach dem Beurkundungsgesetz handelt, gilt § 3 des Beurkundungsgesetzes entsprechend.

(2) Der Notar kann sich der Ausübung des Amtes wegen Befangenheit enthalten.

§ 17. [Gebühren] (1) Der Notar ist verpflichtet, für seine Tätigkeit die gesetzlich vorgeschriebenen Gebühren zu erheben. Soweit nicht gesetzliche Vorschriften die Gebührenbefreiung oder -ermäßigung oder die Nichterhebung von Kosten wegen unrichtiger Sachbehandlung vorsehen, sind Gebührenerlass und Gebührenermäßigung nur zulässig, wenn sie durch eine sittliche Pflicht oder durch eine auf den Anstand zu nehmende Rücksicht geboten sind und die Notarkammer allgemein oder im Einzelfall zugestimmt hat. In den Tätigkeitsbereichen der Notarkasse und der Ländernotarkasse treten diese an die Stelle der Notarkammern. Das Versprechen und Gewähren von Vorteilen im Zusammenhang mit einem Amtsgeschäft sowie jede Beteiligung Dritter an den Gebühren ist unzulässig.

(2) Einem Beteiligten, dem nach den Vorschriften der Zivilprozessordnung die Prozesskostenhilfe zu bewilligen wäre, hat der Notar seine Urkundstätigkeit in sinngemäßer Anwendung der Vorschriften der Zivilprozessordnung vorläufig gebührenfrei oder gegen Zahlung der Gebühren in Monatsraten zu gewähren.

§ 18. [Pflicht zur Verschwiegenheit] (1) Der Notar ist zur Verschwiegenheit verpflichtet. Diese Pflicht bezieht sich auf alles, was ihm bei Ausübung seines Amtes bekannt geworden ist. Dies gilt nicht für Tatsachen, die offenkundig sind oder ihrer Bedeutung nach keiner Geheimhaltung bedürfen.

(2) Die Pflicht zur Verschwiegenheit entfällt, wenn die Beteiligten Befreiung hiervon erteilen; ist ein Beteiligter verstorben oder eine Äußerung von ihm nicht oder nur mit unverhältnismäßigen Schwierigkeiten zu erlangen, so kann an seiner Stelle die Aufsichtsbehörde die Befreiung erteilen.

(3) [1]Bestehen im Einzelfall Zweifel über die Pflicht zur Verschwiegenheit, so kann der Notar die Entscheidung der Aufsichtsbehörde nachsuchen. [2]Soweit diese die Pflicht verneint,

können daraus, dass sich der Notar geäußert hat, Ansprüche gegen ihn nicht hergeleitet werden.

(4) Die Pflicht zur Verschwiegenheit bleibt auch nach dem Erlöschen des Amtes bestehen.

§ 19. [Amtspflichtverletzung] (1) [1]Verletzt der Notar vorsätzlich oder fahrlässig die ihm einem anderen gegenüber obliegende Amtspflicht, so hat er diesem den daraus entstehenden Schaden zu ersetzen. [2]Fällt dem Notar nur Fahrlässigkeit zur Last, so kann er nur dann in Anspruch genommen werden, wenn der Verletzte nicht auf andere Weise Ersatz zu erlangen vermag; das gilt jedoch nicht bei Amtsgeschäften der in §§ 23, 24 bezeichneten Art im Verhältnis zwischen dem Notar und dem Auftraggeber. [3]Im Übrigen sind die Vorschriften des Bürgerlichen Gesetzbuchs über die Schadensersatzpflicht im Fall einer von einem Beamten begangenen Amtspflichtverletzung entsprechend anwendbar. [4]Eine Haftung des Staates anstelle des Notars besteht nicht.

(2) [1]Hat ein Notarassessor bei selbstständiger Erledigung eines Geschäfts der in §§ 23, 24 bezeichneten Art eine Pflichtverletzung begangen, so haftet er in entsprechender Anwendung des Absatzes 1. [2]Hatte ihm der Notar das Geschäft zur selbstständigen Erledigung überlassen, so haftet er neben dem Assessor als Gesamtschuldner; im Verhältnis zwischen dem Notar und dem Assessor ist der Assessor allein verpflichtet. [3]Durch das Dienstverhältnis des Assessors zum Staat (§ 7 Abs. 3) wird eine Haftung des Staates nicht begründet. [4]Ist der Assessor als Vertreter des Notars tätig gewesen, so bestimmt sich die Haftung nach § 46.

(3) Für Schadensersatzansprüche nach Absatz 1 und 2 sind die Landgerichte ohne Rücksicht auf den Wert des Streitgegenstandes ausschließlich zuständig.

§ 19a. [Berufshaftpflichtversicherung] (1) [1]Der Notar ist verpflichtet, eine Berufshaftpflichtversicherung zu unterhalten zur Deckung der Haftpflichtgefahren für Vermögensschäden, die sich aus seiner Berufstätigkeit und der Tätigkeit von Personen ergeben, für die er haftet. [2]Die Versicherung muss bei einem im Inland zum Geschäftsbetrieb befugten Versicherungsunternehmen zu den nach Maßgabe des Versicherungsaufsichtsgesetzes eingereichten allgemeinen Versicherungsbedingungen genommen werden. [3]Die Versicherung muss für alle nach Satz 1 zu versichernden Haftpflichtgefahren bestehen und für jede einzelne Pflichtverletzung gelten, die Haftpflichtansprüche gegen den Notar zur Folge haben könnte.

(2) Vom Versicherungsschutz können ausgeschlossen werden
1. Ersatzansprüche wegen wissentlicher Pflichtverletzung.
2. Ersatzansprüche aus der Tätigkeit im Zusammenhang mit der Beratung über außereuropäisches Recht, es sei denn, dass die Amtspflichtverletzung darin besteht, dass die Möglichkeit der Anwendbarkeit dieses Rechts nicht erkannt wurde.
3. Ersatzansprüche wegen Veruntreuung durch Personal des Notars, soweit nicht der Notar wegen fahrlässiger Verletzung seiner Amtspflicht zur Überwachung des Personals in Anspruch genommen wird.

Ist bei Vorliegen einer Amtspflichtverletzung nur streitig, ob der Ausschlussgrund gemäß Nummer 1 vorliegt, und lehnt der Berufshaftpflichtversicherer deshalb die Regulierung ab, hat er gleichwohl bis zur Höhe der für den Versicherer, der Schäden aus vorsätzlicher Handlung deckt, geltenden Mindestversicherungssumme zu leisten. Soweit der Berufshaftpflichtversicherer den Ersatzberechtigten befriedigt, geht der Anspruch des Ersatzberechtigten gegen den Notar, die Notarkammer, den Versicherer gemäß § 67 Abs. 3 Nr. 3 oder einen sonstigen Ersatzberechtigten auf ihn über. Der Berufshaftpflichtversicherer kann von den Personen, für deren Verpflichtungen er gemäß Satz 2 einzustehen hat, wie ein Beauftragter Ersatz seiner Aufwendungen verlangen.

(3) [1]Die Mindestversicherungssumme beträgt 500 000 Euro für jeden Versicherungsfall. [2]Die Leistungen des Versicherers für alle innerhalb eines Versicherungsjahres verursachten Schäden dürfen auf den doppelten Betrag der Mindestversicherungssumme begrenzt werden. [3]Der Versicherungsvertrag muss dem Versicherer die Verpflichtung auferlegen, der Landesjustizverwaltung und der Notarkammer den Beginn und die Beendigung oder Kündigung des Versicherungsvertrages sowie jede Änderung des Versicherungsvertrages, die den vorgeschriebenen Versicherungsschutz beeinträchtigt, unverzüglich mitzuteilen. [4]Im Versicherungsvertrag kann vereinbart werden, dass sämtliche Pflichtverletzungen bei der Erledigung eines einheitlichen Amtsgeschäftes, mögen diese auf dem Verhalten des Notars oder einer von ihm herangezogenen Hilfsperson beruhen, als Versicherungsfall gelten.

(4) Die Vereinbarung eines Selbstbehaltes bis zu einem Prozent der Mindestversicherungssumme ist zulässig.

(5) Zuständige Stelle im Sinne des § 117 Abs. 2 des Versicherungsvertragsgesetzes ist die Landesjustizverwaltung.

(6) Die Landesjustizverwaltung oder die Notarkammer, der der Notar angehört, erteilt Dritten zur Geltendmachung von Schadensersatzansprüchen auf Antrag Auskunft über den Namen und die Adresse der Berufshaftpflichtversicherung des Notars sowie die Versicherungsnummer, soweit der Notar kein überwiegendes schutzwürdiges Interesse an der Nichterteilung der Auskunft hat; dies gilt auch, wenn das Notaramt erloschen ist.

§ 20. [Beurkundungen und Beglaubigungen] (1) [1]Die Notare sind zuständig, Beurkundungen jeder Art vorzunehmen sowie Unterschriften, Handzeichen und Abschriften zu beglaubigen. [2]Zu ihren Aufgaben gehören insbesondere auch die Beurkundung von Versammlungsbeschlüssen, die Vornahme von Verlosungen und Auslosungen, die Aufnahme von Vermögensverzeichnissen, Nachlassverzeichnissen und Nachlassinventaren, die Vermittlung von Nachlass- und Gesamtgutsauseinandersetzungen einschließlich der Erteilung von Zeugnissen nach den §§ 36 und 37 der Grundbuchordnung, die Anlegung und Abnahme von Siegeln, die Aufnahme von Protesten, die Zustellung von Erklärungen sowie die Beurkundung über amtlich von ihnen wahrgenommene Tatsachen.

(2) ...

(3) ...

(4) ...

(5) ...

§ 21. [Sonstige Bescheinigungen] (1) Die Notare sind zuständig,

1. Bescheinigungen über eine Vertretungsberechtigung sowie
2. Bescheinigungen über das Bestehen oder den Sitz einer juristischen Person oder Handelsgesellschaft, die Firmenänderung, eine Umwandlung oder sonstige rechtserhebliche Umstände auszustellen,

wenn sich diese Umstände aus einer Eintragung im Handelsregister oder in einem ähnlichen Register ergeben. Die Bescheinigung hat die gleiche Beweiskraft wie ein Zeugnis des Registergerichts.

(2) Der Notar darf die Bescheinigung nur ausstellen, wenn er sich zuvor über die Eintragung Gewissheit verschafft hat, die auf Einsichtnahme in das Register oder in eine beglaubigte Abschrift hiervon beruhen muss. Er hat den Tag der Einsichtnahme in das Register oder den Tag der Ausstellung der Abschrift in der Bescheinigung anzugeben.

(3) Die Notare sind ferner dafür zuständig, Bescheinigungen über eine durch Rechtsgeschäft begründete Vertretungsmacht auszustellen. Der Notar darf die Bescheinigung nur ausstellen, wenn er sich zuvor durch Einsichtnahme in eine öffentliche oder öffentlich beglaubigte Vollmachtsurkunde über die Begründung der Vertretungsmacht vergewissert hat. In der Bescheinigung ist anzugeben, in welcher Form und an welchem Tag die Vollmachtsurkunde dem Notar vorgelegen hat.

§ 22. [Abnahme von Eiden; Aufnahme eidesstattlicher Versicherungen] (1) Zur Abnahme von Eiden sowie zu eidlichen Vernehmungen sind die Notare nur zuständig, wenn der Eid oder die eidliche Vernehmung nach dem Recht eines ausländischen Staates oder nach den Bestimmungen einer ausländischen Behörde oder sonst zur Wahrnehmung von Rechten im Ausland erforderlich ist.

(2) Die Aufnahme eidesstattlicher Versicherungen steht den Notaren in allen Fällen zu, in denen einer Behörde oder sonstigen Dienststelle eine tatsächliche Behauptung oder Aussage glaubhaft gemacht werden soll.

§ 23. [Aufbewahrung und Ablieferung von Wertgegenständen] Die Notare sind auch zuständig, Geld, Wertpapiere und Kostbarkeiten, die ihnen von den Beteiligten übergeben sind, zur Aufbewahrung oder zur Ablieferung an Dritte zu übernehmen; die §§ 57 bis 62 des Beurkundungsgesetzes bleiben unberührt.

§ 24. [Betreuung und Vertretung der Beteiligten] (1) [1]Zu dem Amt des Notars gehört auch die sonstige Betreuung der Beteiligten auf dem Gebiete vorsorgender Rechtspflege, insbesondere die Anfertigung von Urkundenentwürfen und die Beratung der Beteiligten. [2]Der Notar ist auch, soweit sich nicht aus anderen Vorschriften Beschränkungen ergeben, in diesem Umfange befugt, die Beteiligten vor Gerichten und Verwaltungsbehörden zu vertreten.

(2) [1]Nimmt ein Notar, der zugleich Rechtsanwalt ist, Handlungen der in Absatz 1 bezeichneten Art vor, so ist anzunehmen, dass er als Notar tätig geworden ist, wenn die Handlung bestimmt ist, Amtsgeschäfte der in den §§ 20 bis 23 bezeichneten Art vorzubereiten oder auszuführen. [2]Im Übrigen ist im Zweifel anzunehmen, dass er als Rechtsanwalt tätig geworden ist.

(3) ...

§ 26. [Förmliche Verpflichtung beschäftigter Personen] Der Notar hat die von ihm beschäftigten Personen bei ihrer Einstellung nach § 1 des Verpflichtungsgesetzes förmlich zu verpflichten. Hierbei ist auf die Bestimmungen des § 14 Abs. 4 und des § 18 besonders hinzuweisen. Hat sich ein Notar mit anderen Personen zur gemeinschaftlichen Berufsausübung zusammengeschlossen und besteht zu den Beschäftigten ein einheitliches Beschäftigungsverhältnis, so genügt es, wenn ein Notar die Verpflichtung vornimmt. Der Notar hat in geeigneter Weise auf die Einhaltung der Verschwiegenheitspflicht durch die von ihm beschäftigten Personen hinzuwirken. Den von dem Notar beschäftigten Personen stehen die Personen gleich, die im Rahmen einer berufsvorbereitenden Tätigkeit oder einer sonstigen Hilfstätigkeit an seiner beruflichen Tätigkeit mitwirken. Die Sätze 1 bis 3 gelten nicht für Notarassessoren und Referendare.

§ 28. [Unabhängigkeit] Der Notar hat durch geeignete Vorkehrungen die Wahrung der Unabhängigkeit und Unparteilichkeit seiner Amtsführung, insbesondere die Einhaltung der Mitwirkungsverbote und weiterer Pflichten nach den Bestimmungen dieses Gesetzes, des Beurkundungsgesetzes und des Gerichts- und Notarkostengesetzes sicherzustellen.

§ 29. [Werbeverbot] (1) Der Notar hat jedes gewerbliche Verhalten, insbesondere eine dem öffentlichen Amt widersprechende Werbung, zu unterlassen.

(2) Eine dem Notar in Ausübung seiner Tätigkeit nach § 8 erlaubte Werbung darf sich nicht auf seine Tätigkeit als Notar beziehen.

(3) [1]Ein Anwaltsnotar, der sich nach § 9 Absatz 2 mit nicht an seinem Amtssitz tätigen Personen verbunden hat oder der weitere Kanzleien oder Zweigstellen unterhält, darf auf Geschäftspapieren, in Verzeichnissen, in der Werbung und auf nicht an einer Geschäftsstelle befindlichen Geschäftsschildern seine Amtsbezeichnung als Notar nur unter Hinweis auf seinen Amtssitz angeben. [2]Der Hinweis muss der Amtsbezeichnung unmittelbar nachfolgen, ihr im Erscheinungsbild entsprechen und das Wort „Amtssitz" enthalten. [3]Satz 1 gilt nicht, soweit die Geschäftspapiere, die Verzeichnisse oder die Werbung keinen Hinweis auf die Verbindung nach § 9 Absatz 2 oder weitere Kanzleien oder Zweigstellen enthalten.

(4) Amts- und Namensschilder dürfen nur an Geschäftsstellen geführt werden.

§ 30. [Ausbildung] (1) Der Notar hat bei der Ausbildung des beruflichen Nachwuchses und von Referendaren nach besten Kräften mitzuwirken.

(2) Der Notar hat den von ihm beschäftigten Auszubildenden eine sorgfältige Fachausbildung zu vermitteln.

§ 31. [Verhalten] Der Notar hat sich gegenüber Kollegen, Gerichten, Behörden, Rechtsanwälten und anderen Beratern seiner Auftraggeber in der seinem Amt entsprechenden Weise zu verhalten.

§ 32. [Pflichtblätter] Der Notar hat das Bundesgesetzblatt Teil I, das Gesetzblatt des Landes, das Bekanntmachungsblatt der Landesjustizverwaltung und das Verkündungsblatt der Bundesnotarkammer zu halten. Sind mehrere Notare zu gemeinsamer Berufsausübung verbunden, so genügt der gemeinschaftliche Bezug je eines Stücks.

§ 38. [Anzeige von Abwesenheit oder Verhinderung] [1]Will sich der Notar länger als eine Woche von seinem Amtssitz entfernen oder ist er aus tatsächlichen Gründen länger als eine Woche an der Ausübung seines Amtes verhindert, so hat er dies der Aufsichtsbehörde unverzüglich anzuzeigen. ²Er bedarf der Genehmigung der Aufsichtsbehörde, wenn die Abwesenheit von dem Amtssitz länger als einen Monat dauern soll.

§ 39. [Bestellung eines Vertreters] (1) Die Aufsichtsbehörde kann dem Notar auf seinen Antrag für die Zeit seiner Abwesenheit oder Verhinderung einen Vertreter bestellen; die Bestellung kann auch von vornherein für die während eines Kalenderjahres eintretenden Behinderungsfälle ausgesprochen werden (ständiger Vertreter). Die Bestellung soll in der Regel die Dauer von einem Jahr nicht überschreiten.

(2) ¹Im Fall der vorläufigen Amtsenthebung kann ein Vertreter auch ohne Antrag bestellt werden. ²Dies gilt auch, wenn ein Notar es unterlässt, die Bestellung eines Vertreters zu beantragen, obwohl er aus gesundheitlichen Gründen zur ordnungsmäßigen Ausübung seines Amtes vorübergehend unfähig ist.

(3) ¹Zum Vertreter darf nur bestellt werden, wer fähig ist, das Amt eines Notars zu bekleiden. ²Die ständige Vertretung soll nur einem Notar, Notarassessor oder Notar außer Dienst übertragen werden; als ständiger Vertreter eines Anwaltsnotars kann nach Anhörung der Notarkammer auch ein Rechtsanwalt bestellt werden. ³Es soll – abgesehen von den Fällen des Absatzes 2 – nur bestellt werden, wer von dem Notar vorgeschlagen und zur Übernahme des Amtes bereit ist. ⁴Für den Notar kann auch ein nach § 1896 des Bürgerlichen Gesetzbuchs bestellter Betreuer oder ein nach § 1911 des Bürgerlichen Gesetzbuchs bestellter Pfleger den Antrag stellen und den Vertreter vorschlagen.

(4) Auf den Vertreter sind die für den Notar geltenden Vorschriften mit Ausnahme des § 19a entsprechend anzuwenden, soweit nicht nachstehend etwas anderes bestimmt ist.

§ 40. [Bestellung durch schriftliche Verfügung] (1) ¹Der Vertreter wird durch schriftliche Verfügung bestellt. ²Er hat, sofern er nicht schon als Notar vereidigt ist, vor dem Beginn der Vertretung vor dem Präsidenten des Landgerichts den Amtseid (§ 13) zu leisten. ³Ist er schon einmal als Vertreter eines Notars nach § 13 vereidigt worden, so genügt es, wenn er auf den früher geleisteten Eid hingewiesen wird.

(2) Die Bestellung des Vertreters kann jederzeit widerrufen werden.

§ 41. [Kosten und Befugnisse des Vertreters] (1) ¹Der Vertreter versieht das Amt auf Kosten des Notars. ²Er hat seiner Unterschrift einen ihn als Vertreter kennzeichnenden Zusatz beizufügen und Siegel und Stempel des Notars zu gebrauchen.

(2) Er soll sich der Ausübung des Amtes auch insoweit enthalten, als dem von ihm vertretenen Notar die Amtsausübung untersagt wäre.

§ 43. [Vergütung für von Amts wegen bestellten Vertreter] Der Notar hat dem ihm von Amts wegen bestellten Vertreter (§ 39 Abs. 2) eine angemessene Vergütung zu zahlen.

§ 44. [Dauer der Amtsbefugnis des Vertreters] (1) ¹Die Amtsbefugnis des Vertreters beginnt mit der Übernahme des Amtes und endigt, wenn die Bestellung nicht vorher widerrufen wird, mit der Übergabe des Amtes an den Notar. ²Während dieser Zeit soll sich der Notar der Ausübung seines Amtes enthalten.

(2) Die Amtshandlungen des Vertreters sind nicht deshalb ungültig, weil die für seine Bestellung nach § 39 erforderlichen Voraussetzungen nicht vorhanden waren oder später weggefallen sind.

§ 45. [Aktenverwahrung bei Abwesenheit oder Verhinderung] (1) ¹Für die Dauer der Abwesenheit oder Verhinderung kann der Notar, wenn ihm ein Vertreter nicht bestellt ist, seine Akten einschließlich der Verzeichnisse und Bücher einem anderen Notar im Bezirk desselben oder eines benachbarten Amtsgerichts oder dem Amtsgericht, in dessen Bezirk er seinen Amtssitz hat, in Verwahrung geben. ²Die Verwahrung durch einen anderen Notar ist dem Amtsgericht mitzuteilen.

(2) Der Notar oder das Amtsgericht, dem die Akten in Verwahrung gegeben sind, hat anstelle des abwesenden oder verhinderten Notars Ausfertigungen und Abschriften zu erteilen und Einsicht der Akten zu gestatten.

(3) Hat der Notar für die Dauer seiner Abwesenheit oder Verhinderung seine Akten nicht nach Absatz 1 in Verwahrung gegeben und wird die Erteilung einer Ausfertigung oder Abschrift aus den Akten oder die Einsicht der Akten verlangt, so hat das Amtsgericht, in dessen Bezirk der Notar seinen Amtssitz hat, die Akten in Verwahrung zu nehmen und die beantragte Amtshandlung vorzunehmen.

(4) [1]Der Notar, der die Akten in Verwahrung hat, erteilt die Ausfertigungen und beglaubigten Abschriften mit seiner Unterschrift und unter seinem Siegel oder Stempel. [2]Für die Erteilung der Ausfertigungen oder Abschriften durch das Amtsgericht gelten die Vorschriften über die Erteilung von Ausfertigungen oder Abschriften gerichtlicher Urkunden. [3]In dem Ausfertigungsvermerk soll auf die Abwesenheit oder Verhinderung des Notars hingewiesen werden.

(5) Die Kosten für die Erteilung von Ausfertigungen oder Abschriften stehen, wenn die Akten durch einen Notar verwahrt werden, diesem und, wenn die Akten durch das Amtsgericht verwahrt werden, der Staatskasse zu.

§ 46. [Amtspflichtverletzung des Vertreters] [1]Für eine Amtspflichtverletzung des Vertreters haftet der Notar dem Geschädigten neben dem Vertreter als Gesamtschuldner. [2]Im Verhältnis zwischen dem Notar und dem Vertreter ist der Vertreter allein verpflichtet.

§ 47. [Erlöschen des Amtes] Das Amt des Notars erlischt durch
1. Entlassung aus dem Amt (§ 48),
2. Erreichen der Altersgrenze (§ 48a) oder Tod,
3. vorübergehende Amtsniederlegung (§§ 48b, 48c),
4. bestandskräftigen Wegfall der Mitgliedschaft in einer Rechtsanwaltskammer im Fall des § 3 Absatz 2,
5. rechtskräftige strafgerichtliche Verurteilung, die einen Amtsverlust (§ 49) zur Folge hat,
6. bestandskräftige Amtsenthebung (§ 50),
7. rechtskräftiges disziplinargerichtliches Urteil, in dem auf Entfernung aus dem Amt (§ 97 Absatz 1 Satz 1 Nummer 3, Absatz 3) erkannt worden ist.

§ 48. [Entlassung] [1]Der Notar kann jederzeit seine Entlassung aus dem Amt verlangen. [2]Das Verlangen muss der Landesjustizverwaltung schriftlich erklärt werden. [3]Die Entlassung ist von der Landesjustizverwaltung für den beantragten Zeitpunkt auszusprechen.

§ 48a. [Altersgrenze] Die Notare erreichen mit dem Ende des Monats, in dem sie das siebzigste Lebensjahr vollenden, die Altersgrenze.

§ 48b. [Amtsniederlegung] (1) Wer als Notar
1. mindestens ein Kind unter achtzehn Jahren oder
2. einen nach amtsärztlichem Gutachten pflegebedürftigen sonstigen Angehörigen
tatsächlich betreut oder pflegt, kann das Amt mit Genehmigung der Aufsichtsbehörde vorübergehend niederlegen.
Die Dauer der Amtsniederlegung nach Absatz 1 darf auch in Verbindung mit der Amtsniederlegung nach § 48 c zwölf Jahre nicht überschreiten.

§ 48c. [Neubestellung] (1) Erklärt der Notar mit dem Antrag auf Genehmigung der vorübergehenden Amtsniederlegung nach § 48 b, sein Amt innerhalb von höchstens einem Jahr am bisherigen Amtssitz wieder antreten zu wollen, wird er innerhalb dieser Frist dort erneut bestellt. § 97 Abs. 3 Satz 2 gilt entsprechend.

(2) Nach erneuter Bestellung am bisherigen Amtssitz ist eine nochmalige Amtsniederlegung nach Absatz 1 innerhalb der nächsten beiden Jahre ausgeschlossen; § 48 b bleibt unberührt. Die Dauer mehrfacher Amtsniederlegungen nach Absatz 1 darf drei Jahre nicht überschreiten.

§ 49. [Strafgerichtliche Verurteilung] Eine strafgerichtliche Verurteilung hat für den Notar den Amtsverlust in gleicher Weise zur Folge wie für einen Landesjustizbeamten.

§ 50. [Amtsenthebung] (1) Der Notar ist seines Amtes zu entheben,
1. wenn die Voraussetzungen des § 5 wegfallen oder sich nach der Bestellung herausstellt, dass diese Voraussetzungen zu Unrecht als vorhanden angenommen wurden;

2. wenn eine der Voraussetzungen vorliegt, unter denen die Ernennung eines Landesjustizbeamten nichtig ist, für nichtig erklärt oder zurückgenommen werden muss;
3. wenn er sich weigert, den in § 13 vorgeschriebenen Amtseid zu leisten;
4. wenn er ein besoldetes Amt übernimmt oder eine nach § 8 Abs. 3 genehmigungspflichtige Tätigkeit ausübt und die Zulassung nach § 8 Abs. 1 Satz 2 oder die nach § 8 Abs. 3 erforderliche Genehmigung im Zeitpunkt der Entschließung der Landesjustizverwaltung über die Amtsenthebung nicht vorliegen;
5. wenn er entgegen § 8 Abs. 2 eine weitere berufliche Tätigkeit ausübt oder sich entgegen den Bestimmungen von § 9 Abs. 1 oder Abs. 2 mit anderen Personen zur gemeinsamen Berufsausübung verbunden oder mit ihnen gemeinsame Geschäftsräume hat;
6. wenn er in Vermögensverfall geraten ist;
7. wenn er aus gesundheitlichen Gründen nicht nur vorübergehend zur ordnungsmäßigen Ausübung seines Amtes unfähig ist ...
8. wenn seine wirtschaftlichen Verhältnisse, die Art seiner Wirtschaftsführung oder der Durchführung von Verwaltungsgeschäften die Interessen der Rechtsuchenden gefährden;
9. wenn er wiederholt grob gegen Mitwirkungsgebote gemäß § 3 Abs. 1 des Beurkundungsgesetzes verstößt;
10. wenn er nicht die vorgeschriebene Haftpflichtversicherung (§ 19 a) unterhält.
   (2) ...
   (3) ...
   (4) ...

§ 51. [Aktenverwahrung] (1) Ist das Amt eines Notars erloschen oder wird sein Amtssitz in einen anderen Amtsgerichtsbezirk verlegt, so sind die Akten und Bücher des Notars sowie die ihm amtlich übergebenen Urkunden dem Amtsgericht in Verwahrung zu geben. Die Landesjustizverwaltung kann die Verwahrung einem anderen Amtsgericht oder einem Notar übertragen. Die Vorschriften des § 45 Abs. 2, 4 und 5 gelten entsprechend.

(2) Die Siegel und Stempel des Notars hat das in Absatz 1 Satz 1 bezeichnete Amtsgericht zu vernichten.

(3) Wird ein Notar nach dem Erlöschen seines Amtes oder der Verlegung seines Amtssitzes erneut in dem Amtsgerichtsbezirk, in dem er seinen früheren Amtssitz hatte, zum Notar bestellt, so können ihm die nach Absatz 1 in Verwahrung genommenen Bücher und Akten wieder ausgehändigt werden.

(4) ¹Wird der Amtssitz eines Notars in einen anderen Amtsgerichtsbezirk innerhalb derselben Stadtgemeinde verlegt, so bleiben die Akten und Bücher in seiner Verwahrung. ²Die Siegel und Stempel sind nicht abzuliefern.

§ 52. [Weiterführung der Amtsbezeichnung] (1) ¹Mit dem Erlöschen des Amtes erlischt die Befugnis, die Bezeichnung "Notar "oder "Notarin" zu führen. ²Die Bezeichnung darf auch nicht mit einem auf das Erlöschen des Amtes hinweisenden Zusatz geführt werden.

(2) ¹Ist das Amt eines zur hauptberuflichen Amtsausübung bestellten Notars durch Entlassung (§ 48), wegen Erreichens der Altersgrenze (§ 48 a) oder durch Amtsenthebung aus den in § 50 Abs. 1 Nr. 7 bezeichneten Gründen erloschen, so kann die Landesjustizverwaltung dem früheren Notar die Erlaubnis erteilen, seine Amtsbezeichnung mit dem Zusatz „außer Dienst (a. D.)" weiterzuführen. ²Das Gleiche gilt für einen Anwaltsnotar, wenn sein Amt durch Entlassung (§ 48) oder wegen Erreichens der Altersgrenze (§ 48 a) erloschen ist oder ihm nach Verzicht auf die Rechte aus der Zulassung zur Rechtsanwaltschaft die Erlaubnis erteilt worden ist, sich weiterhin Rechtsanwalt zu nennen.

(3) ...

§ 53. [Übernahme von Räumen oder Angestellten des ausgeschiedenen Notars]
(1) Ist das Amt eines zur hauptberuflichen Amtsausübung bestellten Notars erloschen oder ist sein Amtssitz verlegt worden, so bedarf ein anderer an dem Amtssitz bereits ansässiger Notar der Genehmigung der Landesjustizverwaltung, wenn er seine Geschäftsstelle in Räume des ausgeschiedenen Notars verlegen oder einen in einem besonderen Vertrauensverhältnis

stehenden Angestellten in seine Geschäftsstelle übernehmen will. Die Genehmigung darf nur versagt werden, wenn dies im Interesse der Rechtspflege geboten ist.

(2) Die Gültigkeit der aus Anlass der Übernahme oder Anstellung abgeschlossenen Rechtsgeschäfte wird durch einen Verstoß gegen die Vorschrift des Absatzes 1 nicht berührt.

§ 54. [Vorläufige Amtsenthebung] (1) Der Notar kann von der Aufsichtsbehörde vorläufig seines Amtes enthoben werden,
1. wenn das Betreuungsgericht der Aufsichtsbehörde eine Mitteilung nach § 308 des Gesetzes über das Verfahren in Familiensachen und in den Angelegenheiten der freiwilligen Gerichtsbarkeit gemacht hat;
2. wenn sie die Voraussetzungen des § 50 für gegeben hält;
3. wenn er sich länger als zwei Monate ohne Zustimmung der Aufsichtsbehörde außerhalb seines Amtssitzes aufhält.

(2) ¹Ein Notar, der zugleich Rechtsanwalt ist, kann auch ohne Einleitung eines förmlichen Disziplinarverfahrens durch das Disziplinargericht vorläufig seines Amtes enthoben werden, wenn gegen ihn ein anwaltsgerichtliches Verfahren nach der Bundesrechtsanwaltsordnung eingeleitet worden ist. ²Die Vorschriften über die vorläufige Amtsenthebung nach Einleitung eines förmlichen Disziplinarverfahrens gelten entsprechend.

(3) Wird ein Notar, der zugleich Rechtsanwalt ist, nach Einleitung eines Disziplinarverfahrens vorläufig seines Amtes als Notar enthoben, so kann das Disziplinargericht gegen ihn ein Berufs- und Vertretungsverbot (§ 150 der Bundesrechtsanwaltsordnung) verhängen, wenn zu erwarten ist, dass im Disziplinarverfahren gegen ihn auf Entfernung aus dem Amt (§ 97 Absatz 1 Satz 1 Nummer 3) erkannt werden wird.

(4) ...
(5) ...

§ 55. [Aktenverwahrung und Amtshandlungen bei vorläufiger Amtsenthebung]
(1) ¹Im Fall der vorläufigen Amtsenthebung hat das Amtsgericht, wenn dem Notar kein Vertreter bestellt ist, seine Akten und Bücher sowie Siegel, Stempel und Amtsschild für die Dauer der vorläufigen Amtsenthebung in Verwahrung zu nehmen. ²§ 45 Abs. 2, 4 und 5 gilt entsprechend.

(2) ¹Der Notar hat sich während der Dauer der vorläufigen Amtsenthebung jeder Amtshandlung zu enthalten. ²Ein Verstoß berührt jedoch die Gültigkeit der Amtshandlung nicht. ³Amtsgeschäfte nach § 23 kann der Notar nicht mehr vornehmen.

§ 56. [Notariatsverwalter] (1) Ist das Amt eines zur hauptberuflichen Amtsausübung bestellten Notars erloschen oder ist sein Amtssitz verlegt worden oder übt im Fall des § 8 Abs. 1 Satz 2 ein zur hauptberuflichen Amtsausübung bestellter Notar sein Amt nicht persönlich aus, so soll in der Regel an seiner Stelle ein Notarassessor oder eine sonstige zum Amt eines Notars befähigte Person damit betraut werden, das Amt des Notars vorübergehend wahrzunehmen (Notariatsverwalter).

(2) ¹Ist ein Anwaltsnotar durch Erlöschen des Amtes ausgeschieden, so kann an seiner Stelle zur Abwicklung der Notariatsgeschäfte bis zur Dauer eines Jahres ein Notariatsverwalter bestellt werden, wenn hierfür ein Bedürfnis besteht. In begründeten Ausnahmefällen kann diese Frist über ein Jahr hinaus verlängert werden. ²Innerhalb der ersten drei Monate ist der Notariatsverwalter berechtigt, auch neue Notariatsgeschäfte vorzunehmen. ³Wird zur Abwicklung der Anwaltskanzlei ein Abwickler bestellt, so kann dieser auch mit der Abwicklung der Notariatsgeschäfte als Notariatsverwalter betraut werden.

(3) Hat ein Notar sein Amt nach § 48 c vorübergehend niedergelegt, wird ein Verwalter für die Dauer der Amtsniederlegung, längstens für ein Jahr, bestellt.

(4) Ist ein Notar vorläufig seines Amtes enthoben, so kann ein Notariatsverwalter bestellt werden, wenn die Bestellung eines Notarvertreters (§ 39 Abs. 2 Satz 1) nicht zweckmäßig erscheint.

(5) Notarassessoren sind verpflichtet, das Amt eines Notariatsverwalters zu übernehmen.

§ 57. [Pflichten des Notariatsverwalters; Bestallungsurkunde] (1) Der Notariatsverwalter untersteht, soweit nichts anderes bestimmt ist, den für die Notare geltenden Vorschriften.

(2) ¹Der Notariatsverwalter wird von der Landesjustizverwaltung nach Anhörung der Notarkammer durch Aushändigung einer Bestallungsurkunde bestellt. ²Er hat, sofern er nicht

schon als Notar vereidigt ist, vor der Übernahme seines Amtes vor dem Präsidenten des Landgerichts den Amtseid (§ 13) zu leisten. ³§ 40 Abs. 1 Satz 3 gilt entsprechend.

§ 58. [Fortführung der Amtsgeschäfte; Kostenforderungen] (1) Der Notariatsverwalter übernimmt die Akten und Bücher des Notars, an dessen Stelle er bestellt ist, sowie die dem Notar amtlich übergebenen Urkunden und Wertgegenstände; sind bei der Bestellung des Notariatsverwalters die Akten und Bücher bereits von dem Amtsgericht in Verwahrung genommen (§ 51 Abs. 1 Satz 1), so sind sie in der Regel zurückzugeben.

(2) ¹Der Notariatsverwalter führt die von dem Notar begonnenen Amtsgeschäfte fort. ²Die Kostenforderungen stehen dem Notariatsverwalter zu, soweit sie nach Übernahme der Geschäfte durch ihn fällig werden. ³Er muss sich jedoch im Verhältnis zum Kostenschuldner die vor der Übernahme der Geschäfte an den Notar gezahlten Vorschüsse anrechnen lassen.

(3) ¹Soweit die Kostenforderungen dem ausgeschiedenen Notar oder dessen Rechtsnachfolger zustehen, erteilt der Notariatsverwalter die vollstreckbare Ausfertigung der Kostenberechnung (§ 89 des Gerichts- und Notarkostengesetzes); lehnt er die Erteilung ab, so kann der Notar oder dessen Rechtsnachfolger die Entscheidung des Landgerichts nach § 127 des Gerichts- und Notarkostengesetzes beantragen. ²Ist dem Notar ein anderer Amtssitz zugewiesen, so bleibt er neben dem Notariatsverwalter zur Erteilung der vollstreckbaren Ausfertigung befugt. ³Der Notariatsverwalter hat ihm Einsicht in die Bücher und Akten zu gewähren; die dadurch entstehenden Kosten trägt der Notar.

§ 59. [Vergütung; Abrechnung mit Notarkammer] (1) ¹Der Notariatsverwalter führt sein Amt auf Rechnung der Notarkammer gegen eine von dieser festzusetzende angemessene Vergütung. ²Er hat mit der Notarkammer, soweit nicht eine andere Abrede getroffen wird, monatlich abzurechnen. ³Führt er die der Notarkammer zukommenden Beträge nicht ab, so können diese wie rückständige Beiträge beigetrieben werden.

(2) Die Notarkammer kann ein Aufrechnungs- oder Zurückbehaltungsrecht an den Bezügen des Notariatsverwalters nur insoweit geltend machen, als diese pfändbar sind oder als sie einen Anspruch auf Schadensersatz wegen vorsätzlicher unerlaubter Handlung hat.

(3) ¹Die Notarkammer kann allgemein oder im Einzelfall eine von Absatz 1 Satz 1 und 2 abweichende Regelung treffen. ²Absatz 2 ist in diesem Fall nicht anwendbar.

§ 78. [Aufgaben] (1) ...

(2) Die Bundesnotarkammer führt als Registerbehörde je ein automatisiertes elektronisches Register über

1. Vorsorgevollmachten und Betreuungsverfügungen (Zentrales Vorsorgeregister) und
2. die Verwahrung erbfolgerelevanter Urkunden (Zentrales Testamentsregister).

§ 78a. [Zentrales Vorsorgeregister; Verordnungsermächtigung] (1) ¹Die Bundesnotarkammer führt als Registerbehörde ein automatisiertes elektronisches Register über Vorsorgevollmachten und Betreuungsverfügungen. ²Das Bundesministerium der Justiz und für Verbraucherschutz führt die Rechtsaufsicht über die Registerbehörde.

(2) In das Zentrale Vorsorgeregister dürfen Angaben aufgenommen werden über
1. Vollmachtgeber,
2. Bevollmächtigte,
3. die Vollmacht und deren Inhalt,
4. Vorschläge zur Auswahl des Betreuers,
5. Wünsche zur Wahrnehmung der Betreuung und
6. den Vorschlagenden.

(3) Das Bundesministerium der Justiz und für Verbraucherschutz hat durch Rechtsverordnung mit Zustimmung des Bundesrates die näheren Bestimmungen zu treffen über
1. die Einrichtung und Führung des Registers,
2. die Auskunft aus dem Register,
3. die Anmeldung, Änderung und Löschung von Registereintragungen,
4. die Einzelheiten der Datenübermittlung und -speicherung und
5. die Einzelheiten der Datensicherheit.

§ 78c. [Zentrales Testamentsregister; Verordnungsermächtigung] (1) [1]Die Bundesnotarkammer führt als Registerbehörde ein automatisiertes elektronisches Register über die Verwahrung erbfolgerelevanter Urkunden und sonstiger Daten nach § 78d. [2]Die Erhebung und Verwendung der Daten ist auf das für die Erfüllung der gesetzlichen Aufgaben der Registerbehörde, der Nachlassgerichte und der Verwahrstellen Erforderliche zu beschränken. [3]Das Bundesministerium der Justiz und für Verbraucherschutz führt die Rechtsaufsicht über die Registerbehörde.

(2) ...

(3) ...

§ 78d. [Inhalt des Zentralen Testamentsregisters] [1]In das Zentrale Testamentsregister werden aufgenommen:

1. Verwahrangaben zu erbfolgerelevanten Urkunden, die
   a) von Notaren nach § 34a Absatz 1 und 2 des Beurkundungsgesetzes oder von Gerichten nach Absatz 4 Satz 1 sowie nach § 347 Absatz 1 bis 3 des Gesetzes über das Verfahren in Familiensachen und in den Angelegenheiten der freiwilligen Gerichtsbarkeit zu übermitteln sind,
   b) nach § 1 des Testamentsverzeichnis-Überführungsgesetzes zu überführen sind,
2. Mitteilungen, die nach § 9 des Testamentsverzeichnis-Überführungsgesetzes zu überführen sind.

[2]Die gespeicherten Daten sind mit Ablauf des 30. auf die Sterbefallmitteilung folgenden Kalenderjahres zu löschen.

(2) [1]Erbfolgerelevante Urkunden sind Testamente, Erbverträge und alle Urkunden mit Erklärungen, welche die Erbfolge beeinflussen können, insbesondere Aufhebungsverträge, Rücktritts- und Anfechtungserklärungen, Erb- und Zuwendungsverzichtsverträge, Ehe- und Lebenspartnerschaftsverträge und Rechtswahlen. [2]Verwahrangaben sind Angaben, die zum Auffinden erbfolgerelevanter Urkunden erforderlich sind.

(3) Registerfähig sind nur erbfolgerelevante Urkunden, die
1. öffentlich beurkundet worden sind oder
2. in amtliche Verwahrung genommen worden sind.

(4) ...

§ 78e [Sterbefallmitteilung] Das zuständige Standesamt hat der Registerbehörde den Tod, die Todeserklärung oder die gerichtliche Feststellung der Todeszeit einer Person mitzuteilen (Sterbefallmitteilung). Die Registerbehörde prüft daraufhin, ob im Zentralen Testamentsregister Angaben nach § 78d Absatz 1 Satz 1 vorliegen. Sie benachrichtigt, soweit es zur Erfüllung der Aufgaben des Nachlassgerichts und der verwahrenden Stellen erforderlich ist, unverzüglich
1. das zuständige Nachlassgericht über den Sterbefall und etwaige Angaben nach § 78d Absatz 1 Satz 1 und
2. die verwahrenden Stellen über den Sterbefall und etwaige Verwahrangaben nach § 78d Absatz 1 Satz 1 Nummer 1.

Die Benachrichtigung erfolgt elektronisch.

§ 78f [Auskunft aus dem Zentralen Testamentsregister] (1) [1]Die Registerbehörde erteilt auf Ersuchen
1. Gerichten Auskunft aus dem Zentralen Testamentsregister sowie
2. Notaren Auskunft über Verwahrangaben aus dem Zentralen Testamentsregister.

[2]Die Auskunft wird nur erteilt, soweit sie im Rahmen der Aufgabenerfüllung der Gerichte und Notare erforderlich ist. [3]Auskünfte können zu Lebzeiten des Erblassers nur mit dessen Einwilligung eingeholt werden.

(2) Die Befugnis der Gerichte, Notare und Notarkammern zur Einsicht in Registrierungen, die von ihnen verwahrte oder registrierte Urkunden betreffen, bleibt unberührt.

(3) ...

§ 78h [Elektronisches Urkundenarchiv; Verordnungsermächtigung] (1) [1]Die Bundesnotarkammer betreibt als Urkundenarchivbehörde ein zentrales elektronisches Archiv, das den Notaren die Führung der elektronischen Urkundensammlung, des Urkundenverzeichnisses und des Verwahrungsverzeichnisses ermöglicht (Elektronisches Urkundenarchiv). [2]Das Bundesministerium der Justiz und für Verbraucherschutz führt die Rechtsaufsicht über die Urkundenarchivbehörde.

(2) ...

(3) ...

(4) ...

§ 78k [Elektronischer Notaraktenspeicher; Verordnungsermächtigung] (1) Die Bundesnotarkammer betreibt einen zentralen elektronischen Aktenspeicher, der den Notaren die elektronische Führung ihrer nicht im Elektronischen Urkundenarchiv zu führenden Akten und Verzeichnisse sowie die Speicherung sonstiger Daten ermöglicht (Elektronischer Notaraktenspeicher).

(2) ...

(3) ...

(4) ...

(5) ...

§ 78l [Notarverzeichnis] (1) [1]Die Bundesnotarkammer führt ein elektronisches Verzeichnis der Notare und Notariatsverwalter (Notarverzeichnis). [2]Jede Notarkammer gibt die Daten zu den in ihr zusammengeschlossenen Notaren und zu den in ihrem Bezirk bestellten Notariatsverwaltern in das Notarverzeichnis ein. [3]Die Notarkammern nehmen Eintragungen unverzüglich auf Grund der Benachrichtigungen durch die Landesjustizverwaltung gemäß § 67 Absatz 6 vor.

(2) [1]Das Notarverzeichnis dient der Information der Behörden und Gerichte, der Rechtssuchenden und der anderen am Rechtsverkehr Beteiligten. [2]Darüber hinaus dient es der Erfüllung der Aufgaben der jeweiligen Notarkammer und der Bundesnotarkammer. [3]Die Einsicht in das Verzeichnis steht jedem unentgeltlich zu. [4]Die Suche in dem Verzeichnis wird durch ein elektronisches Suchsystem ermöglicht.

(3) ...

(4) ...

(5) ...

(6) ...

§ 78n [Besonderes elektronisches Notarpostfach; Verordnungsermächtigung]

(1) Die Bundesnotarkammer richtet zum 1. Januar 2018 für jeden in das Notarverzeichnis eingetragenen Notar ein persönliches elektronisches Postfach ein (besonderes elektronisches Notarpostfach).

(2) [1]Die Bundesnotarkammer hat sicherzustellen, dass der Zugang zum besonderen elektronischen Notarpostfach nur durch ein sicheres Verfahren mit zwei voneinander unabhängigen Sicherungsmitteln möglich ist. [2]Die Bundesnotarkammer kann unterschiedlich ausgestaltete Zugangsberechtigungen für Notare und andere Personen vorsehen. [3]Sie ist berechtigt, die in dem besonderen elektronischen Notarpostfach gespeicherten Nachrichten nach angemessener Zeit zu löschen. [4]Das besondere elektronische Notarpostfach soll barrierefrei ausgestaltet sein.

(3) [1]Wird das Erlöschen des Amtes des Notars oder die vorläufige Amtsenthebung in das Notarverzeichnis eingetragen, hebt die Bundesnotarkammer die Zugangsberechtigung zum besonderen elektronischen Notarpostfach auf. [2]Sie löscht das besondere elektronische Notarpostfach, sobald es nicht mehr benötigt wird.

(4) ...

(5) ...

§ 92. [Aufsichtsbehörden] Das Recht der Aufsicht steht zu
1. dem Präsidenten des Landgerichts über die Notare und Notarassessoren des Landgerichtsbezirks;
2. dem Präsidenten des Oberlandesgerichts über die Notare und Notarassessoren des Oberlandesgerichtsbezirks;
3. der Landesjustizverwaltung über sämtliche Notare und Notarassessoren des Landes.

§ 93. [Befugnisse der Aufsichtsbehörden] (1) [1]Den Aufsichtsbehörden obliegt die regelmäßige Prüfung und Überwachung der Amtsführung der Notare und des Dienstes der Notarassessoren. [2]Zusätzliche Zwischenprüfungen und Stichproben sind ohne besonderen Anlass zulässig. [3]Bei einem neu bestellten Notar wird die erste Prüfung innerhalb der ersten zwei Jahre seiner Tätigkeit vorgenommen.

(2) Gegenstand der Prüfung ist die ordnungsmäßige Erledigung der Amtsgeschäfte des Notars. [2]Die Prüfung erstreckt sich auch auf die Einrichtung der Geschäftsstelle, auf die Führung und Aufbewahrung der Bücher, Verzeichnisse und Akten, auf die ordnungsgemäße automatisierte Verarbeitung personenbezogener Daten, auf die vorschriftsmäßige Verwahrung von Wertgegenständen, auf die rechtzeitige Anzeige von Vertretungen sowie auf das Bestehen der Haftpflichtversicherung. [3]In jedem Fall ist eine größere Anzahl von Urkunden und Nebenakten durchzusehen und dabei auch die Kostenberechnung zu prüfen.

(3) [1]Die Zuständigkeit zur Durchführung der Prüfung richtet sich nach den hierzu erlassenen Bestimmungen der Landesjustizverwaltung. [2]Die Aufsichtsbehörde kann nach Anhörung der Notarkammer Notare zu Prüfungen hinzuziehen. [3]Zur Durchsicht und Prüfung der Verzeichnisse und Bücher und zur Prüfung der Kostenberechnungen und Abrechnungen über Gebührenabgaben einschließlich deren Einzugs sowie der Verwahrungsgeschäfte und dergleichen dürfen auch Beamte der Justizverwaltung herangezogen werden; eine Aufsichtsbefugnis steht diesen Beamten nicht zu. [4]Soweit bei dem Notar die Kostenberechnung bereits von einem beauftragten der Notarkasse geprüft wird, ist eine Prüfung nicht erforderlich.

(4) [1]Der Notar ist verpflichtet, den Aufsichtsbehörden oder den von diesen mit der Prüfung Beauftragten Akten, Verzeichnisse und Bücher sowie die in seiner Verwahrung befindlichen Urkunden zur Einsicht vorzulegen und auszuhändigen, Zugang zu den Anlagen zu gewähren, mit denen personenbezogene Daten automatisiert verarbeitet werden, sowie die notwendigen Aufschlüsse zu geben. [2]Personen, mit denen sich der Notar zur gemeinsamen Berufsausübung verbunden oder mit denen er gemeinsame Geschäftsräume hat oder hatte, sind verpflichtet, den Aufsichtsbehörden Auskünfte zu erteilen und Akten vorzulegen, soweit dies für die Prüfung der Einhaltung der Mitwirkungsverbote erforderlich ist.

2 Beurkundungsgesetz (BeurkG)

vom 28. August 1969 (BGBl. I S. 1513)

Einführung

Das Beurkundungsgesetz regelt die Beurkundungstätigkeit des Notars *(§ 6 ff. BeurkG)* sowie die Verwahrung von Geld auf Notaranderkonten *(§ 54 a ff. BeurkG).*

In bestimmten Angelegenheiten darf („soll") der Notar nicht tätig werden *(§ 3 BeurkG).* Von besonderer Bedeutung für die Neutralitätspflicht des Notars ist der Vorbefassungsvermerk gemäß *§ 3 Abs. 1 Nr. 7 BeurkG.*

1. Beglaubigung von Unterschriften

Die Beglaubigung von Unterschriften, z. B. unter Grundbuchanträgen, Registeranträgen, Vollmachten usw. ist in *§ 40 ff. BeurkG* geregelt. In der notariellen Praxis unterscheidet man

a) reine Unterschriftsbeglaubigung (ohne Entwurf)

Der Notar beglaubigt lediglich die Unterschrift(en) des/der Beteiligten unter einem von dem/den Beteiligten selbst entworfenen Schriftstück. Auf den Inhalt des Schriftstückes kommt es dabei nicht.

Da das Schriftstück „außer Haus" geht, ist für die Urkundensammlung ein Vermerkblatt oder eine beglaubigte Abschrift zu fertigen (vgl. § 19 DONot). Die Begaubigungsgebühr beträgt 0,2 Geb. Nr. 25 100 KVGNotKG (mindestens 20,00 Euro, höchstens 70,00 Euro).

b) Entwurf mit Unterschriftsbeglaubigung

Da die (rechtsunkundigen) Beteiligten meist nicht in der Lage sind, Grundbuch-, Registeranträge o. Ä. inhalts- und formgerecht zu entwerfen, wird der Notar beauftragt, für den/die Beteiligten den Entwurf zu fertigen und anschließend darunter die Unterschrift(en) zu beglaubigen. Der Notar hat jetzt aber weitergehende Prüfungs- und Belehrungspflichten *(§ 17 BeurkG).* In diesem Fall ist für die Urkundensammlung stets eine beglaubigte Abschrift zu fertigen. Die Gebühr ergibt sich, je nach Inhalt des Entwurfs, aus den Nr. 24 100 ff. KVGNotKG (beachte Vorb. 2.4.1).

2. Beurkundung in Form einer Niederschrift

Diese Beurkundung (auch Verhandlung genannt) ist die „strengste" Form der notariellen Urkunde. Beispiele: Grundstückskaufvertrag, Schenkungsvertrag, Ehevertrag, notarielles Testament oder Erbvertrag, Erbscheinsverhandlung sowie alle Urkunden mit Zwangsvollstreckungsunterwerfung. Zu Form und Inhalt siehe *§ 8 ff.* und *§ 44 ff. BeurkG.*

Das Original kommt in die Urkundensammlung (Ausnahmen z. B. Testament, Erbvertrag).

Nur von einer Niederschrift darf eine Ausfertigung *(§ 47 ff. BeurkG),* insbes. eine vollstreckbare Ausfertigung (§ 52 BeurkG i.V.m. § 724 ff. ZPO) erteilt werden. Die Gebühr ergibt sich aus dem Inhalt der Niederschrift (siehe Vorb. 2.1, Vorb. 2.1.1 und Nr. 21 100 ff. KVGNotKG, Vorb. 2.1.2 und Nr. 21 200 ff. KVGNotKG).

Übersicht

Erster Abschnitt. Allgemeine Vorschriften §§ 1–5

Zweiter Abschnitt. Beurkundung von Willenserklärungen §§ 6–35

1. Ausschließung des Notars §§ 6, 7
2. Niederschrift §§ 8–16
3. Prüfungs- und Belehrungspflichten §§ 17–21
4. Beteiligung behinderter Personen §§ 22–26
5. Besonderheiten für Verfügungen von Todes wegen §§ 27–35

Dritter Abschnitt. Sonstige Beurkundungen §§ 36–43

1. Niederschriften §§ 36–38
2. Vermerke §§ 39–43

Vierter Abschnitt. Behandlung der Urkunden §§ 44–54

Fünfter Abschnitt. (noch nicht in Kraft getreten) §§ 55–56

Sechster Abschnitt. Verwahrung §§ 57–62
1 Antrag und Durchführung der Verwahrung §§ 57, 58
2. Widerruf § 60
3. Verwahrung von Wertpapieren und Kostbarkeiten § 62
Siebter Abschnitt. Schlussvorschriften §§ 63–71

Erster Abschnitt
Allgemeine Vorschriften

§ 1. [Geltungsbereich] (1) Dieses Gesetz gilt für öffentliche Beurkundungen und Verwahrungen durch den Notar.

(2) Soweit für öffentliche Beurkundungen neben dem Notar auch andere Urkundspersonen oder sonstige Stellen zuständig sind, gelten die Vorschriften dieses Gesetzes, ausgenommen § 5 Abs. 2, entsprechend.

§ 2. [Überschreiten des Amtsbezirks] Eine Beurkundung ist nicht deshalb unwirksam, weil der Notar sie außerhalb seines Amtsbezirks oder außerhalb des Landes vorgenommen hat, in dem er zum Notar bestellt ist.

§ 3. [Verbot der Mitwirkung als Notar] (1) [1]Ein Notar soll an einer Beurkundung nicht mitwirken, wenn es sich handelt um
1. eigene Angelegenheiten, auch wenn der Notar nur mitberechtigt oder mitverpflichtet ist,
2. Angelegenheiten seines Ehegatten, früheren Ehegatten oder seines Verlobten,
2 a. Angelegenheiten seines Lebenspartners, früheren Lebenspartners oder Verlobten nach dem Lebenspartnerschaftsgesetz,
3. Angelegenheiten einer Person, die mit dem Notar in gerader Linie verwandt oder verschwägert oder in der Seitenlinie bis zum dritten Grade verwandt oder bis zum zweiten Grade verschwägert ist oder war,
4. Angelegenheiten einer Person, mit der sich der Notar zur gemeinsamen Berufsausübung verbunden oder mit der er gemeinsame Geschäftsräume hat,
5. Angelegenheiten einer Person, deren gesetzlicher Vertreter der Notar oder eine Person im Sinne von Nummer 4 ist,
6. Angelegenheiten einer Person, deren vertretungsberechtigtem Organ der Notar oder eine Person im Sinne der Nummer 4 angehört,
7. Angelegenheiten einer Person, für die der Notar, eine Person im Sinne der Nummer 4 oder eine mit dieser im Sinne der Nummer 4 oder in einem verbundenen Unternehmen (§ 15 des Aktiengesetzes) verbundene Person außerhalb einer Amtstätigkeit in derselben Angelegenheit bereits tätig war oder ist, es sei denn, diese Tätigkeit wurde im Auftrag aller Personen ausgeübt, die an der Beurkundung beteiligt sein sollen,
8. Angelegenheiten einer Person, die den Notar in derselben Angelegenheit bevollmächtigt hat oder zu der der Notar oder eine Person im Sinne der Nummer 4 in einem ständigen Dienst- oder ähnlichen ständigen Geschäftsverhältnis steht, oder
9. Angelegenheiten einer Gesellschaft, an der der Notar mit mehr als fünf von Hundert der Stimmrechte oder mit einem anteiligen Betrag des Haftkapitals von mehr als 2500 Euro beteiligt ist.

[2]Der Notar hat vor der Beurkundung nach einer Vorbefassung im Sinne der Nummer 7 zu fragen und in der Urkunde die Antwort zu vermerken.

(2) [1]Handelt es sich um eine Angelegenheit mehrerer Personen und ist der Notar früher in dieser Angelegenheit als gesetzlicher Vertreter oder Bevollmächtigter tätig gewesen oder ist er für eine dieser Personen in anderer Sache als Bevollmächtigter tätig, so soll er vor der Beurkundung darauf hinweisen und fragen, ob er die Beurkundung gleichwohl vornehmen soll. [2]In der Urkunde soll er vermerken, dass dies geschehen ist.

(3) [1]Absatz 2 gilt entsprechend, wenn es sich handelt um
1. Angelegenheiten einer Person, deren nicht zur Vertretung berechtigtem Organ der Notar angehört,
2. Angelegenheiten einer Gemeinde oder eines Kreises, deren Organ der Notar angehört,

3. Angelegenheiten einer als Körperschaft des öffentlichen Rechts anerkannten Religions- oder Weltanschauungsgemeinschaft oder einer als Körperschaft des öffentlichen Rechts anerkannten Teilorganisation einer solchen Gemeinschaft, deren Organ der Notar angehört.

[2]In den Fällen der Nummern 2 und 3 ist Absatz 1 Nr. 6 nicht anwendbar.

§ 4. [Ablehnung der Beurkundung] Der Notar soll die Beurkundung ablehnen, wenn sie mit seinen Amtspflichten nicht vereinbar wäre, insbesondere wenn seine Mitwirkung bei Handlungen verlangt wird, mit denen erkennbar unerlaubte oder unredliche Zwecke verfolgt werden.

§ 5. [Urkundensprache] (1) Urkunden werden in deutscher Sprache errichtet.

(2) [1]Der Notar kann auf Verlangen Urkunden auch in einer anderen Sprache errichten. [2]Er soll dem Verlangen nur entsprechen, wenn er der fremden Sprache hinreichend kundig ist.

Zweiter Abschnitt
Beurkundung von Willenserklärungen

1. Ausschließung des Notars

§ 6. [Ausschließungsgründe] (1) Die Beurkundung von Willenserklärungen ist un-wirksam, wenn
1. der Notar selbst,
2. sein Ehegatte,
2 a. sein Lebenspartner,
3. eine Person, die mit ihm in gerader Linie verwandt ist oder war
    oder
4. ein Vertreter, der für eine der in den Nummern 1 bis 3 bezeichneten Personen handelt,
an der Beurkundung beteiligt ist.

(2) An der Beurkundung beteiligt sind die Erschienenen, deren im eigenen oder fremden Namen abgegebene Erklärungen beurkundet werden sollen.

§ 7. [Beurkundungen zu Gunsten des Notars oder seiner Angehörigen] Die Beurkundung von Willenserklärungen ist insoweit unwirksam, als diese darauf gerichtet sind,
1. dem Notar,
2. seinem Ehegatten oder früheren Ehegatten,
2 a. seinem Lebenspartner oder früheren Lebenspartner
    oder
3. einer Person, die mit ihm in gerader Linie verwandt oder verschwägert oder in der Seitenlinie bis zum dritten Grade verwandt oder bis zum zweiten Grade verschwägert ist oder war,
einen rechtlichen Vorteil zu verschaffen.

2. Niederschrift

§ 8. [Grundsatz] Bei der Beurkundung von Willenserklärungen muss eine Niederschrift über die Verhandlung aufgenommen werden.

§ 9. [Inhalt der Niederschrift] (1) [1]Die Niederschrift muss enthalten
1. die Bezeichnung des Notars und der Beteiligten
    sowie
2. die Erklärung der Beteiligten.

[2]Erklärungen in einem Schriftstück, auf das in der Niederschrift verwiesen und das dieser beigefügt wird, gelten als in der Niederschrift selbst enthalten. [3]Satz 2 gilt entsprechend, wenn die Beteiligten unter Verwendung von Karten, Zeichnungen oder Abbildungen Erklärungen abgeben.

(2) Die Niederschrift soll Ort und Tag der Verhandlung enthalten.

§ 10. [Feststellung der Beteiligten] (1) Der Notar soll sich Gewissheit über die Person der Beteiligten verschaffen.

(2) In der Niederschrift soll die Person der Beteiligten so genau bezeichnet werden, dass Zweifel und Verwechslungen ausgeschlossen sind.

(3) ¹Aus der Niederschrift soll sich ergeben, ob der Notar die Beteiligten kennt oder wie er sich Gewissheit über ihre Person verschafft hat. ²Kann sich der Notar diese Gewissheit nicht verschaffen, wird aber gleichwohl die Aufnahme der Niederschrift verlangt, so soll der Notar dies in der Niederschrift unter Anführung des Sachverhalts angeben.

§ 11. [Feststellungen über die Geschäftsfähigkeit] (1) ¹Fehlt einem Beteiligten nach der Überzeugung des Notars die erforderliche Geschäftsfähigkeit, so soll die Beurkundung abgelehnt werden. ²Zweifel an der erforderlichen Geschäftsfähigkeit eines Beteiligten soll der Notar in der Niederschrift feststellen.

(2) Ist ein Beteiligter schwer krank, so soll dies in der Niederschrift vermerkt und angegeben werden, welche Feststellungen der Notar über die Geschäftsfähigkeit getroffen hat.

§ 12. [Nachweise für die Vertretungsberechtigung] ¹Vorgelegte Vollmachten und Ausweise über die Berechtigung eines gesetzlichen Vertreters sollen der Niederschrift in Urschrift oder in beglaubigter Abschrift beigefügt werden. ²Ergibt sich die Vertretungsberechtigung aus einer Eintragung im Handelsregister oder in einem ähnlichen Register, so genügt die Bescheinigung eines Notars nach § 21 der Bundesnotarordnung.

§ 13. [Vorlesen, Genehmigen, Unterschreiben] (1) ¹Die Niederschrift muss in Gegenwart des Notars den Beteiligten vorgelesen, von ihnen genehmigt und eigenhändig unterschrieben werden; soweit die Niederschrift auf Karten, Zeichnungen oder Abbildungen verweist, müssen diese den Beteiligten anstelle des Vorlesens zur Durchsicht vorgelegt werden. ²In der Niederschrift soll festgestellt werden, dass dies geschehen ist. ³Haben die Beteiligten die Niederschrift eigenhändig unterschrieben, so wird vermutet, dass sie in Gegenwart des Notars vorgelesen oder, soweit nach Satz 1 erforderlich, zur Durchsicht vorgelegt und von den Beteiligten genehmigt ist. ⁴Die Niederschrift soll den Beteiligten auf Verlangen vor der Genehmigung auch zur Durchsicht vorgelegt werden.

(2) ¹Werden mehrere Niederschriften aufgenommen, die ganz oder teilweise übereinstimmen, so genügt es, wenn der übereinstimmende Inhalt den Beteiligten einmal nach Absatz 1 Satz 1 vorgelesen oder anstelle des Vorlesens zur Durchsicht vorgelegt wird. ²§ 18 der Bundesnotarordnung bleibt unberührt.

(3) ¹Die Niederschrift muss von dem Notar eigenhändig unterschrieben werden. ²Der Notar soll der Unterschrift seine Amtsbezeichnung beifügen.

§ 13a. [Eingeschränkte Beifügungs- und Vorlesungspflicht] (1) ¹Wird in der Niederschrift auf eine andere notarielle Niederschrift verwiesen, die nach den Vorschriften über die Beurkundung von Willenserklärungen errichtet worden ist, so braucht diese nicht vorgelesen zu werden, wenn die Beteiligten erklären, dass ihnen der Inhalt der anderen Niederschrift bekannt ist und sie auf das Vorlesen verzichten. ²Dies soll in der Niederschrift festgestellt werden. ³Der Notar soll nur beurkunden, wenn den Beteiligten die andere Niederschrift zumindest in beglaubigter Abschrift bei der Beurkundung vorliegt. ⁴Für die Vorlage zur Durchsicht anstelle des Vorlesens von Karten, Zeichnungen oder Abbildungen gelten die Sätze 1 bis 3 entsprechend.

(2) ¹Die andere Niederschrift braucht der Niederschrift nicht beigefügt zu werden, wenn die Beteiligten darauf verzichten. ²In der Niederschrift soll festgestellt werden, dass die Beteiligten auf das Beifügen verzichtet haben.

(3) ¹Kann die andere Niederschrift bei dem Notar oder einer anderen Stelle rechtzeitig vor der Beurkundung eingesehen werden, so soll der Notar dies den Beteiligten vor der Verhandlung mitteilen; befindet sich die andere Niederschrift bei dem Notar, so soll er diese dem Beteiligten auf Verlangen übermitteln. ²Unbeschadet des § 17 soll der Notar die Beteiligten auch über die Bedeutung des Verweisens auf eine andere Niederschrift belehren.

(4) Wird in der Niederschrift auf Karten oder Zeichnungen verwiesen, die von einer öffentlichen Behörde innerhalb der Grenzen ihrer Amtsbefugnisse oder von einer mit öffentlichem Glauben versehenen Person innerhalb des ihr zugewiesenen Geschäftskreises mit Unterschrift und Siegel oder Stempel versehen worden sind, so gelten die Absätze 1 bis 3 entsprechend.

§ 14. [Eingeschränkte Vorlesungspflicht] (1) Werden Bilanzen, Inventare, Nachlassverzeichnisse oder sonstige Bestandsverzeichnisse über Sachen, Rechte und Rechtsverhältnisse in ein Schriftstück aufgenommen, auf das in der Niederschrift verwiesen und das dieser beigefügt wird, so braucht es nicht vorgelesen zu werden, wenn die Beteiligten auf das Vorlesen verzichten. Das Gleiche gilt für Erklärungen, die bei der Bestellung einer Hypothek, Grundschuld, Rentenschuld, Schiffshypothek oder eines Registerpfandrechts an Luftfahrzeugen aufgenommen werden und nicht im Grundbuch, Schiffsregister, Schiffsbauregister oder im Register für Pfandrechte an Luftfahrzeugen selbst angegeben zu werden brauchen. Eine Erklärung, sich der sofortigen Zwangsvollstreckung zu unterwerfen, muss in die Niederschrift selbst aufgenommen werden.

(2) [1]Wird nach Absatz 1 das beigefügte Schriftstück nicht vorgelesen, so soll es den Beteiligten zur Kenntnisnahme vorgelegt und von ihnen unterschrieben werden; besteht das Schriftstück aus mehreren Seiten, soll jede Seite von ihnen unterzeichnet werden. [2]§ 17 bleibt unberührt.

(3) In der Niederschrift muss festgestellt werden, dass die Beteiligten auf das Vorlesen verzichtet haben; es soll festgestellt werden, dass ihnen das beigefügte Schriftstück zur Kenntnisnahme vorgelegt worden ist.

§ 15. [Versteigerungen] [1]Bei der Beurkundung von Versteigerungen gelten nur solche Bieter als beteiligt, die an ihr Gebot gebunden bleiben. [2]Entfernt sich ein solcher Bieter vor dem Schluss der Verhandlung, so gilt § 13 Abs. 1 insoweit nicht; in der Niederschrift muss festgestellt werden, dass sich der Bieter vor dem Schluss der Verhandlung entfernt hat.

§ 16. [Übersetzung der Niederschrift] (1) Ist ein Beteiligter nach seinen Angaben oder nach der Überzeugung des Notars der deutschen Sprache oder, wenn die Niederschrift in einer anderen als der deutschen Sprache aufgenommen wird, dieser Sprache nicht hinreichend kundig, so soll dies in der Niederschrift festgestellt werden.

(2) [1]Eine Niederschrift, die eine derartige Feststellung enthält, muss dem Beteiligten anstelle des Vorlesens übersetzt werden. [2]Wenn der Beteiligte es verlangt, soll die Übersetzung außerdem schriftlich angefertigt und ihm zur Durchsicht vorgelegt werden; die Übersetzung soll der Niederschrift beigefügt werden. [3]Der Notar soll den Beteiligten darauf hinweisen, dass dieser eine schriftliche Übersetzung verlangen kann. [4]Diese Tatsachen sollen in der Niederschrift festgestellt werden.

(3) [1]Für die Übersetzung muss, falls der Notar nicht selbst übersetzt, ein Dolmetscher zugezogen werden. [2]Für den Dolmetscher gelten die §§ 6, 7 entsprechend. [3]Ist der Dolmetscher nicht allgemein vereidigt, so soll ihn der Notar vereidigen, es sei denn, dass alle Beteiligten darauf verzichten. [4]Diese Tatsachen sollen in der Niederschrift festgestellt werden. [5]Die Niederschrift soll auch von dem Dolmetscher unterschrieben werden.

3. Prüfungs- und Belehrungspflichten

§ 17. [Grundsatz] (1) [1]Der Notar soll den Willen der Beteiligten erforschen, den Sachverhalt klären, die Beteiligten über die rechtliche Tragweite des Geschäfts belehren und ihre Erklärungen klar und unzweideutig in der Niederschrift wiedergeben.

[2]Dabei soll er darauf achten, dass Irrtümer und Zweifel vermieden sowie unerfahrene und ungewandte Beteiligte nicht benachteiligt werden.

(2) [1]Bestehen Zweifel, ob das Geschäft dem Gesetz oder dem wahren Willen der Beteiligten entspricht, so sollen die Bedenken mit den Beteiligten erörtert werden. [2]Zweifelt der Notar an der Wirksamkeit des Geschäfts und bestehen die Beteiligten auf der Beurkundung, so soll er die Belehrung und die dazu abgegebenen Erklärungen der Beteiligten in der Niederschrift vermerken.

(2 a) Der Notar soll das Beurkundungsverfahren so gestalten, dass die Einhaltung der Pflichten nach den Absätzen 1 und 2 gewährleistet ist. Bei Verbraucherverträgen soll der Notar darauf hinwirken, dass

1. die rechtsgeschäftlichen Erklärungen des Verbrauchers von diesem persönlich oder durch eine Vertrauensperson vor dem Notar abgegeben werden und
2. der Verbraucher ausreichend Gelegenheit erhält, sich vorab mit dem Gegenstand der Beurkundung auseinander zu setzen; bei Verbraucherverträgen, die der Beurkundungspflicht nach § 311 b Abs. 1 Satz 1 und Abs. 3 des Bürgerlichen Gesetzbuchs unterliegen, soll dem Verbraucher der beabsichtigte Text des Rechtsgeschäfts vom beurkundenden Notar oder einem Notar, mit dem sich der beurkundende Notar zur gemeinsamen Berufsausübung verbunden hat, zur Verfügung gestellt werden. Dies soll im Regelfall zwei

Wochen vor der Beurkundung erfolgen. Wird diese Frist unterschritten, sollen die Gründe hierfür in der Niederschrift angegeben werden.
Weitere Amtspflichten des Notars bleiben unberührt.

(3) [1]Kommt ausländisches Recht zur Anwendung oder bestehen darüber Zweifel, so soll der Notar die Beteiligten darauf hinweisen und dies in der Niederschrift vermerken. [2]Zur Belehrung über den Inhalt ausländischer Rechtsordnungen ist er nicht verpflichtet.

§ 18. [Genehmigungserfordernisse] Auf die erforderlichen gerichtlichen oder behördlichen Genehmigungen oder Bestätigungen oder etwa darüber bestehende Zweifel soll der Notar die Beteiligten hinweisen und dies in der Niederschrift vermerken.

§ 19. [Unbedenklichkeitsbescheinigung] Darf nach dem Grunderwerbsteuerrecht eine Eintragung im Grundbuch erst vorgenommen werden, wenn die Unbedenklichkeitsbescheinigung des Finanzamts vorliegt, so soll der Notar die Beteiligten darauf hinweisen und dies in der Niederschrift vermerken.

§ 20. [Gesetzliches Vorkaufsrecht] Beurkundet der Notar die Veräußerung eines Grundstücks, so soll er, wenn ein gesetzliches Vorkaufsrecht in Betracht kommen könnte, darauf hinweisen und dies in der Niederschrift vermerken.

§ 20a. [Vorsorgevollmacht] Beurkundet der Notar eine Vorsorgevollmacht, so soll er auf die Möglichkeit der Registrierung bei dem Zentralen Vorsorgeregister hinweisen.

§ 21. [Grundbucheinsicht, Briefvorlage] (1) [1]Bei Geschäften, die im Grundbuch eingetragene oder einzutragende Rechte zum Gegenstand haben, soll sich der Notar über den Grundbuchinhalt unterrichten. [2]Sonst soll er nur beurkunden, wenn die Beteiligten trotz Belehrung über die damit verbundenen Gefahren auf einer sofortigen Beurkundung bestehen; dies soll er in der Niederschrift vermerken.

(2) Bei der Abtretung oder Belastung eines Briefpfandrechts soll der Notar in der Niederschrift vermerken, ob der Brief vorgelegen hat.

4. Beteiligung behinderter Personen

§ 22. [Hörbehinderte, sprachbehinderte und sehbehinderte Beteiligte] (1) [1]Vermag ein Beteiligter nach seinen Angaben oder nach der Überzeugung des Notars nicht hinreichend zu hören, zu sprechen oder zu sehen, so soll zur Beurkundung ein Zeuge oder ein zweiter Notar zugezogen werden, es sei denn, dass alle Beteiligten darauf verzichten. [2]Auf Verlangen eines hör- und sprachbehinderten Beteiligten soll der Notar einen Gebärdensprachdolmetscher hinzuziehen. [3]Diese Tatsachen sollen in der Niederschrift festgestellt werden.

(2) Die Niederschrift soll auch von dem Zeugen oder dem zweiten Notar unterschrieben werden.

§ 23. [Besonderheiten für hörbehinderte Beteiligte] [1]Eine Niederschrift, in der nach § 22 Abs. 1 festgestellt ist, dass ein Beteiligter nicht hinreichend zu hören vermag, muss diesem Beteiligten anstelle des Vorlesens zur Durchsicht vorgelegt werden; in der Niederschrift soll festgestellt werden, dass dies geschehen ist. [2]Hat der Beteiligte die Niederschrift eigenhändig unterschrieben, so wird vermutet, dass sie ihm zur Durchsicht vorgelegt und von ihm genehmigt worden ist.

§ 24. [Besonderheiten für hör- und sprachbehinderte Beteiligte, mit denen eine schriftliche Verständigung nicht möglich ist] (1) [1]Vermag ein Beteiligter nach seinen Angaben oder nach der Überzeugung des Notars nicht hinreichend zu hören oder zu sprechen und sich auch nicht schriftlich zu verständigen, so soll der Notar dies in der Niederschrift feststellen. [2]Wird in der Niederschrift eine solche Feststellung getroffen, so muss zu der Beurkundung eine Person zugezogen werden, die sich mit dem behinderten Beteiligten zu verständigen vermag und mit deren Zuziehung er nach der Überzeugung des Notars einverstanden ist; in der Niederschrift soll festgestellt werden, dass dies geschehen ist. [3]Zweifelt der Notar an der Möglichkeit der Verständigung zwischen der zugezogenen Person und dem Beteiligten, so soll er dies in der Niederschrift feststellen. [4]Die Niederschrift soll auch von der zugezogenen Person unterschrieben werden.

(2) Die Beurkundung von Willenserklärungen ist insoweit unwirksam, als diese darauf gerichtet sind, der nach Absatz 1 zugezogenen Person einen rechtlichen Vorteil zu verschaffen.

(3) Das Erfordernis, nach § 22 einen Zeugen oder zweiten Notar zuzuziehen, bleibt unberührt.

§ 25. [Schreibunfähige] [1]Vermag ein Beteiligter nach seinen Angaben oder nach der Überzeugung des Notars seinen Namen nicht zu schreiben, so muss bei dem Vorlesen und der Genehmigung ein Zeuge oder ein zweiter Notar zugezogen werden, wenn nicht bereits nach § 22 ein Zeuge oder ein zweiter Notar zugezogen worden ist. [2]Diese Tatsachen sollen in der Niederschrift festgestellt werden. [3]Die Niederschrift muss von dem Zeugen oder dem zweiten Notar unterschrieben werden.

§ 26. [Verbot der Mitwirkung als Zeuge oder zweiter Notar] (1) Als Zeuge oder zweiter Notar soll bei der Beurkundung nicht zugezogen werden, wer
1. selbst beteiligt ist oder durch einen Beteiligten vertreten wird,
2. aus einer zu beurkundenden Willenserklärung einen rechtlichen Vorteil erlangt,
3. mit dem Notar verheiratet ist,
3 a. mit ihm eine Lebenspartnerschaft führt
    oder
4. mit ihm in gerader Linie verwandt ist oder war.
 (2) Als Zeuge soll bei der Beurkundung ferner nicht zugezogen werden, wer
1. zu dem Notar in einem ständigen Dienstverhältnis steht,
2. minderjährig ist,
3. geisteskrank oder geistesschwach ist,
4. nicht hinreichend zu hören, zu sprechen oder zu sehen vermag,
5. nicht schreiben kann oder
6. der deutschen Sprache nicht hinreichend kundig ist; dies gilt nicht im Falle des § 5 Abs. 2, wenn der Zeuge der Sprache der Niederschrift hinreichend kundig ist.

5. Besonderheiten für Verfügungen von Todes wegen

§ 27. [Begünstigte Personen] Die §§ 7, 16 Abs. 3 Satz 2, § 24 Abs. 2, § 26 Abs. 1 Nr. 2 gelten entsprechend für Personen, die in einer Verfügung von Todes wegen bedacht oder zum Testamentsvollstrecker ernannt werden.

§ 28. [Feststellungen über die Geschäftsfähigkeit] Der Notar soll seine Wahrnehmungen über die erforderliche Geschäftsfähigkeit des Erblassers in der Niederschrift vermerken.

§ 29. [Zeugen, zweiter Notar] [1]Auf Verlangen der Beteiligten soll der Notar bei der Beurkundung bis zu zwei Zeugen oder einen zweiten Notar zuziehen und dies in der Niederschrift vermerken. [2]Die Niederschrift soll auch von diesen Personen unterschrieben werden.

§ 30. [Übergabe einer Schrift] [1]Wird eine Verfügung von Todes wegen durch Übergabe einer Schrift errichtet, so muss die Niederschrift auch die Feststellung enthalten, dass die Schrift übergeben worden ist. [2]Die Schrift soll derart gekennzeichnet werden, dass eine Verwechslung ausgeschlossen ist. [3]In der Niederschrift soll vermerkt werden, ob die Schrift offen oder verschlossen übergeben worden ist. [4]Von dem Inhalt einer offen übergebenen Schrift soll der Notar Kenntnis nehmen, sofern er der Sprache, in der die Schrift verfasst ist, hinreichend kundig ist; § 17 ist anzuwenden. [5]Die Schrift soll der Niederschrift beigefügt werden; einer Verlesung der Schrift bedarf es nicht.

§ 31. (aufgehoben)

§ 32. [Sprachunkundige] [1]Ist ein Erblasser, der dem Notar seinen letzten Willen mündlich erklärt, der Sprache, in der die Niederschrift aufgenommen wird, nicht hinreichend kundig und ist dies in der Niederschrift festgestellt, so muss eine schriftliche Übersetzung angefertigt werden, die der Niederschrift beigefügt werden soll. [2]Der Erblasser kann hierauf verzichten; der Verzicht muss in der Niederschrift festgestellt werden.

§ 33. [Besonderheiten beim Erbvertrag] Bei einem Erbvertrag gelten die §§ 30 bis 32 entsprechend auch für die Erklärung des anderen Vertragschließenden.

§ 34. [Verschließung, Verwahrung] (1) [1]Die Niederschrift über die Errichtung eines Testaments soll der Notar in einen Umschlag nehmen und diesen mit dem Prägesiegel verschließen. [2]In den Umschlag sollen auch die nach den §§ 30 bis 32 beigefügten Schriften genommen werden. [3]Auf dem Umschlag soll der Notar den Erblasser seiner Person nach näher bezeichnen und angeben, wann das Testament errichtet worden ist; diese Aufschrift soll der Notar unterschreiben. [4]Der Notar soll veranlassen, dass das Testament unverzüglich in besondere amtliche Verwahrung gebracht wird.

(2) Beim Abschluss eines Erbvertrages gilt Absatz 1 entsprechend, sofern nicht die Vertrag-schließenden die besondere amtliche Verwahrung ausschließen; dies ist im Zweifel anzunehmen, wenn der Erbvertrag mit einem anderen Vertrag in derselben Urkunde verbunden wird.

(3) Haben die Beteiligten bei einem Erbvertrag die besondere amtliche Verwahrung aus-geschlossen, so bleibt die Urkunde in der Verwahrung des Notars.

§ 34a. [Mitteilungs- und Ablieferungspflichten] (1) Der Notar übermittelt nach Errichtung einer erbfolgerelevanten Urkunde im Sinne von § 78d Absatz 2 Satz 1 der Bundesnotarord-nung die Verwahrangaben im Sinne von § 78d Absatz 2 Satz 2 der Bundesnotarordnung unverzüglich elektronisch an die das Zentrale Testamentsregister führende Registerbehörde (Bundesnotarkammer). Die Mitteilungspflicht nach Satz 1 besteht auch bei jeder Beurkun-dung von Änderungen erbfolgerelevanter Urkunden.

(2) Wird ein in die notarielle Verwahrung genommener Erbvertrag gemäß § 2300 Absatz 2, § 2256 Absatz 1 des Bürgerlichen Gesetzbuchs zurückgegeben, teilt der Notar dies der Registerbehörde mit.

(3) Befindet sich ein Erbvertrag in der Verwahrung des Notars, liefert der Notar ihn nach Eintritt des Erbfalls an das Nachlassgericht ab, in dessen Verwahrung er danach verbleibt. Enthält eine sonstige Urkunde Erklärungen, nach deren Inhalt die Erbfolge geändert werden kann, so teilt der Notar diese Erklärungen dem Nachlassgericht nach dem Eintritt des Erbfalls in beglaubigter Abschrift mit.

§ 35. [Niederschrift ohne Unterschrift des Notars] Hat der Notar die Niederschrift über die Errichtung einer Verfügung von Todes wegen nicht unterschrieben, so ist die Beurkundung aus diesem Grunde nicht unwirksam, wenn er die Aufschrift auf dem verschlossenen Umschlag unterschrieben hat.

Dritter Abschnitt
Sonstige Beurkundungen

1. Niederschriften

§ 36. [Grundsatz] Bei der Beurkundung anderer Erklärungen als Willenserklärungen sowie sonstiger Tatsachen oder Vorgänge muss eine Niederschrift aufgenommen werden, soweit in § 39 nichts anderes bestimmt ist.

§ 37. [Inhalt der Niederschrift] (1) [1]Die Niederschrift muss enthalten
1. die Bezeichnung des Notars sowie
2. den Bericht über seine Wahrnehmungen.

[2]Der Bericht des Notars in einem Schriftstück, auf das in der Niederschrift verwiesen und das dieser beigefügt wird, gilt als in der Niederschrift selbst enthalten. [3]Satz 2 gilt entsprechend, wenn der Notar unter Verwendung von Karten, Zeichnungen oder Abbildungen seinen Bericht erstellt.

(2) In der Niederschrift sollen Ort und Tag der Wahrnehmungen des Notars sowie Ort und Tag der Errichtung der Urkunde angegeben werden.

(3) § 13 Abs. 3 gilt entsprechend.

§ 38. [Eide, eidesstattliche Versicherungen] (1) Bei der Abnahme von Eiden und bei der Aufnahme eidesstattlicher Versicherungen gelten die Vorschriften über die Beurkundung von Willenserklärungen entsprechend.

(2) Der Notar soll über die Bedeutung des Eides oder der eidesstattlichen Versicherung belehren und dies in der Niederschrift vermerken.

2. Vermerke

§ 39. [Einfache Zeugnisse] Bei der Beglaubigung einer Unterschrift oder eines Handzeichens oder der Zeichnung einer Namensunterschrift, bei der Feststellung des Zeitpunkts, zu dem eine Privaturkunde vorgelegt worden ist, bei Bescheinigungen über Eintragungen in öffentli-chen Registern, bei der Beglaubigung von Abschriften, Abdrucken, Ablichtungen und derglei-chen (Abschriften) und bei sonstigen einfachen Zeugnissen genügt anstelle einer Niederschrift eine Urkunde, die das Zeugnis, die Unterschrift und das Präge- oder Farbdrucksiegel (Siegel) des Notars enthalten muss und Ort und Tag der Ausstellung angeben soll (Vermerk).

§ 39a. [Einfache elektronische Zeugnisse] (1) Beglaubigungen und sonstige Zeugnisse im Sinne des § 39 können elektronisch errichtet werden. Das hierzu erstellte Dokument muss mit einer qualifizierten elektronischen Signatur versehen werden. Diese soll auf einem Zertifikat beruhen, das auf Dauer prüfbar ist. Der Notar muss die Signatur selbst erzeugen und die elektronischen Signaturerstellungsdaten selbst verwalten.

(2) Mit dem Zeugnis muss eine Bestätigung der Notareigenschaft durch die zuständige Stelle verbunden werden. Das Zeugnis soll Ort und Tag der Ausstellung angeben.

(3) Bei der Beglaubigung eines elektronischen Dokuments, das mit einer qualifizierten elektronischen Signatur versehen ist, soll das Ergebnis der Signaturprüfung dokumentiert werden.

§ 40. [Beglaubigung einer Unterschrift] (1) Eine Unterschrift soll nur beglaubigt werden, wenn sie in Gegenwart des Notars vollzogen oder anerkannt wird.

(2) Der Notar braucht die Urkunde nur darauf zu prüfen, ob Gründe bestehen, seine Amtstätigkeit zu versagen.

(3) [1]Der Beglaubigungsvermerk muss auch die Person bezeichnen, welche die Unterschrift vollzogen oder anerkannt hat. [2]In dem Vermerk soll angegeben werden, ob die Unterschrift vor dem Notar vollzogen oder anerkannt worden ist.

(4) § 10 Absatz 1, 2 und 3 Satz 1 gilt entsprechend.

(5) [1]Unterschriften ohne zugehörigen Text soll der Notar nur beglaubigen, wenn dargelegt wird, dass die Beglaubigung vor der Festlegung des Urkundeninhalts benötigt wird. [2]In dem Beglaubigungsvermerk soll angegeben werden, dass bei der Beglaubigung ein durch die Unterschrift gedeckter Text nicht vorhanden war.

(6) Die Absätze 1 bis 5 gelten für die Beglaubigung von Handzeichen entsprechend.

§ 41. [Beglaubigungen der Zeichnung einer Namensunterschrift] [1]Bei der Beglaubigung der Zeichnung einer Namensunterschrift, die zur Aufbewahrung beim Gericht bestimmt ist, muss die Zeichnung in Gegenwart des Notars vollzogen werden, dies soll in dem Beglaubigungsvermerk festgestellt werden. [2]Der Beglaubigungsvermerk muss auch die Person angeben, welche gezeichnet hat. [3]§ 10 Absatz 1, 2 und 3 Satz 1 gilt entsprechend.

§ 42. [Beglaubigung einer Abschrift] (1) Bei der Beglaubigung der Abschrift einer Urkunde soll festgestellt werden, ob die Urkunde eine Urschrift, eine Ausfertigung, eine beglaubigte oder einfache Abschrift ist.

(2) Finden sich in einer dem Notar vorgelegten Urkunde Lücken, Durchstreichungen, Einschaltungen, Änderungen oder unleserliche Worte, zeigen sich Spuren der Beseitigung von Schriftzeichen, insbesondere Radierungen, ist der Zusammenhang einer aus mehreren Blättern bestehenden Urkunde aufgehoben oder sprechen andere Umstände dafür, dass der ursprüngliche Inhalt der Urkunde geändert worden ist, so soll dies in dem Beglaubigungsvermerk festgestellt werden, sofern es sich nicht schon aus der Abschrift ergibt.

(3) Enthält die Abschrift nur den Auszug aus einer Urkunde, so soll in dem Beglaubigungsvermerk der Gegenstand des Auszugs angegeben und bezeugt werden, dass die Urkunde über diesen Gegenstand keine weiteren Bestimmungen enthält.

(4) Bei der Beglaubigung eines Ausdrucks eines elektronischen Dokuments, das mit einer qualifizierten elektronischen Signatur versehen ist, soll das Ergebnis der Signaturprüfung dokumentiert werden.

§ 43. [Feststellung des Zeitpunktes der Vorlegung einer privaten Urkunde] Bei der Feststellung des Zeitpunktes, zu dem eine private Urkunde vorgelegt worden ist, gilt § 42 Abs. 2 entsprechend.

Vierter Abschnitt
Behandlung der Urkunden

§ 44. [Verbindung mit Schnur und Prägesiegel] [1]Besteht eine Urkunde aus mehreren Blättern, so sollen diese mit Schnur und Prägesiegel verbunden werden. [2]Das Gleiche gilt für Schriftstücke sowie für Karten, Zeichnungen oder Abbildungen, die nach § 9 Abs. 1 Satz 2, 3, §§ 14, 37 Abs. 1 Satz 2, 3 der Niederschrift beigefügt worden sind.

§ 44a. [Änderungen in den Urkunden] (1) Zusätze und sonstige, nicht nur geringfügige Änderungen sollen am Schluss vor den Unterschriften oder am Rande vermerkt und im letzteren Falle von dem Notar besonders unterzeichnet werden. Ist der Niederschrift ein Schriftstück nach § 9 Abs. 1 Satz 2, den §§ 14, 37 Abs. 1 Satz 2 beigefügt, so brauchen Änderungen in dem beigefügten Schriftstück nicht unterzeichnet zu werden, wenn aus der Niederschrift hervorgeht, dass sie genehmigt worden sind.

(2) Offensichtliche Unrichtigkeiten kann der Notar auch nach Abschluss der Niederschrift durch einen von ihm zu unterschreibenden Nachtragsvermerk richtigstellen. Der Nachtragsvermerk ist am Schluss nach den Unterschriften oder auf einem besonderen, mit der Urkunde zu verbindenden Blatt niederzulegen und mit dem Datum der Richtigstellung zu versehen. Ergibt sich im Übrigen nach Abschluss der Niederschrift die Notwendigkeit einer Änderung oder Berichtigung, so hat der Notar hierüber eine besondere Niederschrift aufzunehmen.

§ 45. [Aushändigung der Urschrift] (1) Die Urschrift der notariellen Urkunde bleibt, wenn sie nicht auszuhändigen ist, in der Verwahrung des Notars.

(2) ¹Die Urschrift einer Niederschrift soll nur ausgehändigt werden, wenn dargelegt wird, dass sie im Ausland verwendet werden soll und sämtliche Personen zustimmen, die eine Ausfertigung verlangen können. ²In diesem Fall soll die Urschrift mit dem Siegel versehen werden; ferner soll eine Ausfertigung zurückbehalten und auf ihr vermerkt werden, an wen und weshalb die Urschrift ausgehändigt worden ist. ³Die Ausfertigung tritt an die Stelle der Urschrift.

(3) Die Urschrift einer Urkunde, die in der Form eines Vermerks verfasst ist, ist auszuhändigen, wenn nicht die Verwahrung verlangt wird.

§ 46. [Ersetzung der Urschrift] (1) ¹Ist die Urschrift einer Niederschrift ganz oder teilweise zerstört worden oder abhanden gekommen und besteht Anlass, sie zu ersetzen, so kann auf einer noch vorhandenen Ausfertigung oder beglaubigten Abschrift oder einer davon gefertigten beglaubigten Abschrift vermerkt werden, dass sie an die Stelle der Urschrift tritt. ²Der Vermerk kann mit dem Beglaubigungsvermerk verbunden werden. ³Er soll Ort und Zeit der Ausstellung angeben und muss unterschrieben werden.

(2) Die Urschrift wird von der Stelle ersetzt, die für die Erteilung einer Ausfertigung zuständig ist.

(3) ¹Vor der Ersetzung der Urschrift soll der Schuldner gehört werden, wenn er sich in der Urkunde der sofortigen Zwangsvollstreckung unterworfen hat. ²Von der Ersetzung der Urschrift sollen die Personen, die eine Ausfertigung verlangen können, verständigt werden, soweit sie sich ohne erhebliche Schwierigkeiten ermitteln lassen.

§ 47. [Ausfertigung] Die Ausfertigung der Niederschrift vertritt die Urschrift im Rechtsverkehr.

§ 48. [Zuständigkeit für die Erteilung der Ausfertigung] ¹Die Ausfertigung erteilt, soweit bundes- oder landesrechtlich nichts anderes bestimmt ist, die Stelle, welche die Urschrift verwahrt. ²Wird die Urschrift bei einem Gericht verwahrt, so erteilt der Urkundsbeamte der Geschäftsstelle die Ausfertigung.

§ 49. [Form der Ausfertigung] (1) ¹Die Ausfertigung besteht in einer Abschrift der Urschrift, die mit dem Ausfertigungsvermerk versehen ist. ²Sie soll in der Überschrift als Ausfertigung bezeichnet sein.

(2) ¹Der Ausfertigungsvermerk soll den Tag und den Ort der Erteilung angeben, die Person bezeichnen, der die Ausfertigung erteilt wird und die Übereinstimmung der Ausfertigung mit der Urschrift bestätigen. ²Er muss unterschrieben und mit dem Siegel der erteilenden Stelle versehen sein.

(3) Werden Abschriften von Urkunden mit der Ausfertigung durch Schnur und Prägesiegel verbunden oder befinden sie sich mit dieser auf demselben Blatt, so genügt für die Beglaubigung dieser Abschrift der Ausfertigungsvermerk; dabei soll entsprechend § 42 Abs. 3 und, wenn die Urkunde, von denen die Abschriften hergestellt sind, nicht zusammen mit der Urschrift der ausgefertigten Urkunde verwahrt werden, auch entsprechend § 42 Abs. 1, 2 verfahren werden.

(4) Auf der Urschrift soll vermerkt werden, wem und an welchem Tage eine Ausfertigung erteilt worden ist.

(5) ¹Die Ausfertigung kann auf Antrag auch auszugsweise erteilt werden. ²§ 42 Abs. 3 ist entsprechend anzuwenden.

§ 50. [Übersetzungen] (1) [1]Ein Notar kann die deutsche Übersetzung einer Urkunde mit der Bescheinigung der Richtigkeit und Vollständigkeit versehen, wenn er die Urkunde selbst in fremder Sprache errichtet hat oder für die Erteilung einer Ausfertigung der Niederschrift zuständig ist. [2]Für die Bescheinigung gilt § 39 entsprechend. [3]Der Notar soll die Bescheinigung nur erteilen, wenn er der fremden Sprache hinreichend kundig ist.

(2) [1]Eine Übersetzung, die mit einer Bescheinigung nach Absatz 1 versehen ist, gilt als richtig und vollständig. [2]Der Gegenbeweis ist zulässig.

(3) [1]Von einer derartigen Übersetzung können Ausfertigungen und Abschriften erteilt werden. [2]Die Übersetzung soll in diesem Fall zusammen mit der Urschrift verwahrt werden.

§ 51. [Recht auf Ausfertigungen, Abschriften und Einsicht] (1) Ausfertigungen können verlangen
1. bei Niederschriften über Willenserklärungen jeder, der eine Erklärung im eigenen Namen abgegeben hat oder in dessen Namen eine Erklärung abgegeben worden ist,
2. bei anderen Niederschriften jeder, der die Aufnahme der Urkunde beantragt hat,
sowie die Rechtsnachfolger dieser Personen.

(2) Die in Absatz 1 genannten Personen können gemeinsam in der Niederschrift oder durch besondere Erklärung gegenüber der zuständigen Stelle etwas anderes bestimmen.

(3) Wer Ausfertigungen verlangen kann, ist auch berechtigt, einfache oder beglaubigte Abschriften zu verlangen und die Urschrift einzusehen.

(4) Mitteilungspflichten, die aufgrund von Rechtsvorschriften gegenüber Gerichten oder Behörden bestehen, bleiben unberührt.

§ 52. [Vollstreckbare Ausfertigungen] Vollstreckbare Ausfertigungen werden nach den dafür bestehenden Vorschriften erteilt. (vgl. § 724 ff. ZPO)

§ 53. [Einreichung beim Grundbuchamt oder Registergericht] Sind Willenserklärungen beurkundet worden, die beim Grundbuchamt oder Registergericht einzureichen sind, so soll der Notar dies veranlassen, sobald die Urkunde eingereicht werden kann, es sei denn, dass alle Beteiligten gemeinsam etwas anderes verlangen; auf die mit einer Verzögerung verbundenen Gefahren soll der Notar hinweisen.

§ 54. [Rechtsmittel] (1) Gegen die Ablehnung der Erteilung der Vollstreckungsklausel oder einer Amtshandlung nach den §§ 45, 46, 51 sowie gegen die Ersetzung einer Urschrift ist die Beschwerde gegeben.

(2) [1]Für das Beschwerdeverfahren gelten die Vorschriften des Gesetzes über das Verfahren in Familiensachen und in den Angelegenheiten der freiwilligen Gerichtsbarkeit. [2]Über die Beschwerde entscheidet eine Zivilkammer des Landgerichts, in dessen Bezirk die Stelle, gegen die sich die Beschwerde richtet, ihren Sitz hat.

Sechster Abschnitt
Verwahrung

§ 57 [Antrag auf Verwahrung] (1) Der Notar darf Bargeld zur Aufbewahrung oder zur Ablieferung an Dritte nicht entgegennehmen.

(2) Der Notar darf Geld zur Verwahrung nur entgegennehmen, wenn
1. hierfür ein berechtigtes Sicherungsinteresse der am Verwahrungsgeschäft beteiligten Personen besteht,
2. ihm ein Antrag auf Verwahrung, verbunden mit einer Verwahrungsanweisung, vorliegt, in der hinsichtlich der Masse und ihrer Erträge der Anweisende, der Empfangsberechtigte sowie die zeitlichen und sachlichen Bedingungen der Verwahrung und die Auszahlungsvoraussetzungen bestimmt sind,
3. er den Verwahrungsantrag und die Verwahrungsanweisung angenommen hat.

(3) Der Notar darf den Verwahrungsantrag nur annehmen, wenn die Verwahrungsanweisung den Bedürfnissen einer ordnungsgemäßen Geschäftsabwicklung und eines ordnungsgemäßen Vollzugs der Verwahrung sowie dem Sicherungsinteresse aller am Verwahrungsgeschäft beteiligten Personen genügt.

(4) Die Verwahrungsanweisung sowie deren Änderung, Ergänzung oder Widerruf bedürfen der Schriftform.

(5) Auf der Verwahrungsanweisung hat der Notar die Annahme mit Datum und Unterschrift zu vermerken, sofern die Verwahrungsanweisung nicht Gegenstand einer Niederschrift (§§ 8, 36) ist, die er selbst oder sein amtlich bestellter Vertreter aufgenommen hat.

(6) Die Absätze 3 bis 5 gelten entsprechend für Treuhandaufträge, die dem Notar im Zusammenhang mit dem Vollzug des der Verwahrung zu Grunde liegenden Geschäfts von Personen erteilt werden, die an diesem nicht beteiligt sind.

§ 58 [Durchführung der Verwahrung] (1) Der Notar hat anvertraute Gelder unverzüglich einem Sonderkonto für fremde Gelder (Notaranderkonto) zuzuführen. Der Notar ist zu einer bestimmten Art der Anlage nur bei einer entsprechenden Anweisung der Beteiligten verpflichtet. Fremdgelder sowie deren Erträge dürfen auch nicht vorübergehend auf einem sonstigen Konto des Notars oder eines Dritten geführt werden.

(2) Das Notaranderkonto muss bei einem im Inland zum Geschäftsbetrieb befugten Kreditinstitut oder der Deutschen Bundesbank eingerichtet sein. Die Anderkonten sollen bei Kreditinstituten in dem Amtsbereich des Notars oder den unmittelbar angrenzenden Amtsgerichtsbezirken desselben Oberlandesgerichtsbezirks eingerichtet werden, sofern in der Anweisung nicht ausdrücklich etwas anderes vorgesehen wird oder eine andere Handhabung sachlich geboten ist. Für jede Verwahrungsmasse muss ein gesondertes Anderkonto geführt werden. Sammelanderkonten sind nicht zulässig.

(3) Über das Notaranderkonto darf nur der Notar persönlich, dessen amtlich bestellter Vertreter oder der Notariatsverwalter verfügen. Satz 1 gilt für den mit der Aktenverwahrung gemäß § 51 Abs. 1 Satz 2 betrauten Notar entsprechend, soweit ihm die Verfügungsbefugnis über Anderkonten übertragen worden ist. Die Landesregierungen oder die von ihnen bestimmten Stellen werden ermächtigt, durch Rechtsverordnung zu bestimmen, dass Verfügungen auch durch einen entsprechend bevollmächtigten anderen Notar oder im Land Baden-Württemberg durch Notariatsabwickler erfolgen dürfen. Verfügungen sollen nur erfolgen, um Beträge unverzüglich dem Empfangsberechtigten oder einem von diesem schriftlich benannten Dritten zuzuführen. Sie sind grundsätzlich im bargeldlosen Zahlungsverkehr durchzuführen, sofern nicht besondere berechtigte Interessen der Beteiligten die Auszahlung in bar oder mittels Bar- oder Verrechnungsscheck gebieten. Die Gründe für eine Bar- oder Scheckauszahlung sind von dem Notar zu vermerken. Die Bar- oder Scheckauszahlung ist durch den berechtigten Empfänger oder einen von ihm schriftlich Beauftragten nach Feststellung der Person zu quittieren. Verfügungen zu Gunsten von Privat- oder Geschäftskonten des Notars sind lediglich zur Bezahlung von Kostenforderungen aus dem zu Grunde liegenden Amtsgeschäft unter Angabe des Verwendungszwecks und nur dann zulässig, wenn hierfür eine notarielle Kostenrechnung erteilt und dem Kostenschuldner zugegangen ist und Auszahlungsreife des verwahrten Betrages zu Gunsten des Kostenschuldners gegeben ist.

(4) Eine Verwahrung soll nur dann über mehrere Anderkonten durchgeführt werden, wenn dies sachlich geboten ist und in der Anweisung ausdrücklich bestimmt ist.

(5) Schecks sollen unverzüglich eingelöst oder verrechnet werden, soweit sich aus den Anweisungen nichts anderes ergibt. Der Gegenwert ist nach den Absätzen 2 und 3 zu behandeln.

§ 60 [Widerruf] (1) Den schriftlichen Widerruf einer Anweisung hat der Notar zu beachten, soweit er dadurch Dritten gegenüber bestehende Amtspflichten nicht verletzt.

(2) Ist die Verwahrungsanweisung von mehreren Anweisenden erteilt, so ist der Widerruf darüber hinaus nur zu beachten, wenn er durch alle Anweisenden erfolgt.

(3) Erfolgt der Widerruf nach Absatz 2 nicht durch alle Anweisenden und wird er darauf gegründet, dass das mit der Verwahrung durchzuführende Rechtsverhältnis aufgehoben, unwirksam oder rückabzuwickeln sei, soll sich der Notar jeder Verfügung über das Verwahrungsgut enthalten. Der Notar soll alle an dem Verwahrungsgeschäft beteiligten Personen im Sinne des § 57 hiervon unterrichten. Der Widerruf wird jedoch unbeachtlich, wenn

1. eine spätere übereinstimmende Anweisung vorliegt oder
2. der Widerrufende nicht innerhalb einer von dem Notar festzusetzenden angemessenen Frist dem Notar nachweist, dass ein gerichtliches Verfahren zur Herbeiführung einer übereinstimmenden Anweisung rechtshängig ist oder
3. dem Notar nachgewiesen wird, dass die Rechtshängigkeit der nach Nummer 2 eingeleiteten Verfahren entfallen ist.

(4) Die Verwahrungsanweisung kann von den Absätzen 2 und 3 abweichende oder ergänzende Regelungen enthalten.

(5) § 15 Abs. 2 der Bundesnotarordnung bleibt unberührt.

§ 61 [Absehen von Auszahlungen] Der Notar hat von der Auszahlung abzusehen und alle an dem Verwahrungsgeschäft beteiligten Personen im Sinne des § 57 hiervon zu unterrichten, wenn

1. hinreichende Anhaltspunkte dafür vorliegen, dass er bei Befolgung der unwiderruflichen Weisung an der Erreichung unerlaubter oder unredlicher Zwecke mitwirken würde oder
2. einem Auftraggeber im Sinne des § 57 durch die Auszahlung des verwahrten Geldes ein unwiederbringlicher Schaden erkennbar droht.

§ 62 [Verwahrung von Wertpapieren und Kostbarkeiten] (1) Die §§ 57, 60 und 61 gelten entsprechend für die Verwahrung von Wertpapieren und Kostbarkeiten.

(2) Der Notar ist berechtigt, Wertpapiere und Kostbarkeiten auch einer Bank im Sinne des § 58 Absatz 2 in Verwahrung zu geben und ist nicht verpflichtet, von ihm verwahrte Wertpapiere zu verwalten, soweit in der Verwahrungsanweisung nichts anderes bestimmt ist.

Siebter Abschnitt
Schlussvorschriften

(nicht abgedruckt)

3 Dienstordnung für Notarinnen und Notare (DONot) (Fassung 2008)

Einführung

Die Dienstordnung für Notarinnen und Notare ist eine bundeseinheitliche Verwaltungsvorschrift, die von den Landesjustizministern gemeinschaftlich erarbeitet und von den einzelnen Ländern in nahezu gleich lautenden Fassungen als allgemeine Verfügung der Justizminister verkündet wurde.

Die DONot stellt eine wichtige Ergänzung der Bundesnotarordnung dar und regelt den praktischen Ablauf der Arbeiten im Notariat, insbesondere

- *Bücher der Notarin/des Notars:* Urkundenrolle § 8, Erbvertragsverzeichnis § 9, Namensverzeichnis § 13, Anderkontenliste § 12 Abs. 5, Verwahrungsbuch § 11, Massenbuch § 12 DONot
- *Akten der Notarin/des Notars:* Urkundensammlung § 18, Nebenakten § 22, Wechselprotestsammlung § 21, Generalakte § 23 DONot
- *Übersichten zum Jahresende:* Geschäftsübersicht, Verwahrungsübersicht § 24 ff. DONot
- *Herstellung der Urkunden* (§ 28 ff. DONot).

Der nachstehende Abdruck enthält die *für alle Bundesländer gleich lautende Fassung.* Abweichungen der einzelnen Bundesländer sind unbedeutend; sie können im Internet eingesehen werden unter www.bnotk.de oder www.dnoti.de.

Übersicht

1. Abschnitt. Amtsführung im Allgemeinen

§ 1   Amtliche Unterschrift
§ 2   Amtssiegel
§ 2 a Qualifizierte elektronische Signatur
§ 3   Amtsschild, Namensschild
§ 4   Verpflichtung der bei der Notarin oder dem Notar beschäftigten Personen
§ 5   Führung der Unterlagen, Dauer der Aufbewahrung

2. Abschnitt. Bücher und Verzeichnisse

§ 6   Allgemeines
§ 7   Bücher
§ 8   Urkundenrolle
§ 9   Erbvertragsverzeichnis
§ 10   Gemeinsame Vorschriften für das Verwahrungsbuch und das Massenbuch
§ 11   Eintragungen im Verwahrungsbuch
§ 12   Eintragungen im Massenbuch; Anderkontenliste
§ 13   Namensverzeichnisse
§ 14   Führung der Bücher in Loseblattform
§ 15   Dokumentationen zur Einhaltung von Mitwirkungsverboten
§ 16   Kostenregister
§ 17   Automationsgestützte Führung der Bücher und Verzeichnisse

3. Abschnitt. Führung der Akten

§ 18   Aufbewahrung von Urkunden (Urkundensammlung)
§ 19   Urkunden, deren Urschriften nicht notariell verwahrt werden
§ 20   Verfügungen von Todes wegen und sonstige erbfolgerelevante Urkunden
§ 21   Wechsel- und Scheckproteste
§ 22   Nebenakten (Blattsammlungen und Sammelakten)
§ 23   Generalakten

4. Abschnitt. Erstellung von Übersichten

§ 24   Übersichten über die Urkundsgeschäfte
§ 25   Übersichten über die Verwahrungsgeschäfte

5. Abschnitt. Ergänzende Regelungen zur Abwicklung der Urkundsgeschäfte und der Verwahrungsgeschäfte

§ 26   Feststellung und Bezeichnung der Beteiligten bei der Beurkundung
§ 27   Verwahrungsgeschäfte

6. Abschnitt. Herstellung der notariellen Urkunden

§ 28   Allgemeines
§ 29   Herstellung der Urschriften, Ausfertigungen und beglaubigten Abschriften

§ 30   Heften von Urkunden
§ 31   Siegeln von Urkunden

7. Abschnitt. Prüfung der Amtsführung

§ 32

8. Abschnitt. Notariatsverwaltung und Notarvertretung

§ 33

9. Abschnitt. In-Kraft-Treten

§ 34

1. Abschnitt
Amtsführung im Allgemeinen

§ 1. [Amtliche Unterschrift] [1]Notarinnen und Notare haben die Unterschrift, die sie bei Amtshandlungen anwenden, der Präsidentin oder dem Präsidenten des Landgerichts einzureichen. [2]Der Vorname braucht in der Regel nicht beigefügt zu werden. [3]Bei der Unterschrift soll die Amtsbezeichnung angegeben werden.

§ 2. [Amtssiegel] (1) [1]Notarinnen und Notare führen Amtssiegel (als Farbdrucksiegel und als Prägesiegel in Form der Siegelpresse und des Petschafts für Lacksiegel) nach den jeweiligen landesrechtlichen Vorschrifen. [2]Die Umschrift enthält den Namen der Notarin oder des Notars nebst den Worten „Notarin in ... (Ort)" oder „Notar in ... (Ort)".

(2) Ein Abdruck eines jeden Siegels ist der Präsidentin oder dem Präsidenten des Landgerichts einzureichen.

(3) [1]Die Notarinnen und Notare haben dafür zu sorgen, dass die Amtssiegel nicht missbraucht werden können. [2]Verlust oder Umlauf einer Fälschung sind der Präsidentin oder dem Präsidenten des Landgerichts unverzüglich anzuzeigen.

§ 2a. [Qualifizierte elektronische Signatur] (1) [1]Errichten Notarinnen und Notare Urkunden in elektronischer Form, haben sie hierfür eine Signaturkarte eines akkreditierten Zertifizierungsdiensteanbieters zu verwenden. [2]Sie haben sich im Zertifizierungsverfahren durch eine öffentliche Beglaubigung ihrer Unterschrift unter den Antrag zu identifizieren. [3]Die Signaturen müssen mindestens dem technischen Standard ISIS-MTT entsprechen.

(2) Das Notarattribut muss neben der Notareigenschaft auch Amtssitz und das Land, in dem das Notaramt ausgeübt wird, sowie die zuständige Notarkammer enthalten.

(3) [1]Bei Verlust der Signaturkarte haben die Notarinnen und Notare eine sofortige Sperrung des qualifizierten Zertifikats beim Zertifizierungsdiensteanbieter zu veranlassen. [2]Der Verlust der Signaturkarte ist unverzüglich der Präsidentin oder dem Präsidenten des Landgerichts und der Notarkammer anzuzeigen. [3]Mit der Anzeige ist ein Nachweis über die Sperrung des qualifizierten Zertifikats vorzulegen.

§ 3. [Amtsschild, Namensschild] (1) [1]Notarinnen und Notare sind berechtigt, am Eingang zu der Geschäftsstelle und an dem Gebäude, in dem sich die Geschäftsstelle befindet, ein Amtsschild anzubringen.

[2]Das Amtsschild enthält das Landeswappen und die Aufschrift „Notarin" oder „Notar" oder beide Amtsbezeichnungen.

(2) [1]Notarinnen und Notare können auch Namensschilder anbringen. [2]Ist kein Amtsschild angebracht, so muss durch ein Namensschild auf die Geschäftsstelle hingewiesen werden. [3]Auf dem Namensschild kann das Landeswappen geführt werden, wenn der Bezug zu dem Notaramt und zu der dieses Amt ausübenden Person auch bei mehreren Berufsangaben deutlich wird.

§ 4. [Verpflichtung der bei der Notarin oder dem Notar beschäftigten Personen]*
(1) Notarinnen und Notare haben die Niederschrift über die Verpflichtung der bei ihnen beschäftigten Personen (§ 26 BNotO i. V. m. § 1 des Verpflichtungsgesetzes) bei den Generalakten aufzubewahren **(Muster 9 (Seite 199))**.

---

* Siehe Anhang zur DONot, Muster 9 (Seite 199)

(2) Die Verpflichtung nach § 26 BNotO hat auch zu erfolgen, wenn zwischen denselben Personen bereits früher ein Beschäftigungsverhältnis bestanden hat oder Beschäftigte einer anderen Notarin oder eines anderen Notars übernommen worden sind.

§ 5. [Führung der Unterlagen, Dauer der Aufbewahrung] (1) [1]Notarinnen und Notare führen die folgenden Bücher und Verzeichnisse:
1. die Urkundenrolle,
2. das Verwahrungsbuch,
3. das Massenbuch,
4. das Erbvertragsverzeichnis,
5. die Anderkontenliste,
6. die Namensverzeichnisse zur Urkundenrolle und zum Massenbuch,
7. Dokumentationen zur Einhaltung von Mitwirkungsverboten,
8. im Bereich der Notarkasse in München und der Landesnotarkasse in Leipzig das Kostenregister.

[2]Sie führen folgende Akten:
1. die Urkundensammlung,
2. Sammelbände für Wechsel- und Scheckproteste,
3. die Nebenakten,
4. die Generalakten.

(2) Notarinnen und Notare erstellen jährliche Geschäftsübersichten und Übersichten über die Verwahrungsgeschäfte.

(3) [1]Die Unterlagen sind in der Geschäftsstelle zu führen. [2]Im Rahmen der elektronischen Datenverwaltung bedient sich der Notar zur automationsgestützten Führung der Bücher und Verzeichnisse der hierfür nach § 27 Absatz 3 betriebenen Systeme und darf die für die Führung dieser Bücher und Verzeichnisse erforderlichen Daten auf diesen Systemen verarbeiten; die Vertraulichkeit und Integrität der Daten sind durch geeignete Verfahren nach dem jeweiligen Stand der Technik sicherzustellen. [3]Der Notar hat eine Bescheinigung des Systembetreibers darüber einzuholen, dass es sich um ein System nach § 27 Absatz 3 handelt und welche Verfahren zur Anwendung kommen. [4]Zur Führung der Unterlagen dürfen nur Personen herangezogen werden, die bei der Notarin oder dem Notar beschäftigt sind; die Beauftragung dritter Personen oder Stellen ist unzulässig.

(4) [1]Für die Dauer der Aufbewahrung der Unterlagen gilt Folgendes:
– Urkundenrolle, Erbvertragsverzeichnis, Namensverzeichnis zur Urkundenrolle und Urkundensammlung einschließlich der gesondert aufbewahrten Erbverträge (§ 18 Abs. 4): 100 Jahre,
– Verwahrungsbuch, Massenbuch, Namensverzeichnis zum Massenbuch, Anderkontenliste, Generalakten: 30 Jahre,
– Nebenakten: 7 Jahre; die Notarin oder der Notar kann spätestens bei der letzten inhaltlichen Bearbeitung schriftlich eine längere Aufbewahrungsfrist bestimmen, z.B. bei Verfügungen von Todes wegen oder im Falle der Regressgefahr; die Bestimmung kann auch generell für einzelne Arten von Rechtsgeschäften wie z.B. Verfügungen von Todes wegen getroffen werden,
– Sammelbände für Wechsel- und Scheckproteste: 5 Jahre.

[2]Abschriften der Verfügungen von Todes wegen, die gemäß § 16 Abs. 1 Satz 5 der Dienstordnung für Notare in der ab 01.01.1985 geltenden Fassung zu den Nebenakten genommen worden sind, sind abweichend von Satz 1 100 Jahre aufzubewahren. [3]Die vor dem 01.01.1950 entstandenen Unterlagen sind abweichend von den in Satz 1 Spiegelstrich 1 und in Satz 2 genannten Fristen bis auf Weiteres dauernd aufzubewahren; eine Pflicht zur Konservierung besteht nicht. [4]Die Aufbewahrungsfrist beginnt mit dem ersten Tage des auf die letzte inhaltliche Bearbeitung folgenden Kalenderjahres. [5]Nach Ablauf der Aufbewahrungsfrist sind die Unterlagen zu vernichten, sofern nicht im Einzelfall ihre weitere Aufbewahrung erforderlich ist.

2. Abschnitt

Bücher und Verzeichnisse

§ 6. [Allgemeines] (1) Die Führung der Bücher und Verzeichnisse erfolgt auf dauerhaftem Papier; andere Datenträger sind lediglich Hilfsmittel.

(2) Bücher und Verzeichnisse können in gebundener Form oder in Loseblattform geführt werden.

(3) [1]Muster, welche durch die Dienstordnung vorgeschrieben sind, dürfen im Format (z. B. Hoch- oder Querformat, Breite der Spalten) geändert werden. [2]Abweichungen von der Gestaltung bedürfen der Genehmigung der Aufsichtsbehörde.

§ 7. [Bücher] (1) [1]Bücher in gebundener Form sind in festem Einband herzustellen, mit einem Titelblatt zu versehen und von Seite zu Seite fortlaufend zu nummerieren. [2]Auf dem Titelblatt sind der Name der Notarin oder des Notars und der Amtssitz anzugeben. [3]Bevor Urkundenrolle und Verwahrungsbuch in Gebrauch genommen werden, hat die Notarin oder der Notar auf dem Titelblatt unter Beifügung von Datum, Unterschrift und Farbdrucksiegel die Seitenzahl des Buches festzustellen (**Muster 1, Seite 187**).

(2) Zusätze und sonstige Änderungen dürfen in den Büchern nur so vorgenommen werden, dass die ursprüngliche Eintragung lesbar bleibt; sie sind durch einen von der Notarin oder dem Notar zu datierenden und zu unterschreibenden Vermerk auf der Seite, auf der die Änderung eingetragen ist, zu bestätigen.

§ 8. [Urkundenrolle] (1) In die Urkundenrolle sind einzutragen:

1. Niederschriften gemäß § 8 BeurkG;
2. Niederschriften gemäß § 36 BeurkG, auch, soweit hierfür Sonderregelungen zu beachten sind;
   ausgenommen sind Wechsel- und Scheckproteste;
3. Niederschriften gemäß § 38 BeurkG;
4. Vermerke gemäß § 39 BeurkG, welche enthalten:
   - die Beglaubigung einer Unterschrift oder eines Handzeichens,
   - die Beglaubigung der Zeichnung einer Namensunterschrift;
4a. Elektronische Vermerke gemäß § 39 a BeurkG, die Beglaubigung einer elektronischen Signatur enthalten;
5. Vermerke gemäß § 39 BeurkG, welche enthalten:
   - die Feststellung des Zeitpunktes, zu dem eine Privaturkunde vorgelegt worden ist,
   - sonstige einfache Zeugnisse;
   ausgenommen sind solche Vermerke gemäß Nr. 5, die im Zusammenhang mit einer anderen Beurkundung erteilt und auf die betreffende Urschrift oder eine Ausfertigung oder ein damit zu verbindendes Blatt gesetzt werden;
5a. Elektronische Vermerke gemäß § 39a BeurkG, welche enthalten:
   - die Feststellung des Zeitpunkts, zu dem eine Privaturkunde oder ein privates elektronisches Zeugnis vorgelegt worden ist,
   - sonstige einfache Zeugnisse im Sinne des § 39 BeurkG.
6. Vollstreckbarerklärungen gemäß § 796 c Abs. 1, § 1053 Abs. 4 ZPO;
7. die Einigung, das Abschlussprotokoll, die Vertragsbeurkundung und die Vertragsbestätigung gemäß § 98 Abs. 2 Satz 1, § 99 Satz 1, § 96 Abs. 3 Satz 1 und § 96 Abs. 5 Satz 2 SachenRBerG.

(2) Die Urkundenrolle ist nach dem **Muster 2** zu führen (**Seite 188**).

(3) Die Eintragungen in die Urkundenrolle sind zeitnah, spätestens 14 Tage nach der Beurkundung in ununterbrochener Reihenfolge vorzunehmen und für jedes Kalenderjahr mit fortlaufenden Nummern zu versehen (Spalte 1).

(4) In Spalte 2a ist aufzuführen, wo das notarielle Amtsgeschäft vorgenommen worden ist. Ist das Amtsgeschäft in der Geschäftsstelle vorgenommen worden, genügt der Vermerk „Geschäftsstelle", anderenfalls sind die genaue Bezeichnung des Ortes, an dem das Amtsgeschäft vorgenommen wurde, und dessen Anschrift aufzuführen.

(5) [1]In Spalte 3 sind aufzuführen
- bei notariellen Niederschriften nach §§ 8 und 38 BeurkG die Erschienenen, deren Erklärungen beurkundet worden sind,
- bei Beglaubigungen (§§ 39, 39 a, 40, 41 BeurkG) diejenigen, welche die Unterschrift, die elektronische Signatur, das Handzeichen oder die Zeichnung vollzogen oder anerkannt haben,
- bei Vollstreckbarerklärungen (§ 796 c Abs. 1, § 1053 Abs. 4 ZPO) die Parteien,
- bei Amtshandlungen nach dem Sachenrechtsbereinigungsgesetz (§ 98 Abs. 2 Satz 1, § 99 Satz 1, § 96 Abs. 3 Satz 1, § 96 Abs. 5 Satz 2 SachenRBerG) die Beteiligten i. S. dieses Gesetzes,
- bei allen übrigen Beurkundungen (§§ 36, 39, 43 BeurkG) diejenigen, welche die Beurkundung veranlasst haben.
[2]Anzugeben sind der Familienname, bei Abweichungen vom Familiennamen auch der Geburtsname, der Wohnort oder der Sitz und bei häufig vorkommenden Familiennamen weitere der Unterscheidung dienende Angaben. [3]Sind gemäß Satz 1 mehr als zehn Personen aufzuführen, genügt eine zusammenfassende Bezeichnung. [4]In Vertretungsfällen sind die Vertreterinnen und Vertreter sowie die Vertretenen aufzuführen; bei Beurkundungen in gesellschaftsrechtlichen Angelegenheiten ist auch die Gesellschaft aufzuführen.

(6) [1]In Spalte 4 ist der Gegenstand des Geschäfts in Stichworten so genau zu bezeichnen, dass dieses deutlich unterscheidbar beschrieben wird. [2]Bei Beglaubigungen ist anzugeben, ob die Notarin oder der Notar den Entwurf der Urkunde gefertigt hat oder nicht; bei Beglaubigungen mit Entwurf ist der Gegenstand der entworfenen Urkunde aufzuführen, bei Beglaubigungen ohne Entwurf kann der Gegenstand der Urkunde aufgeführt werden. [3]Gebräuchliche Abkürzungen können verwendet werden.

(7) [1]Urkunden, in denen der Inhalt einer in der Urkundenrolle eingetragenen Urkunde berichtigt, geändert, ergänzt oder aufgehoben wird, erhalten eine neue Nummer; in Spalte 5 ist jeweils wechselseitig auf die Nummer der anderen Urkunde zu verweisen, z. B. mit den Worten „Vgl. Nr. …" [2]Wird eine Urkunde bei einer anderen verwahrt (§ 18 Abs. 2), so ist in Spalte 5 bei der späteren Urkunde auf die frühere zu verweisen, z. B. mit den Worten „Verwahrt bei Nr. …".

§ 9. [Erbvertragsverzeichnis] (1) [1]Notarinnen und Notare haben über die Erbverträge, die sie gemäß § 34 Abs. 3 BeurkG in Verwahrung nehmen (§ 18 Abs. 1, 4, § 20 Abs. 2 bis 5), ein Verzeichnis zu führen. [2]Die Eintragungen sind zeitnah, spätestens 14 Tage nach der Beurkundung, in ununterbrochener Reihenfolge vorzunehmen und jahrgangsweise mit laufenden Nummern zu versehen. [3]In das Verzeichnis sind einzutragen:
1. die Namen der Erblasserinnen und Erblasser,
2. ihr Geburtsdatum,
3. der Tag der Beurkundung,
4. die Nummer der Urkundenrolle.

(2) Anstelle des Verzeichnisses können Ausdrucke der Bestätigungen der Registerbehörde über die Registrierungen der Erbverträge im Zentralen Testamentsregister in einer Kartei in zeitlicher Reihenfolge geordnet und mit laufenden Nummern versehen aufbewahrt werden; § 20 Abs. 2 bleibt unberührt.

(3) Wird der Erbvertrag später in besondere amtliche Verwahrung gebracht oder an das Amtsgericht abgeliefert (§ 20 Abs. 4 und 5), sind das Gericht und der Tag der Abgabe in das Erbvertragsverzeichnis oder die Kartei nach Absatz 2 einzutragen.

§ 10. [Gemeinsame Vorschriften für das Verwahrungsbuch und das Massenbuch] (1) [1]Verwahrungsmassen, welche Notarinnen und Notare gemäß § 23 BNotO, §§ 54 a, 54 e BeurkG entgegennehmen, sind in das Verwahrungsbuch und in das Massenbuch einzutragen. [2]Nicht eingetragen werden müssen
- Geldbeträge, die Notarinnen und Notare als Protestbeamtinnen oder Protestbeamte empfangen haben, wenn sie unverzüglich an die Berechtigten herausgegeben werden,
- Hypotheken-, Grundschuld- und Rentenschuldbriefe,
- Wechsel und Schecks, welche Notarinnen und Notare zwecks Erhebung des Protestes erhalten haben.

(2) Jede Einnahme und jede Ausgabe sind sowohl im Verwahrungsbuch als auch im Massenbuch noch am Tage der Einnahme oder der Ausgabe unter diesem Datum

einzutragen; Umbuchungen zwischen einem Giroanderkonto und einem Festgeldanderkonto, die für dieselbe Verwahrungsmasse eingerichtet worden sind, sind weder als Einnahme noch als Ausgabe einzutragen; es kann jedoch durch einen Vermerk im Massenbuch auf sie hingewiesen werden.

(3) [1]Bei bargeldlosem Zahlungsverkehr sind die Eintragungen unter dem Datum des Eingangs der Kontoauszüge oder der Mitteilung über Zinsgutschriften oder Spesenabrechnungen noch an dem Tag vorzunehmen, an dem diese bei der Notarin oder dem Notar eingehen. [2]Bei bargeldlosem Zahlungsverkehr über das System der elektronischen Notaranderkontenführung sind die Eintragungen unter dem Datum des Abrufs der Umsatzdaten am Tag des Abrufs vorzunehmen; Notare haben die Umsätze unverzüglich abzurufen, wenn sie schriftlich oder elektronisch Kenntnis von neuen Umsätzen erlangt haben. [3]Kontoauszüge oder Mitteilungen sind mit dem Eingangsdatum zu versehen.

(4) Schecks sind an dem Tage, an dem die Notarin oder der Notar den Scheck entgegengenommen hat, unter diesem Datum einzutragen; stellt sich ein Scheck, der als Zahlungsmittel zur Einlösung übergeben wurde, als ungedeckt heraus, ist er als Ausgabe aufzuführen.

§ 11. [Eintragungen im Verwahrungsbuch] (1) Das Verwahrungsbuch ist nach dem **Muster 3** zu führen **(Seiten 190–191)**.

(2) Die Eintragungen sind unter einer durch das Kalenderjahr fortlaufenden Nummer vorzunehmen (Spalte 1).

(3) [1]Geldbeträge sind in Ziffern einzutragen (Spalte 4) und aufzurechnen, sobald die Seite vollbeschrieben ist; das Ergebnis einer Seite ist sogleich auf die folgende Seite zu übertragen. [2]Bei Sparbüchern und Schecks, die als Zahlungsmittel übergeben werden, sind die Nennbeträge in Spalte 4 aufzuführen; in Spalte 5 sind die Bezeichnung der Sparbücher und deren Nummer oder die Nummer der Schecks und die Bezeichnung des Kreditinstituts anzugeben. [3]Wertpapiere werden gemäß § 12 Abs. 3 Satz 3 eingetragen oder nur nach der Gattung und dem Gesamtbetrag bezeichnet, Zins-, Renten- und Gewinnanteilscheine oder Erneuerungsscheine sind kurz zu vermerken (Spalte 5).

(4) Bei jeder Eintragung in das Verwahrungsbuch ist auf die entsprechende Eintragung im Massenbuch zu verweisen (Spalte 6).

(5) [1]Das Verwahrungsbuch ist am Schluss des Kalenderjahres abzuschließen und der Abschluss ist von der Notarin oder dem Notar unter Angabe von Ort, Tag und Amtsbezeichnung zu unterschreiben. [2]Der Überschuss der Einnahmen über die Ausgaben ist in das nächste Jahr zu übertragen.

§ 12. [Eintragungen im Massenbuch; Anderkontenliste] (1) Das Massenbuch ist nach dem **Muster 5** zu führen **(Seiten 194–195)**.

(2) [1]In das Massenbuch ist jede Verwahrungsmasse mit den zugehörigen Einnahmen und Ausgaben gesondert unter jährlich laufender Nummer einzutragen; Name und Anderkontennummer sowie ggf. Festgeldanderkontennummer des beauftragten Kreditinstituts sind zu vermerken. [2]Den Eintragungen, welche dieselbe Verwahrungsmasse betreffen, sind die Bezeichnung der Masse, die laufende Nummer und die Nummer der Urkundenrolle voranzustellen.

(3) [1]Geldbeträge sind für die einzelnen Massen gesondert aufzurechnen (Spalte 4). [2]Schecks und Sparbücher sind entsprechend § 11 Abs. 3 Satz 2 zu behandeln. [3]Wertpapiere werden nach der Gattung, dem Nennbetrag, der Stückzahl, den Serien und den Nummern eingetragen, Zins-, Renten- und Gewinnanteilscheine oder Erneuerungsscheine sind durch Angabe der Fälligkeitstermine oder Nummern näher zu bezeichnen (Spalte 5).

(4) Am Schluss des Kalenderjahres ist für jede nicht erledigte Masse der Saldo von Einnahmen und Ausgaben zu bilden; die Summe der Salden ist dem Abschluss im Verwahrungsbuch gegenüberzustellen und entsprechend § 11 Abs. 5 Satz 1 zu unterschreiben.

(5) [1]Notarinnen und Notare haben ein Verzeichnis der Kreditinstitute zu führen, bei denen Anderkonten oder Anderdepots (§ 54 b BeurkG) eingerichtet sind (Anderkontenliste). [2]Bei Anlegung der Masse sind in das Verzeichnis einzutragen:
1. die Anschrift des Kreditinstituts,
2. die Nummer des Anderkontos bzw. Anderdepots,
3. die Nummer der Masse,
4. der Zeitpunkt des Beginns des Verwahrungsgeschäfts.

[3]Einzutragen sind ferner die Nummer eines Festgeldanderkontos und der Zeitpunkt der Beendigung des Verwahrungsgeschäfts.

(6) Ist eine Masse abgewickelt, so sind die zu ihr gehörenden Eintragungen in Massenbuch und Anderkontenliste zu röten oder auf andere eindeutige Weise zu kennzeichnen.

§ 13. [Namensverzeichnisse] (1) [1]Notarinnen und Notare haben zu Urkundenrolle und Massenbuch alphabetische Namensverzeichnisse zu führen, die das Auffinden der Eintragungen ermöglichen. [2]Die Namensverzeichnisse können auch fortlaufend, für mehrere Bände gemeinsam oder für Urkundenrolle und Massenbuch gemeinsam geführt werden.

(2) Die Eintragungen im Namensverzeichnis sind zeitnah, spätestens zum Vierteljahresschluss vorzunehmen.

(3) Für die Eintragungen im Namensverzeichnis zur Urkundenrolle gilt § 8 Abs. 5 entsprechend.

(4) In das Namensverzeichnis zum Massenbuch sind die Auftraggeber, bei Vollzug eines der Verwahrung zu Grunde liegenden Geschäfts nur die an diesem Geschäft Beteiligten einzutragen.

§ 14. [Führung der Bücher in Loseblattform] (1) [1]Urkundenrolle und Verwahrungsbuch können auch als Buch mit herausnehmbaren Einlageblättern geführt werden. [2]In diesem Fall ist das Verwahrungsbuch nach dem **Muster 4 (Seite 192)** zu führen. [3]Die Einlageblätter müssen fortlaufend nummeriert sein. [4]Vollbeschriebene Einlageblätter sind in Schnellheftern oder Aktenordnern abzulegen. [5]Nach Ablauf des Kalenderjahres sind die Einlageblätter unverzüglich gemäß § 30 zu heften und zu siegeln; die Notarin oder der Notar hat dabei die in § 7 Abs. 1 Satz 3 vorgeschriebenen Feststellungen zu treffen.

(2) [1]Das Massenbuch kann auch als Kartei geführt werden. [2]In diesem Fall ist das Massenbuch nach dem **Muster 6 (Seite 196)** zu führen. [3]Soweit Notaranderkonten elektronisch geführt werden, sind in Spalte 3 des Massenbuches bei Überweisungen vom Notaranderkonto neben dem Namen des Empfängers auch dessen Bankverbindung und der Verwendungszweck der Überweisung anzugeben. [4]Und es ist bei Einzahlungen auf das Notaranderkonto neben dem Namen des Überweisenden oder des Einzahlers der Verwendungszweck anzugeben. [5]Zusätzlich zu der Nummer der Masse (§ 12 Abs. 2 Satz 1 Halbsatz 1) sind die Karteiblätter mit Seitenzahlen zu versehen. [6]Die Karteiblätter sind in der Folge der Massenummern sortiert und getrennt nach erledigten und nicht erledigten Massen aufzubewahren.

§ 15. [Dokumentationen zur Einhaltung von Mitwirkungsverboten] [1]Die Vorkehrungen zur Einhaltung der Mitwirkungsverbote nach § 3 Abs. 1 Nr. 7 und Nr. 8 erste Alternative, Abs. 2 BeurkG genügen § 28 BNotO, wenn sie zumindest die Identität der Personen, für welche die Notarin oder der Notar oder eine Person i. S. v. § 3 Abs. 1 Nr. 4 BeurkG außerhalb ihrer Amtstätigkeit bereits tätig war oder die oder welche die Notarin oder der Notar oder eine Person i. S. v. § 3 Abs. 1 Nr. 4 BeurkG bevollmächtigt haben, zweifelsfrei erkennen lassen und den Gegenstand der Tätigkeit in ausreichend kennzeichnender Weise angeben. [2]Die Angaben müssen einen Abgleich mit der Urkundenrolle und den Namensverzeichnissen im Hinblick auf die Einhaltung der Mitwirkungsverbote ermöglichen. [3]Soweit die Notarin oder der Notar Vorkehrungen, die diese Voraussetzungen erfüllen, zur Einhaltung anderer gesetzlicher Regelungen trifft, sind zusätzliche Vorkehrungen nicht erforderlich.

§ 16. [Kostenregister] Notarinnen und Notare im Bereich der Notarkasse in München und der Ländernotarkasse in Leipzig führen ein Kostenregister.

§ 17. [Automationsgestützte Führung der Bücher und Verzeichnisse] (1) [1]Werden Bücher und Verzeichnisse automationsgestützt geführt, dürfen die jeweils eingesetzten notarspezifischen Fachanwendungen und ihre Fortschreibungen keine Verfahren zur nachträglichen Veränderung der mit dem Ausdruck abgeschlossenen Eintragungen enthalten. [2]Die Notarin oder der Notar hat eine Bescheinigung des Erstellers darüber einzuholen, dass die jeweils eingesetzte Anwendung solche Veränderungen nicht ermöglicht. [3]Jeweils an dem Tage, an dem bei herkömmlicher Führung die Eintragung vorzunehmen wäre (§ 8 Abs. 3, § 10 Abs. 2 Halbsatz 1, Absatz 3 Satz 1 und 2, Absatz 4 Halbsatz 1, § 12 Abs. 6), müssen die Daten abgespeichert und ausgedruckt werden; wenn dabei Wiederholungen früherer Ausdrucke zuvor nicht abgeschlossener Seiten entstehen, sind diese zu vernichten, im Übrigen die wiederholenden Ausdrucke bereits abgeschlossener Seiten. [4]Die voll beschriebenen Seiten bilden das Buch; für sie gilt § 14.

(2) [1]Werden Namensverzeichnisse, Anderkontenliste oder Erbvertragsverzeichnis automationsgestützt geführt, müssen die Daten jeweils an dem Tage abgespeichert werden, an dem bei herkömmlicher Führung die Eintragung vorzunehmen wäre (§ 9 Abs. 1 Satz 2, § 12 Abs. 5 Satz 2 und 3, Abs. 6, § 13 Abs. 2). [2]Anderkontenliste und Erbvertragsverzeichnis sind nach der Speicherung, Namensverzeichnisse zum Jahresschluss auszudrucken. [3]Frühere Ausdrucke sind zu vernichten.

(3) Änderungen in den Büchern sind gemäß § 7 Abs. 2 vorzunehmen, der Vermerk braucht jedoch erst bei Ausdruck der vollbeschriebenen oder abgeschlossenen Seite datiert und unterschrieben zu werden.

3. Abschnitt
Führung der Akten

§ 18. [Aufbewahrung von Urkunden (Urkundensammlung)] (1) [1]Die von der Notarin oder dem Notar verwahrten Urschriften (§ 45 Abs. 1, Abs. 3 BeurkG; § 34 Abs. 3 Satz 1 BeurkG; § 796 c Abs. 1; § 1053 Abs. 4 ZPO; § 98 Abs. 2 Satz 1; § 99 Satz 1; § 96 Abs. 3 Satz 1; § 96 Abs. 5 Satz 2 SachenRBerG), Ausfertigungen (§ 45 Abs. 2 Satz 2 und 3 BeurkG) und Abschriften (§§ 19, 20 Abs. 1 Satz 3 und 4, Abs. 3 Satz 1) sowie die Vermerkblätter über herausgegebene Urkunden (§ 20 Abs. 1 Satz 1 und 2) sind nach der Nummernfolge der Urkundenrolle geordnet in einer Urkundensammlung aufzubewahren. Die Urschrift des für vollstreckbar erklärten Anwaltsvergleichs sowie eine beglaubigte Abschrift des Schiedsspruchs mit vereinbartem Wortlaut sind bei der Vollstreckbarerklärung aufzubewahren.

(2) [1]Urkunden oder andere Unterlagen können einer anderen Urkunde angeklebt oder angeheftet (§ 30) und bei der Haupturkunde aufbewahrt werden,
– wenn sie ihrem Inhalt nach mit der in der Sammlung befindlichen Haupturkunde derart zusammenhängen, dass sie ohne neue von den Beteiligten in zweckdienlicher Weise nicht verwendet werden können (z. B. Vertragsannahme-, Auflassungs- oder Genehmigungserklärungen),
– wenn sie für die Rechtswirksamkeit oder die Durchführung des in der Haupturkunde beurkundeten Rechtsvorgangs bedeutsam sind (z. B. Genehmigungen, behördliche Beschlüsse und Bescheinigungen, Erbscheine, Eintragungsmitteilungen),
– wenn in ihnen der Inhalt der in der Sammlung befindlichen Haupturkunde berichtigt, geändert, ergänzt oder aufgehoben wird (vgl. § 8 Abs. 6); werden sie nicht mit der Haupturkunde verbunden, so ist bei der Haupturkunde durch einen Vermerk auf sie zu verweisen; der Vermerk ist in die späteren Ausfertigungen und Abschriften zu übernehmen.
[2]Nachweise über die Vertretungsberechtigung, die gemäß § 12 BeurkG einer Niederschrift beigefügt werden, sind dieser anzukleben oder anzuheften (§ 30) sowie mit ihr aufzubewahren. [3]In die Urkundensammlung ist an der Stelle der bei der Haupturkunde verwahrten Urkunde ein Hinweisblatt oder eine Abschrift, auf der ein Hinweis auf die Haupturkunde anzubringen ist, aufzunehmen.

(3) Die verbundenen Urkunden können in die Ausfertigungen und Abschriften der Haupturkunde aufgenommen werden.

(4) [1]Erbverträge, die in der Verwahrung der Notarin oder des Notars bleiben (§ 34 Abs. 3 Satz 1 BeurkG), können abweichend von Absatz 1 gesondert aufbewahrt werden. [2]Für die Urkundensammlung ist ein Vermerk entsprechend § 20 Abs. 1 oder eine beglaubigte Abschrift zu fertigen; beglaubigte Abschriften sind in verschlossenem Umschlag zur Urkundensammlung zu nehmen, es sei denn, dass die Beteiligten sich mit der offenen Aufbewahrung schriftlich einverstanden erklären.

§ 19. [Urkunden, deren Urschriften nicht notariell verwahrt werden] (1) Haben Notarinnen oder Notare eine Urkunde entworfen und Unterschriften oder Handzeichen darunter beglaubigt, so haben sie eine Abschrift der Urkunde für ihre Urkundensammlung zurückzubehalten; soweit Mitteilungspflichten gegenüber den Finanzämtern bestehen, ist ein Vermerk über die Absendung der Anzeige auf die Abschrift zu setzen.

(2) [1]Bei Urkunden, die gemäß § 8 Abs. 1 in die Urkundenrolle eingetragen werden, die aber weder in Urschrift noch in Abschrift bei der Notarin oder dem Notar zurückbleiben, z. B. bei Unterschriftsbeglaubigungen und sonstigen einfachen Zeugnissen (§ 45 Abs. 3 BeurkG), ist

eine Abschrift der Urkunde oder ein Vermerkblatt zu der Urkundensammlung zu bringen. [2]Das Vermerkblatt muss die Nummer der Urkundenrolle, die Angaben nach § 8 Abs. 5 und 6 und die Abschrift der Kostenberechnung enthalten und ist von der Notarin oder dem Notar zu unterschreiben.

(3) Die Abschriften müssen nur beglaubigt werden, wenn dies nach anderen Vorschriften erforderlich ist.

(4) Für elektronische Vermerke über die Beglaubigung von elektronischen Signaturen gelten die Absätze 1 bis 3, für sonstige elektronische Vermerke die Absätze 2 und 3 entsprechend, wobei an die Stelle der Abschrift ein Ausdruck des elektronischen Dokuments tritt.

§ 20. [Verfügungen von Todes wegen und sonstige erbfolgerelevante Urkunden]

(1) [1]Über jede Verfügung von Todes wegen, welche Notarinnen oder Notare dem Amtsgericht zur besonderen amtlichen Verwahrung abliefern (§ 34 Abs. 1 und 2 BeurkG, § 344 Abs. 1 und 3 FamFG), haben sie für ihre Urkundensammlung ein Vermerkblatt anzufertigen und zu unterschreiben, das Namen, Geburtsdatum, Geburtsort mit Postleitzahl und Wohnort der Erblasserin oder des Erblassers bzw. der Vertragschließenden – gegebenenfalls auch der zweiten Notarin oder des zweiten Notars oder der Urkundenzeugen – enthält sowie Angaben darüber, in welcher Form (§§ 2232, 2276 BGB) die Verfügung von Todes wegen errichtet worden ist und wann und an welches Amtsgericht sie abgeliefert wurde. [2]Auf das Vermerkblatt ist die Nummer der Urkundenrolle zu setzen. [3]Auf Wunsch der Erblasserin oder des Erblassers oder der Vertragschließenden soll eine beglaubigte Abschrift der Verfügung von Todes wegen zurückbehalten werden. [4]Sie ist in einem verschlossenen Umschlag zu der Urkundensammlung zu nehmen, es sei denn, dass die Beteiligten sich mit der offenen Aufbewahrung schriftlich einverstanden erklären. [5]Die beglaubigte Abschrift ist auf Wunsch den Beteiligten auszuhändigen.

(2) Ein Ausdruck der Bestätigung der Registerbehörde über jede Registrierung zu einer erbfolgerelevanten Urkunde im Sinne von § 78b Abs. 2 Satz 1 BNotO im Zentralen Testamentsregister ist in der Urkundensammlung bei der Urkunde, deren beglaubigter Abschrift oder dem Vermerkblatt (§ 18 Abs. 4 Satz 2, § 20 Abs. 1 Satz 1 und 2) aufzubewahren.

(3) [1]Bei der Rückgabe eines Erbvertrages aus der notariellen Verwahrung hat die Notarin oder der Notar die Erfüllung der ihr oder ihm obliegenden Pflichten gemäß § 2300 Abs. 2, § 2256 Abs. 1 Satz 2 des BGB auf dem nach § 18 Abs. 4 Satz 2 in der Urkundensammlung verwahrten Vermerkblatt oder der beglaubigten Abschrift aktenkundig zu machen. [2]Wurde der Erbvertrag bislang nicht gesondert aufbewahrt, gilt bei der Rückgabe § 18 Abs. 4 Satz 2 entsprechend. [3]Die Anfertigung eines Vermerkblattes ist entbehrlich, wenn über die Rückgabe des Erbvertrages eine Urkunde in der gesetzlich vorgesehenen Form errichtet wird. [4]Die gemäß Satz 1 zu fertigende Aktennotiz ist von der Notarin oder dem Notar unter Angabe des Datums zu unterzeichnen; sie muss die Personen, an die der Erbvertrag zurückgegeben wird, gemäß § 26 Abs. 2 bezeichnen. [5]Ein Ausdruck der Bestätigung der Registerbehörde über die Registrierung der Rückgabe im Zentralen Testamentsregister ist in der Urkundensammlung bei dem Vermerkblatt oder der beglaubigten Abschrift oder bei der Urkunde nach Satz 3 aufzubewahren. [6]Die Rücknahme und der Tag der Rückgabe sind in das Erbvertragsverzeichnis oder die Kartei nach § 9 Abs. 2 einzutragen.

(4) Bei Ablieferung eines Erbvertrages nach Eintritt des Erbfalls (§ 34a Abs. 3 Satz 1 BeurkG) nimmt die Notarin oder der Notar eine beglaubigte Abschrift der Urkunde zu der Urkundensammlung.

(5) [1]Befindet sich ein Erbvertrag seit mehr als 30 Jahren in notarieller Verwahrung, so verfahren Notarinnen und Notare nach § 351 FamFG, liefern den Erbvertrag gegebenenfalls an das Nachlassgericht zur Eröffnung ab und teilen die Ablieferung elektronisch (§ 9 ZTRV) der Registerbehörde mit, wenn zu dem Erbvertrag bereits Verwahrangaben im Zentralen Testamentsregister registriert sind. [2]Absatz 4 gilt entsprechend. Die Notarinnen und Notare haben das Erbvertragsverzeichnis oder die Kartei nach § 9 Abs. 2 am Jahresende auf diese Erbverträge hin durchzusehen und die Durchsicht und deren Ergebnis durch einen von ihnen unterzeichneten Vermerk zu bestätigen. [3]Für Erbverträge, bei denen eine Ablieferung noch nicht veranlasst war, ist das Verfahren nach § 351 FamFG spätestens alle 5 Jahre zu wiederholen.

§ 21. [Wechsel- und Scheckproteste]

[1]Die bei der Aufnahme von Wechsel- und Scheckprotesten zurückbehaltenen beglaubigten Abschriften der Protesturkunden und die über den Inhalt des Wechsels, Wechselabschrift oder des Schecks aufgenommenen Vermerke (Art. 85 Abs. 2 des Wechselgesetzes, Art. 55 Abs. 3 des Scheckgesetzes) sind nach der

zeitlichen Reihenfolge geordnet in Sammelbänden zu vereinigen. [2]Die Protestabschriften sind innerhalb eines jeden Bandes mit fortlaufenden Nummern zu versehen. [3]Die Protestabschriften und die Vermerke sind möglichst auf dasselbe Blatt zu setzen.

§ 22. [Nebenakten (Blattsammlungen und Sammelakten)] (1) Die nicht zur Urkundensammlung zu nehmenden Schriftstücke, z. B. Schriftwechsel mit den Beteiligten sowie mit den Gerichten und Behörden, werden, auch soweit sie Urkundsgeschäfte betreffen, in Blattsammlungen für jede einzelne Angelegenheit oder in Sammelakten aufbewahrt.

(2) [1]Zu den Verwahrungsgeschäften und, soweit dies zur Vorbereitung und Abwicklung des Geschäfts geboten ist, zu den Beurkundungen haben Notarinnen und Notare jeweils Blattsammlungen zu führen. [2]Für jede Verwahrungsmasse ist eine gesonderte Blattsammlung zu führen, zu der zu nehmen sind:

1. sämtliche Verwahrungsanträge und -anweisungen (§ 54 a Abs. 2 bis 4 BeurkG) im Original oder in Abschrift,
2. die Treuhandaufträge und Verwahrungsanweisungen im Original oder in Abschrift, die der Notarin oder dem Notar im Zusammenhang mit dem Vollzug des der Verwahrung zu Grunde liegenden Geschäfts erteilt worden sind (§ 54 a Abs. 6 BeurkG),
3. Änderungen oder Ergänzungen der Verwahrungsanweisungen und Treuhandaufträge im Original oder in Abschrift,
4. die Annahmeerklärungen (§ 54 a Abs. 2 Nr. 3, Abs. 5 BeurkG),
5. die mit der Nummer der Masse versehenen Belege über die Einnahmen und Ausgaben (§ 27 Abs. 4 Satz 6),
6. die mit der Nummer der Masse versehenen Kontoauszüge (§ 27 Abs. 4 Satz 6), sofern das Notaranderkonto elektronisch geführt wird, an deren Stelle die Mitteilungen über neue Umsätze,
7. eine Durchschrift der Abrechnung (§ 27 Abs. 5),
8. eine Durchschrift der an die Kostenschuldnerin oder den Kostenschuldner übersandten Kostenberechnung, wenn die Kostenberechnung nicht elektronisch aufbewahrt wird (§ 19 Abs. 6 GNotKG) und die Kosten der Masse entnommen worden sind.

§ 23. [Generalakten] (1) [1]Für Vorgänge, die die Amtsführung im Allgemeinen betreffen, sind Generalakten zu führen. [2]Sie enthalten insbesondere

– Schriftverkehr mit den Aufsichtsbehörden, z. B. zu Nebentätigkeiten, Verhinderungsfällen, Vertreterbestellungen,
– die Berichte über die Prüfung der Amtsführung und den dazugehörenden Schriftwechsel,
– Schriftverkehr mit der Notarkammer und der Notarkasse oder der Länder-notarkasse,
– Schriftverkehr mit dem Datenschutzbeauftragten und sonstige Unterlagen zum Datenschutz,
– Originale oder Ablichtungen der Unterlagen über die Berufshaftpflichtversicherung einschließlich des Versicherungsscheins und der Belege über die Prämienzahlung,
– Niederschriften über die Verpflichtungen gemäß § 26 BNotO, § 1 des Verpflichtungsgesetzes (vgl. § 4 Abs. 1),
– die Anzeigen gemäß § 27 BNotO,
– Prüfzeugnisse, Bescheinigungen und vergleichbare Erklärungen,
– mit der Zertifizierung verbundene Schriftstücke,
– Erklärungen gemäß § 27 Abs. 4 Satz 4.

(2) Die Generalakten sind entweder nach Sachgebieten geordnet zu gliedern oder mit fortlaufenden Blattzahlen und einem Inhaltsverzeichnis zu versehen.

4. Abschnitt
Erstellung von Übersichten

§ 24. [Übersichten über die Urkundsgeschäfte] (1) [1]Notarinnen und Notare haben nach Abschluss eines jeden Kalenderjahres eine Übersicht über die Urkundsgeschäfte nach dem **Muster 7 (Seite 197)** aufzustellen und in zwei Stücken bis zum 15. Februar bei der Präsidentin oder dem Präsidenten des Landgerichts einzureichen. [2]Diese lassen den Notarinnen und Notaren die erforderlichen Vordrucke zugehen.

(2) Bei der Aufstellung der Übersicht ist zu beachten:
1. Es sind alle in die Urkundenrolle eingetragenen Beurkundungen und Beschlüsse sowie die Wechsel- und Scheckproteste aufzunehmen, jede Urkunde ist nur einmal zu zählen.
2. Urkundenentwürfe sind in die Übersicht (1 a) nur dann aufzunehmen, wenn die Notarin oder der Notar Unterschriften oder Handzeichen darunter beglaubigt hat.
3. Unter 1 c sind alle vom Gericht überwiesenen Vermittlungen von Auseinandersetzungen (förmliche Vermittlungsverfahren) und die in die Urkundenrolle eingetragenen Beurkundungen und Beschlüsse nach dem Sachenrechtsbereinigungsgesetz (§ 8 Abs. 1 Nr. 7) aufzunehmen; die Beurkundung eines Auseinandersetzungsvertrages, dem ein förmliches Verfahren nicht vorausgegangen ist, ist unter 1 d zu zählen.

(3) [1]Ist eine Notarin oder ein Notar im Laufe des Jahres ausgeschieden oder ist der Amtssitz verlegt worden, so ist die Übersicht der Geschäfte von der Stelle (Notariatsverwalterin oder -verwalter, Amtsgericht, Notarin oder Notar) aufzustellen, welche die Bücher und Akten in Verwahrung genommen hat. [2]Für Notariatsverwalterinnen und -verwalter ist die Übersicht besonders aufzustellen; Satz 1 gilt entsprechend.

§ 25. [Übersichten über die Verwahrungsgeschäfte] (1) [1]Notarinnen und Notare haben nach Abschluss eines jeden Kalenderjahres der Präsidentin oder dem Präsidenten des Landgerichts eine Übersicht über den Stand ihrer Verwahrungsgeschäfte nach dem **Muster 8 (Seite 198)** bis zum 15. Februar einzureichen. Die Präsidentin oder der Präsident des Landgerichts lässt den Notarinnen und Notaren die erforderlichen Vordrucke zugehen.

(2) [1]In der Übersicht ist anzugeben:
1. unter I 1 der Bestand der am Jahresschluss verwahrten Geldbeträge, soweit die Notaranderkonten elektronisch geführt werden, ausweislich der letzten Eintragungen im Verwahrungs- und Massenbuch, im Übrigen ausweislich der am Jahresschluss vorliegenden Kontoauszüge;
2. unter I 2 der Überschuss der Einnahmen über die Ausgaben (§ 11 Abs. 5 Satz 2);
3. unter I 3 der Bestand der verwahrten Geldbeträge, nach den einzelnen Massen gegliedert;
4. unter II der Bestand der verwahrten Wertpapiere und Kostbarkeiten, nach Massen gegliedert; die Wertpapiere sind nur nach Gattung und Gesamtbetrag zu bezeichnen, Zinsscheine und dgl. sind kurz zu vermerken.
[2]Bei I 3 und II ist in der Spalte „Bemerkungen" die Art der Verwahrung genau anzugeben (Bezeichnung des Kreditinstituts, Nummer des Anderkontos, bei elektronisch geführten Notaranderkonten das Datum der letzten Eintragung im Verwahrungs- und Massenbuch, im Übrigen das Datum des letzten den Buchungen im Verwahrungs- und Massenbuch zu Grunde liegenden Kontoauszuges).

(3) Notarinnen und Notare haben auf der Übersicht zu versichern, dass sie vollständig und richtig ist und dass die unter I 3 aufgeführten Geldbeträge mit den in den Rechnungsauszügen der Kreditinstitute und gegebenenfalls in den Sparbüchern angegebenen Guthaben oder, wenn die Notaranderkonten elektronisch geführt werden, mit den im elektronisch geführten Verwahrungs- und Massenbuch angegebenen Guthaben übereinstimmen; sie haben die Übersicht zu unterschreiben.

(4) Sind am Schluss des Jahres keine Wertgegenstände in Verwahrung, so erstattet die Notarin oder der Notar Fehlanzeige.

(5) Die in Absatz 1 bezeichnete Übersicht hat die Notarin oder der Notar auch einzureichen, wenn das Amt wegen Erreichens der Altersgrenze (§ 47 Nr. 1 BNotO) oder gemäß § 47 Nrn. 2 bis 7 BNotO erlischt.

5. Abschnitt
Ergänzende Regelungen zur Abwicklung der Urkundsgeschäfte und der Verwahrungsgeschäfte

§ 26. [Feststellung und Bezeichnung der Beteiligten bei der Beurkundung]
(1) [1]Notarinnen und Notare haben bei der Beurkundung von Erklärungen und bei der Beglaubigung von Unterschriften oder Handzeichen sowie der Zeichnung einer Namensunterschrift die Person der Beteiligten mit besonderer Sorgfalt festzustellen.
(2) [1]Bei der Bezeichnung natürlicher Personen sind der Name, das Geburtsdatum, der Wohnort und die Wohnung anzugeben; weicht der zur Zeit der Beurkundung geführte Familienname von dem Geburtsnamen ab, ist auch der Geburtsname anzugeben. [2]Von der Angabe der Wohnung ist abzusehen, wenn dies in besonders gelagerten Ausnahmefällen zum Schutz

gefährdeter Beteiligter oder ihrer Haushaltsangehörigen erforderlich ist. [3]In Vertretungsfällen kann anstelle des Wohnortes und der Wohnung angegeben werden:
a) bei Vertreterinnen und Vertretern von juristischen Personen des öffentlichen und des Privatrechts die Dienst- oder Geschäftsanschrift der vertretenen Person,
b) bei Mitarbeiterinnen oder Mitarbeitern der Notarin oder des Notars die Anschrift der Geschäftsstelle der Notarin oder des Notars.

§ 27. [Verwahrungsgeschäfte] (1) Werden Wertpapiere und Kostbarkeiten verwahrt (§ 54 e BeurkG), so ist die laufende Nummer des Verwahrungsbuches auf dem Verwahrungsgut oder auf Hüllen u. Ä. anzugeben.

(2) [1]Notaranderkonten (§ 54 b Abs. 1 Satz 1, Abs. 2 BeurkG) müssen entsprechend den von der Vertreterversammlung der Bundesnotarkammer beschlossenen Bedingungen eingerichtet und geführt werden.

(3) [1]Die Führung eines Notaranderkontos mittels Datenfernübertragung ist zulässig, wenn dem jeweiligen Stand der Technik entsprechende technische und organisatorische Maßnahmen zur Gewährleistung der Vertraulichkeit, Integrität und Authentizität der Überweisungen sowie der Umsatzdaten getroffen sind (elektronische Notaranderkontenführung). [2]Das System der elektronischen Notaranderkontenführung ist nur durch solche informationstechnische Netze zugänglich, die durch die Bundesnotarkammer oder in deren Auftrag betrieben werden und die mit den Systemen der im Inland zum Geschäftsbetrieb befugten Kreditinstitute oder der Deutschen Bundesbank gesichert verbunden sind. [3]Die Landesjustizverwaltung soll weitere Zugangswege nur zulassen, sofern diese den Anforderungen der Sätze 1 und 2 entsprechen.

(4) [1]Die Ausgaben müssen durch Belege nachgewiesen werden. [2]Eigenbelege des Notars einschließlich nicht bestätigter Durchschriften des Überweisungsträgers sind auch in Verbindung mit sonstigen Nachweisen nicht ausreichend. [3]Bei Ausgaben durch Überweisung von einem Notaranderkonto ist die schriftliche Bestätigung des beauftragten Kreditinstituts erforderlich, dass es den Überweisungsauftrag jedenfalls in seinem Geschäftsbereich ausgeführt hat (Ausführungsbestätigung); die Ausführungsbestätigung muss allein oder bei Verbindung mit anderen Belegen den Inhalt des Überweisungsauftrages vollständig erkennen lassen. [4]Satz 3 gilt nicht, wenn das beauftragte Kreditinstitut vor erstmaliger Einrichtung eines elektronisch geführten Notaranderkontos schriftlich und unwiderruflich erklärt hat, dass es mit jeder elektronischen Bereitstellung der Umsatzdaten über die Ausführung einer Überweisung gleichzeitig bestätigt, den Überweisungsauftrag mit den in den Umsatzdaten enthaltenen Informationen in seinem Geschäftsbereich ausgeführt zu haben. [5]Hinsichtlich der Belege bei Auszahlungen in bar oder mittels Bar- oder Verrechnungsscheck wird auf § 54 b Abs. 3 Satz 7 BeurkG hingewiesen. [6]Die Belege über Einnahmen und Ausgaben und die Kontoauszüge werden mit der Nummer der Masse bezeichnet und zur Blattsammlung genommen (vgl. § 22 Abs. 2 Satz 2 Nrn. 5 und 6).

(5) [1]Ist eine Masse abgewickelt (vgl. § 12 Abs. 6), so ist den Auftraggebern eine Abrechnung über die Abwicklung des jeweils erteilten Auftrages zu erteilen. [2]Beim Vollzug von Grundstückskaufverträgen und vergleichbaren Rechtsgeschäften muss den beteiligten Kreditinstituten nur auf Verlangen eine Abrechnung erteilt werden.

6. Abschnitt
Herstellung der notariellen Urkunden

§ 28. [Allgemeines] (1) [1]Im Schriftbild einer Urkunde darf nichts ausgeschabt oder sonst unleserlich gemacht werden. [2]Wichtige Zahlen sind in Ziffern und Buchstaben zu schreiben.

(2) Auf der Urschrift jeder Urkunde sowie auf jeder Ausfertigung oder Abschrift hat die Notarin oder der Notar die Nummer der Urkundenrolle und die Jahreszahl anzugeben.

§ 29. [Herstellung der Urschriften, Ausfertigungen und beglaubigte Abschriften]
(1) Urschriften, Ausfertigungen und beglaubigte Abschriften notarieller Urkunden sind so herzustellen, dass sie gut lesbar, dauerhaft und fälschungssicher sind.

(2) [1]Es ist festes holzfreies weißes oder gelbliches Papier in DIN-Format zu verwenden. [2]Es dürfen ferner nur verwendet werden:
– blaue oder schwarze Tinte und Farbbänder, sofern sie handelsüblich als urkunden- oder dokumentenecht bezeichnet sind, z. B. auch unter Einsatz von Typenradschreibmaschinen oder Matrixdruckern (Nadeldruckern),
– blaue oder schwarze Pastentinten (Kugelschreiber), sofern Minen benutzt werden, die eine Herkunftsbezeichnung und eine Aufschrift tragen, die auf die DIN 16 554 oder auf die ISO 12757-2 hinweist,

- in klassischen Verfahren und in schwarzer oder dunkelblauer Druckfarbe hergestellte Drucke des Buch- und Offsetdruckverfahrens,
- in anderen Verfahren (z. B. elektrografische/elektrofotografische Herstellungsverfahren) hergestellte Drucke oder Kopien, sofern die zur Herstellung benutzte Anlage (z. B. Kopiergeräte, Laserdrucker, Tintenstrahldrucker) nach einem Prüfzeugnis der Papiertechnischen Stiftung (PTS) in Heidenau (früher der Bundesanstalt für Materialforschung und -prüfung in Berlin) zur Herstellung von Urschriften von Urkunden geeignet ist,
- Formblätter, die in den genannten Druck- oder Kopierverfahren hergestellt worden sind.

(3) Bei Unterschriftsbeglaubigungen, für Abschlussvermerke in Niederschriften, für Vermerke über die Beglaubigung von Abschriften sowie für Ausfertigungsvermerke ist der Gebrauch von Stempeln unter Verwendung von haltbarer schwarzer oder dunkelblauer Stempelfarbe zulässig.

(4) [1]Vordrucke, die der Notarin oder dem Notar von einem Urkundsbeteiligten zur Verfügung gestellt werden, müssen den Anforderungen dieser Dienstordnung an die Herstellung von Urschriften genügen; insbesondere dürfen sie keine auf den Urheber des Vordrucks hinweisenden individuellen Gestaltungsmerkmale (Namensschriftzug, Firmenlogo, Signet, Fußzeile mit Firmendaten u. Ähnl.) aufweisen; der Urheber soll am Rand des Vordruckes angegeben werden. [2]Dies gilt nicht bei Beglaubigungen ohne Entwurf.

§ 30. [Heften von Urkunden]

(1) [1]Jede Urschrift, Ausfertigung oder beglaubigte Abschrift, die mehr als einen Bogen oder ein Blatt umfasst, ist zu heften; der Heftfaden ist anzusiegeln (vgl. § 44 BeurkG). [2]Es sollen Heftfäden in den Landesfarben verwendet werden.

(2) In gleicher Weise sind Schriftstücke, die nach § 9 Abs. 1 Satz 2 und 3 BeurkG, §§ 14, 37 Abs. 1 Satz 2 und 3 BeurkG der Niederschrift beigefügt worden sind, mit dieser zu verbinden.

§ 31. [Siegeln von Urkunden]

[1]Die Siegel müssen dauerhaft mit dem Papier oder mit dem Papier und der Schnur verbunden sein und den Abdruck oder die Prägung deutlich erkennen lassen. [2]Entfernung des Siegels ohne sichtbare Spuren der Zerstörung darf nicht möglich sein. [3]Bei herkömmlichen Siegeln (Farbdrucksiegel, Prägesiegel in Lack oder unter Verwendung einer Mehloblate) ist davon auszugehen, dass die Anforderungen nach Satz 1 und 2 erfüllt sind; neue Siegelungstechniken dürfen verwendet werden, sofern sie nach einem Prüfzeugnis der Papiertechnischen Stiftung (PTS) in Heidenau die Anforderungen erfüllen.

7. Abschnitt
Prüfung der Amtsführung

§ 32. (1) Die regelmäßige Prüfung der Amtsführung der Notarinnen und Notare (§ 93 Abs. 1 Satz 1 BNotO) erfolgt in der Regel in Abständen von 4 Jahren.

(2) [1]Die Prüfung wird von der Präsidentin oder dem Präsidenten des Landgerichts (§ 92 Nr. 1 BNotO) oder Richterinnen und Richtern auf Lebenszeit, welche sie mit der Prüfung beauftragt haben, – ggf. unter Heranziehung von Beamtinnen und Beamten der Justizverwaltung (§ 93 Abs. 3 Satz 3 BNotO) – durchgeführt. [2]Die Präsidentin oder der Präsident des Oberlandesgerichts kann eine oder mehrere Richterinnen und Richter auf Lebenszeit bestellen, die im Auftrag der Präsidentinnen und Präsidenten der Landgerichte die Notarinnen und Notare im gesamten Oberlandesgerichtsbezirk prüfen.

(3) [1]Prüfungsbeauftragte, Justizbeamtinnen und -beamte sowie hinzugezogene Notarinnen und Notare (§ 93 Abs. 3 Satz 2 BNotO) berichten der Präsidentin oder dem Präsidenten des Landgerichts über das Ergebnis der Prüfung. [2]Soweit der Bericht Beanstandungen enthält, trifft die Präsidentin oder der Präsident des Landgerichts die erforderlichen Anordnungen.

8. Abschnitt
Notariatsverwaltung und Notarvertretung

§ 33. (1) Die Bestimmungen der Dienstordnung gelten auch für Notariatsverwalterinnen und Notariatsverwalter, Notarvertreterinnen und Notarvertreter.

(2) [1]Die Notariatsverwalterin und der Notariatsverwalter führen das Amtssiegel (§ 2) mit der Umschrift „…, Notariatsverwalterin in … (Ort)" oder „Notariatsverwalter in … (Ort)". [2]Die Notariatsverwalterinnen und Notariatsverwalter sollen ihrer Unterschrift einen sie kennzeichnenden Zusatz beifügen. [3]Das Notariatsverwalterattribut muss bei der Erstellung elektronischer Urkunden neben der Notariatsverwaltereigenschaft auch den Amtssitz, das Land, in dem das Verwalteramt ausgeübt wird, und die zuständige Notarkammer enthalten. [4]Der Nachweis kann auch durch eine mit qualifizierter elektronischer Signatur der zuständigen Bestellungsbehörde versehene Abschrift der Verwalterbestellungsurkunde oder eine elektronische beglaubigte Abschrift der Verwalterbestellungsurkunde geführt werden.

(3) Die Notarvertreterin führt den sie als Vertreterin kennzeichnenden Zusatz (§ 41 Abs. 1 Satz 2 BNotO) in der weiblichen Form.

(4) [1]Der Nachweis der Stellung als Notarvertreterin oder Notarvertreter muss bei der Erstellung elektronischer Urkunden den Namen der vertretenen Notarin oder des vertretenen Notars, den Amtssitz und das Land, in dem das Notaramt ausgeübt wird, enthalten. [2]Der Nachweis kann durch eine mit qualifizierter elektronischer Signatur der zuständigen Aufsichtsbehörde versehene Abschrift der Vertreterbestellungsurkunde oder eine elektronische beglaubigte Abschrift der Vertreterbestellungsurkunde geführt werden und ist mit dem zu signierenden Dokument zu verbinden.

(5) [1]Beginn und Beendigung der Notariatsverwaltung und der Vertretung sind in der Urkundenrolle zu vermerken; der Zeitpunkt des Beginns und der Beendigung sind anzugeben. [2]Dies gilt auch dann, wenn während der Notariatsverwaltung oder Vertretung keine Beurkundungen vorgenommen worden sind.

(6) [1]Notarinnen und Notare, für die eine ständige Vertreterin oder ein ständiger Vertreter bestellt ist, haben der Präsidentin oder dem Präsidenten des Landgerichts in vierteljährlichen Zusammenstellungen in zwei Stücken Anlass, Beginn und Beendigung der einzelnen Vertretungen anzuzeigen. [2]In sonstigen Vertretungsfällen ist die vorzeitige Beendigung der Vertretung unverzüglich anzuzeigen.

9. Abschnitt
In-Kraft-Treten

§ 34. [1]Diese Dienstordnung tritt am ersten Tage des sechsten auf ihre Verkündung folgenden Kalendermonats in Kraft. [2]Laufende Bücher und Verzeichnisse sind erst ab dem Beginn des auf das In-Kraft-Treten folgenden Kalenderjahres nach den Vorschriften dieser Dienstordnung zu führen. [3]Für alle Massen, die vor diesem Zeitpunkt angelegt worden sind, kann das Massenbuch nach den bis dahin geltenden Vorschriften fortgeführt werden. [4]Verwahrungsbuch, Massenbuch und die Übersicht über die Verwahrungsgeschäfte dürfen bis zum 31. Dezember 2001 in DM geführt werden; die Umstellung auf Euro erfolgt nach den von den Landesjustizverwaltungen hierzu erlassenen Bestimmungen. [5]Anderkonten und Anderdepots sind bis zum Vorliegen entsprechender Beschlüsse der Vertreterversammlung der Bundesnotarkammer nach den Empfehlungen der Spitzenverbände der Deutschen Kreditwirtschaft zu den Bedingungen für Anderkonten und Anderdepots einzurichten und zu führen.

Anlagen zur DO Not			
DONot	**Muster**		**Seite**
§ 7 Abs. 1	Muster 1	Urkundenrolle (Deckblatt)	187
§ 8 Abs. 2	Muster 2	Urkundenrolle (Inhalt)	188
§ 11 Abs. 1	Muster 3	Verwahrungsbuch (Buchform)	190–191
§ 14 Abs. 1	Muster 4	Verwahrungsbuch (Loseblattform)	192
§ 12 Abs. 1	Muster 5	Massenbuch (Buchform)	194–195
§ 14 Abs. 2	Muster 6	Massenbuch (Karteiform)	196
§ 24 Abs. 1	Muster 7	Urkundsgeschäfte	197
§ 25 Abs. 1	Muster 8	Verwahrungsgeschäfte	198
§ 4	Muster 9	Verpflichtung	199

4 Allgemeine Richtlinienempfehlungen der Bundesnotarkammer (RLNot)

vom 29. Januar 1999

Einführung

Die Bundesnotarkammer hat die nachstehenden Richtlinienempfehlungen erlassen. Auf der Basis dieser Empfehlungen haben die einzelnen Notarkammern eigene Richtlinien für die Berufsausübung erlassen. Diese Richtlinien stimmen zum größten Teil mit den Empfehlungen überein. Die genauen Richtlinien der einzelnen Notarkammern können im Internet eingesehen und heruntergeladen werden unter www.bnotk.de oder www.dnoti.de. Die Richtlinien stellen eine Ergänzung zu den gesetzlichen Vorschriften der BNotO dar und dienen dem Ansehen des Berufsstandes. Jeder Notar ist verpflichtet, seine Amtstätigkeit entsprechend dieser Grundsätze auszuüben.

Gemäß § 78 Abs. 1 Nr. 5 Bundesnotarordnung hat die Bundesnotarkammer Empfehlungen für die von den Notarkammern nach § 67 Abs. 2 Bundesnotarordnung zu erlassenden Richtlinien auszusprechen. Diese wurden durch Beschluss der Vertreterversammlung vom 29. Januar 1999 erlassen (Deutsche Notar-Zeitschrift 1999, S. 258) und zuletzt durch Beschluss vom 28. April 2006 geändert (Deutsche Notar-Zeitschrift 2006, S. 561).

Richtlinien für die Amtspflichten und sonstigen Pflichten der Mitglieder der Notarkammer

I. Wahrung der Unabhängigkeit und Unparteilichkeit des Notars

1.1. Der Notar ist unparteiischer Rechtsberater und Betreuer sämtlicher Beteiligten.

1.2. Der Notar hat auch bei der Beratung und der Erstellung von Entwürfen sowie Gutachten auf einseitigen Antrag seine Unparteilichkeit zu wahren. Dasselbe gilt für die gesetzlich zulässige Vertretung eines Beteiligten in Verfahren, insbesondere in Grundbuch- und Registersachen, in Erbscheinsverfahren, in Grunderwerbsteuer-, Erbschaft- und Schenkungsteuerangelegenheiten sowie in Genehmigungsverfahren vor Behörden und Gerichten.

2. Weitere berufliche Tätigkeiten des Notars sowie genehmigungsfreie oder genehmigte Nebentätigkeiten dürfen seine Unabhängigkeit und Unparteilichkeit nicht gefährden.

3. Der Anwaltsnotar hat rechtzeitig bei Beginn seiner Tätigkeit gegenüber den Beteiligten klarzustellen, ob er als Rechtsanwalt oder als Notar tätig wird.

II. Das nach § 14 Abs. 3 BNotO zu beachtende Verhalten

1. Der Notar hat das Beurkundungsverfahren so zu gestalten, dass die vom Gesetz mit dem Beurkundungserfordernis verfolgten Zwecke erreicht werden, insbesondere die Schutz- und Belehrungsfunktion der Beurkundung gewahrt und der Anschein der Abhängigkeit oder Parteilichkeit vermieden wird. Dies gilt insbesondere, wenn eine große Zahl gleichartiger Rechtsgeschäfte beurkundet wird, an denen jeweils dieselbe Person beteiligt ist oder durch die sie wirtschaftliche Vorteile erwirbt. Dazu gehört auch, dass den Beteiligten ausreichend Gelegenheit eingeräumt wird, sich mit dem Gegenstand der Beurkundung auseinanderzusetzen.

Demgemäß sind die nachgenannten Verfahrensweisen in der Regel unzulässig:

a) systematische Beurkundung mit vollmachtlosen Vertretern;

b) systematische Beurkundung mit bevollmächtigten Vertretern, soweit nicht durch vorausgehende Beurkundung mit dem Vollmachtgeber sichergestellt ist, dass dieser über den Inhalt des abzuschließenden Rechtsgeschäfts ausreichend belehrt werden konnte;

c) systematische Beurkundung mit Mitarbeitern des Notars als Vertreter, ausgenommen Vollzugsgeschäfte; Gleiches gilt für Personen, mit denen sich der Notar zur gemeinsamen Berufsausübung verbunden hat oder mit denen er gemeinsame Geschäftsräume unterhält;

d) systematische Aufspaltung von Verträgen in Angebot und Annahme; soweit die Aufspaltung aus sachlichen Gründen gerechtfertigt ist, soll das Angebot vom belehrungsbedürftigeren Vertragsteil ausgehen;

e) gleichzeitige Beurkundung von mehr als fünf Niederschriften bei verschiedenen Beteiligten.

2. Unzulässig ist auch die missbräuchliche Auslagerung geschäftswesentlicher Vereinbarungen in Bezugsurkunden (§ 13 a BeurkG).

III. Wahrung fremder Vermögensinteressen
1. Der Notar hat ihm anvertraute Vermögenswerte mit besonderer Sorgfalt zu behandeln und Treuhandaufträge sorgfältig auszuführen.
2. Der Notar darf nicht dulden, dass sein Amt zur Vortäuschung von Sicherheiten benutzt wird. Der Notar darf insbesondere Geld, Wertpapiere und Kostbarkeiten nicht zur Aufbewahrung oder zur Ablieferung an Dritte übernehmen, wenn der Eindruck von Sicherheiten entsteht, die durch die Verwahrung nicht gewährt werden. Anlass für eine entsprechende Prüfung besteht insbesondere, wenn die Verwahrung nicht im Zusammenhang mit einer Beurkundung erfolgt.
3. Der Notar darf ihm beruflich anvertrautes Wissen nicht zulasten von Beteiligten zum eigenen Vorteil nutzen.

IV. Pflicht zur persönlichen Amtsausübung
1. Der Notar hat sein Amt persönlich und eigenverantwortlich auszuüben.
2. Der Notar darf die zur Erzeugung seiner elektronischen Signatur erforderliche Signatureinheit von Zugangskarte und Zugangscode (sichere Signaturerstellungseinheit) nicht Mitarbeitern oder Dritten zur Verwendung überlassen. Er hat die Signatureinheit vor Missbrauch zu schützen.
3. Der Notar darf lediglich vorbereitende, begleitende und vollziehende Tätigkeiten delegieren. In jedem Fall muss es den Beteiligten möglich bleiben, sich persönlich an den Notar zu wenden. Es darf kein Zweifel daran entstehen, dass alle Tätigkeiten der Mitarbeiter vom Notar selbst verantwortet werden.
4. Der Notar ist verpflichtet, Beschäftigungsverhältnisse so zu gestalten, dass es zu keiner Beeinträchtigung oder Gefährdung der persönlichen Amtsausübung kommt.
5. Vertretungen des Notars dürfen nicht dazu führen, dass der Umfang seiner Amtstätigkeit vergrößert wird.

V. Begründung, Führung, Fortführung und Beendigung der Verbindung zur gemeinsamen Berufsausübung oder sonstiger zulässiger beruflicher Zusammenarbeit sowie zur Nutzung gemeinsamer Geschäftsräume
1. Die Verbindung zur gemeinsamen Berufsausübung, sonstige Formen beruflicher Zusammenarbeit sowie die Nutzung gemeinsamer Geschäftsräume dürfen die persönliche, eigenverantwortliche und selbstständige Amtsführung des Notars, seine Unabhängigkeit und Unparteilichkeit sowie das Recht auf freie Notarwahl nicht beeinträchtigen.
2. Dies haben auch die insoweit schriftlich zu treffenden Vereinbarungen zwischen den beteiligten Berufsangehörigen zu gewährleisten (§ 27 Abs. 2 BNotO).

VI. Die Art der nach § 28 BNotO zu treffenden Vorkehrungen
1.1. Vor Übernahme einer notariellen Amtstätigkeit hat sich der Notar in zumutbarer Weise zu vergewissern, dass Kollisionsfälle i. S. des § 3 Abs. 1 BeurkG nicht bestehen.
1.2. Der Notar hat als Vorkehrungen i. S. des § 28 BNotO Beteiligtenverzeichnisse oder sonstige zweckentsprechende Dokumentationen zu führen, die eine Identifizierung der in Betracht kommenden Personen ermöglichen.
2. Der Notar hat dafür Sorge zu tragen, dass eine zur Erfüllung der Verpflichtungen aus § 3 Abs. 1 BeurkG und § 14 Abs. 5 BNotO erforderliche Offenbarungspflicht zum Gegenstand einer entsprechenden schriftlichen Vereinbarung gemacht wird, die der gemeinsamen Berufsausübung oder der Nutzung gemeinsamer Geschäftsräume zu Grunde liegt.
3.1. Der Notar hat Gebühren in angemessener Frist einzufordern und sie bei Nichtzahlung im Regelfall beizutreiben.
3.2. Das Versprechen und Gewähren von Vorteilen im Zusammenhang mit einem Amtsgeschäft sowie jede Beteiligung Dritter an den Gebühren ist unzulässig. Insbesondere ist es dem Notar verboten,
a) ihm zustehende Gebühren zurückzuerstatten,
b) Vermittlungsentgelte für Urkundsgeschäfte oder
c) Entgelte für Urkundsentwürfe zu leisten,
d) zur Kompensation von Notargebühren Entgelte für Gutachten oder sonstige Leistungen Dritter zu gewähren oder auf ihm aus anderer Tätigkeit zustehende Gebühren zu verzichten.

3.3. Durch die Ausgestaltung der einer beruflichen Verbindung zu Grunde liegenden Vereinbarung ist sicherzustellen, dass die übrigen Mitglieder der beruflichen Verbindung keine Vorteile gewähren, die der Notar gemäß Nummer 3.2. nicht gewähren darf.

VII. Auftreten des Notars in der Öffentlichkeit und Werbung

1.1. Der Notar darf über die Aufgaben, Befugnisse und Tätigkeitsbereiche der Notare öffentlichkeitswirksam unterrichten, auch durch Veröffentlichungen, Vorträge und Äußerungen in den Medien.

1.2. Werbung ist dem Notar insoweit verboten, als sie Zweifel an der Unabhängigkeit oder Unparteilichkeit des Notars zu wecken geeignet oder aus anderen Gründen mit seiner Stellung in der vorsorgenden Rechtspflege als Träger eines öffentlichen Amtes nicht vereinbar ist.

1.3. Mit dem öffentlichen Amt des Notars unvereinbar ist ein Verhalten insbesondere, wenn

a) es auf die Erteilung eines bestimmten Auftrags oder Gewinnung eines bestimmten Auftraggebers gerichtet ist,

b) es den Eindruck der Gewerblichkeit vermittelt, insbesondere den Notar oder seine Dienste reklamehaft herausstellt,

c) es eine wertende Selbstdarstellung des Notars oder seiner Dienste enthält,

d) der Notar ohne besonderen Anlass allgemein an Rechtsuchende herantritt,

e) es sich um irreführende Werbung handelt.

1.4. Der Notar darf eine dem öffentlichen Amt widersprechende Werbung durch Dritte nicht dulden.

2.1. Der Notar darf im Zusammenhang mit seiner Amtsbezeichnung akademische Grade, den Titel Justizrat und den Professortitel führen.

2.2. Hinweise auf weitere Tätigkeiten i. S. von § 8 Abs. 1, 3 und 4 BNotO sowie auf Ehrenämter sind im Zusammenhang mit der Amtsausübung unzulässig.

3. Der Notar darf sich nur in solche allgemein zugängliche Verzeichnisse aufnehmen lassen, die allen örtlichen Notaren offenstehen. Für elektronische Veröffentlichungen gilt dies entsprechend.

4. Anzeigen des Notars dürfen nicht durch Form, Inhalt, Häufigkeit oder auf sonstige Weise der amtswidrigen Werbung dienen.

5. Der Notar darf sich an Informationsveranstaltungen der Medien, bei denen er in Kontakt mit dem rechtsuchenden Publikum tritt, beteiligen. Er hat dabei die Regelungen der Nrn. 1 und 2 zu beachten.

6. Der Notar darf Broschüren, Faltblätter und sonstige Informationsmittel über seine Tätigkeit und zu den Aufgaben und Befugnissen der Notare in der Geschäftsstelle bereithalten. Zulässig ist auch das Bereithalten dieser Informationen in Datennetzen und allgemein zugänglichen Verzeichnissen. Die Verteilung oder Versendung von Informationen ohne Aufforderung ist nur an bisherige Auftraggeber zulässig und bedarf eines sachlichen Grundes.

7. Der Notar darf in Internet-Domainnamen keine Begriffe verwenden, die eine gleichartige Beziehung zu anderen Notaren aufweisen und nicht mit individualisierenden Zusätzen versehen sind. Dies gilt insbesondere für Internet-Domainnamen, die notarbezogene Gattungsbegriffe ohne individualisierenden Zusatz enthalten oder mit Bezeichnungen von Gemeinden oder sonstigen geografischen oder politischen Einheiten kombinieren, es sei denn, die angegebene Gemeinde oder Einheit liegt im Amtsbereich keines anderen Notars.

VIII. Beschäftigung und Ausbildung der Mitarbeiter

1. Der Notar hat die Beziehungen zu seinen Mitarbeitern so zu gestalten, dass seine Unabhängigkeit und Unparteilichkeit nicht gefährdet werden.

2. Der Notar hat seinen Mitarbeitern neben fachspezifischen Kenntnissen auch die berufsrechtlichen Grundsätze und Besonderheiten zu vermitteln und für angemessene Arbeitsbedingungen zu sorgen.

IX. Grundsätze zu Beurkundungen außerhalb des Amtsbereichs und der Geschäftsstelle

1. Der Notar soll seine Urkundstätigkeit (§§ 20 bis 22 BNotO) nur innerhalb seines Amtsbereichs (§ 10 a BNotO) ausüben, sofern nicht besondere berechtigte Interessen der

Rechtsuchenden ein Tätigwerden außerhalb des Amtsbereichs gebieten. Besondere berechtigte Interessen der Rechtsuchenden liegen insbesondere dann vor, wenn
a) Gefahr im Verzug ist;
b) der Notar auf Erfordern einen Urkundsentwurf gefertigt hat und sich danach aus unvorhersehbaren Gründen ergibt, dass die Beurkundung außerhalb des Amtsbereichs erfolgen muss;
c) der Notar eine nach § 21 GNotKG zu behandelnde Urkundstätigkeit vornimmt;
d) in Einzelfällen eine besondere Vertrauensbeziehung zwischen Notar und Beteiligten, deren Bedeutung durch die Art der vorzunehmenden Amtstätigkeit unterstrichen werden muss, dies rechtfertigt und es den Beteiligten unzumutbar ist, den Notar in seiner Geschäftsstelle aufzusuchen.
    2. Der Notar darf Amtsgeschäfte außerhalb der Geschäftsstelle vornehmen, wenn sachliche Gründe vorliegen.
    3. Eine Amtstätigkeit außerhalb der Geschäftsstelle ist unzulässig, wenn dadurch der Anschein von amtswidriger Werbung, der Abhängigkeit oder der Parteilichkeit entsteht oder der Schutzzweck des Beurkundungserfordernisses gefährdet wird.

X. Fortbildung
    1. Der Notar hat die Pflicht, seine durch Ausbildung erworbene Qualifikation in eigener Verantwortlichkeit zu erhalten und durch geeignete Maßnahmen sicherzustellen, dass er den Anforderungen an die Qualität seiner Amtstätigkeit durch kontinuierliche Fortbildung gerecht wird.
    2. Auf Anfrage der Notarkammer ist der Notar verpflichtet, über die Erfüllung seiner Fortbildungspflicht zu berichten.

XI. Besondere Berufspflichten im Verhältnis zu anderen Notaren, zu Gerichten, Behörden, Rechtsanwälten und anderen Beratern seiner Auftraggeber
    1.1. Der Notar hat sich kollegial zu verhalten und auf die berechtigten Interessen der Kollegen die gebotene Rücksicht zu nehmen.
    1.2. Notare haben bei Streitigkeiten untereinander eine gütliche Einigung zu versuchen. Bleibt dieser Versuch erfolglos, so sollen sie eine gütliche Einigung durch Vermittlung der Notarkammer versuchen, bevor die Aufsichtsbehörde oder ein Gericht angerufen wird.
    2. Ist das Amt eines Notars erloschen oder wird sein Amtssitz verlegt, so ist der Amtsinhaber, dem die Landesjustizverwaltung die Verwahrung der Bücher und Akten übertragen hat (§ 51 BNotO), dazu verpflichtet, die begonnenen Amtsgeschäfte abzuwickeln.
    3.1. Ein Notar, dessen Amt erloschen ist, ist verpflichtet, dem Notariatsverwalter für die Verwaltung das Mobiliar, die Bibliothek und die EDV (Hardware und Software) zu angemessenen Bedingungen zur Verfügung zu stellen.
    3.2. Hat ein Notar, dessen Amt erloschen oder dessen Amtssitz verlegt worden ist, seine Bücher und Akten auch mittels elektronischer Datenverarbeitung geführt, so ist er verpflichtet, dem Notariatsverwalter und dem Notar, dem die Landesjustizverwaltung die Verwahrung seiner Bücher und Akten übertragen hat (§ 51 BNotO), den Zugriff auf die gespeicherten Daten (Dateien) kostenlos zu ermöglichen. Die Weitergabe der Datenträger bzw. die Bereithaltung der Daten (Dateien) zur Übertragung auf ein anderes System hat ebenfalls unentgeltlich zu erfolgen. Etwaige Kosten einer notwendigen Datenkonvertierung braucht der die Daten überlassende Notar nicht zu übernehmen.
    3.3. Für einen vorläufig amtsenthobenen Notar gelten die Nummern. 3.1. und 3.2. entsprechend.
    4. Begibt sich der Notar nach Maßgabe des § 11 a BNotO ins Ausland, unterstützt er einen im Ausland bestellten Notar oder nimmt er die kollegiale Hilfe eines im Ausland bestellten Notars in Anspruch, hat er seinen Kollegen in gebotenem Maß darauf hinzuweisen, welchen berufsrechtlichen Bestimmungen er selbst unterliegt.

5 Gesetz über Kosten der freiwilligen Gerichtsbarkeit für Gerichte und Notare
(Gerichts- und Notarkostengesetz – GNotKG)
vom 23.07.2013 (BGBl. I S. 2586)

1. Allgemeines

Das GNotKG besteht aus einem **Paragraphenteil,** der sowohl für die Gerichtskosten als auch für die Notargebühren insgesamt 136 Paragraphen umfasst. Die Gebührentatbestände sind gesondert in einem **Kostenverzeichnis** zusammengestellt.

2. Gliederung des Paragraphenteils

Der Paragraphenteil gliedert sich in **vier Kapitel:**
- **Kapitel 1** (§§ 1–54) gilt für **Gerichte und Notare**
- **Kapitel 2** (§§ 55–84) gilt ausschließlich für **Gerichte**
- **Kapitel 3** (§§ 85–131) gilt ausschließlich für **Notare**
- **Kapitel 4** (§§ 132–136) enthält Schluss- und Übergangsvorschriften für **Gerichte und Notare.**

3. Die Kapitel des Paragraphenteils im Einzelnen

Kapitel 1 (§§ 1–54) enthält neben den allgemeinen Vorschriften für **Gerichte und Notare** auch Regelungen über die Fälligkeit von Gebühren, zur Vorschusserhebung, zur Erstellung von Kostenberechnungen, zu Gebührenvorschriften einschl. Gebührentabelle, zu den Geschäftswerten, zu Bewertungsvorschriften, z. B. Grundstückskaufvertrag, wiederkehrende Leistungen sowie Dienstbarkeiten und Grundpfandrechte.

Kapitel 2 (§§ 55–84) betrifft nur die Wert- und Gebührenvorschriften **für Gerichte.**

Kapitel 3 (§§ 85–131) regelt die **Gebührentatbestände für Notare:**
- Allgemeine Vorschriften zum notariellen Verfahren §§ 85 ff.
- Kostenerhebung (Verzinsung, Beitreibung, Zurückzahlung) §§ 88 ff.
- Gebührenvorschriften wie Gebührenermäßigung, Rahmengebühren §§ 91 ff.
- Wertvorschriften §§ 95 ff.
    - Allgemeine Wertvorschriften §§ 95 ff.
    - Beurkundung von Verträgen und Erklärungen §§ 97 ff.
    - Vollzug und Betreuung §§ 112 ff.
    - Sonstige notarielle Geschäfte, z. B. Unterschriftsbeglaubigungen, Verwahrung §§ 114 ff.
- Verbot der Gebührenvereinbarung §§ 125 ff.
- Gerichtliche Verfahren in Notarkostensachen §§ 127 ff.

Kapitel 4 (132–136) enthält Schluss- und Übergangsvorschriften.

4. Gliederung des Kostenverzeichnisses

Das Kostenverzeichnis besteht aus **drei Teilen** sowie aus der der **Gebührentabelle.**

Teil 1 betrifft ausschließlich **Gerichtskosten** und umfasst die Kostenverzeichnisnummern 11100 bis 19200. Die erste Zahl kennzeichnet den Teil des Kostenverzeichnisses, nämlich **Teil 1 Gerichtsgebühren.**

Teil 2 regelt alle **Notargebühren** und umfasst die Kostenverzeichnisnummern 21100 bis 26003. Die erste Zahl kennzeichnet den Teil des Kostenverzeichnisses, nämlich **Teil 2 Notargebühren.**

Die zweite Zahl benennt die sechs **Hauptabschnitte:**
- **21...** Beurkundungsverfahren
    - 211.. Verträge, bestimmte Erklärungen sowie Beschlüsse von Organen
    - 212.. Sonstige Erklärungen, Tatsachen und Vorgänge
    - 213.. Vorzeitige Beendigung des Beurkundungsverfahrens
- **22...** Vollzug eines Geschäfts und Betreuungstätigkeiten
    - 221.. Vollzugstätigkeiten
    - 222.. Betreuungstätigkeiten
- **23...** Sonstige notarielle Tätigkeiten
    - 231.. Rückgabe eines Erbvertrags aus der notariellen Verwahrung
    - 232.. Verlosung und Auslosung
    - 233.. Eidesstattliche Versicherung, Vernehmung von Zeugen und Sachverständigen
    - 234.. Wechsel- und Scheckprotest
    - 235.. Vermögensverzeichnis und Siegelung

- 236.. Freiwillige Versteigerung von Grundstücken
- 237.. Versteigerung von beweglichen Sachen und von Rechten
- 238.. Vorbereitung der Zwangsvollstreckung
- **24...** Entwurf und Beratung
  - 241.. Entwurf
  - 242.. Beratung
- **25...** Sonstige Geschäfte
  - 251.. Beglaubigungen und sonstige Zeugnisses (§§ 39, 39a BeurkG)
  - 252.. Andere Bescheinigungen und sonstige Geschäfte
  - 253.. Verwahrung von Geld, Wertpapieren und Kostbarkeiten
- **26...**   Zusatzgebühren (Unzeit- und Auswärtsgebühren)

Teil 3 regelt die Auslagen der Gerichte (31...) und der **Notare (32...)**.

- **32...** Auslagen der Notare
  - Dokumentenpauschale einschl. des elektronischen Versands (Nr. 32 000 bis 32 003)
  - Auslagen für Post- und Telekommunikationsdienstleistungen (Nr. 32 004, 32 005)
  - Fahrtkosten für Geschäftsreisen (Nr. 32 007)
  - Tage- und Abwesenheitsgelder (Nr. 32 008, 32 009)
  - an Dolmetscher, Übersetzer oder Urkundszeugen (Nr. 32 010)
  - Abrufgebühren bei Grundbuch oder Register (Nr. 32 011)
  - Umsatzsteuer (Nr. 32 014)
  - Durchlaufende Gelder (Nr. 32 015)

5. Gebührentabelle, Anlage 2 zu § 34 Abs. 3

Dem GNotKG ist eine Gebührentabelle angefügt, unterteilt in Tabelle A und B.

Für **Notare gilt immer Tabelle B** (siehe nachfolgende Tabelle).

Übersicht

Kapitel 1   Vorschriften für Gerichte und Notare (§§ 1–54)

Abschnitt 1   Allgemeine Vorschriften

Geltungsbereich § 1

Kostenfreiheit bei Gerichtskosten § 2 *(nicht abgedruckt)*

Höhe der Kosten § 3

Auftrag an einen Notar § 4

Verweisung, Abgabe § 5

Verjährung, Verzinsung § 6

Elektronische Akte, elektronisches Dokument § 7

Rechtsbehelfsbelehrung § 7a

Abschnitt 2   Fälligkeit

Fälligkeit der Gerichtskosten §§ 8–9 *(nicht abgedruckt)*

Fälligkeit der Notarkosten § 10

Abschnitt 3   Sicherstellung der Kosten

Zurückbehaltungsrecht § 11

Sicherstellung der Gerichtskosten §§ 12–14 *(nicht abgedruckt)*

Abhängigmachung bei Notarkosten § 15

Ausnahmen von der Abhängigmachung § 16

Fortdauer der Vorschusspflicht § 17

Abschnitt 4   Kostenerhebung

Ansatz der Gerichtskosten § 18 *(nicht abgedruckt)*

Einforderung der Notarkosten § 19

Nachforderung von Gerichtskosten § 20 *(nicht abgedruckt)*

Nichterhebung von Kosten § 21

Abschnitt 5   Kostenhaftung

Unterabschnitt 1   Gerichtskosten
Kostenhaftung für Gerichtskosten §§ 22–28 *(nicht abgedruckt)*

Unterabschnitt 2   Notarkosten
Kostenschuldner im Allgemeinen § 29
Haftung der Urkundsbeteiligten § 30
Besonderer Kostenschuldner § 31

Unterabschnitt 3   Mehrere Kostenschuldner
Mehrere Kostenschuldner § 32
Erstschuldner der Gerichtskosten § 33 *(nicht abgedruckt)*

Abschnitt 6   Gebührenvorschriften
Wertgebühren § 34

Abschnitt 7   Wertvorschriften

Unterabschnitt 1   Allgemeine Wertvorschriften
Grundsatz § 35
Allgemeiner Geschäftswert § 36
Früchte, Nutzungen, Zinsen, Vertragsstrafen, sonstige Kosten § 37
Belastung mit Verbindlichkeiten § 38
Auskunftspflichten § 39

Unterabschnitt 2   Besondere Geschäftswertvorschriften
Erbschein, Europäisches Nachlasszeugnis, Zeugnis über die Fortsetzung der Gütergemeinschaft, Testamentsvollstreckerzeugnis § 40
Zeugnisse über die Auseinandersetzung eines Nachlasses oder Gesamtguts § 41
Wohnungs- und Teileigentum § 42
Erbbaurechtsbestellung § 43
Mithaft § 44
Rangverhältnisse und Vormerkungen § 45

Unterabschnitt 3   Bewertungsvorschriften
Sache § 46
Sache bei Kauf § 47
Land- und forstwirtschaftliches Vermögen § 48
Grundstücksgleiche Rechte § 49
Bestimmte schuldrechtliche Verpflichtungen § 50
Erwerbs- und Veräußerungsrechte, Verfügungsbeschränkungen § 51
Nutzungs- und Leistungsrechte § 52
Grundpfandrechte und sonstige Sicherheiten § 53
Bestimmte Gesellschaftsanteile § 54

Kapitel 2   Gerichtskosten (§§ 55–84) *nicht abgedruckt*

Kapitel 3   Notarkosten (§§ 85–131)

Abschnitt 1   Allgemeine Vorschriften
Notarielle Verfahren § 85
Beurkundungsgegenstand§ 86
Sprechtage außerhalb der Geschäftsstelle § 87

Abschnitt 2   Kostenerhebung
Verzinsung des Kostenanspruchs § 88
Beitreibung der Kosten und Zinsen § 89
Zurückzahlung, Schadensersatz § 90

Abschnitt 3   Gebührenvorschriften
Gebührenermäßigung § 91
Rahmengebühren § 92
Einmalige Erhebung der Gebühren § 93
Verschiedene Gebührensätze § 94

Abschnitt 4   Wertvorschriften

Unterabschnitt 1   Allgemeine Wertvorschriften
Mitwirkung der Beteiligten § 95
Zeitpunkt der Wertberechnung § 96

Unterabschnitt 2   Beurkundung
Verträge und Erklärungen § 97
Vollmachten und Zustimmungen § 98
Miet-, Pacht- und Dienstverträge § 99
Güterrechtliche Angelegenheiten § 100
Annahme als Kind § 101
Erbrechtliche Angelegenheiten § 102
Erklärungen, Anträge an das Nachlassgericht § 103
Rechtswahl § 104
Anmeldung zu bestimmten Registern § 105
Höchstwert für Anmeldungen zu bestimmten Registern § 106
Gesellschaftsrechtliche Verträge, Satzungen und Pläne § 107
Beschlüsse von Organen § 108
Derselbe Beurkundungsgegenstand § 109
Verschiedene Beurkundungsgegenstände § 110
Besondere Beurkundungsgegenstände § 111
Unterabschnitt 3   Vollzugs- und Betreuungstätigkeiten
Vollzug des Geschäfts § 112
Betreuungstätigkeiten § 113

Unterabschnitt 4   Sonstige notarielle Geschäfte
Rückgabe eines Erbvertrags aus der notariellen Verwahrung § 114
Vermögensverzeichnis, Siegelung § 115
Freiwillige Versteigerung von Grundstücken § 116
Versteigerung von beweglichen Sachen und von Rechten § 117
Vorbereitung der Zwangsvollstreckung § 118
Teilungssachen § 118a
Entwurf § 119
Beratung bei einer Haupt- oder Gesellschafterversammlung § 120
Beglaubigung von Unterschriften oder Handzeichen § 121
Rangbescheinigung § 122
Gründungsprüfung § 123
Verwahrung § 124

Abschnitt 5   Gebührenvereinbarung
Verbot der Gebührenvereinbarung § 125
Öffentlich-rechtlicher Vertrag § 126

Abschnitt 6   Gerichtliches Verfahren in Notarkostensachen
Antrag auf gerichtliche Entscheidung § 127
Verfahren § 128
Beschwerde und Rechtsbeschwerde § 129
Gemeinsame Vorschriften § 130
Abhilfe bei Verletzung des Anspruchs auf rechtliches Gehör § 131

Kapitel 4   Schluss- und Übergangsvorschriften
Verhältnis zu anderen Gesetzen, Neufassungen §§ 132–133 *(nicht abgedruckt)*
Übergangsvorschrift § 134
Sonderregelung für Baden-Württemberg § 135
Übergangsvorschrift zum 2. Kostenrechtsmodernisierungsgesetz § 136

Anlage 1 (zu § 3 Absatz 2)
Anlage 2 (zu § 34 Absatz 3)

Kapitel 1 Vorschriften für Gerichte und Notare

Abschnitt 1 Allgemeine Vorschriften

§ 1. [Geltungsbereich] (1) Soweit bundesrechtlich nichts anderes bestimmt ist, werden Kosten (Gebühren und Auslagen) durch die Gerichte in den Angelegenheiten der freiwilligen Gerichtsbarkeit und durch die Notare für ihre Amtstätigkeit nur nach diesem Gesetz erhoben.

(2) ...

(3) [1]Dieses Gesetz gilt nicht in Verfahren, in denen Kosten nach dem Gesetz über Gerichtskosten in Familiensachen zu erheben sind. [2]In Verfahren nach der Verordnung (EU) Nr. 655/2014 des Europäischen Parlaments und des Rates vom 15. Mai 2014 zur Einführung eines Verfahrens für einen Europäischen Beschluss zur vorläufigen Kontenpfändung im Hinblick auf die Erleichterung der grenzüberschreitenden Eintreibung von Forderungen in Zivil- und Handelssachen werden Kosten nach dem Gerichtskostengesetz erhoben.

(4) Kosten nach diesem Gesetz werden auch erhoben für Verfahren über eine Beschwerde, die mit einem der in den Absätzen 1 und 2 genannten Verfahren im Zusammenhang steht.

(5) Soweit nichts anderes bestimmt ist, bleiben die landesrechtlichen Kostenvorschriften unberührt für

1. in Landesgesetzen geregelte Verfahren und Geschäfte der freiwilligen Gerichtsbarkeit sowie
2. solche Geschäfte der freiwilligen Gerichtsbarkeit, in denen nach Landesgesetz andere als gerichtliche Behörden oder Notare zuständig sind.

(6) Die Vorschriften dieses Gesetzes über die Erinnerung und die Beschwerde gehen den Regelungen der für das zugrunde liegende Verfahren geltenden Verfahrensvorschriften vor.

§ 3. [Höhe der Kosten] (1) Die Gebühren richten sich nach dem Wert, den der Gegenstand des Verfahrens oder des Geschäfts hat (Geschäftswert), soweit nichts anderes bestimmt ist.

(2) Kosten werden nach dem Kostenverzeichnis der Anlage 1 zu diesem Gesetz erhoben.

§ 4. [Auftrag an einen Notar] Die Erteilung eines Auftrags an einen Notar steht der Stellung eines Antrags im Sinne dieses Kapitels gleich.

§ 5. [Verweisung, Abgabe] (1) Verweist ein erstinstanzliches Gericht oder ein Rechtsmittelgericht ein Verfahren an ein erstinstanzliches Gericht desselben oder eines anderen Zweiges der Gerichtsbarkeit, ist das frühere erstinstanzliche Verfahren als Teil des Verfahrens vor dem übernehmenden Gericht zu behandeln. Gleiches gilt, wenn die Sache an ein anderes Gericht abgegeben wird.

(2) Mehrkosten, die durch Anrufung eines Gerichts entstehen, zu dem der Rechtsweg nicht gegeben ist oder das für das Verfahren nicht zuständig ist, werden nur dann erhoben, wenn die Anrufung auf verschuldeter Unkenntnis der tatsächlichen oder rechtlichen Verhältnisse beruht. Die Entscheidung trifft das Gericht, an das verwiesen worden ist.

(3) Verweist der Notar ein Teilungsverfahren an einen anderen Notar, entstehen die Gebühren für jeden Notar gesondert.

§ 6. [Verjährung, Verzinsung] (1) Ansprüche auf Zahlung von Gerichtskosten verjähren in vier Jahren nach Ablauf des Kalenderjahres, in dem das Verfahren durch rechtskräftige Entscheidung über die Kosten, durch Vergleich oder in sonstiger Weise beendet ist. Bei Dauerbetreuungen, Dauerpflegschaften, Nachlasspflegschaften, Nachlass- oder Gesamtgutsverwaltungen beginnt die Verjährung hinsichtlich der Jahresgebühren am Tag vor deren Fälligkeit, hinsichtlich der Auslagen mit deren Fälligkeit. Ansprüche auf Zahlung von Notarkosten verjähren in vier Jahren nach Ablauf des Kalenderjahres, in dem die Kosten fällig geworden sind.

(2) Ansprüche auf Rückzahlung von Kosten verjähren in vier Jahren nach Ablauf des Kalenderjahres, in dem die Zahlung erfolgt ist. Die Verjährung beginnt jedoch nicht vor dem jeweiligen in Absatz 1 bezeichneten Zeitpunkt. Durch die Einlegung eines Rechtsbehelfs mit dem Ziel der Rückzahlung wird die Verjährung wie durch Klageerhebung gehemmt.

(3) Auf die Verjährung sind die Vorschriften des Bürgerlichen Gesetzbuchs anzuwenden; die Verjährung wird nicht von Amts wegen berücksichtigt. Die Verjährung der Ansprüche auf Zahlung von Kosten beginnt auch durch die Aufforderung zur Zahlung oder durch eine dem Schuldner

mitgeteilte Stundung erneut; ist der Aufenthalt des Kostenschuldners unbekannt, so genügt die Zustellung durch Aufgabe zur Post unter seiner letzten bekannten Anschrift. Bei Kostenbeträgen unter 25 Euro beginnt die Verjährung weder erneut noch wird sie oder ihr Ablauf gehemmt.

(4) Ansprüche auf Zahlung und Rückzahlung von Gerichtskosten werden nicht verzinst.

§ 7. [Elektronische Akte, elektronisches Dokument] In Verfahren nach diesem Gesetz sind die verfahrensrechtlichen Vorschriften über die elektronische Akte und über das elektronische Dokument anzuwenden, die für das dem kostenrechtlichen Verfahren zugrunde liegende Verfahren gelten.

§ 7a. [Rechtsbehelfsbelehrung] Jede Kostenrechnung, jede anfechtbare Entscheidung und jede Kostenberechnung eines Notars hat eine Belehrung über den statthaften Rechtsbehelf sowie über die Stelle, bei der dieser Rechtsbehelf einzulegen ist, über deren Sitz und über die einzuhaltende Form und Frist zu enthalten.

Abschnitt 2 Fälligkeit

§ 10. [Fälligkeit der Notarkosten] Notargebühren werden mit der Beendigung des Verfahrens oder des Geschäfts, Auslagen des Notars und die Gebühren 25300 und 25301 sofort nach ihrer Entstehung fällig.

Abschnitt 3 Sicherstellung der Kosten

§ 11. [Zurückbehaltungsrecht] Urkunden, Ausfertigungen, Ausdrucke und Kopien sowie gerichtliche Unterlagen können nach billigem Ermessen zurückbehalten werden, bis die in der Angelegenheit entstandenen Kosten bezahlt sind. Dies gilt nicht, soweit § 53 des Beurkundungsgesetzes der Zurückbehaltung entgegensteht.

§ 15. [Abhängigmachung bei Notarkosten] Die Tätigkeit des Notars kann von der Zahlung eines zur Deckung der Kosten ausreichenden Vorschusses abhängig gemacht werden.

§ 16. [Ausnahmen von der Abhängigmachung] Die beantragte Handlung darf nicht von der Sicherstellung oder Zahlung der Kosten abhängig gemacht werden,

1. soweit dem Antragsteller Verfahrenskostenhilfe bewilligt ist oder im Fall des § 17 Absatz 2 der Bundesnotarordnung der Notar die Urkundstätigkeit vorläufig gebührenfrei oder gegen Zahlung der Gebühren in Monatsraten zu gewähren hat,
2. wenn dem Antragsteller Gebührenfreiheit zusteht,
3. wenn ein Notar erklärt hat, dass er für die Kostenschuld des Antragstellers die persönliche Haftung übernimmt,
4. wenn die Tätigkeit weder aussichtslos noch ihre Inanspruchnahme mutwillig erscheint und wenn glaubhaft gemacht wird, dass a) dem Antragsteller die alsbaldige Zahlung der Kosten mit Rücksicht auf seine Vermögenslage oder aus sonstigen Gründen Schwierigkeiten bereiten würde oder b) eine Verzögerung dem Antragsteller einen nicht oder nur schwer zu ersetzenden Schaden bringen würde; zur Glaubhaftmachung genügt in diesem Fall die Erklärung des zum Bevollmächtigten bestellten Rechtsanwalts,
5. wenn aus einem anderen Grund das Verlangen nach vorheriger Zahlung oder Sicherstellung der Kosten nicht angebracht erscheint, insbesondere wenn die Berichtigung des Grundbuchs oder die Eintragung eines Widerspruchs beantragt wird oder die Rechte anderer Beteiligter beeinträchtigt werden.

§ 17. [Fortdauer der Vorschusspflicht] Die Verpflichtung zur Zahlung eines Vorschusses auf die Gerichtskosten bleibt bestehen, auch wenn die Kosten des Verfahrens einem anderen auferlegt oder von einem anderen übernommen sind. § 33 Absatz 1 gilt entsprechend.

Abschnitt 4 Kostenerhebung

§ 19. [Einforderung der Notarkosten] (1) Die Notarkosten dürfen nur aufgrund einer dem Kostenschuldner mitgeteilten, von dem Notar unterschriebenen Berechnung eingefordert werden. Der Lauf der Verjährungsfrist ist nicht von der Mitteilung der Berechnung abhängig.

(2) Die Berechnung muss enthalten

1. eine Bezeichnung des Verfahrens oder Geschäfts,
2. die angewandten Nummern des Kostenverzeichnisses,
3. den Geschäftswert bei Gebühren, die nach dem Geschäftswert berechnet sind,
4. die Beträge der einzelnen Gebühren und Auslagen, wobei bei den jeweiligen Dokumentenpauschalen (Nummern 32000 bis 32003) und bei den Entgelten für Post- und Telekommunikationsdienstleistungen (Nummer 32004) die Angabe des Gesamtbetrags genügt, und
5. die gezahlten Vorschüsse.

(3) Die Berechnung soll enthalten

1. eine kurze Bezeichnung des jeweiligen Gebührentatbestands und der Auslagen,
2. die Wertvorschriften der §§ 36, 40 bis 54, 97 bis 108, 112 bis 124, aus denen sich der Geschäftswert für die jeweilige Gebühr ergibt, und
3. die Werte der einzelnen Gegenstände, wenn sich der Geschäftswert aus der Summe der Werte mehrerer Verfahrensgegenstände ergibt (§ 35 Absatz 1).

(4) Eine Berechnung ist nur unwirksam, wenn sie nicht den Vorschriften der Absätze 1 und 2 entspricht.

(5) Wird eine Berechnung durch gerichtliche Entscheidung aufgehoben, weil sie nicht den Vorschriften des Absatzes 3 entspricht, bleibt ein bereits eingetretener Neubeginn der Verjährung unberührt.

(6) Der Notar hat eine Kopie oder einen Ausdruck der Berechnung zu seinen Akten zu nehmen oder die Berechnung elektronisch aufzubewahren.

§ 21. [Nichterhebung von Kosten] (1) Kosten, die bei richtiger Behandlung der Sache nicht entstanden wären, werden nicht erhoben. Das Gleiche gilt für Auslagen, die durch eine von Amts wegen veranlasste Verlegung eines Termins oder Vertagung einer Verhandlung entstanden sind. Für abweisende Entscheidungen sowie bei Zurücknahme eines Antrags kann von der Erhebung von Kosten abgesehen werden, wenn der Antrag auf unverschuldeter Unkenntnis der tatsächlichen oder rechtlichen Verhältnisse beruht.

(2) Werden die Kosten von einem Gericht erhoben, trifft dieses die Entscheidung. Solange das Gericht nicht entschieden hat, können Anordnungen nach Absatz 1 im Verwaltungsweg erlassen werden. Eine im Verwaltungsweg getroffene Anordnung kann nur im Verwaltungsweg geändert werden.

Abschnitt 5 Kostenhaftung

Unterabschnitt 1 Gerichtskosten (§§ 22 – 28) *nicht abgedruckt*

Unterabschnitt 2 Notarkosten

§ 29. [Kostenschuldner im Allgemeinen] Die Notarkosten schuldet, wer

1. den Auftrag erteilt oder den Antrag gestellt hat,
2. die Kostenschuld gegenüber dem Notar übernommen hat oder
3. für die Kostenschuld eines anderen kraft Gesetzes haftet.

§ 30. [Haftung der Urkundsbeteiligten] (1) Die Kosten des Beurkundungsverfahrens und die im Zusammenhang mit dem Beurkundungsverfahren anfallenden Kosten des Vollzugs und der Betreuungstätigkeiten schuldet ferner jeder, dessen Erklärung beurkundet worden ist.

(2) Werden im Beurkundungsverfahren die Erklärungen mehrerer Beteiligter beurkundet und betreffen die Erklärungen verschiedene Rechtsverhältnisse, beschränkt sich die Haftung des Einzelnen auf die Kosten, die entstanden wären, wenn die übrigen Erklärungen nicht beurkundet worden wären.

(3) Derjenige, der in einer notariellen Urkunde die Kosten dieses Beurkundungsverfahrens, die im Zusammenhang mit dem Beurkundungsverfahren anfallenden Kosten des Vollzugs und

der Betreuungstätigkeiten oder sämtliche genannten Kosten übernommen hat, haftet insoweit auch gegenüber dem Notar.

§ 31. [Besonderer Kostenschuldner] (1) Schuldner der Kosten, die für die Beurkundung des Zuschlags bei der freiwilligen Versteigerung eines Grundstücks oder grundstücksgleichen Rechts anfallen, ist vorbehaltlich des § 29 Nummer 3 nur der Ersteher.

(2) Für die Kosten, die durch die Errichtung eines Nachlassinventars und durch Tätigkeiten zur Nachlasssicherung entstehen, haften nur die Erben, und zwar nach den Vorschriften des Bürgerlichen Gesetzbuchs über Nachlassverbindlichkeiten.

(3) Schuldner der Kosten der Auseinandersetzung eines Nachlasses oder des Gesamtguts nach Beendigung der ehelichen, lebenspartnerschaftlichen oder fortgesetzten Gütergemeinschaft sind die Anteilsberechtigten; dies gilt nicht, soweit der Antrag zurückgenommen oder zurückgewiesen wurde. Ferner sind die für das Amtsgericht geltenden Vorschriften über die Kostenhaftung entsprechend anzuwenden."

Unterabschnitt 3 Mehrere Kostenschuldner

§ 32. [Mehrere Kostenschuldner] (1) Mehrere Kostenschuldner haften als Gesamtschuldner.

(2) Sind durch besondere Anträge eines Beteiligten Mehrkosten entstanden, so fallen diese ihm allein zur Last.

§ 33. (*nicht abgedruckt*)

Abschnitt 6 Gebührenvorschriften

§ 34. [Wertgebühren] (1) Wenn sich die Gebühren nach dem Geschäftswert richten, bestimmt sich die Höhe der Gebühr nach Tabelle A oder Tabelle B. *(Anmerkung: Für Notare immer Tabelle B.)*

(2) Die Gebühr beträgt bei einem Geschäftswert bis 500 Euro nach Tabelle A 35 Euro, nach Tabelle B 15 Euro. Die Gebühr erhöht sich bei einem

Geschäftswert bis ...Euro	für jeden angefangenen Betrag von weiteren... Euro	in Tabelle A um ...Euro	in Tabelle B um ...Euro
2 000	500	18	4
10 000	1 000	19	6
25 000	3 000	26	8
50 000	5 000	35	10
200 000	15 000	120	27
500 000	30 000	179	50
Über			
500 000	50 000	180	
5 000 000	50 000		80
10 000 000	200 000		130
20 000 000	250 000		150
30 000 000	500 000		280
Über			
30 000 000	1 000 000		120

(3) Gebührentabellen für Geschäftswerte bis 3 Millionen Euro sind diesem Gesetz als Anlage 2 beigefügt.

(4) Gebühren werden auf den nächstliegenden Cent auf- oder abgerundet; 0,5 Cent werden aufgerundet.

(5) Der Mindestbetrag einer Gebühr ist 15 Euro.

Abschnitt 7 Wertvorschriften

Unterabschnitt 1 Allgemeine Wertvorschriften

§ 35. [Grundsatz] (1) In demselben Verfahren und in demselben Rechtszug werden die Werte mehrerer Verfahrensgegenstände zusammengerechnet, soweit nichts anderes bestimmt ist.

(2) Der Geschäftswert beträgt, wenn die Tabelle A anzuwenden ist, höchstens 30 Millionen Euro, wenn die Tabelle B anzuwenden ist, höchstens 60 Millionen Euro, wenn kein niedrigerer Höchstwert bestimmt ist.

§ 36. [Allgemeiner Geschäftswert] (1) Soweit sich in einer vermögensrechtlichen Angelegenheit der Geschäftswert aus den Vorschriften dieses Gesetzes nicht ergibt und er auch sonst nicht feststeht, ist er nach billigem Ermessen zu bestimmen.

(2) Soweit sich in einer nichtvermögensrechtlichen Angelegenheit der Geschäftswert aus den Vorschriften dieses Gesetzes nicht ergibt, ist er unter Berücksichtigung aller Umstände des Einzelfalls, insbesondere des Umfangs und der Bedeutung der Sache und der Vermögens- und Einkommensverhältnisse der Beteiligten, nach billigem Ermessen zu bestimmen, jedoch nicht über 1 Million Euro.

(3) Bestehen in den Fällen der Absätze 1 und 2 keine genügenden Anhaltspunkte für eine Bestimmung des Werts, ist von einem Geschäftswert von 5 000 Euro auszugehen.

(4) Wenn sich die Gerichtsgebühren nach den für Notare geltenden Vorschriften bestimmen, sind die für Notare geltenden Wertvorschriften entsprechend anzuwenden. Wenn sich die Notargebühren nach den für Gerichte geltenden Vorschriften bestimmen, sind die für Gerichte geltenden Wertvorschriften entsprechend anzuwenden.

§ 37. [Früchte, Nutzungen, Zinsen, Vertragsstrafen, sonstige Nebengegenstände und Kosten] (1) Sind außer dem Hauptgegenstand des Verfahrens auch Früchte, Nutzungen, Zinsen, Vertragsstrafen, sonstige Nebengegenstände oder Kosten betroffen, wird deren Wert nicht berücksichtigt.

(2) Soweit Früchte, Nutzungen, Zinsen, Vertragsstrafen, sonstige Nebengegenstände oder Kosten ohne den Hauptgegenstand betroffen sind, ist deren Wert maßgebend, soweit er den Wert des Hauptgegenstands nicht übersteigt.

(3) Sind die Kosten des Verfahrens ohne den Hauptgegenstand betroffen, ist der Betrag der Kosten maßgebend, soweit er den Wert des Hauptgegenstands nicht übersteigt.

§ 38. [Belastung mit Verbindlichkeiten] Verbindlichkeiten, die auf einer Sache oder auf einem Recht lasten, werden bei Ermittlung des Geschäftswerts nicht abgezogen, sofern nichts anderes bestimmt ist. Dies gilt auch für Verbindlichkeiten eines Nachlasses, einer sonstigen Vermögensmasse und im Fall einer Beteiligung an einer Personengesellschaft auch für deren Verbindlichkeiten.

§ 39. [Auskunftspflichten] (1) Ein Notar, der einen Antrag bei Gericht einreicht, hat dem Gericht den von ihm zugrunde gelegten Geschäftswert hinsichtlich eines jeden Gegenstands mitzuteilen, soweit dieser für die vom Gericht zu erhebenden Gebühren von Bedeutung ist. Auf Ersuchen des Gerichts hat der Notar, der Erklärungen beurkundet hat, die bei Gericht eingereicht worden sind, oder Unterschriften oder Handzeichen unter solchen Erklärungen beglaubigt hat, in entsprechendem Umfang Auskunft zu erteilen.

(2) Legt das Gericht seinem Kostenansatz einen von Absatz 1 abweichenden Geschäftswert zugrunde, so ist dieser dem Notar mitzuteilen. Auf Ersuchen des Notars, der Erklärungen beurkundet oder beglaubigt hat, die bei Gericht eingereicht werden, hat das Gericht über die für die Geschäftswertbestimmung maßgeblichen Umstände Auskunft zu erteilen.

Unterabschnitt 2 Besondere Geschäftswertvorschriften

§ 40. [Erbschein, Europäisches Nachlasszeugnis, Zeugnis über die Fortsetzung der Gütergemeinschaft und Testamentsvollstreckerzeugnis] (1) Der Geschäftswert für das Verfahren zur

1. Abnahme der eidesstattlichen Versicherung zur Erlangung eines Erbscheins, oder eines Europäischen Nachlasszeugnisses,

2. Erteilung eines Erbscheins, oder Ausstellung eines Europäischen Nachlasszeugnisses, soweit dieses die Rechtsstellung und die Rechte der Erben oder Vermächtnisnehmer mit unmittelbarer Berechtigung am Nachlass betrifft,

3. Einziehung oder Kraftloserklärung eines Erbscheins,

4. Änderung oder zum Widerruf eines Europäischen Nachlasszeugnisses, soweit die Rechtsstellung und Rechte der Erben oder Vermächtnisnehmer mit unmittelbarer Berechtigung am Nachlass betroffen sind,
ist der Wert des Nachlasses im Zeitpunkt des Erbfalls. Vom Erblasser herrührende Verbindlichkeiten werden abgezogen. Ist in dem Erbschein lediglich die Hoferbfolge zu bescheinigen, ist Geschäftswert der Wert des Hofs. Abweichend von Satz 2 werden nur die auf dem Hof lastenden Verbindlichkeiten mit Ausnahme der Hypotheken, Grund- und Rentenschulden (§ 15 Absatz 2 der Höfeordnung) abgezogen.

(2) Beziehen sich die in Absatz 1 genannten Verfahren nur auf das Erbrecht eines Miterben, bestimmt sich der Geschäftswert nach dem Anteil dieses Miterben. Entsprechendes gilt, wenn ein weiterer Miterbe einer bereits beurkundeten eidesstattlichen Versicherung beitritt.

(3) Erstrecken sich die Wirkungen eines Erbscheins nur auf einen Teil des Nachlasses, bleiben diejenigen Gegenstände, die von der Erbscheinswirkung nicht erfasst werden, bei der Berechnung des Geschäftswerts außer Betracht; Nachlassverbindlichkeiten werden nicht abgezogen. Macht der Kostenschuldner glaubhaft, dass der Geschäftswert nach Absatz 1 niedriger ist, so ist dieser maßgebend. Die Sätze 1 und 2 finden auf die Ausstellung, die Änderung und den Widerruf eines Europäischen Nachlasszeugnisses entsprechende Anwendung.

(4) Auf ein Verfahren, das ein Zeugnis über die Fortsetzung der Gütergemeinschaft betrifft, sind die Absätze 1 bis 3 entsprechend anzuwenden; an die Stelle des Nachlasses tritt der halbe Wert des Gesamtguts der fortgesetzten Gütergemeinschaft.

(5) In einem Verfahren, das ein Zeugnis über die Ernennung eines Testamentsvollstreckers betrifft, beträgt der Geschäftswert 20 Prozent des Nachlasswerts im Zeitpunkt des Erbfalls, wobei Nachlassverbindlichkeiten nicht abgezogen werden; die Absätze 2 und 3 sind entsprechend anzuwenden. Dies gilt entsprechend, soweit die Angabe der Befugnisse des Testamentsvollstreckers Gegenstand eines Verfahrens wegen eines Europäischen Nachlasszeugnisses ist.

(6) Bei der Ermittlung des Werts und der Zusammensetzung des Nachlasses steht § 30 der Abgabenordnung einer Auskunft des Finanzamts nicht entgegen.

§ 41. [Zeugnisse zum Nachweis der Auseinandersetzung eines Nachlasses oder Gesamtguts]
In einem Verfahren, das ein Zeugnis nach den § § 36 und 37 der Grundbuchordnung oder nach § 42 der Schiffsregisterordnung, auch in Verbindung mit § 74 der Schiffsregisterordnung oder § 86 des Gesetzes über Rechte an Luftfahrzeugen, betrifft, ist Geschäftswert der Wert der Gegenstände, auf die sich der Nachweis der Rechtsnachfolge erstreckt.

§ 42. [Wohnungs- und Teileigentum] (1) Bei der Begründung von Wohnungs- oder Teileigentum und bei Geschäften, die die Aufhebung oder das Erlöschen von Sondereigentum betreffen, ist Geschäftswert der Wert des bebauten Grundstücks. Ist das Grundstück noch nicht bebaut, ist dem Grundstückswert der Wert des zu errichtenden Bauwerks hinzuzurechnen.

(2) Bei Wohnungs- und Teilerbbaurechten gilt Absatz 1 entsprechend, wobei an die Stelle des Grundstückswerts der Wert des Erbbaurechts tritt.

§ 43. [Erbbaurechtsbestellung] Wird bei der Bestellung eines Erbbaurechts als Entgelt ein Erbbauzins vereinbart, ist Geschäftswert der nach § 52 errechnete Wert des Erbbauzinses. Ist der nach § 49 Absatz 2 errechnete Wert des Erbbaurechts höher, so ist dieser maßgebend.

§ 44. [Mithaft] (1) Bei der Einbeziehung eines Grundstücks in die Mithaft wegen eines Grundpfandrechts und bei der Entlassung aus der Mithaft bestimmt sich der Geschäftswert nach dem Wert des einbezogenen oder entlassenen Grundstücks, wenn dieser geringer als der Wert nach § 53 Absatz 1 ist. Die Löschung eines Grundpfandrechts, bei dem bereits zumindest ein Grundstück aus der Mithaft entlassen worden ist, steht hinsichtlich der Geschäftswertbestimmung der Entlassung aus der Mithaft gleich.

(2) Absatz 1 gilt entsprechend für grundstücksgleiche Rechte.

(3) Absatz 1 gilt ferner entsprechend

1. für Schiffshypotheken mit der Maßgabe, dass an die Stelle des Grundstücks das Schiff oder das Schiffsbauwerk tritt, und

2. für Registerpfandrechte an einem Luftfahrzeug mit der Maßgabe, dass an die Stelle des Grundstücks das Luftfahrzeug tritt.

§ 45. [Rangverhältnisse und Vormerkungen] (1) Bei Einräumung des Vorrangs oder des gleichen Rangs ist Geschäftswert der Wert des vortretenden Rechts, höchstens jedoch der Wert des zurücktretenden Rechts.

(2) Die Vormerkung gemäß § 1179 des Bürgerlichen Gesetzbuchs zugunsten eines nach- oder gleichstehenden Berechtigten steht der Vorrangseinräumung gleich. Dasselbe gilt für den Fall, dass ein nachrangiges Recht gegenüber einer vorrangigen Vormerkung wirksam sein soll. Der Ausschluss des Löschungsanspruchs nach § 1179a Absatz 5 des Bürgerlichen Gesetzbuchs, auch in Verbindung mit § 1179b Absatz 2 des Bürgerlichen Gesetzbuchs, ist wie ein Rangrücktritt des Rechts zu behandeln, als dessen Inhalt der Ausschluss vereinbart wird.

(3) Geschäftswert einer sonstigen Vormerkung ist der Wert des vorgemerkten Rechts; § 51 Absatz 1 Satz 2 ist entsprechend anzuwenden.

Unterabschnitt 3 Bewertungsvorschriften

§ 46. [Sache] (1) Der Wert einer Sache wird durch den Preis bestimmt, der im gewöhnlichen Geschäftsverkehr nach der Beschaffenheit der Sache unter Berücksichtigung aller den Preis beeinflussenden Umstände bei einer Veräußerung zu erzielen wäre (Verkehrswert).

(2) Steht der Verkehrswert nicht fest, ist er zu bestimmen

1. nach dem Inhalt des Geschäfts,

2. nach den Angaben der Beteiligten,

3. anhand von sonstigen amtlich bekannten Tatsachen oder Vergleichswerten aufgrund einer amtlichen Auskunft oder

4. anhand offenkundiger Tatsachen.

(3) Bei der Bestimmung des Verkehrswerts eines Grundstücks können auch herangezogen werden

1. im Grundbuch eingetragene Belastungen,

2. aus den Grundakten ersichtliche Tatsachen oder Vergleichswerte oder

3. für Zwecke der Steuererhebung festgesetzte Werte. Im Fall der Nummer 3 steht § 30 der Abgabenordnung einer Auskunft des Finanzamts nicht entgegen.

(4) Eine Beweisaufnahme zur Feststellung des Verkehrswerts findet nicht statt.

§ 47. [Sache bei Kauf] Im Zusammenhang mit dem Kauf wird der Wert der Sache durch den Kaufpreis bestimmt. Der Wert der vorbehaltenen Nutzungen und der vom Käufer übernommenen oder ihm sonst infolge der Veräußerung obliegenden Leistungen wird hinzugerechnet. Ist der nach den Sätzen 1 und 2 ermittelte Wert niedriger als der Verkehrswert, ist der Verkehrswert maßgebend.

§ 48. [Land- und forstwirtschaftliches Vermögen] (1) Im Zusammenhang mit der Übergabe oder Zuwendung eines land- oder forstwirtschaftlichen Betriebs mit Hofstelle an eine oder mehrere natürliche Personen einschließlich der Abfindung weichender Erben beträgt der Wert des land- und forstwirtschaftlichen Vermögens im Sinne des Bewertungsgesetzes höchstens das Vierfache des letzten Einheitswerts, der zur Zeit der Fälligkeit der Gebühr bereits festgestellt ist, wenn

1. die unmittelbare Fortführung des Betriebs durch den Erwerber selbst beabsichtigt ist und

2. der Betrieb unmittelbar nach Vollzug der Übergabe oder Zuwendung einen nicht nur unwesentlichen Teil der Existenzgrundlage des zukünftigen Inhabers bildet. § 46 Absatz 3 Satz 2 gilt entsprechend. Ist der Einheitswert noch nicht festgestellt, so ist dieser vorläufig zu schätzen; die Schätzung ist nach der ersten Feststellung des Einheitswerts zu be-

richtigen; die Frist des § 20 Absatz 1 beginnt erst mit der Feststellung des Einheitswerts. In dem in Artikel 3 des Einigungsvertrages genannten Gebiet gelten für die Bewertung des land- und forstwirtschaftlichen Vermögens die Vorschriften des Dritten Abschnitts im Zweiten Teil des Bewertungsgesetzes mit Ausnahme von § 125 Absatz 3; § 126 Absatz 2 des Bewertungsgesetzes ist sinngemäß anzuwenden.

(2) Weicht der Gegenstand des gebührenpflichtigen Geschäfts vom Gegenstand der Einheitsbewertung oder vom Gegenstand der Bildung des Ersatzwirtschaftswerts wesentlich ab oder hat sich der Wert infolge bestimmter Umstände, die nach dem Feststellungszeitpunkt des Einheitswerts oder des Ersatzwirtschaftswerts eingetreten sind, wesentlich verändert, so ist der nach den Grundsätzen der Einheitsbewertung oder der Bildung des Ersatzwirtschaftswerts geschätzte Wert maßgebend.

(3) Die Absätze 1 und 2 sind entsprechend anzuwenden für die Bewertung

1. eines Hofs im Sinne der Höfeordnung und
2. eines landwirtschaftlichen Betriebs in einem Verfahren aufgrund der Vorschriften über die gerichtliche Zuweisung eines Betriebs (§ 1 Nummer 2 des Gesetzes über das gerichtliche Verfahren in Landwirtschaftssachen), sofern das Verfahren mit der Zuweisung endet.

§ 49. [Grundstücksgleiche Rechte] (1) Die für die Bewertung von Grundstücken geltenden Vorschriften sind auf Rechte entsprechend anzuwenden, die den für Grundstücke geltenden Vorschriften unterliegen, soweit sich aus Absatz 2 nichts anderes ergibt.

(2) Der Wert eines Erbbaurechts beträgt 80 Prozent der Summe aus den Werten des belasteten Grundstücks und darauf errichteter Bauwerke; sofern die Ausübung des Rechts auf eine Teilfläche beschränkt ist, sind 80 Prozent vom Wert dieser Teilfläche zugrunde zu legen.

§ 50. [Bestimmte schuldrechtliche Verpflichtungen] Der Wert beträgt bei einer schuldrechtlichen Verpflichtung

1. über eine Sache oder ein Recht nicht oder nur eingeschränkt zu verfügen, 10 Prozent des Verkehrswerts der Sache oder des Werts des Rechts;
2. zur eingeschränkten Nutzung einer Sache 20 Prozent des Verkehrswerts der Sache;
3. zur Errichtung eines Bauwerks, wenn es sich um a) ein Wohngebäude handelt, 20 Prozent des Verkehrswerts des unbebauten Grundstücks, b) ein gewerblich genutztes Bauwerk handelt, 20 Prozent der voraussichtlichen Herstellungskosten;
4. zu Investitionen 20 Prozent der Investitionssumme.

§ 51. [Erwerbs- und Veräußerungsrechte, Verfügungsbeschränkungen] (1) Der Wert eines Ankaufsrechts oder eines sonstigen Erwerbs- oder Veräußerungsrechts ist der Wert des Gegenstands, auf den sich das Recht bezieht. Der Wert eines Vorkaufs- oder Wiederkaufsrechts ist die Hälfte des Werts nach Satz 1.

(2) Der Wert einer Verfügungsbeschränkung, insbesondere nach den §§ 1365 und 1369 des Bürgerlichen Gesetzbuchs sowie einer Belastung gemäß § 1010 des Bürgerlichen Gesetzbuchs, beträgt 30 Prozent des von der Beschränkung betroffenen Gegenstands.

(3) Ist der nach den Absätzen 1 und 2 bestimmte Wert nach den besonderen Umständen des Einzelfalls unbillig, kann ein höherer oder ein niedrigerer Wert angenommen werden.

§ 52. [Nutzungs- und Leistungsrechte] (1) Der Wert einer Dienstbarkeit, einer Reallast oder eines sonstigen Rechts oder Anspruchs auf wiederkehrende oder dauernde Nutzungen oder Leistungen einschließlich des Unterlassens oder Duldens bestimmt sich nach dem Wert, den das Recht für den Berechtigten oder für das herrschende Grundstück hat.

(2) Ist das Recht auf eine bestimmte Zeit beschränkt, ist der auf die Dauer des Rechts entfallende Wert maßgebend. Der Wert ist jedoch durch den auf die ersten 20 Jahre entfallenden Wert des Rechts beschränkt. Ist die Dauer des Rechts außerdem auf die Lebensdauer einer Person beschränkt, darf der nach Absatz 4 bemessene Wert nicht überschritten werden.

(3) Der Wert eines Rechts von unbeschränkter Dauer ist der auf die ersten 20 Jahre entfallende Wert. Der Wert eines Rechts von unbestimmter Dauer ist der auf die ersten zehn Jahre entfallende Wert, soweit sich aus Absatz 4 nichts anderes ergibt.

(4) Ist das Recht auf die Lebensdauer einer Person beschränkt, ist sein Wert

bei einem Lebensalter von ...	der auf die ersten ... Jahre
bis zu 30 Jahren	20
über 30 Jahren bis zu 50 Jahren	15
über 50 Jahren bis zu 70 Jahren	10
über 70 Jahren	5

entfallende Wert. Hängt die Dauer des Rechts von der Lebensdauer mehrerer Personen ab, ist maßgebend,

1. wenn das Recht mit dem Tod des zuletzt Sterbenden erlischt, das Lebensalter der jüngsten Person,

2. wenn das Recht mit dem Tod des zuerst Sterbenden erlischt, das Lebensalter der ältesten Person.

(5) Der Jahreswert wird mit 5 Prozent des Werts des betroffenen Gegenstands oder Teils des betroffenen Gegenstands angenommen, sofern nicht ein anderer Wert festgestellt werden kann.

(6) Für die Berechnung des Werts ist der Beginn des Rechts maßgebend. Bildet das Recht später den Gegenstand eines gebührenpflichtigen Geschäfts, so ist der spätere Zeitpunkt maßgebend. Ist der nach den vorstehenden Absätzen bestimmte Wert nach den besonderen Umständen des Einzelfalls unbillig, weil im Zeitpunkt des Geschäfts der Beginn des Rechts noch nicht feststeht oder das Recht in anderer Weise bedingt ist, ist ein niedrigerer Wert anzunehmen. Der Wert eines durch Zeitablauf oder durch den Tod des Berechtigten erloschenen Rechts beträgt 0 Euro.

(7) Preisklauseln werden nicht berücksichtigt.

§ § 53. [Grundpfandrechte und sonstige Sicherheiten] (1) Der Wert einer Hypothek, Schiffshypothek, eines Registerpfandrechts an einem Luftfahrzeug oder einer Grundschuld ist der Nennbetrag der Schuld. Der Wert einer Rentenschuld ist der Nennbetrag der Ablösungssumme.

(2) Der Wert eines sonstigen Pfandrechts oder der sonstigen Sicherstellung einer Forderung durch Bürgschaft, Sicherungsübereignung oder dergleichen bestimmt sich nach dem Betrag der Forderung und, wenn der als Pfand oder zur Sicherung dienende Gegenstand einen geringeren Wert hat, nach diesem.

§ 54. [Bestimmte Gesellschaftsanteile] Wenn keine genügenden Anhaltspunkte für einen höheren Wert von Anteilen an Kapitalgesellschaften und von Kommanditbeteiligungen bestehen, bestimmt sich der Wert nach dem Eigenkapital im Sinne von § 266 Absatz 3 des Handelsgesetzbuchs, das auf den jeweiligen Anteil oder die Beteiligung entfällt. Grundstücke, Gebäude, grundstücksgleiche Rechte, Schiffe oder Schiffsbauwerke sind dabei nach den Bewertungsvorschriften dieses Unterabschnitts zu berücksichtigen. Sofern die betreffenden Gesellschaften überwiegend vermögensverwaltend tätig sind, insbesondere als Immobilienverwaltungs-, Objekt-, Holding-, Besitz- oder sonstige Beteiligungsgesellschaft, ist der auf den jeweiligen Anteil oder die Beteiligung entfallende Wert des Vermögens der Gesellschaft maßgeblich; die Sätze 1 und 2 sind nicht anzuwenden.

Kapitel 2 Gerichtskosten §§ 55 – 84 *(nicht abgedruckt)*

Kapitel 3 Notarkosten

Abschnitt 1 Allgemeine Vorschriften

§ 85. [Notarielle Verfahren] (1) Notarielle Verfahren im Sinne dieses Gesetzes sind das Beurkundungsverfahren (Teil 2 Hauptabschnitt 1 des Kostenverzeichnisses) und die sonstigen notariellen Verfahren (Teil 2 Haupt abschnitt 3 des Kostenverzeichnisses).

(2) Das Beurkundungsverfahren im Sinne dieses Gesetzes ist auf die Errichtung einer Niederschrift (§§ 8 und 36 des Beurkundungsgesetzes) gerichtet.

§ 86. [Beurkundungsgegenstand] (1) Beurkundungsgegenstand ist das Rechtsverhältnis, auf das sich die Erklärungen beziehen, bei Tatsachenbeurkundungen die beurkundete Tatsache oder der beurkundete Vorgang.

(2) Mehrere Rechtsverhältnisse, Tatsachen oder Vorgänge sind verschiedene Beurkundungsgegenstände, soweit in § 109 nichts anderes bestimmt ist.

§ 87. [Sprechtage außerhalb der Geschäftsstelle] Hält ein Notar außerhalb seiner Geschäftsstelle regelmäßige Sprechtage ab, so gilt dieser Ort als Amtssitz im Sinne dieses Gesetzes.

Abschnitt 2 Kostenerhebung

§ 88. [Verzinsung des Kostenanspruchs] Der Kostenschuldner hat die Kostenforderung zu verzinsen, wenn ihm eine vollstreckbare Ausfertigung der Kostenberechnung (§ 19) zugestellt wird, die Angaben über die Höhe der zu verzinsenden Forderung, den Verzinsungsbeginn und den Zinssatz enthält. Die Verzinsung beginnt einen Monat nach der Zustellung. Der jährliche Zinssatz beträgt fünf Prozentpunkte über dem Basiszinssatz nach § 247 des Bürgerlichen Gesetzbuchs.

§ 89. [Beitreibung der Kosten und Zinsen] Die Kosten und die auf diese entfallenden Zinsen werden aufgrund einer mit der Vollstreckungsklausel des Notars versehenen Ausfertigung der Kostenberechnung (§ 19) nach den Vorschriften der Zivilprozessordnung beigetrieben; § 798 der Zivilprozessordnung gilt entsprechend. In der Vollstreckungsklausel, die zum Zweck der Zwangsvollstreckung gegen einen zur Duldung der Zwangsvollstreckung Verpflichteten erteilt wird, ist die Duldungspflicht auszusprechen.

§ 90. [Zurückzahlung, Schadensersatz] (1) Wird die Kostenberechnung abgeändert oder ist der endgültige Kostenbetrag geringer als der erhobene Vorschuss, so hat der Notar die zu viel empfangenen Beträge zu erstatten. Hatte der Kostenschuldner einen Antrag auf Entscheidung des Landgerichts nach § 127 Absatz 1 innerhalb eines Monats nach der Zustellung der vollstreckbaren Ausfertigung gestellt, so hat der Notar darüber hinaus den Schaden zu ersetzen, der dem Kostenschuldner durch die Vollstreckung oder durch eine zur Abwendung der Vollstreckung erbrachte Leistung entstanden ist. Im Fall des Satzes 2 hat der Notar den zu viel empfangenen Betrag vom Tag des Antragseingangs bei dem Landgericht an mit jährlich fünf Prozentpunkten über dem Basiszinssatz nach § 247 des Bürgerlichen Gesetzbuchs zu verzinsen; die Geltendmachung eines weitergehenden Schadens ist nicht ausgeschlossen. Im Übrigen kann der Kostenschuldner eine Verzinsung des zu viel gezahlten Betrags nicht fordern.

(2) Über die Verpflichtungen gemäß Absatz 1 wird auf Antrag des Kostenschuldners in dem Verfahren nach § 127 entschieden. Die Entscheidung ist nach den Vorschriften der Zivilprozessordnung vollstreckbar.

Abschnitt 3 Gebührenvorschriften

§ 91. [Gebührenermäßigung] (1) Erhebt ein Notar die in Teil 2 Hauptabschnitt 1 oder 4 oder in den Nummern 23803 und 25202 des Kostenverzeichnisses bestimmten Gebühren von

1. dem Bund, einem Land sowie einer nach dem Haushaltsplan des Bundes oder eines Landes für Rechnung des Bundes oder eines Landes verwalteten öffentlichen Körperschaft oder Anstalt,

2. einer Gemeinde, einem Gemeindeverband, einer sonstigen Gebietskörperschaft oder einem Zusammenschluss von Gebietskörperschaften, einem Regionalverband, einem Zweckverband,

3. einer Kirche oder einer sonstigen Religions- oder Weltanschauungsgemeinschaft, jeweils soweit sie die Rechtsstellung einer juristischen Person des öffentlichen Rechts hat,

und betrifft die Angelegenheit nicht deren wirtschaftliche Unternehmen, so ermäßigen sich die Gebühren bei einem Geschäftswert von mehr als 25 000 Euro bis zu einem

Geschäftswert von.... Euro	um ...Prozent
110 000	30
260 000	40
1 000 000	50
über 1000 000	60

Eine ermäßigte Gebühr darf jedoch die Gebühr nicht unterschreiten, die bei einem niedrigeren Geschäftswert nach Satz 1 zu erheben ist. Wenn das Geschäft mit dem Erwerb eines Grundstücks oder grundstücksgleichen Rechts zusammenhängt, ermäßigen sich die Gebühren nur, wenn dargelegt wird, dass eine auch nur teilweise Weiterveräußerung an einen nichtbegünstigten Dritten nicht beabsichtigt ist. Ändert sich diese Absicht innerhalb von drei Jahren nach Beurkundung der Auflassung, entfällt eine bereits gewährte Ermäßigung. Der Begünstigte ist verpflichtet, den Notar zu unterrichten.

(2) Die Gebührenermäßigung ist auch einer Körperschaft, Vereinigung oder Stiftung zu gewähren, wenn

1. diese ausschließlich und unmittelbar mildtätige oder kirchliche Zwecke im Sinne der Abgabenordnung verfolgt,

2. die Voraussetzung nach Nummer 1 durch einen Freistellungs- oder Körperschaftsteuerbescheid oder durch eine vorläufige Bescheinigung des Finanzamts nachgewiesen wird und

3. dargelegt wird, dass die Angelegenheit nicht einen steuerpflichtigen wirtschaftlichen Geschäftsbetrieb betrifft.

(3) Die Ermäßigung erstreckt sich auf andere Beteiligte, die mit dem Begünstigten als Gesamtschuldner haften, nur insoweit, als sie von dem Begünstigten aufgrund gesetzlicher Vorschrift Erstattung verlangen können.

(4) Soweit die Haftung auf der Vorschrift des § 29Nummer 3 (Haftung nach bürgerlichem Recht) beruht, kann sich der Begünstigte gegenüber dem Notar nicht auf die Gebührenermäßigung berufen.

§ 92. [Rahmengebühren] (1) Bei Rahmengebühren bestimmt der Notar die Gebühr im Einzelfall unter Berücksichtigung des Umfangs der erbrachten Leistung nach billigem Ermessen.

(2) Bei den Gebühren für das Beurkundungsverfahren im Fall der vorzeitigen Beendigung und bei den Gebühren für die Fertigung eines Entwurfs ist für die vollständige Erstellung des Entwurfs die Höchstgebühr zu erheben.

(3) Ist eine Gebühr für eine vorausgegangene Tätigkeit auf eine Rahmengebühr anzurechnen, so ist bei der Bemessung der Gebühr auch die vorausgegangene Tätigkeit zu berücksichtigen.

§ 93. [Einmalige Erhebung der Gebühren] (1) Die Gebühr für ein Verfahren sowie die Vollzugs- und die Betreuungsgebühr werden in demselben notariellen Verfahren jeweils nur einmal erhoben. Die Vollzugs- und die Betreuungsgebühr werden bei der Fertigung eines Entwurfs jeweils nur einmal erhoben.

(2) Werden in einem Beurkundungsverfahren ohne sachlichen Grund mehrere Beurkundungsgegenstände zusammengefasst, gilt das Beurkundungsverfahren hinsichtlich jedes dieser Beurkundungsgegenstände als besonderes Verfahren. Ein sachlicher Grund ist insbesondere anzunehmen, wenn hinsichtlich jedes Beurkundungsgegenstands die gleichen Personen an dem Verfahren beteiligt sind oder der rechtliche Verknüpfungswille in der Urkunde zum Ausdruck kommt.

§ 94. [Verschiedene Gebührensätze] (1) Sind für die einzelnen Beurkundungsgegenstände oder für Teile davon verschiedene Gebührensätze anzuwenden, entstehen insoweit gesondert berechnete Gebühren, jedoch nicht mehr als die nach dem höchsten Gebührensatz berechnete Gebühr aus dem Gesamtbetrag der Werte.

(2) Soweit mehrere Beurkundungsgegenstände als ein Gegenstand zu behandeln sind (§ 109), wird die Gebühr nach dem höchsten in Betracht kommenden Gebührensatz

berechnet. Sie beträgt jedoch nicht mehr als die Summe der Gebühren, die bei getrennter Beurkundung entstanden wären.

Abschnitt 4 Wertvorschriften

Unterabschnitt 1 Allgemeine Wertvorschriften

§ 95. [Mitwirkung der Beteiligten] Die Beteiligten sind verpflichtet, bei der Wertermittlung mitzuwirken. Sie haben ihre Erklärungen über tatsächliche Umstände vollständig und wahrheitsgemäß abzugeben. Kommen die Beteiligten ihrer Mitwirkungspflicht nicht nach, ist der Wert nach billigem Ermessen zu bestimmen.

§ 96. [Zeitpunkt der Wertberechnung] Für die Wertberechnung ist der Zeitpunkt der Fälligkeit der Gebühr maßgebend.

Unterabschnitt 2 Beurkundung

§ 97. [Verträge und Erklärungen] (1) Der Geschäftswert bei der Beurkundung von Verträgen und Erklärungen bestimmt sich nach dem Wert des Rechtsverhältnisses, das Beurkundungsgegenstand ist.

(2) Handelt es sich um Veränderungen eines Rechtsverhältnisses, so darf der Wert des von der Veränderung betroffenen Rechtsverhältnisses nicht überschritten werden, und zwar auch dann nicht, wenn es sich um mehrere Veränderungen desselben Rechtsverhältnisses handelt.

(3) Bei Verträgen, die den Austausch von Leistungen zum Gegenstand haben, ist nur der Wert der Leistungen des einen Teils maßgebend; wenn der Wert der Leistungen verschieden ist, ist der höhere maßgebend.

§ 98. [Vollmachten und Zustimmungen] (1) Bei der Beurkundung einer Vollmacht zum Abschluss eines bestimmten Rechtsgeschäfts oder bei der Beurkundung einer Zustimmungserklärung ist Geschäftswert die Hälfte des Geschäftswerts für die Beurkundung des Geschäfts, auf das sich die Vollmacht oder die Zustimmungserklärung bezieht.

(2) Bei Vollmachten und Zustimmungserklärungen aufgrund einer gegenwärtigen oder künftigen Mitberechtigung ermäßigt sich der nach Absatz 1 bestimmte Geschäftswert auf den Bruchteil, der dem Anteil der Mitberechtigung entspricht. Entsprechendes gilt für Zustimmungserklärungen nach dem Umwandlungsgesetz durch die in § 2 des Umwandlungsgesetzes bezeichneten Anteilsinhaber. Bei Gesamthandsverhältnissen ist der Anteil entsprechend der Beteiligung an dem Gesamthandsvermögen zu bemessen.

(3) Der Geschäftswert bei der Beurkundung einer allgemeinen Vollmacht ist nach billigem Ermessen zu bestimmen; dabei sind der Umfang der erteilten Vollmacht und das Vermögen des Vollmachtgebers angemessen zu berücksichtigen. Der zu bestimmende Geschäftswert darf die Hälfte des Vermögens des Auftraggebers nicht übersteigen.

(4) In allen Fällen beträgt der anzunehmende Geschäftswert höchstens 1 Million Euro.

(5) Für den Widerruf einer Vollmacht gelten die vorstehenden Vorschriften entsprechend.

§ 99. [Miet-, Pacht- und Dienstverträge] (1) Der Geschäftswert bei der Beurkundung eines Miet- oder Pachtvertrags ist der Wert aller Leistungen des Mieters oder Pächters während der gesamten Vertragszeit. Bei Miet- oder Pachtverträgen von unbestimmter Vertragsdauer ist der auf die ersten fünf Jahre entfallende Wert der Leistungen maßgebend; ist jedoch die Auflösung des Vertrags erst zu einem späteren Zeitpunkt zulässig, ist dieser maßgebend. In keinem Fall darf der Geschäftswert den auf die ersten 20 Jahre entfallenden Wert übersteigen.

(2) Der Geschäftswert bei der Beurkundung eines Dienstvertrags, eines Geschäftsbesorgungsvertrags oder eines ähnlichen Vertrags ist der Wert aller Bezüge des zur Dienstleistung oder Geschäftsbesorgung Verpflichteten während der gesamten Vertragszeit, höchstens jedoch der Wert der auf die ersten fünf Jahre entfallenden Bezüge.

§ 100. [Güterrechtliche Angelegenheiten] (1) Der Geschäftswert
1. bei der Beurkundung von Eheverträgen im Sinne des § 1408 des Bürgerlichen Gesetzbuchs, die sich nicht auf Vereinbarungen über den Versorgungsausgleich beschränken, und

2. bei der Beurkundung von Anmeldungen aufgrund solcher Verträge

ist die Summe der Werte der gegenwärtigen Vermögen beider Ehegatten. Betrifft der Ehevertrag nur das Vermögen eines Ehegatten, ist nur dessen Vermögen maßgebend. Bei Ermittlung des Vermögens werden Verbindlichkeiten bis zur Hälfte des nach Satz 1 oder 2 maßgeblichen Werts abgezogen. Verbindlichkeiten eines Ehegatten werden nur von seinem Vermögen abgezogen.

(2) Betrifft der Ehevertrag nur bestimmte Vermögenswerte, auch wenn sie dem Anfangsvermögen hinzuzurechnen wären, oder bestimmte güterrechtliche Ansprüche, so ist deren Wert, höchstens jedoch der Wert nach Absatz 1 maßgebend.

(3) Betrifft der Ehevertrag Vermögenswerte, die noch nicht zum Vermögen des Ehegatten gehören, werden sie mit 30 Prozent ihres Werts berücksichtigt, wenn sie im Ehevertrag konkret bezeichnet sind.

(4) Die Absätze 1 bis 3 gelten entsprechend bei Lebenspartnerschaftsverträgen.

§ 101. [Annahme als Kind] In Angelegenheiten, die die Annahme eines Minderjährigen betreffen, beträgt der Geschäftswert 5 000 Euro.

§ 102. [Erbrechtliche Angelegenheiten] (1) Geschäftswert bei der Beurkundung einer Verfügung von Todes wegen ist, wenn über den ganzen Nachlass oder einen Bruchteil verfügt wird, der Wert des Vermögens oder der Wert des entsprechenden Bruchteils des Vermögens. Verbindlichkeiten des Erblassers werden abgezogen, jedoch nur bis zur Hälfte des Werts des Vermögens. Vermächtnisse und Auflagen werden nur bei Verfügung über einen Bruchteil und nur mit dem Anteil ihres Werts hinzugerechnet, der dem Bruchteil entspricht, über den nicht verfügt wird.

(2) Verfügt der Erblasser außer über die Gesamtrechtsnachfolge daneben über Vermögenswerte, die noch nicht zu seinem Vermögen gehören, jedoch in der Verfügung von Todes wegen konkret bezeichnet sind, wird deren Wert hinzugerechnet. Von dem Begünstigten zu übernehmende Verbindlichkeiten werden abgezogen, jedoch nur bis zur Hälfte des Vermögenswerts. Die Sätze 1 und 2 gelten bei gemeinschaftlichen Testamenten und gegenseitigen Erbverträgen nicht für Vermögenswerte, die bereits nach Absatz 1 berücksichtigt sind.

(3) Betrifft die Verfügung von Todes wegen nur bestimmte Vermögenswerte, ist deren Wert maßgebend; Absatz 2 Satz 2 gilt entsprechend.

(4) Bei der Beurkundung eines Erbverzichts-, Zuwendungsverzichts- oder Pflichtteilsverzichtsvertrags gilt Absatz 1 Satz 1 und 2 entsprechend; soweit der Zuwendungsverzicht ein Vermächtnis betrifft, gilt Absatz 3 entsprechend. Das Pflichtteilsrecht ist wie ein entsprechender Bruchteil des Nachlasses zu behandeln.

(5) Die Absätze 1 bis 3 gelten entsprechend für die Beurkundung der Anfechtung oder des Widerrufs einer Verfügung von Todes wegen sowie für den Rücktritt von einem Erbvertrag. Hat eine Erklärung des einen Teils nach Satz 1 im Fall eines gemeinschaftlichen Testaments oder eines Erbvertrags die Unwirksamkeit von Verfügungen des anderen Teils zur Folge, ist der Wert der Verfügungen des anderen Teils dem Wert nach Satz 1 hinzuzurechnen.

§ 103. [Erklärungen gegenüber dem Nachlassgericht, Anträge an das Nachlassgericht] (1) Werden in einer vermögensrechtlichen Angelegenheit Erklärungen, die gegenüber dem Nachlassgericht abzugeben sind, oder Anträge an das Nachlassgericht beurkundet, ist Geschäftswert der Wert des betroffenen Vermögens oder des betroffenen Bruchteils nach Abzug der Verbindlichkeiten zum Zeitpunkt der Beurkundung.

(2) Bei der Beurkundung von Erklärungen über die Ausschlagung des Anfalls eines Hofes (§ 11 der Höfeordnung) gilt Absatz 1 entsprechend.

§ 104. [Rechtswahl] (1) Bei der Beurkundung einer Rechtswahl, die die allgemeinen oder güterrechtlichen Wirkungen der Ehe betrifft, beträgt der Geschäftswert 30 Prozent des Werts, der sich in entsprechender Anwendung des § 100 ergibt.

(2) Bei der Beurkundung einer Rechtswahl, die eine Rechtsnachfolge von Todes wegen betrifft, beträgt der Geschäftswert 30 Prozent des Werts, der sich in entsprechender Anwendung des § 102 ergibt.

(3) Bei der Beurkundung einer Rechtswahl in sonstigen Fällen beträgt der Geschäftswert 30 Prozent des Geschäftswerts für die Beurkundung des Rechtsgeschäfts, für das die Rechtswahl bestimmt ist.

§ 105. [Anmeldung zu bestimmten Registern] (1) Bei den folgenden Anmeldungen zum Handelsregister ist Geschäftswert der in das Handelsregister einzutragende Geldbetrag, bei Änderung bereits eingetragener Geldbeträge der Unterschiedsbetrag:

1. erste Anmeldung einer Kapitalgesellschaft; ein in der Satzung bestimmtes genehmigtes Kapital ist dem Grund- oder Stammkapital hinzuzurechnen;

2. erste Anmeldung eines Versicherungsvereins auf Gegenseitigkeit;

3. Erhöhung oder Herabsetzung des Stammkapitals einer Gesellschaft mit beschränkter Haftung;

4. Beschluss der Hauptversammlung einer Aktiengesellschaft oder einer Kommanditgesellschaft auf Aktien über a) Maßnahmen der Kapitalbeschaffung (§ § 182 bis 221 des Aktiengesetzes); dem Beschluss über die genehmigte Kapitalerhöhung steht der Beschluss über die Verlängerung der Frist gleich, innerhalb derer der Vorstand das Kapital erhöhen kann; b) Maßnahmen der Kapitalherabsetzung (§ § 222 bis 240 des Aktiengesetzes);

5. erste Anmeldung einer Kommanditgesellschaft; maßgebend ist die Summe der Kommanditeinlagen; hinzuzurechnen sind 30 000 Euro für den ersten und 15 000 Euro für jeden weiteren persönlich haftenden Gesellschafter;

6. Eintritt eines Kommanditisten in eine bestehende Personenhandelsgesellschaft oder Ausscheiden eines Kommanditisten; ist ein Kommanditist als Nachfolger eines anderen Kommanditisten oder ein bisher persönlich haftender Gesellschafter als Kommanditist oder ein bisheriger Kommanditist als persönlich haftender Gesellschafter einzutragen, ist die einfache Kommanditeinlage maßgebend;

7. Erhöhung oder Herabsetzung einer Kommanditeinlage.

Der Geschäftswert beträgt mindestens   30 000 Euro.

(2) Bei sonstigen Anmeldungen zum Handelsregister sowie bei Anmeldungen zum Partnerschafts- und Genossenschaftsregister bestimmt sich der Geschäftswert nach den Absätzen 3 bis 5.

(3) Der Geschäftswert beträgt bei der ersten Anmeldung

1. eines Einzelkaufmanns 30 000 Euro;

2. einer offenen Handelsgesellschaft oder einer Partnerschaftsgesellschaft mit zwei Gesellschaftern 45 000 Euro; hat die offene Handelsgesellschaft oder die Partnerschaftsgesellschaft mehr als zwei Gesellschafter, erhöht sich der Wert für den dritten und jeden weiteren Gesellschafter um jeweils 15 000 Euro;

3. einer Genossenschaft oder einer juristischen Person (§ 33 des Handelsgesetzbuchs) 60 000 Euro.

(4) Bei einer späteren Anmeldung beträgt der Geschäftswert, wenn diese

1. eine Kapitalgesellschaft betrifft, 1 Prozent des eingetragenen Grund- oder Stammkapitals, mindestens 30 000 Euro;

2. einen Versicherungsverein auf Gegenseitigkeit betrifft, 60 000 Euro;

3. eine Personenhandels- oder Partnerschaftsgesellschaft betrifft, 30 000 Euro; bei Eintritt oder Ausscheiden von mehr als zwei persönlich haftenden Gesellschaftern oder Partnern sind als Geschäftswert 15 000 Euro für jeden eintretenden oder ausscheidenden Gesellschafter oder Partner anzunehmen;

4. einen Einzelkaufmann, eine Genossenschaft oder eine juristische Person (§ 33 des Handelsgesetzbuchs) betrifft, 30 000 Euro.

(5) Ist eine Anmeldung nur deshalb erforderlich, weil sich eine Anschrift geändert hat, oder handelt es sich um eine ähnliche Anmeldung, die für das Unternehmen keine wirtschaftliche Bedeutung hat, so beträgt der Geschäftswert 5 000 Euro.

(6) Der in Absatz 1 Satz 2 und in Absatz 4 Nummer 1 bestimmte Mindestwert gilt nicht

1. für die Gründung einer Gesellschaft gemäß § 2 Absatz 1a des Gesetzes betreffend die Gesellschaften mit beschränkter Haftung und

2. für Änderungen des Gesellschaftsvertrags einer gemäß § 2 Absatz 1a des Gesetzes betreffend die Gesellschaften mit beschränkter Haftung gegründeten Gesellschaft, wenn die Gesellschaft auch mit dem geänderten Gesellschaftsvertrag hätte gemäß § 2 Absatz 1a des Gesetzes betreffend die Gesellschaften mit beschränkter Haftung gegründet werden können.

Reine sprachliche Abweichungen vom Musterprotokoll oder die spätere Streichung der auf die Gründung verweisenden Formulierungen stehen der Anwendung des Satzes 1 nicht entgegen.

§ 106. [Höchstwert für Anmeldungen zu bestimmten Registern] Bei der Beurkundung von Anmeldungen zu einem in § 105 genannten Register und zum Vereinsregister beträgt der Geschäftswert höchstens 1 Million Euro. Dies gilt auch dann, wenn mehrere Anmeldungen in einem Beurkundungsverfahren zusammengefasst werden.

§ 107. [Gesellschaftsrechtliche Verträge, Satzungen und Pläne] (1) Bei der Beurkundung von Gesellschaftsverträgen und Satzungen sowie von Plänen und Verträgen nach dem Umwandlungsgesetz beträgt der Geschäftswert mindestens 30 000 Euro und höchstens 10 Millionen Euro. Der in Satz 1 bestimmte Mindestwert gilt nicht bei der Beurkundung von Gesellschaftsverträgen und Satzungen in den Fällen des § 105 Absatz 6.

(2) Bei der Beurkundung von Verträgen zwischen verbundenen Unternehmen (§ 15 des Aktiengesetzes) über die Veräußerung oder über die Verpflichtung zur Veräußerung von Gesellschaftsanteilen und -beteiligungen beträgt der Geschäftswert höchstens 10 Millionen Euro. Satz 1 gilt nicht, sofern die betroffene Gesellschaft überwiegend vermögensverwaltend tätig ist, insbesondere als Immobilienverwaltungs-, Objekt-, Holding-, Besitz- oder sonstige Beteiligungsgesellschaft.

§ 108. [Beschlüsse von Organen] (1) Für den Geschäftswert bei der Beurkundung von Beschlüssen von Organen von Kapital-, Personenhandels- und Partnerschaftsgesellschaften sowie von Versicherungsvereinen auf Gegenseitigkeit, juristischen Personen (§ 33 des Handelsgesetzbuchs) oder Genossenschaften, deren Gegenstand keinen bestimmten Geldwert hat, gilt § 105 Absatz 4 und 6 entsprechend. Bei Beschlüssen, deren Gegenstand einen bestimmten Geldwert hat, beträgt der Wert nicht weniger als der sich nach § 105 Absatz 1 ergebende Wert.

(2) Bei der Beurkundung von Beschlüssen im Sinne des Absatzes 1, welche die Zustimmung zu einem bestimmten Rechtsgeschäft enthalten, ist der Geschäftswert wie bei der Beurkundung des Geschäfts zu bestimmen, auf das sich der Zustimmungsbeschluss bezieht.

(3) Der Geschäftswert bei der Beurkundung von Beschlüssen nach dem Umwandlungsgesetz ist der Wert des Vermögens des übertragenden oder formwechselnden Rechtsträgers. Bei Abspaltungen oder Ausgliederungen ist der Wert des übergehenden Vermögens maßgebend.

(4) Der Geschäftswert bei der Beurkundung von Beschlüssen von Organen einer Gesellschaft bürgerlichen Rechts, deren Gegenstand keinen bestimmten Geldwert hat, beträgt 30 000 Euro.

(5) Der Geschäftswert von Beschlüssen von Gesellschafts-, Stiftungs- und Vereinsorganen sowie von ähnlichen Organen beträgt höchstens 5 Millionen Euro, auch wenn mehrere Beschlüsse mit verschiedenem Gegenstand in einem Beurkundungsverfahren zusammengefasst werden.

§ 109. [Derselbe Beurkundungsgegenstand] (1) Derselbe Beurkundungsgegenstand liegt vor, wenn Rechtsverhältnisse zueinander in einem Abhängigkeitsverhältnis stehen und das eine Rechtsverhältnis unmittelbar dem Zweck des anderen Rechtsverhältnisses dient. Ein solches Abhängigkeitsverhältnis liegt nur vor, wenn das andere Rechtsverhältnis der Erfüllung, Sicherung oder sonstigen Durchführung des einen Rechtsverhältnisses dient. Dies gilt auch bei der Beurkundung von Erklärungen Dritter und von Erklärungen der Beteiligten zugunsten Dritter. Ein Abhängigkeitsverhältnis liegt insbesondere vor zwischen

1. dem Kaufvertrag und a) der Übernahme einer durch ein Grundpfandrecht am Kaufgrundstück gesicherten Darlehensschuld, b) der zur Löschung von Grundpfandrechten am Kaufgegenstand erforderlichen Erklärungen sowie c) jeder zur Belastung des Kaufgegenstands dem Käufer erteilten Vollmacht; die Beurkundung des Zuschlags in der freiwilligen Versteigerung steht dem Kaufvertrag gleich;

2. dem Gesellschaftsvertrag und der Auflassung bezüglich eines einzubringenden Grundstücks;

3. der Bestellung eines dinglichen Rechts und der zur Verschaffung des beabsichtigten Rangs erforderlichen Rangänderungserklärungen; § 45 Absatz 2 gilt entsprechend;

4. der Begründung eines Anspruchs und den Erklärungen zur Schaffung eines Titels gemäß § 794 Absatz 1 Nummer 5 der Zivilprozessordnung.

In diesen Fällen bestimmt sich der Geschäftswert nur nach dem Wert des Rechtsverhältnisses, zu dessen Erfüllung, Sicherung oder sonstiger Durchführung die anderen Rechtsverhältnisse dienen.

(2) Derselbe Beurkundungsgegenstand sind auch

1. der Vorschlag zur Person eines möglichen Betreuers und eine Patientenverfügung;

2. der Widerruf einer Verfügung von Todes wegen, die Aufhebung oder Anfechtung eines Erbvertrags oder der Rücktritt von einem Erbvertrag jeweils mit der Errichtung einer neuen Verfügung von Todes wegen;

3. die zur Bestellung eines Grundpfandrechts erforderlichen Erklärungen und die Schulderklärung bis zur Höhe des Nennbetrags des Grundpfandrechts;

4. bei Beschlüssen von Organen einer Vereinigung oder Stiftung a) jeder Beschluss und eine damit im Zusammenhang stehende Änderung des Gesellschaftsvertrags oder der Satzung, b) der Beschluss über eine Kapitalerhöhung oder -herabsetzung und die weiteren damit im Zusammenhang stehenden Beschlüsse, c) mehrere Änderungen des Gesellschaftsvertrags oder der Satzung, deren Gegenstand keinen bestimmten Geldwert hat, d) mehrere Wahlen, sofern nicht Einzelwahlen stattfinden, e) mehrere Beschlüsse über die Entlastung von Verwaltungsträgern, sofern nicht Einzelbeschlüsse gefasst werden, f) Wahlen und Beschlüsse über die Entlastung der Verwaltungsträger, sofern nicht einzeln abgestimmt wird, g) Beschlüsse von Organen verschiedener Vereinigungen bei Umwandlungsvorgängen, sofern die Beschlüsse denselben Beschlussgegenstand haben.

In diesen Fällen bestimmt sich der Geschäftswert nach dem höchsten in Betracht kommenden Wert.

§ 110. [Verschiedene Beurkundungsgegenstände] Abweichend von § 109 Absatz 1 sind verschiedene Beurkundungsgegenstände

1. Beschlüsse von Organen einer Vereinigung oder Stiftung und Erklärungen,

2. ein Veräußerungsvertrag und a) Erklärungen zur Finanzierung der Gegenleistung gegenüber Dritten, b) Erklärungen zur Bestellung von subjektiv-dinglichen Rechten sowie c) ein Verzicht auf Steuerbefreiungen gemäß § 9 Absatz 1 des Umsatzsteuergesetzes sowie

3. Erklärungen gemäß § 109 Absatz 2 Satz 1 Nummer 1 und Vollmachten.

§ 111. [Besondere Beurkundungsgegenstände] Als besonderer Beurkundungsgegenstand gelten stets

1. vorbehaltlich der Regelung in § 109 Absatz 2 Nummer 2 eine Verfügung von Todes wegen,

2. ein Ehevertrag im Sinne von § 1408 Absatz 1 des Bürgerlichen Gesetzbuchs,

3. eine Anmeldung zu einem Register und

4. eine Rechtswahl nach dem internationalen Privatrecht.

Unterabschnitt 3 Vollzugs – und Betreuungstätigkeiten

§ 112. [Vollzug des Geschäfts] Der Geschäftswert für den Vollzug ist der Geschäftswert des zugrunde liegenden Beurkundungsverfahrens. Liegt der zu vollziehenden Urkunde kein

Beurkundungsverfahren zugrunde, ist der Geschäftswert derjenige Wert, der maßgeblich wäre, wenn diese Urkunde Gegenstand eines Beurkundungsverfahrens wäre.

§ 113. [Betreuungstätigkeiten] (1) Der Geschäftswert für die Betreuungsgebühr ist wie bei der Beurkundung zu bestimmen.

(2) Der Geschäftswert für die Treuhandgebühr ist der Wert des Sicherungsinteresses.

Unterabschnitt 4   Sonstige notarielle Geschäfte

§ 114. [Rückgabe eines Erbvertrags aus der notariellen Verwahrung] Der Geschäftswert für die Rückgabe eines Erbvertrags aus der notariellen Verwahrung bestimmt sich nach § 102 Absatz 1 bis 3.

§ 115. [Vermögensverzeichnis, Siegelung] Der Geschäftswert für die Aufnahme von Vermögensverzeichnissen sowie für Siegelungen und Entsiegelungen ist der Wert der verzeichneten oder versiegelten Gegenstände. Dies gilt auch für die Mitwirkung als Urkundsperson bei der Aufnahme von Vermögensverzeichnissen.

§ 116. [Freiwillige Versteigerung von Grundstücken] (1) Bei der freiwilligen Versteigerung von Grundstücken oder grundstücksgleichen Rechten ist der Geschäftswert nach dem Wert der zu versteigernden Grundstücke oder grundstücksgleichen Rechte zu bemessen für

1. die Verfahrensgebühr,

2. die Gebühr für die Aufnahme einer Schätzung und

3. die Gebühr für die Abhaltung eines Versteigerungstermins.

(2) Bei der Versteigerung mehrerer Grundstücke wird die Gebühr für die Beurkundung des Zuschlags für jeden Ersteher nach der Summe seiner Gebote erhoben; ist der zusammengerechnete Wert der ihm zugeschlagenen Grundstücke oder grundstücksgleichen Rechte höher, so ist dieser maßgebend.

§ 117. [Versteigerung von beweglichen Sachen und von Rechten] Bei der Versteigerung von beweglichen Sachen und von Rechten bemisst sich der Geschäftswert nach der Summe der Werte der betroffenen Sachen und Rechte.

§ 118. [Vorbereitung der Zwangsvollstreckung] Im Verfahren über die Vollstreckbarerklärung eines Schiedsspruchs mit vereinbartem Wortlaut oder über die Erteilung einer vollstreckbaren Ausfertigung bemisst sich der Geschäftswert nach den Ansprüchen, die Gegenstand der Vollstreckbarerklärung oder der vollstreckbaren Ausfertigung sein sollen.

§ 118a. [Teilungssachen] Geschäftswert in Teilungssachen nach § 342 Absatz 2 Nummer 1 des Gesetzes über das Verfahren in Familiensachen und in den Angelegenheiten der freiwilligen Gerichtsbarkeit ist der Wert des den Gegenstand der Auseinandersetzung bildenden Nachlasses oder Gesamtguts oder des von der Auseinandersetzung betroffenen Teils davon. Die Werte mehrerer selbständiger Vermögensmassen, die in demselben Verfahren auseinandergesetzt werden, werden zusammengerechnet. Trifft die Auseinandersetzung des Gesamtguts einer Gütergemeinschaft mit der Auseinandersetzung des Nachlasses eines Ehegatten oder Lebenspartners zusammen, wird der Wert des Gesamtguts und des übrigen Nachlasses zusammengerechnet.

§ 119. [Entwurf] (1) Bei der Fertigung eines Entwurfs bestimmt sich der Geschäftswert nach den für die Beurkundung geltenden Vorschriften.

(2) Der Geschäftswert für die Fertigung eines Serienentwurfs ist die Hälfte des Werts aller zum Zeitpunkt der Entwurfsfertigung beabsichtigten Einzelgeschäfte.

§ 120. [Beratung bei einer Haupt- oder Gesellschafterversammlung] Der Geschäftswert für die Beratung bei der Vorbereitung oder Durchführung einer Hauptversammlung oder einer Gesellschafterversammlung bemisst sich nach der Summe der Geschäftswerte für die Beurkundung der in der Versammlung zu fassenden Beschlüsse. Der Geschäftswert beträgt höchstens 5 Millionen Euro.

§ 121. [Beglaubigung von Unterschriften oder Handzeichen] Der Geschäftswert für die Beglaubigung von Unterschriften oder Handzeichen bestimmt sich nach den für die Beurkundung der Erklärung geltenden Vorschriften.

§ 122. [Rangbescheinigung] Geschäftswert einer Mitteilung über die dem Grundbuchamt bei Einreichung eines Antrags vorliegenden weiteren Anträge einschließlich des sich daraus ergebenden Rangs für das beantragte Recht (Rangbescheinigung) ist der Wert des beantragten Rechts.

§ 123. [Gründungsprüfung] Geschäftswert einer Gründungsprüfung gemäß § 33 Absatz 3 des Aktiengesetzes ist die Summe aller Einlagen. Der Geschäftswert beträgt höchstens 10 Millionen Euro.

§ 124. [Verwahrung] Der Geschäftswert bei der Verwahrung von Geldbeträgen bestimmt sich nach der Höhe des jeweils ausgezahlten Betrags. Bei der Entgegennahme von Wertpapieren und Kostbarkeiten zur Verwahrung ist Geschäftswert der Wert der Wertpapiere oder Kostbarkeiten.

Abschnitt 5 Gebührenvereinbarung

§ 125. [Verbot der Gebührenvereinbarung] Vereinbarungen über die Höhe der Kosten sind unwirksam, soweit sich aus der folgenden Vorschrift nichts anderes ergibt.

§ 126. [Öffentlich-rechtlicher Vertrag] (1) Für die Tätigkeit des Notars als Mediator oder Schlichter ist durch öffentlich-rechtlichen Vertrag eine Gegenleistung in Geld zu vereinbaren. Dasselbe gilt für notarielle Amtstätigkeiten, für die in diesem Gesetz keine Gebühr bestimmt ist und die nicht mit anderen gebührenpflichtigen Tätigkeiten zusammenhängen. Die Gegenleistung muss unter Berücksichtigung aller Umstände des Geschäfts, insbesondere des Umfangs und der Schwierigkeit, angemessen sein. Sofern nichts anderes vereinbart ist, werden die Auslagen nach den gesetzlichen Bestimmungen erhoben.

(2) Der Vertrag bedarf der Schriftform.

(3) Die §§ 19, 88 bis 90 gelten entsprechend. Der vollstreckbaren Ausfertigung der Kostenberechnung ist eine beglaubigte Kopie oder ein beglaubigter Ausdruck des öffentlich-rechtlichen Vertrags beizufügen.

Abschnitt 6 Gerichtliches Verfahren in Notarkostensachen

§ 127. [Antrag auf gerichtliche Entscheidung] (1) Gegen die Kostenberechnung (§ 19), einschließlich der Verzinsungspflicht (§ 88), gegen die Zahlungspflicht, die Ausübung des Zurückbehaltungsrechts (§ 11) und die Erteilung der Vollstreckungsklausel kann die Entscheidung des Landgerichts, in dessen Bezirk der Notar den Amtssitz hat, beantragt werden. Antragsberechtigt ist der Kostenschuldner und, wenn der Kostenschuldner dem Notar gegenüber die Kostenberechnung beanstandet, auch der Notar.

(2) Nach Ablauf des Kalenderjahres, das auf das Jahr folgt, in dem die vollstreckbare Ausfertigung der Kostenberechnung zugestellt ist, können neue Anträge nach Absatz 1 nicht mehr gestellt werden. Soweit die Einwendungen gegen den Kostenanspruch auf Gründen beruhen, die nach der Zustellung der vollstreckbaren Ausfertigung entstanden sind, können sie auch nach Ablauf dieser Frist geltend gemacht werden.

§ 128. [Verfahren] (1) Das Gericht soll vor der Entscheidung die Beteiligten, die vorgesetzte Dienstbehörde des Notars und, wenn eine Kasse gemäß § 113 der Bundesnotarordnung errichtet ist, auch diese hören. Betrifft der Antrag die Bestimmung der Gebühr durch den Notar nach § 92 Absatz 1 oder die Kostenberechnung aufgrund eines öffentlich-rechtlichen Vertrags, soll das Gericht ein Gutachten des Vorstands der Notarkammer einholen. Ist eine Kasse nach § 113 der Bundesnotarordnung errichtet, tritt diese an die Stelle der Notarkammer. Das Gutachten ist kostenlos zu erstatten.

(2) Entspricht bei einer Rahmengebühr die vom Notar bestimmte Gebühr nicht der Vorschrift des § 92 Absatz 1, setzt das Gericht die Gebühr fest. Liegt ein zulässiger öffentlich-rechtlicher Vertrag vor und entspricht die vereinbarte Gegenleistung nicht der Vorschrift des § 126 Absatz 1 Satz 3, setzt das Gericht die angemessene Gegenleistung fest.

(3) Das Gericht kann die Entscheidung über den Antrag durch Beschluss einem seiner Mitglieder zur Entscheidung als Einzelrichter übertragen, wenn die Sache keine besonderen Schwierigkeiten tatsächlicher oder rechtlicher Art aufweist und keine grundsätzliche Bedeutung hat.

§ 129. [Beschwerde und Rechtsbeschwerde]

(1) Gegen die Entscheidung des Landgerichts findet ohne Rücksicht auf den Wert des Beschwerdegegenstands die Beschwerde statt.

(2) Gegen die Entscheidung des Oberlandesgerichts findet die Rechtsbeschwerde statt.

§ 130. [Gemeinsame Vorschriften] (1) Der Antrag auf Entscheidung des Landgerichts, die Beschwerde und die Rechtsbeschwerde haben keine aufschiebende Wirkung. Das Gericht oder das Beschwerdegericht kann auf Antrag oder von Amts wegen die aufschiebende Wirkung ganz oder teilweise anordnen; ist nicht der Einzelrichter zur Entscheidung berufen, entscheidet der Vorsitzende des Gerichts.

(2) Die dem Notar vorgesetzte Dienstbehörde kann diesen in jedem Fall anweisen, die Entscheidung des Landgerichts herbeizuführen, Beschwerde oder Rechtsbeschwerde zu erheben. Die hierauf ergehenden gerichtlichen Entscheidungen können auch auf eine Erhöhung der Kostenberechnung lauten. Gerichtskosten hat der Notar in diesen Verfahren nicht zu tragen. Außergerichtliche Kosten anderer Beteiligter, die der Notar in diesen Verfahren zu tragen hätte, sind der Landeskasse aufzuerlegen.

(3) Auf die Verfahren sind im Übrigen die Vorschriften des Gesetzes über das Verfahren in Familiensachen und in den Angelegenheiten der freiwilligen Gerichtsbarkeit anzuwenden. § 10 Absatz 4 des Gesetzes über das Verfahren in Familiensachen und in den Angelegenheiten der freiwilligen Gerichtsbarkeit ist auf den Notar nicht anzuwenden.

§ 131. [Abhilfe bei Verletzung des Anspruchs auf rechtliches Gehör] Die Vorschriften des Gesetzes über das Verfahren in Familiensachen und in den Angelegenheiten der freiwilligen Gerichtsbarkeit über die Abhilfe bei Verletzung des Anspruchs auf rechtliches Gehör sind anzuwenden. § 10 Absatz 4 des Gesetzes über das Verfahren in Familiensachen und in den Angelegenheiten der freiwilligen Gerichtsbarkeit ist auf den Notar nicht anzuwenden.

Kapitel 4 Schluss – und Übergangsvorschriften

§ 134. [Übergangsvorschrift] (1) ...

(2) Für notarielle Verfahren oder Geschäfte, für die ein Auftrag vor dem Inkrafttreten einer Gesetzesänderung erteilt worden ist, werden die Kosten nach bisherigem Recht erhoben.

§ 135. [Sonderregelung für Baden-Württemberg] (1) ...

(2) Solange im Land Baden-Württemberg anderen als gerichtlichen Behörden die Aufgaben des Grundbuchamts, des Betreuungs- oder des Nachlassgerichts übertragen sind, sind die Kosten gleichwohl nach diesem Gesetz zu erheben. Der Geschäftswert ist nur auf Antrag festzusetzen. Über die Festsetzung des Geschäftswerts und über die Erinnerung gegen den Kostenansatz entscheidet das Amtsgericht, in dessen Bezirk die Behörde ihren Sitz hat.

(3) Ein Notariatsabwickler steht einem Notariatsverwalter gleich.

§ § 136. [Übergangsvorschrift zum 2. Kostenrechtsmodernisierungsgesetz] (1) Die Kostenordnung in der im Bundesgesetzblatt Teil III, Gliederungsnummer 361-1, veröffentlichten bereinigten Fassung, die zuletzt durch Artikel 8 des Gesetzes vom 26. Juni 2013 (BGBl. I S. 1800) geändert worden ist, und Verweisungen hierauf sind weiter anzuwenden

1 - 3 ...

4. in notariellen Verfahren oder bei notariellen Geschäften, für die ein Auftrag vor dem Inkrafttreten des 2. Kostenrechtsmodernisierungsgesetzes vom 23. Juli 2013 (BGBl. I S. 2586) erteilt worden ist;

(2) Soweit Gebühren nach diesem Gesetz anzurechnen sind, sind auch nach der Kostenordnung für entsprechende Tätigkeiten entstandene Gebühren anzurechnen.

(3) Soweit für ein notarielles Hauptgeschäft die Kostenordnung nach Absatz 1 weiter anzuwenden ist, gilt dies auch für die damit zusammenhängenden Vollzugs-und Betreuungstätigkeiten sowie für zu Vollzugszwecken gefertigte Entwürfe.

(4)–(5) ...

Teil 2 Notargebühren

Nr.	Gebührentatbestand	Gebühren(satz) nach § 34 GNotKG - Tabelle B -

Vorbemerkung 2:
(1) In den Fällen, in denen es für die Gebührenberechnung maßgeblich ist, dass ein bestimmter Notar eine Tätigkeit vorgenommen hat, steht diesem Notar der Aktenverwahrer gemäß § 51 BNotO, der Notariatsverwalter gemäß § 56 BNotO oder ein anderer Notar, mit dem der Notar am Ort seines Amtssitzes zur gemeinsamen Berufsausübung verbunden ist oder mit dem er dort gemeinsame Geschäftsräume unterhält, gleich.
(2) Bundes- oder landesrechtliche Vorschriften, die Gebühren- oder Auslagenbefreiung gewähren, sind nicht auf den Notar anzuwenden. Außer in den Fällen der Kostenerstattung zwischen den Trägern der Sozialhilfe gilt die in § 64 Abs. 2 Satz 3 Nr. 2 SGB X bestimmte Gebührenfreiheit auch für den Notar.
(3) Beurkundungen nach § 62 Abs. 1 des Beurkundungsgesetzes und die Bezifferung dynamisierter Unterhaltstitel zur Zwangsvollstreckung im Ausland sind gebührenfrei.

Hauptabschnitt 1
Beurkundungsverfahren

Vorbemerkung 2.1:
(1) Die Gebühr für das Beurkundungsverfahren entsteht für die Vorbereitung und Durchführung der Beurkundung in Form einer Niederschrift (§§ 8 und 36 des Beurkundungsgesetzes) einschließlich der Beschaffung der Information.
(2) Durch die Gebühren dieses Hauptabschnitts werden auch abgegolten
1. die Übermittlung von Anträgen und Erklärungen an ein Gericht oder eine Behörde,
2. die Stellung von Anträgen im Namen der Beteiligten bei einem Gericht oder einer Behörde,
3. die Erledigung von Beanstandungen einschließlich des Beschwerdeverfahrens und
4. bei Änderung eines Gesellschaftsvertrags oder einer Satzung die Erteilung einer für die Anmeldung zum Handelsregister erforderlichen Bescheinigung des neuen vollständigen Wortlauts des Gesellschaftsvertrags oder der Satzung.

Abschnitt 1
Verträge, bestimmte Erklärungen sowie
Beschlüsse von Organen einer Vereinigung oder Stiftung

Vorbemerkung 2.1.1:
Dieser Abschnitt ist auch anzuwenden im Verfahren zur Beurkundung der folgenden Erklärungen:
1. Antrag auf Abschluss eines Vertrags oder Annahme eines solchen Antrags oder
2. gemeinschaftliches Testament.

21100	Beurkundungsverfahren	2,0 – mindestens 120,00 €
21101	Gegenstand des Beurkundungsverfahrens ist 1. die Annahme eines Antrags auf Abschluss eines Vertrags oder 2. ein Verfügungsgeschäft und derselbe Notar hat für eine Beurkundung, die das zugrunde liegende Rechtsgeschäft betrifft, die Gebühr 21100 oder 23603 erhoben: Die Gebühr 21100 beträgt .... (1) Als zugrunde liegendes Rechtsgeschäft gilt nicht eine Verfügung von Todes wegen. (2) Die Gebühr für die Beurkundung des Zuschlags in einer freiwilligen Versteigerung von Grundstücken oder grundstücksgleichen Rechten bestimmt sich nach Nummer 23603.	0,5 – mindestens 30,00 €

Teil 2 Notargebühren

Nr.	Gebührentatbestand	Gebühren(satz) nach § 34 GNotKG - Tabelle B -
21102	Gegenstand des Beurkundungsverfahrens ist 1. ein Verfügungsgeschäft und das zugrunde liegende Rechtsgeschäft ist bereits beurkundet und Nummer 21101 nicht anzuwenden oder 2. die Aufhebung eines Vertrags: Die Gebühr 21100 beträgt	1,0 – mindestens 60,00 €

Abschnitt 2
Sonstige Erklärungen, Tatsachen und Vorgänge

Vorbemerkung 2.1.2:
(1) Die Gebühr für die Beurkundung eines Antrags zum Abschluss eines Vertrages und für die Beurkundung der Annahme eines solchen Antrags sowie für die Beurkundung eines gemeinschaftlichen Testaments bestimmt sich nach Abschnitt 1, die Gebühr für die Beurkundung des Zuschlags bei der freiwilligen Versteigerung von Grundstücken oder grundstücksgleichen Rechten bestimmt sich nach Nummer 23603.
(2) Die Beurkundung der in der Anmerkung zu Nummer 23603 genannten Erklärungen wird durch die Gebühr 23603 mit abgegolten, wenn die Beurkundung in der Niederschrift über die Versteigerung erfolgt.

21200	Beurkundungsverfahren .... Unerheblich ist, ob eine Erklärung von einer oder von mehreren Personen abgegeben wird.	1,0 – mindestens 60,00 €
21201	Beurkundungsgegenstand ist 1. der Widerruf einer letztwilligen Verfügung, 2. der Rücktritt von einem Erbvertrag, 3. die Anfechtung einer Verfügung von Todes wegen, 4. ein Antrag oder eine Bewilligung nach der Grundbuchordnung, der Schiffsregisterordnung oder dem Gesetz über Rechte an Luftfahrzeugen oder die Zustimmung des Eigentümers zur Löschung eines Grundpfandrechts oder eines vergleichbaren Pfandrechts, 5. eine Anmeldung zum Handelsregister oder zu einem ähnlichen Register, 6. ein Antrag an das Nachlassgericht, 7. eine Erklärung, die gegenüber dem Nachlassgericht abzugeben ist, oder 8. die Zustimmung zur Annahme als Kind: Die Gebühr 21200 beträgt .... In dem in Vorbemerkung 2.3.3 Abs. 2 genannten Fall ist das Beurkundungsverfahren für den Antrag an das Nachlassgericht durch die Gebühr 23300 für die Abnahme der eidesstattlichen Versicherung mit abgegolten; im Übrigen bleiben die Vorschriften in Hauptabschnitt 1 unberührt.	0,5 – mindestens 30,00 €

Teil 2 Notargebühren

Nr.	Gebührentatbestand	Gebühren(satz) nach § 34 GNotKG - Tabelle B -

Abschnitt 3
Vorzeitige Beendigung des Beurkundungsverfahrens

Vorbemerkung 2.1.3:

(1) Ein Beurkundungsverfahren ist vorzeitig beendet, wenn vor Unterzeichnung der Niederschrift durch den Notar der Beurkundungsauftrag zurückgenommen oder zurückgewiesen wird oder der Notar feststellt, dass nach seiner Überzeugung mit der beauftragten Beurkundung aus Gründen, die nicht in seiner Person liegen, nicht mehr zu rechnen ist. Wird das Verfahren länger als 6 Monate nicht mehr betrieben, ist in der Regel nicht mehr mit der Beurkundung zu rechnen.

(2) Führt der Notar nach der vorzeitigen Beendigung des Beurkundungsverfahrens demnächst auf der Grundlage der bereits erbrachten notariellen Tätigkeit ein erneutes Beurkundungsverfahren durch, wird die nach diesem Abschnitt zu erhebende Gebühr auf die Gebühr für das erneute Beurkundungsverfahren angerechnet.

(3) Der Fertigung eines Entwurfs im Sinne der nachfolgenden Vorschriften steht die Überprüfung, Änderung oder Ergänzung eines dem Notar vorgelegten Entwurfs gleich.

Nr.	Gebührentatbestand	Gebühr
21300	Vorzeitige Beendigung des Beurkundungsverfahrens 1. vor Ablauf des Tages, an dem ein vom Notar gefertigter Entwurf an einen Beteiligten durch Aufgabe zur Post versandt worden ist, 2. vor der Übermittlung eines vom Notar gefertigten Entwurfs per Telefax, vor der elektronischen Übermittlung als Datei oder vor Aushändigung oder 3. bevor der Notar mit allen Beteiligten in einem zum Zweck der Beurkundung vereinbarten Termin auf der Grundlage eines von ihm gefertigten Entwurfs verhandelt hat: Die jeweilige Gebühr für das Beurkundungsverfahren ermäßigt sich auf	20,00 €
21301	In den Fällen der Nummer 21300 hat der Notar persönlich oder schriftlich beraten: Die jeweilige Gebühr für das Beurkundungsverfahren ermäßigt sich auf eine Gebühr	in Höhe der jeweiligen Beratungsgebühr
21302	Vorzeitige Beendigung des Verfahrens nach einem der in Nummer 21300 genannten Zeitpunkte in den Fällen der Nummer 21100: Die Gebühr 21100 ermäßigt sich auf	0,5 bis 2,0 – mindestens 120,00 €
21303	Vorzeitige Beendigung des Verfahrens nach einem der in Nummer 21300 genannten Zeitpunkte in den Fällen der Nummern 21102 und 21200: Die Gebühren 21102 und 21200 ermäßigen sich auf jeweils	0,3 bis 1,0 – mindestens 60,00 €
21304	Vorzeitige Beendigung des Verfahrens nach einem der in Nummer 21300 genannten Zeitpunkte in den Fällen der Nummern 21101 und 21201: Die Gebühren 21101 und 21201 ermäßigen sich auf	0,3 bis 0,5 – mindestens 30,00 €

Teil 2 Notargebühren

Nr.	Gebührentatbestand	Gebühren(satz) nach § 34 GNotKG - Tabelle B -

Hauptabschnitt 2
Vollzug eines Geschäfts und Betreuungstätigkeiten

Vorbemerkung 2.2:
(1) Gebühren nach diesem Hauptabschnitt entstehen nur, wenn dem Notar für seine Tätigkeit ein besonderer Auftrag erteilt worden ist; dies gilt nicht für die Gebühren 22114, 22125 und die Gebühr 22200 im Fall der Nummer 6 der Anmerkung.
(2) Entsteht für eine Tätigkeit eine Gebühr nach diesem Hauptabschnitt, fällt bei demselben Notar insoweit keine Gebühr für die Fertigung eines Entwurfs und keine Gebühr nach Nummer 25204 an.

Abschnitt 1
Vollzug

Unterabschnitt 1
Vollzug eines Geschäfts

Vorbemerkung 2.2.1.1:
(1) Die Vorschriften dieses Unterabschnitts sind anzuwenden, wenn der Notar eine Gebühr für das Beurkundungsverfahren oder für die Fertigung eines Entwurfs erhält, die das zugrunde liegende Geschäft betrifft. Die Vollzugsgebühr entsteht für die
1. Anforderung und Prüfung einer Erklärung oder Bescheinigung nach öffentlich-rechtlichen Vorschriften mit Ausnahme der Unbedenklichkeitsbescheinigung des Finanzamts,
2. Anforderung und Prüfung einer anderen als der in Nummer 4 genannten gerichtlichen Entscheidung oder Bescheinigung, dies gilt auch für die Ermittlung des Inhalts eines ausländischen Registers,
3. Fertigung, Änderung oder Ergänzung der Liste der Gesellschafter (§ 8 Abs. 1 Nr. 3, § 40 GmbHG) oder der Liste der Personen, welche neue Geschäftsanteile übernommen haben (§ 57 Abs. 3 Nr. 2 GmbHG),
4. Anforderung und Prüfung einer Entscheidung des Familien-, Betreuungs- oder Nachlassgerichts einschließlich aller Tätigkeiten des Notars gemäß den §§ 1828 und 1829 BGB im Namen der Beteiligten sowie die Erteilung einer Bescheinigung über die Wirksamkeit oder Unwirksamkeit des Rechtsgeschäfts,

5. Anforderung und Prüfung einer Vollmachtsbestätigung oder einer privatrechtlichen Zustimmungserklärung,
6. Anforderung und Prüfung einer privatrechtlichen Verzichtserklärung,
7. Anforderung und Prüfung einer Erklärung über die Ausübung oder Nichtausübung eines privatrechtlichen Vorkaufs- oder Wiederkaufsrechts,
8. Anforderung und Prüfung einer Erklärung über die Zustimmung zu einer Schuldübernahme oder einer Entlassung aus der Haftung,
9. Anforderung und Prüfung einer Erklärung oder sonstigen Urkunde zur Verfügung über ein Recht an einem Grundstück oder einem grundstücksgleichen Recht sowie zur Löschung oder Inhaltsänderung einer sonstigen Eintragung im Grundbuch oder in einem Register oder Anforderung und Prüfung einer Erklärung, inwieweit ein Grundpfandrecht eine Verbindlichkeit sichert,
10. Anforderung und Prüfung einer Verpflichtungserklärung betreffend eine in Nummer 9 genannte Verfügung oder einer Erklärung über die Nichtausübung eines Rechts und
11. über die in den Nummern 1 und 2 genannten Tätigkeiten hinausgehende Tätigkeit für die Beteiligten gegenüber der Behörde, dem Gericht oder der Körperschaft oder Anstalt des öffentlichen Rechts.
Die Vollzugsgebühr entsteht auch, wenn die Tätigkeit vor der Beurkundung vorgenommen wird.
(2) Zustimmungsbeschlüsse stehen Zustimmungserklärungen gleich.
(3) Wird eine Vollzugstätigkeit unter Beteiligung eines ausländischen Gerichts oder einer ausländischen Behörde vorgenommen, bestimmt sich die Vollzugsgebühr nach Unterabschnitt 2.

Teil 2 Notargebühren

Nr.	Gebührentatbestand	Gebühren(satz) nach § 34 GNotKG - Tabelle B -
22110	Vollzugsgebühr	0,5
22111	Vollzugsgebühr, wenn die Gebühr für das zugrunde liegende Beurkundungsverfahren weniger als 2,0 beträgt: Die Gebühr 22110 beträgt	0,3
	Vollzugsgegenstand sind lediglich die in der Vorbemerkung 2.2.1.1 Abs. 1 Satz 2 Nr. 1 bis 3 genannten Tätigkeiten: Die Gebühren 22110 und 22111 betragen	
22112	– für jede Tätigkeit nach Vorbemerkung 2.2.1.1 Abs. 1 Satz 2 Nr. 1 und 2	höchstens 50,00 €
22113	– für jede Tätigkeit nach Vorbemerkung 2.2.1.1 Abs. 1 Satz 2 Nr. 3	höchstens 250,00 €
22114	Erzeugung von strukturierten Daten in Form der Extensible Markup Language (XML) oder in einem nach dem Stand der Technik vergleichbaren Format für eine automatisierte Weiterbearbeitung .... Die Gebühr entsteht neben anderen Gebühren dieses Unterabschnitts gesondert.	0,3 – höchstens 250,00 €

Unterabschnitt 2
Vollzug in besonderen Fällen

Vorbemerkung 2.2.1.2:
Die Gebühren dieses Unterabschnitts entstehen, wenn der Notar
1. keine Gebühr für ein Beurkundungsverfahren oder für die Fertigung eines Entwurfs erhalten hat, die das zu vollziehende Geschäft betrifft, oder
2. eine Vollzugstätigkeit unter Beteiligung eines ausländischen Gerichts oder einer ausländischen Behörde vornimmt.

Nr.	Gebührentatbestand	Gebühren(satz)
22120	Vollzugsgebühr für die in Vorbemerkung 2.2.1.1 Abs. 1 Satz 2 genannten Tätigkeiten, wenn die Gebühr für ein die Urkunde betreffendes Beurkundungsverfahren 2,0 betragen würde	1,0
22121	Vollzugsgebühr für die in Vorbemerkung 2.2.1.1 Abs. 1 Satz 2 genannten Tätigkeiten, wenn die Gebühr für ein die Urkunde betreffendes Beurkundungsverfahren weniger als 2,0 betragen würde	0,5
22122	Überprüfung, ob die Urkunde bei Gericht eingereicht werden kann .... Die Gebühr entsteht nicht neben einer der Gebühren 22120 und 22121.	0,5
22123	Erledigung von Beanstandungen einschließlich des Beschwerdeverfahrens .... Die Gebühr entsteht nicht neben einer der Gebühren 22120 bis 22122.	0,5

Teil 2 Notargebühren

Nr.	Gebührentatbestand	Gebühren(satz) nach § 34 GNotKG - Tabelle B -
22124	Beschränkt sich die Tätigkeit auf die Übermittlung von Anträgen, Erklärungen oder Unterlagen an ein Gericht, eine Behörde oder einen Dritten oder die Stellung von Anträgen im Namen der Beteiligten .... Die Gebühr entsteht nur, wenn nicht eine Gebühr nach den Nummern 22120 bis 22123 anfällt.	20,00 €
22125	Erzeugung von strukturierten Daten in Form der Extensible Markup Language (XML) oder einem nach dem Stand der Technik vergleichbaren Format für eine automatisierte Weiterbearbeitung .... Die Gebühr entsteht neben anderen Gebühren dieses Unterabschnitts gesondert.	0,6 – höchstens 250,00 €

Abschnitt 2
Betreuungstätigkeiten

| 22200 | Betreuungsgebühr ....
 Die Betreuungsgebühr entsteht für die
 1. Erteilung einer Bescheinigung über den Eintritt der Wirksamkeit von Verträgen, Erklärungen und Beschlüssen,
 2. Prüfung und Mitteilung des Vorliegens von Fälligkeitsvoraussetzungen einer Leistung oder Teilleistung,

 3. Beachtung einer Auflage eines an dem Beurkundungsverfahren Beteiligten im Rahmen eines Treuhandauftrags, eine Urkunde oder Auszüge einer Urkunde nur unter bestimmten Bedingungen herauszugeben, wenn die Herausgabe nicht lediglich davon abhängt, dass ein Beteiligter der Herausgabe zustimmt, oder die Erklärung der Bewilligung nach § 19 der Grundbuchordnung aufgrund einer Vollmacht, wenn diese nur unter bestimmten Bedingungen abgegeben werden soll,
 4. Prüfung und Beachtung der Auszahlungsvoraussetzungen von verwahrtem Geld und der Ablieferungsvoraussetzungen von verwahrten Wertpapieren und Kostbarkeiten,
 5. Anzeige oder Anmeldung einer Tatsache, insbesondere einer Abtretung oder Verpfändung, an einen nicht an dem Beurkundungsverfahren Beteiligten zur Erzielung einer Rechtsfolge, wenn sich die Tätigkeit des Notars nicht darauf beschränkt, dem nicht am Beurkundungsverfahren Beteiligten die Urkunde oder eine Kopie oder eine Ausfertigung der Urkunde zu übermitteln,
 6. Erteilung einer Bescheinigung über Veränderungen hinsichtlich der Personen der Gesellschafter oder des Umfangs ihrer Beteiligung (§ 40 Abs. 2 GmbHG), wenn Umstände außerhalb der Urkunde zu prüfen sind, und
 7. Entgegennahme der für den Gläubiger bestimmten Ausfertigung einer Grundpfandrechtsbestellungsurkunde zur Herbeiführung der Bindungswirkung gemäß § 873 Abs. 2 BGB. | 0,5 |
| 22201 | Treuhandgebühr ....
 Die Treuhandgebühr entsteht für die Beachtung von Auflagen durch einen nicht unmittelbar an dem Beurkundungsverfahren Beteiligten, eine Urkunde oder Auszüge einer Urkunde nur unter bestimmten Bedingungen herauszugeben. Die Gebühr entsteht für jeden Treuhandauftrag gesondert. | 0,5 |

Teil 2 Notargebühren

Nr.	Gebührentatbestand	Gebühren(satz) nach § 34 GNotKG - Tabelle B -

Hauptabschnitt 3
Sonstige notarielle Verfahren

Vorbemerkung 2.3:
(1) Mit den Gebühren dieses Hauptabschnitts wird auch die Fertigung einer Niederschrift abgegolten. Nummer 23603 bleibt unberührt.
(2) Wenn der Notar nach landesrechtlichen Vorschriften anstelle des Gerichts oder neben diesem die Auseinandersetzung eines Nachlasses oder des Gesamtguts nach Beendigung der ehelichen, lebenspartnerschaftlichen oder fortgesetzten Gütergemeinschaft zu vermitteln hat, bestimmen sich die Gebühren nach Teil 1.

Abschnitt 1
Rückgabe eines Erbvertrags aus der notariellen Verwahrung

23100	Verfahrensgebühr .... Wenn derselbe Notar demnächst nach der Rückgabe eines Erbvertrags eine erneute Verfügung von Todes wegen desselben Erblassers beurkundet, wird die Gebühr auf die Gebühr für das Beurkundungsverfahren angerechnet. Bei einer Mehrheit von Erblassern erfolgt die Anrechnung nach Kopfteilen.	0,3

Abschnitt 2
Verlosung, Auslosung

23200	Verfahrensgebühr .... Die Gebühr entsteht auch, wenn der Notar Prüfungstätigkeiten übernimmt.	2,0
23201	Vorzeitige Beendigung des Verfahrens: Die Gebühr 23200 ermäßigt sich auf	0,5

Abschnitt 3
Eid, eidesstattliche Versicherung,
Vernehmung von Zeugen und Sachverständigen

Vorbemerkung 2.3.3:
(1) Die Gebühren entstehen nur, wenn das in diesem Abschnitt genannte Verfahren oder Geschäft nicht Teil eines anderen Verfahrens oder Geschäfts ist.
(2) Wird mit der Niederschrift über die Abnahme der eidesstattlichen Versicherung zugleich ein Antrag an das Nachlassgericht beurkundet, wird mit der Gebühr 23300 insoweit auch das Beurkundungsverfahren abgegolten.

23300	Verfahren zur Abnahme von Eiden und eidesstattlichen Versicherungen	1,0
23301	Vorzeitige Beendigung des Verfahrens: Die Gebühr 23300 beträgt	0,3
23302	Vernehmung von Zeugen und Sachverständigen	1,0

Teil 2 Notargebühren

Nr.	Gebührentatbestand	Gebühren(satz) nach § 34 GNotKG - Tabelle B -

Abschnitt 4
Wechsel- und Scheckprotest

Vorbemerkung 2.3.4:
Neben den Gebühren dieses Abschnitts werden die Gebühren 25300 und 26002 nicht erhoben.

23400	Verfahren über die Aufnahme eines Wechsel- und Scheckprotests .... Die Gebühr fällt auch dann an, wenn ohne Aufnahme des Protestes an den Notar gezahlt oder ihm die Zahlung nachgewiesen wird.	0,5
23401	Verfahren über die Aufnahme eines jeden Protests wegen Verweigerung der Ehrenannahme oder wegen unterbliebener Ehrenzahlung, wenn der Wechsel Notadressen enthält	0,3

Abschnitt 5
Vermögensverzeichnis und Siegelung

Vorbemerkung 2.3.5:
Neben den Gebühren dieses Abschnitts wird die Gebühr 26002 nicht erhoben.

23500	Verfahren über die Aufnahme eines Vermögensverzeichnisses einschließlich der Siegelung .... Die Gebühr entsteht nicht, wenn die Aufnahme des Vermögensverzeichnisses Teil eines beurkundeten Vertrags ist.	2,0
23501	Vorzeitige Beendigung des Verfahrens: Die Gebühr 23500 ermäßigt sich auf	0,5
23502	Mitwirkung als Urkundsperson bei der Aufnahme eines Vermögensverzeichnisses einschließlich der Siegelung	1,0
23503	Siegelung, die nicht mit den Gebühren 23500 oder 23502 abgegolten ist, und Entsiegelung	0,5

Abschnitt 6
Freiwillige Versteigerung von Grundstücken

Vorbemerkung 2.3.6:
Die Vorschriften dieses Abschnitts sind auf die freiwillige Versteigerung von Grundstücken und grundstücksgleichen Rechten durch den Notar zum Zwecke der Veräußerung oder Verpachtung anzuwenden.

23600	Verfahrensgebühr	0,5
23601	Aufnahme einer Schätzung	0,5
23602	Abhaltung eines Versteigerungstermins: für jeden Termin .... Der Versteigerungstermin gilt als abgehalten, wenn zur Abgabe von Geboten aufgefordert ist.	1,0

Teil 2 Notargebühren

Nr.	Gebührentatbestand	Gebühren(satz) nach § 34 GNotKG - Tabelle B -
23603	Beurkundung des Zuschlags .... Die Beurkundung bleibt gebührenfrei, wenn sie in der Niederschrift über die Versteigerung erfolgt und wenn 1. der Meistbietende die Rechte aus dem Meistgebot oder der Veräußerer den Anspruch gegen den Ersteher abtritt oder 2. der Meistbietende erklärt, für einen Dritten geboten zu haben, oder 3. ein Dritter den Erklärungen nach Nummer 2 beitritt. Das Gleiche gilt, wenn nach Maßgabe der Versteigerungsbedingungen für den Anspruch gegen den Ersteher die Bürgschaft übernommen oder eine sonstige Sicherheit bestellt und dies in dem Protokoll über die Versteigerung beurkundet wird.	1,0

Abschnitt 7
Versteigerung von beweglichen Sachen und von Rechten

Nr.	Gebührentatbestand	Gebühren(satz)
23700	Verfahrensgebühr .... (1) Die Gebühr entsteht für die Versteigerung von beweglichen Sachen, von Früchten auf dem Halm oder von Holz auf dem Stamm sowie von Forderungen oder sonstigen Rechten. (2) Ein Betrag in Höhe der Kosten kann aus dem Erlös vorweg entnommen werden.	3,0
23701	Beendigung des Verfahrens vor Aufforderung zur Abgabe von Geboten: Die Gebühr 23700 ermäßigt sich auf	0,5

Abschnitt 8
Vorbereitung der Zwangsvollstreckung

Nr.	Gebührentatbestand	Gebühren(satz)
23800	Verfahren über die Vollstreckbarerklärung eines Anwaltsvergleichs nach § 796a ZPO	60,00 €
23801	Verfahren über die Vollstreckbarerklärung eines Schiedsspruchs mit vereinbartem Wortlaut (§ 1053 ZPO)	2,0
23802	Beendigung des gesamten Verfahrens durch Zurücknahme des Antrags: Die Gebühr 23801 ermäßigt sich auf	1,0
23803	Verfahren über die Erteilung einer vollstreckbaren Ausfertigung, wenn der Eintritt einer Tatsache oder eine Rechtsnachfolge zu prüfen ist (§§ 726 bis 729 ZPO)	0,5
23804	Verfahren über die Ausstellung einer Bestätigung nach § 1079 ZPO	20,00 €
23805	Verfahren über einen Antrag auf Vollstreckbarerklärung einer notariellen Urkunde nach § 55 Abs. 3 AVAG oder nach § 35 Abs. 3 AUG	240,00 €
23806	Beendigung des gesamten Verfahrens durch Zurücknahme des Antrags: Die Gebühr 23805 ermäßigt sich auf	90,00 €

Teil 2 Notargebühren

Nr.	Gebührentatbestand	Gebühren(satz) nach § 34 GNotKG - Tabelle B -
23807	Verfahren über die Ausstellung einer Bescheinigung nach § 56 AVAG oder für die Ausstellung des Formblatts oder der Bescheinigung nach § 71 Abs. 1 AUG	15,00 €

Abschnitt 9
Teilungssachen

Vorbemerkung 2.3.9:
(1) Dieser Abschnitt gilt für Teilungssachen zur Vermittlung der Auseinandersetzung des Nachlasses und des Gesamtguts einer Gütergemeinschaft nach Beendigung der ehelichen, lebenspartnerschaftlichen oder fortgesetzten Gütergemeinschaft (§ 342 Abs. 2 Nr. 1 FamFG).
(2) Neben den Gebühren dieses Abschnitts werden gesonderte Gebühren erhoben für
1. die Aufnahme von Vermögensverzeichnissen und Schätzungen,
2. Versteigerungen und
3. das Beurkundungsverfahren, jedoch nur, wenn Gegenstand ein Vertrag ist, der mit einem Dritten zum Zweck der Auseinandersetzung geschlossen wird.

23900	Verfahrensgebühr	6,0
23901	Soweit das Verfahren vor Eintritt in die Verhandlung durch Zurücknahme oder auf andere Weise endet, ermäßigt sich die Gebühr 23900 auf	1,5
23902	Soweit der Notar das Verfahren vor Eintritt in die Verhandlung wegen Unzuständigkeit an einen anderen Notar verweist, ermäßigt sich die Gebühr 23900 auf	1,5 – höchstens 100,00 €
23903	Das Verfahren wird nach Eintritt in die Verhandlung 1. ohne Bestätigung der Auseinandersetzung abgeschlossen oder 2. wegen einer Vereinbarung der Beteiligten über die Zuständigkeit an einen anderen Notar verweist: Die Gebühr 23900 ermäßigt sich auf	3,0

Hauptabschnitt 4
Entwurf und Beratung

Abschnitt 1
Entwurf

Vorbemerkung 2.4.1:
(1) Gebühren nach diesem Abschnitt entstehen, wenn außerhalb eines Beurkundungsverfahrens ein Entwurf für ein bestimmtes Rechtsgeschäft oder eine bestimmte Erklärung im Auftrag eines Beteiligten gefertigt worden ist. Sie entstehen jedoch nicht in den Fällen der Vorbemerkung 2.2 Abs. 2.
(2) Beglaubigt der Notar, der den Entwurf gefertigt hat, demnächst unter dem Entwurf eine oder mehrere Unterschriften oder Handzeichen, entstehen für die erstmaligen Beglaubigungen, die an ein und demselben Tag erfolgen, keine Gebühren.
(3) Gebühren nach diesem Abschnitt entstehen auch, wenn der Notar keinen Entwurf gefertigt, aber einen ihm vorgelegten Entwurf überprüft, geändert oder ergänzt hat.
(4) Durch die Gebühren dieses Abschnitts werden auch abgegolten
1. die Übermittlung von Anträgen und Erklärungen an ein Gericht oder eine Behörde,
2. die Stellung von Anträgen im Namen der Beteiligten bei einem Gericht oder einer Behörde und
3. die Erledigung von Beanstandungen einschließlich des Beschwerdeverfahrens.

Teil 2 Notargebühren

Nr.	Gebührentatbestand	Gebühren(satz) nach § 34 GNotKG - Tabelle B -
	(5) Gebühren nach diesem Abschnitt entstehen auch für die Fertigung eines Entwurfs zur beabsichtigten Verwendung für mehrere gleichartige Rechtsgeschäfte oder Erklärungen (Serienentwurf). Absatz 3 gilt entsprechend. (6) Wenn der Notar demnächst nach Fertigung eines Entwurfs auf der Grundlage dieses Entwurfs ein Beurkundungsverfahren durchführt, wird eine Gebühr nach diesem Abschnitt auf die Gebühr für das Beurkundungsverfahren angerechnet. (7) Der Notar ist berechtigt, dem Auftraggeber die Gebühren für die Fertigung eines Serienentwurfs bis zu einem Jahr nach Fälligkeit zu stunden.	
24100	Fertigung eines Entwurfs, wenn die Gebühr für das Beurkundungsverfahren 2,0 betragen würde	0,5 bis 2,0 – mindestens 120,00 €
24101	Fertigung eines Entwurfs, wenn die Gebühr für das Beurkundungsverfahren 1,0 betragen würde	0,3 bis 1,0 – mindestens 60,00 €
24102	Fertigung eines Entwurfs, wenn die Gebühr für das Beurkundungsverfahren 0,5 betragen würde	0,3 bis 0,5 – mindestens 30,00 €
24103	Auf der Grundlage eines von demselben Notar gefertigten Serienentwurfs finden Beurkundungsverfahren statt: Die Gebühren dieses Abschnitts ermäßigen sich jeweils um	die Gebühr für das Beurkundungs-verfahren
	Abschnitt 2 **Beratung**	
24200	Beratungsgebühr .... (1) Die Gebühr entsteht für eine Beratung, soweit der Beratungsgegenstand nicht Gegenstand eines anderen gebühren-pflichtigen Verfahrens oder Geschäfts ist. (2) Soweit derselbe Gegenstand demnächst Gegenstand eines anderen gebührenpflichtigen Verfahrens oder Geschäfts ist, ist die Beratungsgebühr auf die Gebühr für das andere Verfahren oder Geschäft anzurechnen.	0,3 bis 1,0
24201	Der Beratungsgegenstand könnte auch Beurkundungsgegenstand sein und die Beurkundungsgebühr würde 1,0 betragen: Die Gebühr 24200 beträgt	0,3 bis 0,5
24202	Der Beratungsgegenstand könnte auch Beurkundungsgegenstand sein und die Beurkundungsgebühr würde weniger als 1,0 betragen: Die Gebühr 24200 beträgt	0,3
24203	Beratung bei der Vorbereitung oder Durchführung einer Hauptversammlung oder Gesellschafterversammlung .... Die Gebühr entsteht, soweit der Notar die Gesellschaft über die im Rahmen eines Beurkundungsverfahrens bestehenden Amtspflichten hinaus berät.	0,5 bis 2,0

Teil 2 Notargebühren

Nr.	Gebührentatbestand	Gebühren(satz) nach § 34 GNotKG - Tabelle B -
	Hauptabschnitt 5 **Sonstige Geschäfte** **Abschnitt 1** **Beglaubigungen und sonstige Zeugnisse (§§ 39, 39a des Beurkundungsgesetzes)**	
25100	Beglaubigung einer Unterschrift oder eines Handzeichens .... (1) Die Gebühr entsteht nicht in den in Vorbemerkung 2.4.1 Abs. 2 genannten Fällen. (2) Mit der Gebühr ist die Beglaubigung mehrerer Unterschriften oder Handzeichen abgegolten, wenn diese in einem einzigen Vermerk erfolgt.	0,2 – mindestens 20,00 €, höchstens 70,00 €
25101	Die Erklärung, unter der die Beglaubigung von Unterschriften oder Handzeichen erfolgt, betrifft 1. eine Erklärung, für die nach den Staatsschuldbuchgesetzen eine öffentliche Beglaubigung vorgeschrieben ist, 2. eine Zustimmung gemäß § 27 der Grundbuchordnung sowie einen damit verbundenen Löschungsantrag gemäß § 13 der Grundbuchordnung, 3. den Nachweis der Verwaltereigenschaft gemäß § 26 Abs. 3 WEG: Die Gebühr 25100 beträgt	20,00 €
25102	Beglaubigung von Dokumenten .... (1) Neben der Gebühr wird keine Dokumentenpauschale erhoben. (2) Die Gebühr wird nicht erhoben für die Erteilung 1. beglaubigter Kopien oder Ausdrucke der vom Notar aufgenom- menen oder in Urschrift in seiner dauernden Verwahrung befindli- chen Urkunden und 2. beglaubigter Kopien vorgelegter Vollmachten und Ausweise über die Berechtigung eines gesetzlichen Vertreters, die der vom Notar gefertigten Niederschrift beizulegen sind (§ 12 des Beurkundungsgesetzes). (3) Einer Kopie im Sinne des Absatzes 2 steht ein in ein elektroni- sches Dokument übertragenes Schriftstück gleich.	1,00 € für jede angefangene Seite – mindestens 10,00 €
25103	Sicherstellung der Zeit, zu der eine Privaturkunde ausgestellt ist, einschließlich der über die Vorlegung ausgestellten Bescheinigung	20,00 €
25104	Erteilung von Bescheinigungen über Tatsachen oder Verhältnisse, die urkundlich nachgewiesen oder offenkundig sind, einschließlich der Identitätsfeststellung, wenn sie über die §§ 10 und 40 Abs. 4 des Beurkundungsgesetzes hinaus selbständige Bedeutung hat .... Die Gebühr entsteht nicht, wenn die Erteilung der Bescheinigung eine Betreuungstätigkeit nach Nummer 22200 darstellt.	1,0

Teil 2 Notargebühren

Nr.	Gebührentatbestand	Gebühren(satz) nach § 34 GNotKG - Tabelle B -
	Abschnitt 2 **Andere Bescheinigungen und sonstige Geschäfte**	
25200	Erteilung einer Bescheinigung nach § 21 Abs. 1 BNotO	15,00 € für jedes Registerblatt, dessen Einsicht zur Erteilung erforderlich ist
25201	Rangbescheinigung (§ 122 GNotKG)	0,3
25202	Herstellung eines Teilhypotheken-, -grundschuld- oder- rentenschuldbriefs	0,3
25203	Erteilung einer Bescheinigung über das im Inland oder im Ausland geltende Recht einschließlich von Tatsachen	0,3 bis 1,0
25204	Abgabe einer Erklärung aufgrund einer Vollmacht anstelle einer in öffentlich beglaubigter Form durch die Beteiligten abzugebenden Erklärung .... Die Gebühr entsteht nicht, wenn für die Tätigkeit eine Betreuungsgebühr anfällt.	in Höhe der für die Fertigung des Entwurfs der Erklärung zu erhebenden Gebühr
25205	Tätigkeit als zu einer Beurkundung zugezogener zweiter Notar .... (1) Daneben wird die Gebühr 26002 oder 26003 nicht erhoben. (2) Der zuziehende Notar teilt dem zugezogenen Notar die Höhe der von ihm zu erhebenden Gebühr für das Beurkundungsverfahren mit.	in Höhe von 50 % der dem beurkundenden Notar zustehenden Gebühr für das Beurkundungsverfahren
25206	Gründungsprüfung gemäß § 33 Abs. 3 des Aktiengesetzes	1,0 – mindestens 1 000,00 €
25207	Erwirkung der Apostille oder der Legalisation einschließlich der Beglaubigung durch den Präsidenten des Landgerichts	25,00 €
25208	Erwirkung der Legalisation, wenn weitere Beglaubigungen notwen- dig sind: Die Gebühr 25207 beträgt	50,00 €
25209	Einsicht in das Grundbuch, in öffentliche Register und Akten ein- schließlich der Mitteilung des Inhalts an die Beteiligten .... Die Gebühr entsteht nur, wenn die Tätigkeit nicht mit einem gebüh- renpflichtigen Verfahren oder Geschäft zusammenhängt. Erteilung von Abdrucken aus einem Register oder aus dem Grundbuch auf Antrag oder deren beantragte Ergänzung oder Bestätigung:	15,00 €

Teil 2 Notargebühren

Nr.	Gebührentatbestand	Gebühren(satz) nach § 34 GNotKG - Tabelle B -
25210	– Abdruck	10,00 €
25211	– beglaubigter Abdruck .... Neben den Gebühren 25210 und 25211 wird keine Dokumentenpauschale erhoben. Anstelle eines Abdrucks wird in den Fällen der Nummern 25210 und 25211 die elektronische Übermittlung einer Datei beantragt:	15,00 €
25212	– unbeglaubigte Datei	5,00 €
25213	– beglaubigte Datei .... Werden zwei elektronische Dateien gleichen Inhalts in unterschiedlichen Dateiformaten gleichzeitig übermittelt, wird die Gebühr 25212 oder 25213 nur einmal erhoben. Sind beide Gebührentatbestände erfüllt, wird die höhere Gebühr erhoben.	10,00 €
25214	Erteilung einer Bescheinigung nach § 21 Abs. 3 BNotO	15,00 €

Abschnitt 3
Verwahrung von Geld, Wertpapieren und Kostbarkeiten

Vorbemerkung 2.5.3:
(1) Die Gebühren dieses Abschnitts entstehen neben Gebühren für Betreuungstätigkeiten gesondert.
(2) § 35 Abs. 2 GNotKG und Nummer 32013 sind nicht anzuwenden.

25300	Verwahrung von Geldbeträgen: je Auszahlung .... Der Notar kann die Gebühr bei der Ablieferung an den Auftraggeber entnehmen.	1,0 – soweit der Betrag 13 Mio. € übersteigt: 0,1 % des Auszahlungsbetrags
25301	Entgegennahme von Wertpapieren und Kostbarkeiten zur Verwahrung .... Durch die Gebühr wird die Verwahrung mit abgegolten.	1,0 – soweit der Wert 13 Mio. € übersteigt: 0,1 % des Werts

Hauptabschnitt 6
Zusatzgebühren

26000	Tätigkeiten, die auf Verlangen der Beteiligten an Sonntagen und allgemeinen Feiertagen, an Sonnabenden vor 8 und nach 13 Uhr sowie an den übrigen Werktagen außerhalb der Zeit von 8 bis 18 Uhr vorgenommen werden .... (1) Treffen mehrere der genannten Voraussetzungen zu, so wird die Gebühr nur einmal erhoben. (2) Die Gebühr fällt nur an, wenn bei den einzelnen Geschäften nichts anderes bestimmt ist.	in Höhe von 30 % der für das Verfahren oder das Geschäft zu erhebenden Gebühr – höchstens 30,00 €

Teil 2 Notargebühren

Nr.	Gebührentatbestand	Gebühren(satz) nach § 34 GNotKG - **Tabelle B** -
26001	Abgabe der zu beurkundenden Erklärung eines Beteiligten in einer fremden Sprache ohne Hinzuziehung eines Dolmetschers sowie Beurkundung, Beglaubigung oder Bescheinigung in einer fremden Sprache oder Übersetzung einer Erklärung in eine andere Sprache .... Mit der Gebühr ist auch die Erteilung einer Bescheinigung gemäß § 50 des Beurkundungsgesetzes abgegolten.	in Höhe von 30 % der für das Beurkundungsverfahren, für eine Beglaubigung oder Bescheinigung zu erhebenden Gebühr
26002	Die Tätigkeit wird auf Verlangen eines Beteiligten außerhalb der Geschäftsstelle des Notars vorgenommen: Zusatzgebühr für jede angefangene halbe Stunde der Abwesenheit, wenn nicht die Gebühr 26003 entsteht .... (1) Nimmt der Notar mehrere Geschäfte vor, so entsteht die Gebühr nur einmal. Sie ist auf die einzelnen Geschäfte unter Berücksichtigung der für jedes Geschäft aufgewandten Zeit angemessen zu verteilen. (2) Die Zusatzgebühr wird auch dann erhoben, wenn ein Geschäft aus einem in der Person eines Beteiligten liegenden Grund nicht vorgenommen wird. (3) Neben dieser Gebühr wird kein Tages- und Abwesenheitsgeld (Nummer 32008) erhoben.	50,00 €
26003	Die Tätigkeit wird auf Verlangen eines Beteiligten außerhalb der Geschäftsstelle des Notars vorgenommen und betrifft ausschließlich 1. die Errichtung, Aufhebung oder Änderung einer Verfügung von Todes wegen, 2. die Errichtung, den Widerruf oder die Änderung einer Vollmacht, die zur Registrierung im Zentralen Vorsorgeregister geeignet ist, 3. die Abgabe einer Erklärung gemäß § 1897 Abs. 4 BGB oder 4. eine Willensäußerung eines Beteiligten hinsichtlich seiner medizinischen Behandlung oder deren Abbruch: Zusatzgebühr .... Die Gebühr entsteht für jeden Auftraggeber nur einmal. Im Übrigen gelten die Absätze 2 und 3 der Anmerkung zu Nummer 26002 entsprechend.	50,00 €

Teil 3 Auslagen

Nr.	Auslagentatbestand	Höhe

Vorbemerkung 3:
Sind Auslagen durch verschiedene Rechtssachen veranlasst, werden sie auf die Rechtssachen angemessen verteilt. Dies gilt auch, wenn die Auslagen durch Notar- und Rechtsanwaltsgeschäfte veranlasst sind.

Hauptabschnitt 1
Auslagen der Gerichte
(nicht abgedruckt)

Hauptabschnitt 2
Auslagen der Notare

Vorbemerkung 3.2:
(1) Mit den Gebühren werden auch die allgemeinen Geschäftskosten entgolten.
(2) Eine Geschäftsreise liegt vor, wenn das Reiseziel außerhalb der Gemeinde liegt, in der sich der Amtssitz oder die Wohnung des Notars befindet.

Nr.	Auslagentatbestand	Höhe
32000	Pauschale für die Herstellung und Überlassung von Ausfertigungen, Kopien und Ausdrucken (Dokumentenpauschale) bis zur Größe von DIN A3, die auf besonderen Antrag angefertigt oder per Telefax übermittelt worden sind: für die ersten 50 Seiten je Seite .... für jede weitere Seite .... für die ersten 50 Seiten in Farbe je Seite .... für jede weitere Seite in Farbe .... Dieser Auslagentatbestand gilt nicht für die Fälle der Nummer 32001 Nr. 2 und 3.	 0,50 € 0,15 € 1,00 € 0,30 €
32001	Dokumentenpauschale für Ausfertigungen, Kopien und Ausdrucke bis zur Größe von DIN A3, die 1. ohne besonderen Antrag von eigenen Niederschriften, eigenen Entwürfen und von Urkunden, auf denen der Notar eine Unterschrift beglaubigt hat, angefertigt oder per Telefax übermittelt worden sind; dies gilt nur, wenn die Dokumente nicht beim Notar verbleiben; 2. in einem Beurkundungsverfahren auf besonderen Antrag angefertigt oder per Telefax übermittelt worden sind; dies gilt nur, wenn der Antrag spätestens bei der Aufnahme der Niederschrift gestellt wird; 3. bei einem Auftrag zur Erstellung eines Entwurfs auf besonderen Antrag angefertigt oder per Telefax übermittelt worden sind; dies gilt nur, wenn der Antrag spätestens am Tag vor der Versendung des Entwurfs gestellt wird: je Seite .... je Seite in Farbe	 0,15 € 0,30 €
32002	Dokumentenpauschale für die Überlassung von elektronisch gespeicherten Dateien oder deren Bereitstellung zum Abruf anstelle der in den Nummern 32000 und 32001 genannten Dokumente ohne Rücksicht auf die Größe der Vorlage: je Datei .... für die in einem Arbeitsgang überlassenen, bereitgestellten oder in einem Arbeitsgang auf denselben Datenträger übertragenen Dokumente insgesamt höchstens .... Werden zum Zweck der Überlassung von elektronisch gespeicherten Dateien Dokumente zuvor auf Antrag von der Papierform in die elektronische Form übertragen, beträgt die Dokumentenpauschale nicht weniger, als die Dokumentenpauschale im Fall der Nummer 32000 für eine Schwarz-Weiß-Kopie betragen würde.	 1,50 € 5,00 €
32003	Entgelte für die Herstellung von Kopien oder Ausdrucken der in den Nummern 32000 und 32001 genannten Art in einer Größe von mehr als DIN A3 .... oder pauschal je Seite .... oder pauschal je Seite in Farbe	in voller Höhe 3,00 € 6,00 €

Teil 3 Auslagen

Nr.	Auslagentatbestand	Höhe
32004	Entgelte für Post- und Telekommunikationsdienstleistungen .... (1) Für die durch die Geltendmachung der Kosten entstehenden Entgelte kann kein Ersatz verlangt werden. (2) Für Zustellungen mit Zustellungsurkunde und für Einschreiben gegen Rückschein ist der in Nummer 31002 bestimmte Betrag anzusetzen.	in voller Höhe
32005	Pauschale für Entgelte für Post- und Telekommunikationsdienstleistungen .... Die Pauschale kann in jedem notariellen Verfahren und bei sonstigen notariellen Geschäften anstelle der tatsächlichen Auslagen nach Nummer 32004 gefordert werden. Ein notarielles Geschäft und der sich hieran anschließende Vollzug sowie sich hieran anschließende Betreuungstätigkeiten gelten insoweit zusammen als ein Geschäft.	20 % der Gebühren – höchstens 20,00 €
32006	Fahrtkosten für eine Geschäftsreise bei Benutzung eines eigenen Kraftfahrzeugs für jeden gefahrenen Kilometer .... Mit den Fahrtkosten sind die Anschaffungs-, Unterhaltungs- und Betriebskosten sowie die Abnutzung des Kraftfahrzeugs abgegolten.	0,30 €
32007	Fahrtkosten für eine Geschäftsreise bei Benutzung eines anderen Verkehrsmittels, soweit sie angemessen sind	in voller Höhe
32008	Tage- und Abwesenheitsgeld bei einer Geschäftsreise 1. von nicht mehr als 4 Stunden .... 2. von mehr als 4 bis 8 Stunden .... 3. von mehr als 8 Stunden .... Das Tage- und Abwesenheitsgeld wird nicht neben der Gebühr 26002 oder 26003 erhoben.	20,00 € 35,00 € 60,00 €
32009	Sonstige Auslagen anlässlich einer Geschäftsreise, soweit sie angemessen sind	in voller Höhe
32010	An Dolmetscher, Übersetzer und Urkundszeugen zu zahlende Vergütungen sowie Kosten eines zugezogenen zweiten Notars	in voller Höhe
32011	Nach dem JVKostG für den Abruf von Daten im automatisierten Abrufverfahren zu zahlende Beträge	in voller Höhe
32012	Im Einzelfall gezahlte Prämie für eine Haftpflichtversicherung für Vermögensschäden, wenn die Versicherung auf schriftliches Verlangen eines Beteiligten abgeschlossen wird	in voller Höhe
32013	Im Einzelfall gezahlte Prämie für eine Haftpflichtversicherung für Vermögensschäden, soweit die Prämie auf Haftungsbeträge von mehr als 60 Mio. € entfällt und wenn nicht Nummer 32012 erfüllt ist .... Soweit sich aus der Rechnung des Versicherers nichts anderes ergibt, ist von der Gesamtprämie der Betrag zu erstatten, der sich aus dem Verhältnis der 60 Mio. € übersteigenden Versicherungssumme zu der Gesamtversicherungssumme ergibt.	in voller Höhe
32014	Umsatzsteuer auf die Kosten .... Dies gilt nicht, wenn die Umsatzsteuer nach § 19 Abs. 1 UStG unerhoben bleibt.	in voller Höhe
32015	Sonstige Aufwendungen .... Sonstige Aufwendungen sind solche, die der Notar aufgrund eines ausdrücklichen Auftrags und für Rechnung eines Beteiligten erbringt. Solche Aufwendungen sind insbesondere verauslagte Gerichtskosten und Gebühren in Angelegenheiten des Zentralen Vorsorge- oder Testamentsregisters.	in voller Höhe

6 GNotKG – Kurzübersicht

(* bedeutet: Vorschrift lesen und Besonderheiten beachten!)

Gebührentatbestand	Wertvorschrift § ... GNotKG	Gebührenvorschrift KVGNotKG Nr. ...
Abtretung (Zession) einer Forderung	97 I	21100 (2,0)
Abtretung (Zession) einer Grundschuld	97, 53 I	Brief-GSch: 21200 (1,0) Buch-GSch: 21201 (0,5)
Adoption/Annahme als Kind	101	21200 (1,0)
Änderung beurkundeter Erklärungen	97 II	wie neue Beurkundung
Angebot	97 I	21100 (2,0)
Annahme eines Angebots	97 I	21101 (0,5)
Apostille		25207 (25,00 Euro)
Aufhebungsvertrag	36	21102 (1,0)
Auflassung in getrennter Urkunde (derselbe Notar)	109 I	21101 (0,5)
Auflassung in getrennter Urkunde (anderer Notar)	109 I	21102 (1,0)
Auslagen		32000 ff. *
Ausschlagung einer Erbschaft	103 I	24102/21201 (0,5)
Auswärtsgebühr		26002, 26003
Beglaubigung einer Unterschrift (ohne Entwurf)	121	25100 (0,2, mind. 20,00 Euro)
Beglaubigung einer Unterschrift (nach Entwurf)		gebührenfrei: Vorb. 2.4.1 *
Beglaubigung einer Abschrift		25102 (1,00 Euro je Seite, mind. 10,00 Euro)
Beratung	36	gebührenfrei, sonst 24200 ff. *
Bescheinigung nach § 21 I bzw. III BNotO		25200 bzw. 25214 (15,00 Euro)
Bescheinigung über Tatsachen oder Verhältnisse	36 I	25104 (1,0)
Betreuungsgebühr	113	22200 (0,5)
Beurkundung (Niederschrift)	97 ff	je nach Inhalt
Bürgschaft	97, 53 II	21100 (2,0)
Darlehensvertrag	97	21100 (2,0)
Dienstbarkeit (Entwurf mit U'Begl.)	52 *	24102/21201 (0,3–0,5) *
Dienstvertrag	99 II *	21100 (2,0)
Dokumentenpauschale		32000 ff. *
Ehevertrag/Erbvertrag/Lebenspartnervertrag	100, 102, 111	21100 (2,0)
Entwurf (ohne Beurkundung) (je nach Inhalt)	119 I	24100 ff, Vorb. 2.4.1 *

Gebührentatbestand	Wertvorschrift § ... GNotKG	Gebührenvorschrift KVGNotKG Nr. ...
Elektronischer Vollzug (XML-Strukturdaten)	112	22114 (0,3)
Erbbaurechtsvertrag	49 II	21100 (2,0)
Erbschaftsausschlagung	103 I	24102/21201 (0,5)
Erbscheinsantrag mit eidesstattlicher Versicherung	40 I	23300 (1,0)
Erbvertrag	102	21100 (2,0)
Erbverzichts-, Erbauseinandersetzungsvertrag	102 IV	21100 (2,0)
Erfolglose Verhandlung (je nach Inhalt)	97 ff.	21300 ff., Vorb. 2.1.3 *
Gebührenermäßigung für Bund, Land, Kirche usw.	91 *	
Genehmigungserklärung (Beurk. bzw. Entwurf)	98 *	21200 (1,0) bzw. 24101 (0,3–1,0)
Genossenschaftsregister	105 II	24102/21201 (0,3–0,5)
Gesellschaftsvertrag	97, 107 I	21100 (2,0)
Grundbucheinsicht, -auszug, -abdruck		25209 *, 25210 ff., 32011
Grundbuchantrag auf Eintragung oder Löschung	53 I	24102/21201 (0,3–0,5)
Grunddienstbarkeit, z. B. Wegerecht	52 III	24102/21201 (0,3–0,5)
Grundschuldbestellung mit ZV-Unterwerfung	53, 97	21200 (1,0)
Grundschuldbestellung ohne ZV-Unterwerfung	53	24102/21201 (0,3–0,5)
Grundstückskaufvertrag	97, 47	21100 (2,0)
Handelsregister-Anmeldung GmbH, KG ...	105 I, 106	24102/21201 (0,3–0,5)
Handelsregister-Anmeldung e. K., OHG ...	105 II, III, 106	24102/21201 (0,3–0,5)
Handelsregister-Anmeldung Prokura, Änderungen ...	105 IV, V, 106	24102/21201 (0,3–0,5)
Hebegebühr, Hinterlegung von Geld (Anderkonto)	124	25300 (1,0) *
Identitätserklärung (§ 28 GBO) (Wert 20–30 %)	36 I	25204/21201 (0,5)
Kaufvertrag	47	21100 (2,0)
Kaufpreisüberwachung (Betreuungsgebühr)	113	22200 (0,5)
Löschungsbewilligung und -antrag	53 I, 52 VI	24102/21201 (0,3– 0,5)
Mehrere Erklärungen in einer Urkunde	109, 94	
Mietvertrag, Pachtvertrag	99 I	21100 (2,0)
Mindestbetrag einer Gebühr	34 V	15,00 Euro
Nachverpfändung mit ZV-Unterwerfung	44 I	21200 (1,0)
Nebentätigkeit (Vollzug, Betreuung) Vorb. 2.2.1.1	wie Vertrag	22110 ff. bzw. 22200 ff.

Gebührentatbestand	Wertvorschrift § ... GNotKG	Gebührenvorschrift KVGNotKG Nr. ...
Partnerschaftsregister	105 II	24102/21201 (0,3–0,5)
Pfandentlassung (Entlassung aus der Mithaft)	44 I	24102/21201 (0,3–0,5)
Post- und Telekommunikations-Entgelte		32004, 32005 *
Rangänderung, Rangfolge, Rangrücktritt	45 I	24102/21201 (0,3–0,5)
Rangbescheinigung	122	25201 (0,3)
Reallast (Absicherung von Renten) mit ZV-Unterw.	52 I, 109	21201 (0,5)
Registereinsicht, -auszug, -abdruck		25209 *, 25210 ff., 32011
Reisekosten (nur außerhalb des Amtssitzes)		32006 ff., Vorb. 3.2
Schenkungsversprechen bzw. Schenkungsvertrag	97 I	21200 (1,0) bzw. 21100 (2,0)
Schuldanerkenntnis, Schuldschein	97 I	21200 (1,0)
Tauschvertrag	97 III	21100 (2,0)
Teilungserklärung nach § 3 WEG bzw. § 8 WEG	42 I	21100 (2,0) bzw. 21200 (1,0)
Testament (einseitig bzw. gemeinschaftlich)	102	21200 (1,0) bzw. 21100 (2,0)
Treuhandgebühr (Betreuungsgebühr)	113	22200 Zf. 3 (0,5)
Übergabevertrag/Überlassungsvertrag	97, 46, 38	21100 (2,0)
Umsatzsteuer/Mehrwertsteuer		32014
Umschreibung einer Vollstreckungsklausel	118, 53 I, 97 I	23803 (0,5)
Unterschriftsbeglaubigung (siehe Beglaubigung)	121	25100 (0,2, mind. 20,00 Euro)
Unzeitgebühr (auf Verlangen eines Beteiligten)		26000 *
Vaterschaftsanerkenntnis (Vorb. 2.3 = gebührenfrei)		Auslagen 32000 ff.
Vereinsregisteranmeldung	36 II, III	24102/21201 (0,3–0,5)
Vertrag	97 I	21100 (2,0)
Vertragsangebot	97 I	21100 (2,0)
Vertragsangebots-Annahme	97 I	21101 (0,5)
Vertretungsbescheinigung (Handelsregister)		25200 (15,00 Euro je Registerblatt)
Verwahrung von Geld (Anderkonto)	124	25300 (1,0) *
Vollmacht in Form einer Beurkundung	98 I *	21200 (1,0)
Vollmacht in Form eines Entwurfs mit U'Begl.	98 I *	24101/21200 (0,3–1,0)
Vollmachtsbescheinigung nach § 21 III BNotO		25214 (15,00 Euro)
Vollstreckbare Ausfertigung, Vollstreckungsklausel	118, 53 I, 97 I	23803 (0,5)

Gebührentatbestand	Wertvorschrift § ... GNotKG	Gebührenvorschrift KVGNotKG Nr. ...
Vollzugsgebühr (Vorb. 2.2.1.1)		22110 ff.
Vorrangseinräumung (Rangänderung)	45 I	24102/21201 (0,3–0,5)
Wechselprotest/Scheckprotest	97	23400 (0,5)
Wegegebühr (Auswärtsgebühr)		26002, 26003
Wegerecht (Grunddienstbarkeit)	52 III	24102/21201 (0,3–0,5)
Widerruf eines Testaments	102 V	21201 (0,5)
Wohnrechtsbestellung (Entwurf eines GB-Antrags)	52 *	24102/21201 (0,3–0,5) *
Wohnungseigentumsvertrag (WEG)	46, 47	21100 (2,0)
XML-Strukturdaten bei Grundbuch- und HR-Sachen		22114 (0,3), Vorb. 2.2 Abs. 1 *
Zustimmungserklärung (Beurkundung bzw. Entwurf)	98 *	21200 (1,0) bzw. 24101 (0,3–1,0)
ZVR-Registrierung (Zentrales Vorsorgeregister)		22124 * (20,00 Euro)
Zwangsvollstreckungsunterwerfung	109 I Zf. 4	21200 (1,0)

7 Gebührentabelle (GNotKG, Tabelle B)

seit 01.08.2013

Geschäftswert	0,2	0,3	0,5	1,0	2,0
500	15,00	15,00	15,00	**15,00**	30,00
1 000	15,00	15,00	15,00	**19,00**	38,00
1 500	15,00	15,00	15,00	**23,00**	46,00
2 000	15,00	15,00	15,00	**27,00**	54,00
3 000	15,00	15,00	16,50	**33,00**	66,00
4 000	15,00	15,00	19,50	**39,00**	78,00
5 000	15,00	15,00	22,50	**45,00**	90,00
6 000	15,00	15,30	25,50	**51,00**	102,00
7 000	15,00	17,10	28,50	**57,00**	114,00
8 000	15,00	18,90	31,50	**63,00**	126,00
9 000	15,00	20,70	34,50	**69,00**	138,00
10 000	15,00	22,50	37,50	**75,00**	150,00
13 000	16,60	24,90	41,50	**83,00**	166,00
16 000	18,20	27,30	45,50	**91,00**	182,00
19 000	19,80	29,70	49,50	**99,00**	198,00
22 000	21,40	32,10	53,50	**107,00**	214,00
25 000	23,00	34,50	57,50	**115,00**	230,00
30 000	25,00	37,50	62,50	**125,00**	250,00
35 000	27,00	40,50	67,50	**135,00**	270,00
40 000	29,00	43,50	72,50	**145,00**	290,00
45 000	31,00	46,50	77,50	**155,00**	310,00
50 000	33,00	49,50	82,50	**165,00**	330,00
65 000	38,40	57,60	96,00	**192,00**	384,00
80 000	43,80	65,70	109,50	**219,00**	438,00
95 000	49,20	73,80	123,00	**246,00**	492,00
110 000	54,60	81,90	136,50	**273,00**	546,00
125 000	60,00	90,00	150,00	**300,00**	600,00
140 000	65,40	98,10	163,50	**327,00**	654,00
155 000	70,80	106,20	177,00	**354,00**	708,00
170 000	76,20	114,30	190,50	**381,00**	762,00
185 000	81,60	122,40	204,00	**408,00**	816,00
200 000	87,00	130,50	217,50	**435,00**	870,00
230 000	97,00	145,50	242,50	**485,00**	970,00

Geschäftswert	0,2	0,3	0,5	1,0	2,0
260 000	107,00	160,50	267,50	535,00	1 070,00
290 000	117,00	175,50	292,50	585,00	1 170,00
320 000	127,00	190,50	317,50	635,00	1 270,00
350 000	137,00	205,50	342,50	685,00	1 370,00
380 000	147,00	220,50	367,50	735,00	1 470,00
410 000	157,00	235,50	392,50	785,00	1 570,00
440 000	167,00	250,50	417,50	835,00	1 670,00
470 000	177,00	265,50	442,50	885,00	1 770,00
500 000	187,00	280,50	467,50	935,00	1 870,00
550 000	203,00	304,50	507,50	1 015,00	2 030,00
600 000	219,00	328,50	547,50	1 095,00	2 190,00
650 000	235,00	352,50	587,50	1 175,00	2 350,00
700 000	251,00	376,50	627,50	1 255,00	2 510,00
750 000	267,00	400,50	667,50	1 335,00	2 670,00
800 000	283,00	424,50	707,50	1 415,00	2 830,00
850 000	299,00	448,50	747,50	1 495,00	2 990,00
900 000	315,00	472,50	787,50	1 575,00	3 150,00
950 000	331,00	496,50	827,50	1 655,00	3 310,00
1 000 000	347,00	520,50	867,50	1 735,00	3 470,00
1 050 000	363,00	544,50	907,50	1 815,00	3 630,00
1 100 000	379,00	568,50	947,50	1 895,00	3 790,00
1 150 000	395,00	592,50	987,50	1 975,00	3 950,00
1 200 000	411,00	616,50	1 027,50	2 055,00	4 110,00
1 250 000	427,00	640,50	1 067,50	2 135,00	4 270,00
1 300 000	443,00	664,50	1 107,50	2 215,00	4 430,00
1 350 000	459,00	688,50	1 147,50	2 295,00	4 590,00
1 400 000	475,00	712,50	1 187,50	2 375,00	4 750,00
1 450 000	491,00	736,50	1 227,50	2 455,00	4 910,00
1 500 000	507,00	760,50	1 267,50	2 535,00	5 070,00
1 550 000	523,00	784,50	1 307,50	2 615,00	5 230,00
1 600 000	539,00	808,50	1347,50	2 695,00	5 390,00
1 650 000	555,00	832,50	1 387,50	2 775,00	5 550,00
1 700 000	571,00	856,50	1 427,50	2 855,00	5 710,00
1 750 000	587,00	880,50	1 467,50	2 935,00	5 870,00
1 800 000	603,00	904,50	1 507,50	3 015,00	6 030,00

Geschäftswert	0,2	0,3	0,5	1,0	2,0
1 850 000	619,00	928,50	1 547,50	3 095,00	6 190,00
1 900 000	631,40	947,10	1 578,50	3 157,00	6 314,00
1 950 000	651,00	976,50	1 627,50	3 255,00	6 510,00
2 000 000	667,00	1 000,50	1 667,50	3 335,00	6 670,00
2 050 000	683,00	1 024,50	1707,50	3 415,00	6 830,00
2 100 000	699,00	1 048,50	1 747,50	3 495,00	6 990,00
2 150 000	715,00	1 072,50	1 787,50	3 575,00	7 150,00
2 200 000	731,00	1 096,50	1 827,50	3 655,00	7 310,00
2 250 000	747,00	1 120,50	1 867,50	3 735,00	7 470,00
2 300 000	763,00	1 144,50	1 907,50	3 815,00	7 630,00
2 350 000	779,00	1 168,50	1 947,50	3 895,00	7 790,00
2 400 000	795,00	1 192,50	1 987,50	3 975,00	7 950,00
2 450 000	811,00	1 216,50	2 027,50	4 055,00	8 110,00
2 500 000	827,00	1 240,50	2 067,50	4 135,00	8 270,00
2 550 000	843,00	1 264,50	2 107,50	4 215,00	8 430,00
2 600 000	859,00	1 288,50	2 147,50	4 295,00	8 590,00
2 650 000	875,00	1 312,50	2 187,50	4 375,00	8 750,00
2 700 000	891,00	1 336,50	2 227,50	4 455,00	8 910,00
2 750 000	907,00	1 360,50	2 267,50	4 535,00	9 070,00
2 800 000	923,00	1 384,50	2 307,50	4 615,00	9 230,00
2 850 000	939,00	1 408,50	2 347,50	4 695,00	9 390,00
2 900 000	955,00	1 432,50	2 387,50	4 775,00	9 550,00
2 950 000	971,00	1 456,50	2 427,50	4 855,00	9 710,00
3 000 000	987,00	1 480,50	2 467,50	4 935,00	9 870,00

B   Verfahrensrecht

8 Grundbuchordnung (GBO)

in der Fassung der Bekanntmachung vom 26. Mai 1994
(BGBl. I S. 1114)

Einführung

Das **materielle Grundbuchrecht** (sachliche Voraussetzungen, unter denen man Eigentum oder sonstige Rechte an einem Grundstück erwirbt) ist im BGB geregelt ist, insbesondere in **§ 873 ff. BGB.**

Das **formelle Grundbuchrecht** (Verfahrensweise bei Eintragungen in das Grundbuch) ist in der **Grundbuchordnung** geregelt.

Folgende Vorschriften der GBO sind für die notarielle Sachbearbeitung von Bedeutung:

§ 12	Grundbucheinsicht: „berechtigtes Interesse"
§§ 13–17	Antragsprinzip, Antragsrecht
§§ 19–20	Bewilligungsprinzip, Einigungsprinzip
§§ 22–27	Berichtigung, Löschung von Rechten
§§ 28–35	Formvorschriften (notarielle Beglaubigung),
§§ 39–40	Voreintragung des Betroffenen; Ausnahmen
§§ 41–42	Vorlegung des Hypotheken- oder Grundschuldbriefes
§ 45	Rangfolge, Rangvermerk
§ 47–48	Ein Recht für mehrere Berechtigte bzw. Grundstücke

Das Grundbuch ist wie folgt aufgebaut:

Deckblatt (Aufschrift) Grundbuch-Bezirk, Blatt-Nr.

Bestandsverzeichnis Angaben aus dem Kataster (Gemarkung, Flur, Flurstück, ...)

Abt. 1: Eigentum
Eigentumserwerb durch Rechtsgeschäft (Auflassung und Eintragung ins GB, § 873 BGB) oder Erbfolge (Erbschein oder öffentliches Testament, Erbvertrag) § 35 GBO

Abt. 2: Lasten und Beschränkungen, insbes. Dienstbarkeiten
 a) Grunddienstbarkeiten (§§ 1018 ff. BGB)
   z. B. Wegerecht, Kanalrecht „zu Gunsten des jeweiligen Eigentümers"
 b) Persönliche Dienstbarkeiten
   höchstpersönlich, nicht übertragbar, erlischt mit dem Tode
   – **Nießbrauch** am ganzen Grundstück (§ 1030 ff. BGB)
   – **beschränkt persönliche Dienstbarkeit** (§ 1090 ff. BGB)
     an einem Teil eines Grundstücks, z. B. Wohnrecht

Abt. 3: Grundpfandrechte
 Arten:
   – **Hypothek** (§ 1113 ff. BGB) = streng forderungsabhängig (sonst § 1163 BGB)
   – **Grundschuld** (§ 1191 ff. BGB) = nicht forderungsabhängig, bleibt auch ohne Forderung bestehen (Eigentümergrundschuld)
 Formen: (§§ 1116 ff., 1192 BGB)
   – **Briefhypothek/Briefgrundschuld** (Normalfall: Ausstellung einer Urkunde)
   – **Buchhypothek/Buchgrundschuld** (brieflos, muss im GB vermerkt werden)

Die **Rangfolge der Eintragungen** im Grundbuch richtet sich nach der zeitlichen Reihenfolge der Grundbuchanträge (§ 879 BGB, § 45 GBO). **Änderungen** der Rangfolge sind durch Vorrangseinräumung (§ 880 ff. BGB) möglich.

Übersicht

Erster Abschnitt. Allgemeine Vorschriften §§ 1–12 c

Zweiter Abschnitt. Eintragungen in das Grundbuch §§ 13–55

Dritter Abschnitt. Hypotheken-, Grundschuld-, Rentenschuldbrief §§ 56–70

Vierter Abschnitt. Beschwerde §§ 71–81

Fünfter Abschnitt. Verfahren des Grundbuchamts in besonderen Fällen §§ 82–115
  I.   Grundbuchberichtigungszwang §§ 82–83
  II. Löschung gegenstandsloser Eintragungen §§ 84–89
  III. Klarstellung der Rangverhältnisse §§ 90–115

Sechster Abschnitt. Anlegung von Grundbuchblättern §§ 116–125

Siebenter Abschnitt. Das maschinell geführte Grundbuch §§ 126–134

Achter Abschnitt. Übergangs- und Schlussbestimmungen §§ 135–144

---

§ 1. [Amtsgericht als Grundbuchamt; Zuständigkeit] (1) [1]Die Grundbücher, die auch als Loseblattgrundbuch geführt werden können, werden von den Amtsgerichten geführt (Grundbuchämter). [2]Diese sind für die in ihrem Bezirk liegenden Grundstücke zuständig. (...)
   (2) ...
   (3) ...

§ 3. [Grundbuchblatt; buchungsfreie Grundstücke; Buchung von Miteigentums antei-len] (1) [1]Jedes Grundstück erhält im Grundbuch eine besondere Stelle (Grundbuchblatt). [2]Das Grundbuchblatt ist für das Grundstück als das Grundbuch im Sinne des Bürgerlichen Gesetzbuchs anzusehen.
   (2) ...
   (3) ...

§ 4. [Gemeinschaftliches Grundbuchblatt] (1) Über mehrere Grundstücke desselben Eigentümers, deren Grundbücher von demselben Grundbuchamt geführt werden, kann ein gemeinschaftliches Grundbuchblatt geführt werden, solange hiervon Verwirrung nicht zu besorgen ist.
   (2) ...

§ 9. [Subjektiv-dingliche Rechte] (1) [1]Rechte, die dem jeweiligen Eigentümer eines Grundstücks zustehen, sind auf Antrag auch auf dem Blatte dieses Grundstücks zu vermerken. [2]Antragsberechtigt ist der Eigentümer des Grundstücks sowie jeder, dessen Zustimmung nach § 876 Satz 2 des Bürgerlichen Gesetzbuchs zur Aufhebung des Rechtes erforderlich ist.
   (2) ...
   (3) ...

§ 10. [Aufbewahrung von Urkunden] (1) [1]Grundbücher und Urkunden, auf die eine Eintragung sich gründet oder Bezug nimmt, hat das Grundbuchamt dauernd aufzubewahren. [2]Eine Urkunde nach Satz 1 darf nur herausgegeben werden, wenn statt der Urkunde eine beglaubigte Abschrift bei dem Grundbuchamt bleibt.
   (2) ...

§ 12. [Grundbucheinsicht; Abschriften] (1) [1]Die Einsicht des Grundbuchs ist jedem gestattet, der ein berechtigtes Interesse darlegt. [2]Das Gleiche gilt von Urkunden, auf die im Grundbuche zur Ergänzung einer Eintragung Bezug genommen ist, sowie von den noch nicht erledigten Eintragungsanträgen.
   (2) Soweit die Einsicht des Grundbuchs, der im Absatz 1 bezeichneten Urkunden und der noch nicht erledigten Eintragungsanträge gestattet ist, kann eine Abschrift gefordert werden; die Abschrift ist auf Verlangen zu beglaubigen.
   (3) ...
   (4) Über Einsichten in Grundbücher und Grundakten sowie über die Erteilung von Abschriften aus Grundbüchern und Grundakten ist ein Protokoll zu führen. Dem Eigentümer

des betroffenen Grundstücks oder dem Inhaber eines grundstücksgleichen Rechts ist auf Verlangen Auskunft aus diesem Protokoll zu geben, es sei denn, die Bekanntgabe würde den Erfolg strafrechtlicher Ermittlungen gefährden. Das Protokoll kann nach Ablauf von zwei Jahren vernichtet werden. Einer Protokollierung bedarf es nicht, wenn die Einsicht oder Abschrift dem Auskunftsberechtigten nach Satz 2 gewährt wird.

§ 12a [Einrichtung von Verzeichnissen] (1) Die Grundbuchämter dürfen auch ein Verzeichnis der Eigentümer und der Grundstücke sowie mit Genehmigung der Landesjustizverwaltung weitere, für die Führung des Grundbuchs erforderliche Verzeichnisse einrichten und, auch in maschineller Form, führen....

(2) ...

(3) Über Einsichten in Verzeichnisse nach Absatz 1 oder die Erteilung von Auskünften aus solchen Verzeichnissen, durch die personenbezogene Daten bekanntgegeben werden, ist ein Protokoll zu führen. § 12 Absatz 4 Satz 2 bis 4 gilt entsprechend.

§ 13. [Antragsgrundsatz] (1) ¹Eine Eintragung soll, soweit nicht das Gesetz etwas anderes vorschreibt, nur auf Antrag erfolgen. ²Antragsberechtigt ist jeder, dessen Recht von der Eintragung betroffen wird oder zu dessen Gunsten die Eintragung erfolgen soll.

(2) ¹Der genaue Zeitpunkt, in dem ein Antrag beim Grundbuchamt eingeht, soll auf dem Antrag vermerkt werden. ²Der Antrag ist beim Grundbuchamt eingegangen, wenn er einer zur Entgegennahme zuständigen Person vorgelegt ist. ³Wird er zur Niederschrift einer solchen Person gestellt, so ist er mit Abschluss der Niederschrift eingegangen.

(3) ¹Für die Entgegennahme eines auf eine Eintragung gerichteten Antrags oder Ersuchens und die Beurkundung des Zeitpunkts, in welchem der Antrag oder das Ersuchen beim Grundbuchamt eingeht, sind nur die für die Führung des Grundbuchs über das betroffene Grundstück zuständige Person und der von der Leitung des Amtsgerichts für das ganze Grundbuchamt oder einzelne Abteilungen zuständige Beamte (Angestellte) der Geschäftsstelle zuständig. ²Bezieht sich der Antrag oder das Ersuchen auf mehrere Grundstücke in verschiedenen Geschäftsbereichen desselben Grundbuchamts, so ist jeder zuständig, der nach Satz 1 in Betracht kommt.

§ 14. [Antragsrecht bei Berichtigung] Die Berichtigung des Grundbuchs durch Eintragung eines Berechtigten darf auch von demjenigen beantragt werden, welcher aufgrund eines gegen den Berechtigten vollstreckbaren Titels eine Eintragung in das Grundbuch verlangen kann, sofern die Zulässigkeit dieser Eintragung von der vorgängigen Berichtigung des Grundbuchs abhängt.

§ 15. [Antragsrecht des Notars] (...) (1) ¹Für die Eintragungsbewilligung und die sonstigen Erklärungen, die zu der Eintragung erforderlich sind und in öffentlicher oder öffentlich beglaubigter Form abgegeben werden, können sich die Beteiligten auch durch Personen vertreten lassen, die nicht nach § 10 Abs. 2 des Gesetzes über das Verfahren in Familiensachen und in den Angelegenheiten der freiwilligen Gerichtsbarkeit vertretungsbefugt sind. ²Dies gilt auch für die Entgegennahme von Eintragungsmitteilungen und Verfügungen des Grundbuchamtes nach § 18.

(2) Ist die zu einer Eintragung erforderliche Erklärung von einem Notar beurkundet oder beglaubigt, so gilt dieser als ermächtigt, im Namen eines Antragsberechtigten die Eintragung zu beantragen.

(3) ¹Die zu einer Eintragung erforderlichen Erklärungen sind vor ihrer Einreichung für das Grundbuchamt von einem Notar auf Eintragungsfähigkeit zu prüfen. ²Dies gilt nicht, wenn die Erklärung von einer öffentlichen Behörde abgegeben wird.

§ 16. [Antrag unter Vorbehalt] (1) Einem Eintragungsantrage, dessen Erledigung an einen Vorbehalt geknüpft wird, soll nicht stattgegeben werden.

(2) Werden mehrere Eintragungen beantragt, so kann von dem Antragsteller bestimmt werden, dass die eine Eintragung nicht ohne die andere erfolgen soll.

§ 17. [Behandlung mehrerer Anträge] Werden mehrere Eintragungen beantragt, durch die dasselbe Recht betroffen wird, so darf die später beantragte Eintragung nicht vor der Erledigung des früher gestellten Antrags erfolgen.

§ 18. [Eintragungshindernis; Zurückweisung oder Zwischenverfügung] (1) [1]Steht einer beantragten Eintragung ein Hindernis entgegen, so hat das Grundbuchamt entweder den Antrag unter Angabe der Gründe zurückzuweisen oder dem Antragsteller eine angemessene Frist zur Hebung des Hindernisses zu bestimmen. [2]Im letzteren Fall ist der Antrag nach dem Ablauf der Frist zurückzuweisen, wenn nicht inzwischen die Hebung des Hindernisses nachgewiesen ist.

(2) [1]Wird vor der Erledigung des Antrags eine andere Eintragung beantragt, durch die dasselbe Recht betroffen wird, so ist zu Gunsten des früher gestellten Antrags von Amts wegen eine Vormerkung oder ein Widerspruch einzutragen; die Eintragung gilt im Sinne des § 17 als Erledigung dieses Antrags. [2]Die Vormerkung oder der Widerspruch wird von Amts wegen gelöscht, wenn der früher gestellte Antrag zurückgewiesen wird.

§ 19. [Bewilligungsgrundsatz] Eine Eintragung erfolgt, wenn derjenige sie bewilligt, dessen Recht von ihr betroffen wird.

§ 20. [Einigungsgrundsatz] Im Falle der Auflassung eines Grundstücks sowie im Falle der Bestellung, Änderung des Inhalts oder Übertragung eines Erbbaurechts darf die Eintragung nur erfolgen, wenn die erforderliche Einigung des Berechtigten und des anderen Teils erklärt ist.

§ 21. [Bewilligung bei subjektiv-dinglichen Rechten] Steht ein Recht, das durch die Eintragung betroffen wird, dem jeweiligen Eigentümer eines Grundstücks zu, so bedarf es der Bewilligung der Personen, deren Zustimmung nach § 876 Satz 2 des Bürgerlichen Gesetzbuchs zur Aufhebung des Rechtes erforderlich ist, nur dann, wenn das Recht auf dem Blatte des Grundstücks vermerkt ist.

§ 22. [Berichtigung des Grundbuchs] (1) [1]Zur Berichtigung des Grundbuchs bedarf es der Bewilligung nach § 19 nicht, wenn die Unrichtigkeit nachgewiesen wird. [2]Dies gilt insbesondere für die Eintragung oder Löschung einer Verfügungsbeschränkung.

(2) Die Berichtigung des Grundbuchs durch Eintragung eines Eigentümers oder eines Erbbauberechtigten darf, sofern nicht der Fall des § 14 vorliegt oder die Unrichtigkeit nachgewiesen wird, nur mit Zustimmung des Eigentümers oder des Erbbauberechtigten erfolgen.

§ 23. [Löschung von Rechten auf Lebenszeit] (1) [1]Ein Recht, das auf die Lebenszeit des Berechtigten beschränkt ist, darf nach dessen Tode, falls Rückstände von Leistungen nicht ausgeschlossen sind, nur mit Bewilligung des Rechtsnachfolgers gelöscht werden, wenn die Löschung vor dem Ablauf eines Jahres nach dem Tode des Berechtigten erfolgen soll oder wenn der Rechtsnachfolger der Löschung bei dem Grundbuchamte widersprochen hat; der Widerspruch ist von Amts wegen in das Grundbuch einzutragen. [2]Ist der Berechtigte für tot erklärt, so beginnt die einjährige Frist mit dem Erlass des die Todeserklärung aussprechenden Urteils.

(2) Der im Absatz 1 vorgesehenen Bewilligung des Rechtsnachfolgers bedarf es nicht, wenn im Grundbuch eingetragen ist, dass zur Löschung des Rechtes der Nachweis des Todes des Berechtigten genügen soll.

§ 24. [Löschung zeitlich beschränkter Rechte] Die Vorschriften des § 23 sind entsprechend anzuwenden, wenn das Recht mit der Erreichung eines bestimmten Lebensalters des Berechtigten oder mit dem Eintritt eines sonstigen bestimmten Zeitpunkts oder Ereignisses erlischt.

§ 25. [Löschung von Vormerkungen und Widersprüchen] [1]Ist eine Vormerkung oder ein Widerspruch aufgrund einer einstweiligen Verfügung eingetragen, so bedarf es zur Löschung nicht der Bewilligung des Berechtigten, wenn die einstweilige Verfügung durch eine vollstreckbare Entscheidung aufgehoben ist. [2]Diese Vorschrift ist entsprechend anzuwenden, wenn aufgrund eines vorläufig vollstreckbaren Urteils nach den Vorschriften der Zivilprozessordnung oder aufgrund eines Bescheides nach dem Vermögensgesetz eine Vormerkung oder ein Widerspruch eingetragen ist.

§ 26. [Übertragung und Belastung von Briefrechten] (1) Soll die Übertragung einer Hypothek, Grundschuld oder Rentenschuld, über die ein Brief erteilt ist, eingetragen werden, so genügt es, wenn anstelle der Eintragungsbewilligung die Abtretungserklärung des bisherigen Gläubigers vorgelegt wird.

(2) Diese Vorschrift ist entsprechend anzuwenden, wenn eine Belastung der Hypothek, Grundschuld oder Rentenschuld oder die Übertragung oder Belastung einer Forderung, für die ein eingetragenes Recht als Pfand haftet, eingetragen werden soll.

§ 27. [Löschung von Grundpfandrechten] [1]Eine Hypothek, eine Grundschuld oder eine Rentenschuld darf nur mit Zustimmung des Eigentümers des Grundstücks gelöscht werden. [2]Für eine Löschung zur Berichtigung des Grundbuchs ist die Zustimmung nicht erforderlich, wenn die Unrichtigkeit nachgewiesen wird.

§ 28. [Bezeichnung des Grundstücks und der Geldbeträge] [1]In der Eintragungsbewilligung oder, wenn eine solche nicht erforderlich ist, in dem Eintragungsantrag ist das Grundstück übereinstimmend mit dem Grundbuch oder durch Hinweis auf das Grundbuchblatt zu bezeichnen. [2]...

§ 29. [Nachweis der Eintragungsunterlagen] (1) [1]Eine Eintragung soll nur vorgenommen werden, wenn die Eintragungsbewilligung oder die sonstigen zu der Eintragung erforderlichen Erklärungen durch öffentliche oder öffentlich beglaubigte Urkunden nachgewiesen werden. [2]Andere Voraussetzungen der Eintragung bedürfen, soweit sie nicht bei dem Grundbuchamt offenkundig sind, des Nachweises durch öffentliche Urkunden.
(2) (aufgehoben)
(3) [1]Erklärungen oder Ersuchen einer Behörde, aufgrund deren eine Eintragung vorgenommen werden soll, sind zu unterschreiben und mit Siegel oder Stempel zu versehen. [2]Anstelle der Siegelung kann maschinell ein Abdruck des Dienstsiegels eingedruckt oder aufgedruckt werden.

§ 29a. [Glaubhaftmachung bei Löschungsvormerkung] Die Voraussetzungen des § 1179 Nr. 2 des Bürgerlichen Gesetzbuchs sind glaubhaft zu machen; § 29 gilt hierfür nicht.

§ 30. [Form des Eintragungsantrages und der Vollmacht] Für den Eintragungsantrag sowie für die Vollmacht zur Stellung eines solchen gelten die Vorschriften des § 29 nur, wenn durch den Antrag zugleich eine zu der Eintragung erforderliche Erklärung ersetzt werden soll.

§ 31. [Form der Antragsrücknahme und des Widerrufs der Vollmacht] [1]Eine Erklärung, durch die ein Eintragungsantrag zurückgenommen wird, bedarf der in § 29 Abs. 1 Satz 1 und Abs. 3 vorgeschriebenen Form. [2]Dies gilt nicht, sofern der Antrag auf eine Berichtigung des Grundbuchs gerichtet ist. [3]Satz 1 gilt für eine Erklärung, durch die eine zur Stellung des Eintragungsantrags erteilte Vollmacht widerrufen wird, entsprechend.

§ 32. [Nachweis der Vertretungsberechtigung bei Handelsgesellschaften] (1) [1]Die im Handels-, Genossenschafts-, Partnerschafts- oder Vereinsregister eingetragenen Vertretungsberechtigungen, Sitzverlegungen, Firmen- oder Namensänderungen sowie das Bestehen juristischer Personen und Gesellschaften können durch eine Bescheinigung nach § 21 Absatz 1 der Bundesnotarordnung nachgewiesen werden. [2]Dasselbe gilt für sonstige rechtserhebliche Umstände, die sich aus Eintragungen im Register ergeben, insbesondere für Umwandlungen. [3]Der Nachweis kann auch durch einen amtlichen Registerausdruck oder eine beglaubigte Registerabschrift geführt werden.
(2) [1]Wird das Register elektronisch geführt, kann in den Fällen des Absatzes 1 Satz 1 der Nachweis auch durch die Bezugnahme auf das Register geführt werden. [2]Dabei sind das Registergericht und das Registerblatt anzugeben.

§ 33. [Nachweis des Güterstandes] (1) Der Nachweis, dass zwischen Ehegatten oder Lebenspartnern Gütertrennung oder ein vertragsmäßiges Güterrecht besteht oder dass ein Gegenstand zum Vorbehaltsgut eines Ehegatten oder Lebenspartners gehört, kann durch ein Zeugnis des Gerichts über die Eintragung des güterrechtlichen Verhältnisses im Güterrechtsregister geführt werden.
(2) Ist das Grundbuchamt zugleich das Registergericht, so genügt statt des Zeugnisses nach Absatz 1 die Bezugnahme auf das Register.

§ 35. [Nachweis der Erbfolge u.a.] (1) [1]Der Nachweis der Erbfolge kann nur durch einen Erbschein oder ein Europäisches Nachlasszeugnis geführt werden. [2]Beruht jedoch die Erbfolge auf einer Verfügung von Todes wegen, die in einer öffentlichen Urkunde enthalten ist, so genügt es, wenn anstelle des Erbscheins oder des Europäischen Nachlasszeugnisses die Verfügung und die Niederschrift über die Eröffnung der Verfügung vorgelegt werden; erachtet das Grundbuchamt die Erbfolge durch diese Urkunden nicht für nachgewiesen, so kann es die Vorlegung eines Erbscheins oder eines Europäischen Nachlasszeugnisses verlangen.

(2) Das Bestehen der fortgesetzten Gütergemeinschaft sowie die Befugnis eines Testamentsvollstreckers zur Verfügung über einen Nachlassgegenstand ist nur aufgrund der in den §§ 1507, 2368 des Bürgerlichen Gesetzbuchs vorgesehenen Zeugnisse oder eines Europäischen Nachlasszeugnisses als nachgewiesen anzunehmen; auf den Nachweis der Befugnis des Testamentsvollstreckers sind jedoch die Vorschriften des Absatzes 1 Satz 2 entsprechend anzuwenden.

(3) [1]Zur Eintragung des Eigentümers oder Miteigentümers eines Grundstücks kann das Grundbuchamt von den in den Absätzen 1 und 2 genannten Beweismitteln absehen und sich mit anderen Beweismitteln, für welche die Form des § 29 nicht erforderlich ist, begnügen, wenn das Grundstück oder der Anteil am Grundstück weniger als 3 000 Euro wert ist und die Beschaffung des Erbscheins, des Europäischen Nachlasszeugnisses oder des Zeugnisses nach § 1507 des Bürgerlichen Gesetzbuchs nur mit unverhältnismäßigem Aufwand an Kosten oder Mühe möglich ist. [2]Der Antragsteller kann auch zur Versicherung an Eides Statt zugelassen werden.

§ 36. [Auseinandersetzung eines Nachlasses oder Gesamtgutes] (1) Soll bei einem zum Nachlass oder zu dem Gesamtgut einer Gütergemeinschaft gehörenden Grundstück oder Erbbaurecht einer der Beteiligten als Eigentümer oder Erbbauberechtigter eingetragen werden, so genügt zum Nachweis der Rechtsnachfolge und der zur Eintragung des Eigentumsübergangs erforderlichen Erklärungen der Beteiligten ein gerichtliches Zeugnis . Das Zeugnis erteilt
1. das Nachlassgericht, wenn das Grundstück oder das Erbbaurecht zu einem Nachlass gehört,
2. das nach § 343 des Gesetzes über das Verfahren in Familiensachen und in den Angelegenheiten der freiwilligen Gerichtsbarkeit zuständige Amtsgericht, wenn ein Anteil an dem Gesamtgut zu einem Nachlass gehört, und
3. im Übrigen das nach § 122 des Gesetzes über das Verfahren in Familiensachen und in den Angelegenheiten der freiwilligen Gerichtsbarkeit zuständige Amtsgericht.

(2) Das Zeugnis darf nur ausgestellt werden, wenn:
a) die Voraussetzungen für die Erteilung eines Erbscheins vorliegen oder der Nachweis der Gütergemeinschaft durch öffentliche Urkunden erbracht ist und
b) die Abgabe der Erklärungen der Beteiligten in einer den Vorschriften der Grundbuchordnung entsprechenden Weise dem nach Absatz 1 Satz 2 zuständigen Gericht nachgewiesen ist.

(2a) Ist ein Erbschein über das Erbrecht sämtlicher Erben oder ein Zeugnis über die Fortsetzung der Gütergemeinschaft erteilt, so ist auch der Notar, der die Auseinandersetzung vermittelt hat, für die Erteilung des Zeugnisses nach Absatz 1 Satz 1 zuständig.

(3) Die Vorschriften über die Zuständigkeit zur Entgegennahme der Auflassung bleiben unberührt.

§ 37. [Auseinandersetzung bei Grundpfandrechten] Die Vorschriften des § 36 sind entsprechend anzuwenden, wenn bei einer Hypothek, Grundschuld oder Rentenschuld, die zu einem Nachlass oder zu dem Gesamtgut einer Gütergemeinschaft gehört, einer der Beteiligten als neuer Gläubiger eingetragen werden soll.

§ 38. [Eintragung auf Ersuchen einer Behörde] In den Fällen, in denen nach gesetzlicher Vorschrift eine Behörde befugt ist, das Grundbuchamt um eine Eintragung zu ersuchen, erfolgt die Eintragung aufgrund des Ersuchens der Behörde.

§ 39. [Voreintragung des Betroffenen] (1) Eine Eintragung soll nur erfolgen, wenn die Person, deren Recht durch sie betroffen wird, als der Berechtigte eingetragen ist.

(2) Bei einer Hypothek, Grundschuld oder Rentenschuld, über die ein Brief erteilt ist, steht es der Eintragung des Gläubigers gleich, wenn dieser sich im Besitz des Briefes befindet und sein Gläubigerrecht nach § 1155 des Bürgerlichen Gesetzbuchs nachweist.

§ 40. [Ausnahmen von der Voreintragung] (1) Ist die Person, deren Recht durch eine Eintragung betroffen wird, Erbe des eingetragenen Berechtigten, so ist die Vorschrift des § 39 Abs. 1 nicht anzuwenden, wenn die Übertragung oder die Aufhebung des Rechts eingetragen werden soll oder wenn der Eintragungsantrag durch die Bewilligung des Erblassers oder eines Nachlasspflegers oder durch einen gegen den Erblasser oder den Nachlasspfleger vollstreckbaren Titel begründet wird.

(2) Das Gleiche gilt für eine Eintragung aufgrund der Bewilligung eines Testamentsvollstreckers oder aufgrund eines gegen diesen vollstreckbaren Titels, sofern die Bewilligung oder der Titel gegen den Erben wirksam ist.

§ 41. [Vorlegung des Hypothekenbriefes] (1) [1]Bei einer Hypothek, über die ein Brief erteilt ist, soll eine Eintragung nur erfolgen, wenn der Brief vorgelegt wird. [2]Für die Eintragung eines Widerspruchs bedarf es der Vorlegung nicht, wenn die Eintragung durch eine einstweilige Verfügung angeordnet ist und der Widerspruch sich darauf gründet, dass die Hypothek oder die Forderung, für welche sie bestellt ist, nicht bestehe oder einer Einrede unterliege oder dass die Hypothek unrichtig eingetragen sei. [3]Der Vorlegung des Briefes bedarf es nicht für die Eintragung einer Löschungsvormerkung nach § 1179 des Bürgerlichen Gesetzbuchs.

(2) ...

§ 42. [Vorlegung des Grundschuld- oder Rentenschuldbriefes] [1]Die Vorschriften des § 41 sind auf die Grundschuld und die Rentenschuld entsprechend anzuwenden. [2]Ist jedoch das Recht für den Inhaber des Briefes eingetragen, so bedarf es der Vorlegung des Briefes nur dann nicht, wenn der Eintragungsantrag durch die Bewilligung eines nach § 1189 des Bürgerlichen Gesetzbuchs bestellten Vertreters oder durch eine gegen ihn erlassene gerichtliche Entscheidung begründet wird.

§ 43. [Vorlegung von Inhaber- oder Orderpapieren] (1) Bei einer Hypothek für die Forderung aus einer Schuldverschreibung auf den Inhaber, aus einem Wechsel oder einem anderen Papier, das durch Indossament übertragen werden kann, soll eine Eintragung nur erfolgen, wenn die Urkunde vorgelegt wird; die Eintragung ist auf der Urkunde zu vermerken.

(2) Diese Vorschrift ist nicht anzuwenden, wenn eine Eintragung aufgrund der Bewilligung eines nach § 1189 des Bürgerlichen Gesetzbuchs bestellten Vertreters oder aufgrund einer gegen diesen erlassenen gerichtlichen Entscheidung bewirkt werden soll.

§ 45. [Reihenfolge der Eintragungen; Rangvermerk] (1) Sind in einer Abteilung des Grundbuchs mehrere Eintragungen zu bewirken, so erhalten sie die Reihenfolge, welche der Zeitfolge der Anträge entspricht; sind die Anträge gleichzeitig gestellt, so ist im Grundbuche zu vermerken, dass die Eintragungen gleichen Rang haben.

(2) Werden mehrere Eintragungen, die nicht gleichzeitig beantragt sind, in verschiedenen Abteilungen unter Angabe desselben Tages bewirkt, so ist im Grundbuche zu vermerken, dass die später beantragte Eintragung der früher beantragten im Range nachsteht.

(3) Diese Vorschriften sind insoweit nicht anzuwenden, als ein Rangverhältnis nicht besteht oder das Rangverhältnis von den Antragstellern abweichend bestimmt ist.

§ 46. [Löschung von Rechten und Verfügungsbeschränkungen] (1) Die Löschung eines Rechtes oder einer Verfügungsbeschränkung erfolgt durch Eintragung eines Löschungsvermerks.

(2) Wird bei der Übertragung eines Grundstücks oder eines Grundstücksteils auf ein anderes Blatt ein eingetragenes Recht nicht mitübertragen, so gilt es in Ansehung des Grundstücks oder des Teils als gelöscht.

§ 47. [Eintragung gemeinschaftlicher Rechte] (1) Soll ein Recht für mehrere gemeinschaftlich eingetragen werden, so soll die Eintragung in der Weise erfolgen, dass entweder die Anteile der Berechtigten in Bruchteilen angegeben werden oder das für die Gemeinschaft maßgebende Rechtsverhältnis bezeichnet wird.

(2) Soll ein Recht für eine Gesellschaft bürgerlichen Rechts eingetragen werden, so sind auch deren Gesellschafter im Grundbuch einzutragen. Die für den Berechtigten geltenden Vorschriften gelten entsprechend für die Gesellschafter.

§ 48. [Mitbelastung] (1) [1]Werden mehrere Grundstücke mit einem Recht belastet, so ist auf dem Blatte jedes Grundstücks die Mitbelastung der übrigen von Amts wegen erkennbar zu machen. [2]Das Gleiche gilt, wenn mit einem an einem Grundstück bestehenden Recht nachträglich noch ein anderes Grundstück belastet oder wenn im Falle der Übertragung eines Grundstücksteils auf ein anderes Grundbuchblatt ein eingetragenes Recht mitübertragen wird.

(2) Soweit eine Mitbelastung erlischt, ist dies von Amts wegen zu vermerken.

§ 49. [Altenteil] Werden Dienstbarkeiten und Reallasten als Leibgedinge, Leibzucht, Altenteil oder Auszug eingetragen, so bedarf es nicht der Bezeichnung der einzelnen Rechte, wenn auf die Eintragungsbewilligung Bezug genommen wird.

§ 50. [Teilschuldverschreibungen auf den Inhaber] (1) Bei der Eintragung einer Hypothek für Teilschuldverschreibungen auf den Inhaber genügt es, wenn der Gesamtbetrag der Hypothek unter Angabe der Anzahl, des Betrags und der Bezeichnung der Teile eingetragen wird.

(2) Diese Vorschrift ist entsprechend anzuwenden, wenn eine Grundschuld oder eine Rentenschuld für den Inhaber des Briefes eingetragen und das Recht in Teile zerlegt werden soll.

§ 51. [Vor- und Nacherbenvermerk] Bei der Eintragung eines Vorerben ist zugleich das Recht des Nacherben und, soweit der Vorerbe von den Beschränkungen seines Verfügungsrechts befreit ist, auch die Befreiung von Amts wegen einzutragen.

§ 52. [Testamentsvollstreckervermerk] Ist ein Testamentsvollstrecker ernannt, so ist dies bei der Eintragung des Erben von Amts wegen miteinzutragen, es sei denn, dass der Nachlassgegenstand der Verwaltung des Testamentsvollstreckers nicht unterliegt.

§ 53. [Widerspruch und Löschung von Amts wegen] (1) [1]Ergibt sich, dass das Grundbuchamt unter Verletzung gesetzlicher Vorschriften eine Eintragung vorgenommen hat, durch die das Grundbuch unrichtig geworden ist, so ist von Amts wegen ein Widerspruch einzutragen. [2]Erweist sich eine Eintragung nach ihrem Inhalt als unzulässig, so ist sie von Amts wegen zu löschen.

(2) [1]Bei einer Hypothek, einer Grundschuld oder einer Rentenschuld bedarf es zur Eintragung eines Widerspruchs der Vorlegung des Briefes nicht, wenn der Widerspruch den im § 41 Abs. 1 Satz 2 bezeichneten Inhalt hat. [2]Diese Vorschrift ist nicht anzuwenden, wenn der Grundschuld- oder Rentenschuldbrief auf den Inhaber ausgestellt ist.

§ 54. [Öffentliche Lasten] Die auf einem Grundstück ruhenden öffentlichen Lasten als solche sind von der Eintragung in das Grundbuch ausgeschlossen, es sei denn, dass ihre Eintragung gesetzlich besonders zugelassen oder angeordnet ist.

§ 55. [Bekanntmachung der Eintragungen] (1) Jede Eintragung soll dem den Antrag einreichenden Notar, dem Antragsteller und dem eingetragenen Eigentümer sowie allen aus dem Grundbuch ersichtlichen Personen bekannt gemacht werden, zu deren Gunsten die Eintragung erfolgt ist oder deren Recht durch sie betroffen wird, die Eintragung eines Eigentümers auch denen, für die eine Hypothek, Grundschuld, Rentenschuld, Reallast oder ein Recht an einem solchen Recht im Grundbuch eingetragen ist.

(2) ...

§ 56. [Erteilung und Inhalt des Briefes] (1) [1]Der Hypothekenbrief wird von dem Grundbuchamt erteilt. [2]Er muss die Bezeichnung als Hypothekenbrief enthalten, den Geldbetrag der Hypothek und das belastete Grundstück bezeichnen sowie mit Unterschrift und Siegel oder Stempel versehen sein.

(2) ...

§ 57. [Sonstiger Inhalt des Briefes] (1) [1]Der Hypothekenbrief soll die Nummer des Grundbuchblatts und den Inhalt der die Hypothek betreffenden Eintragungen enthalten. [2]Das belastete Grundstück soll mit der laufenden Nummer bezeichnet werden, unter der es im Bestandsverzeichnis des Grundbuchs verzeichnet ist. [3]Bei der Hypothek eingetragene Löschungsvormerkungen nach § 1179 des Bürgerlichen Gesetzbuchs sollen in den Hypothekenbrief nicht aufgenommen werden.

(2) Ändern sich die in Absatz 1 Satz 1 und 2 bezeichneten Angaben, so ist der Hypothekenbrief auf Antrag zu ergänzen, soweit nicht die Ergänzung schon nach anderen Vorschriften vorzunehmen ist.

§ 58. [Verbindung der Schuldurkunde mit dem Brief] (1) [1]Ist eine Urkunde über die Forderung, für welche eine Hypothek besteht, ausgestellt, so soll die Urkunde mit dem Hypothekenbriefe verbunden werden. [2]Erstreckt sich der Inhalt der Urkunde auch auf andere

Angelegenheiten, so genügt es, wenn ein öffentlich beglaubigter Auszug aus der Urkunde mit dem Hypothekenbriefe verbunden wird.

(2) (aufgehoben)

(3) Zum Nachweis, dass eine Schuldurkunde nicht ausgestellt ist, genügt eine darauf gerichtete Erklärung des Eigentümers.

§ 59. [Gesamthypothekenbrief] (1) [1]Über eine Gesamthypothek soll nur ein Hypothekenbrief erteilt werden. [2]...

(2) Werden die Grundbücher der belasteten Grundstücke von verschiedenen Grundbuchämtern geführt, so soll jedes Amt für die Grundstücke, deren Grundbuchblätter es führt, einen besonderen Brief erteilen; die Briefe sind miteinander zu verbinden.

§ 60. [Aushändigung des Hypothekenbriefes] (1) Der Hypothekenbrief ist dem Eigentümer des Grundstücks, im Falle der nachträglichen Erteilung dem Gläubiger auszuhändigen.

(2) Auf eine abweichende Bestimmung des Eigentümers oder des Gläubigers ist die Vorschrift des § 29 Abs. 1 Satz 1 entsprechend anzuwenden.

§ 61. [Teilhypothekenbrief] (1) Ein Teilhypothekenbrief kann von dem Grundbuchamt oder einem Notar hergestellt werden.

(2) [1]Der Teilhypothekenbrief muss die Bezeichnung als Teilhypothekenbrief sowie eine beglaubigte Abschrift der im § 56 Abs. 1 Satz 2 vorgesehenen Angaben des bisherigen Briefes enthalten, den Teilbetrag der Hypothek, auf den er sich bezieht, bezeichnen sowie mit Unterschrift und Siegel oder Stempel versehen sein. [2]Er soll außerdem eine beglaubigte Abschrift der sonstigen Angaben des bisherigen Briefes und der auf diesem befindlichen Vermerke enthalten. [3]Eine mit dem bisherigen Brief verbundene Schuldurkunde soll in beglaubigter Abschrift mit dem Teilhypothekenbriefe verbunden werden.

(3) Die Herstellung des Teilhypothekenbriefes soll auf dem bisherigen Briefe vermerkt werden.

§ 62. [Eintragungsvermerke auf dem Brief] (1) [1]Eintragungen, die bei der Hypothek erfolgen, sind von dem Grundbuchamt auf dem Hypothekenbriefe zu vermerken; der Vermerk ist mit Unterschrift und Siegel oder Stempel zu versehen. [2]Satz 1 gilt nicht für die Eintragung einer Löschungsvormerkung nach § 1179 des Bürgerlichen Gesetzbuchs.

(2) ...

(3) ...

§ 63. [Nachträgliche Mitbelastung] Wird nach der Erteilung eines Hypothekenbriefs mit der Hypothek noch ein anderes, bei demselben Grundbuchamt gebuchtes Grundstück belastet, so ist, sofern nicht die Erteilung eines neuen Briefes über die Gesamthypothek beantragt wird, die Mitbelastung auf dem bisherigen Briefe zu vermerken und zugleich der Inhalt des Briefes in Ansehung des anderen Grundstücks nach § 57 zu ergänzen.

§ 64. [Verteilung einer Gesamthypothek] Im Falle der Verteilung einer Gesamthypothek auf die einzelnen Grundstücke ist für jedes Grundstück ein neuer Brief zu erteilen.

§ 65. [Umwandlung der Hypothek; Forderungsauswechslung] (1) Tritt nach § 1177 Abs. 1 oder nach § 1198 des Bürgerlichen Gesetzbuchs eine Grundschuld oder eine Rentenschuld an die Stelle der Hypothek, so ist, sofern nicht die Erteilung eines neuen Briefes beantragt wird, die Eintragung der Rechtsänderung auf dem bisherigen Briefe zu vermerken und eine mit dem Briefe verbundene Schuldurkunde abzutrennen.

(2) Das Gleiche gilt, wenn nach § 1180 des Bürgerlichen Gesetzbuchs an die Stelle der Forderung, für welche eine Hypothek besteht, eine andere Forderung gesetzt wird.

§ 66. [Gemeinschaftlicher Brief] Stehen einem Gläubiger mehrere Hypotheken zu, die gleichen Rang haben oder im Rang unmittelbar aufeinander folgen, so ist ihm auf seinen Antrag mit Zustimmung des Eigentümers über die mehreren Hypotheken ein Hypothekenbrief in der Weise zu erteilen, dass der Brief die sämtlichen Hypotheken umfasst.

§ 67. [Erteilung eines neuen Briefes] Einem Antrage des Berechtigten auf Erteilung eines neuen Briefes ist stattzugeben, wenn der bisherige Brief oder in den Fällen der §§ 1162, 1170, 1171 des Bürgerlichen Gesetzbuchs der Ausschließungsbeschluss vorgelegt wird.

§ 68. [Inhalt des neuen Briefes] (1) Wird ein neuer Brief erteilt, so hat er die Angabe zu enthalten, dass er an die Stelle des bisherigen Briefes tritt.

(2) Vermerke, die nach den §§ 1140, 1145, 1157 des Bürgerlichen Gesetzbuchs für das Rechtsverhältnis zwischen dem Eigentümer und dem Gläubiger in Betracht kommen, sind auf den neuen Brief zu übertragen.

(3) Die Erteilung des Briefes ist im Grundbuche zu vermerken.

§ 69. [Unbrauchbarmachung des Briefes] ¹Wird eine Hypothek gelöscht, so ist der Brief unbrauchbar zu machen; das Gleiche gilt, wenn die Erteilung des Briefes über eine Hypothek nachträglich ausgeschlossen oder anstelle des bisherigen Briefes ein neuer Hypothekenbrief, ein Grundschuldbrief oder ein Rentenschuldbrief erteilt wird. ²Eine mit dem bisherigen Briefe verbundene Schuldurkunde ist abzutrennen und, sofern sie nicht mit dem neuen Hypothekenbriefe zu verbinden ist, zurückzugeben.

§ 70. [Grundschuld- und Rentenschuldbrief] (1) ¹Die Vorschriften der §§ 56 bis 69 sind auf den Grundschuldbrief und den Rentenschuldbrief entsprechend anzuwenden. ²Der Rentenschuldbrief muss auch die Ablösungssumme angeben.

(2) Ist eine für den Inhaber des Briefes eingetragene Grundschuld oder Rentenschuld in Teile zerlegt, so ist über jeden Teil ein besonderer Brief herzustellen.

§ 71. [Zulässigkeit der Beschwerde] (1) Gegen die Entscheidungen des Grundbuchamts findet das Rechtsmittel der Beschwerde statt.

(2) ¹Die Beschwerde gegen eine Eintragung ist unzulässig. ²Im Wege der Beschwerde kann jedoch verlangt werden, dass das Grundbuchamt angewiesen wird, nach § 53 einen Widerspruch einzutragen oder eine Löschung vorzunehmen.

§ 72. [Beschwerdegericht] Über die Beschwerde entscheidet das Oberlandesgericht, in dessen Bezirk das Grundbuchamt seinen Sitz hat.

§ 73. [Einlegung der Beschwerde] (1) Die Beschwerde kann bei dem Grundbuchamt oder bei dem Beschwerdegericht eingelegt werden.

(2) ¹Die Beschwerde ist durch Einreichung einer Beschwerdeschrift oder durch Erklärung zur Niederschrift des Grundbuchamts oder der Geschäftsstelle des Beschwerdegerichts einzulegen. ²...

§ 74. [Neues Vorbringen] Die Beschwerde kann auf neue Tatsachen und Beweise gestützt werden.

§ 75. [Abhilfe durch das Grundbuchamt] Erachtet das Grundbuchamt die Beschwerde für begründet, so hat es ihr abzuhelfen.

§ 76. [Einstweilige Anordnung des Beschwerdegerichts; aufschiebende Wirkung] (1) Das Beschwerdegericht kann vor der Entscheidung eine einstweilige Anordnung erlassen, insbesondere dem Grundbuchamt aufgeben, eine Vormerkung oder einen Widerspruch einzutragen oder anordnen, dass die Vollziehung der angefochtenen Entscheidung auszusetzen ist.

(2) Die Vormerkung oder der Widerspruch (Absatz 1) wird von Amts wegen gelöscht, wenn die Beschwerde zurückgenommen oder zurückgewiesen ist.

(3) Die Beschwerde hat nur dann aufschiebende Wirkung, wenn sie gegen eine Verfügung gerichtet ist, durch die ein Zwangsgeld festgesetzt wird.

§ 77. [Begründung der Beschwerdeentscheidung] Die Entscheidung des Beschwerdegerichts ist mit Gründen zu versehen und dem Beschwerdeführer mitzuteilen.

§ 128. [Das maschinell geführte Grundbuch] (1) Das maschinell geführte Grundbuch tritt für ein Grundbuchblatt an die Stelle des bisherigen Grundbuchs, sobald es freigegeben worden ist. Die Freigabe soll erfolgen, sobald die Eintragungen dieses Grundbuchblattes in den für die Grundbucheintragungen bestimmten Datenspeicher aufgenommen worden sind.

(2) ...

(3) ...

§ 131. [Automatisierte Datei] (1) Wird das Grundbuch in maschineller Form als automatisierte Datei geführt, so tritt an die Stelle der Abschrift der Ausdruck und an die Stelle der beglaubigten Abschrift der amtliche Ausdruck. Die Ausdrucke werden nicht unterschrieben. Der amtliche Ausdruck ist als solcher zu bezeichnen und mit einem Dienstsiegel oder -stempel zu versehen; er steht einer beglaubigten Abschrift gleich.

(2) ...

§ 132. [Einsicht] Die Einsicht in das maschinell geführte Grundbuch kann auch bei einem anderen als dem Grundbuchamt gewährt werden, das dieses Grundbuch führt. Über die Gestattung der Einsicht entscheidet das Grundbuchamt, bei dem die Einsicht begehrt wird.

§ 133a. [Erteilung von Grundbuchabdrucken durch Notare] (1) Notare dürfen demjenigen, der ihnen ein berechtigtes Interesse im Sinne des § 12 darlegt, den Inhalt des Grundbuchs mitteilen. Die Mitteilung kann auch durch die Erteilung eines Grundbuchabdrucks erfolgen.

(2) ...

(3) Über die Mitteilung des Grundbuchinhalts führt der Notar ein Protokoll. Dem Eigentümer des Grundstücks oder dem Inhaber eines grundstücksgleichen Rechts ist auf Verlangen Auskunft aus diesem Protokoll zu geben.

(4) ...

(5) ...

§ 135. [Elektronischer Rechtsverkehr und elektronische Grundakte] (1) Anträge, sonstige Erklärungen sowie Nachweise über andere Eintragungsvoraussetzungen können dem Grundbuchamt nach Maßgabe der folgenden Bestimmungen als elektronische Dokumente übermittelt werden. ...

(2) Die Grundakten können elektronisch geführt werden. ...

§ 136. [Eingang elektronischer Dokumente beim Grundbuchamt] (1) Ein mittels Datenfernübertragung als elektronisches Dokument übermittelter Eintragungsantrag ist beim Grundbuchamt eingegangen, sobald ihn die für den Empfang bestimmte Einrichtung nach § 135 Absatz 1 Satz 2 Nummer 3 aufgezeichnet hat. Der genaue Zeitpunkt soll mittels eines elektronischen Zeitstempels bei dem Antrag vermerkt werden. ...

§ 137. [Form elektronischer Dokumente] (1) Ist eine zur Eintragung erforderliche Erklärung oder eine andere Voraussetzung der Eintragung durch eine öffentliche oder öffentlich beglaubigte Urkunde nachzuweisen, so kann diese als ein mit einem einfachen elektronischen Zeugnis nach § 39a des Beurkundungsgesetzes versehenes elektronisches Dokument übermittelt werden. Der Nachweis kann auch durch die Übermittlung eines öffentlichen elektronischen Dokuments (§ 371a Absatz 3 Satz 1 der Zivilprozessordnung) geführt werden, wenn
1. das Dokument mit einer qualifizierten elektronischen Signatur versehen ist und
2. das der Signatur zugrunde liegende qualifizierte Zertifikat oder ein zugehöriges qualifiziertes Attributzertifikat die Behörde oder die Eigenschaft als mit öffentlichem Glauben versehene Person erkennen lässt. ...

§ 139. [Aktenausdruck, Akteneinsicht und Datenabruf] (1) An die Stelle der Abschrift aus der Grundakte tritt der Ausdruck und an die Stelle der beglaubigten Abschrift der amtliche Ausdruck. Die Ausdrucke werden nicht unterschrieben. Der amtliche Ausdruck ist als solcher zu bezeichnen und mit einem Dienstsiegel oder -stempel zu versehen; er steht einer beglaubigten Abschrift gleich.

(2) Die Einsicht in die elektronischen Grundakten kann auch bei einem anderen als dem Grundbuchamt gewährt werden, das diese Grundakten führt. Über die Gestattung der Einsicht entscheidet das Grundbuchamt, bei dem die Einsicht begehrt wird.

(3) Für den Abruf von Daten aus den elektronischen Grundakten kann ein automatisiertes Verfahren eingerichtet werden. § 133 gilt entsprechend mit der Maßgabe, dass das Verfahren nicht auf die in § 12 Absatz 1 Satz 2 genannten Urkunden beschränkt ist.

9 Baugesetzbuch (BauGB)

vom 8. Dezember 1986 (BGBl. I S. 2253)

Einführung

Die Vorschriften des Baugesetzbuches sind bei der Abwicklung von Grundstückskaufverträgen zu beachten:

Zunächst muss der Notar gemäß § *195 BauGB* jeden Grundstückskauf- oder -tauschvertrag in Abschrift dem *Gutachterausschuss* der Gemeinde übersenden.

Der Gutachterausschuss benötigt die Angaben für die Kaufpreissammlung, aus der jährlich eine Bodenrichtwertkarte (§ 196) erstellt wird. Diese Bodenrichtwertkarte stellt eine wichtige Information für Gutachter (z. B. bei der Bewertung von Grundstücken oder bei Zwangsversteigerungen) dar. Sie kann von jedermann eingesehen werden (§ 196 Abs. 3).

Gemäß § *24 BauGB* steht der Gemeinde bei jedem Grundstückskaufvertrag ein *gesetzliches Vorkaufsrecht* zu. Der Verkäufer bzw. der Notar holt gemäß § 28 Abs. 1 die Genehmigung der Gemeinde ein (Zeugnis über die Nichtausübung des Vorkaufsrechts = Negativattest).

Übersicht

Erstes Kapitel: Allgemeines Städtebaurecht § 1–135

Zweiter Teil: Sicherung der Bauleitplanung § 14–28

Zweiter Abschnitt. Teilung von Grundstücken § 19

Dritter Abschnitt. Gesetzliche Vorkaufsrechte der Gemeinde

Allgemeines Vorkaufsrecht § 24
Besonderes Vorkaufsrecht § 25
Ausschluss des Vorkaufsrechts § 26
Abwendung des Vorkaufsrechts § 27
Verfahren und Entschädigung § 28

Zweites Kapitel: Besonderes Städtebaurecht § 136–191

Erster Teil. Städtebauliche Sanierungsmaßnahmen § 136–164

Drittes Kapitel: Sonstige Vorschriften § 192 ff.

Erster Teil: Wertermittlung § 192–199

Gutachterausschuss § 192
Aufgaben des Gutachterausschusses § 193
Verkehrswert § 194
Kaufpreissammlung § 195
Bodenrichtwerte § 196

---

§ 19. [Teilung von Grundstücken] (1) Die Teilung eines Grundstücks ist die dem Grundbuchamt gegenüber abgegebene oder sonstwie erkennbar gemachte Erklärung des Eigentümers, dass ein Grundstücksteil grundbuchmäßig abgeschrieben und als selbstständiges Grundstück oder als ein Grundstück zusammen mit anderen Grundstücken oder mit Teilen anderer Grundstücke eingetragen werden soll.

(2) Durch die Teilung eines Grundstücks im Geltungsbereich eines Bebauungsplans dürfen keine Verhältnisse entstehen, die den Festsetzungen des Bebauungsplans widersprechen.

§ 24. [Allgemeines Vorkaufsrecht] (1) [1]Der Gemeinde steht ein Vorkaufsrecht zu beim Kauf von Grundstücken

1. im Geltungsbereich eines Bebauungsplans, soweit es sich um Flächen handelt, für die nach dem Bebauungsplan eine Nutzung für öffentliche Zwecke oder für Flächen oder Maßnahmen zum Ausgleich im Sinne des § 1 a Abs. 3 festgesetzt ist,

2. in einem Umlegungsgebiet,

3. in einem förmlich festgelegten Sanierungsgebiet und städtebaulichen Entwicklungsbereich,

4.–7. ...

[2]Im Falle der Nummer 1 kann das Vorkaufsrecht bereits nach Beginn der öffentlichen Auslegung ausgeübt werden, wenn die Gemeinde einen Beschluss gefasst hat, einen Bebauungsplan aufzustellen, zu ändern oder zu ergänzen.

(2) Das Vorkaufsrecht steht der Gemeinde nicht zu beim Kauf von Rechten nach dem Wohnungseigentumsgesetz und von Erbbaurechten.

(3) [1]Das Vorkaufsrecht darf nur ausgeübt werden, wenn das Wohl der Allgemeinheit dies rechtfertigt. [2]Bei der Ausübung des Vorkaufsrechts hat die Gemeinde den Verwendungszweck des Grundstücks anzugeben.

§ 25. [Besonderes Vorkaufsrecht] (1) Die Gemeinde kann

1. im Geltungsbereich eines Bebauungsplans durch Satzung ihr Vorkaufsrecht an unbebauten Grundstücken begründen;

2. in Gebieten, in denen sie städtebauliche Maßnahmen in Betracht zieht, zur Sicherung einer geordneten städtebaulichen Entwicklung durch Satzung Flächen bezeichnen, an denen ihr ein Vorkaufsrecht an den Grundstücken zusteht.

(2) § 24 Abs. 2 und 3 Satz 1 ist anzuwenden. Der Verwendungszweck des Grundstücks ist anzugeben, soweit das bereits zum Zeitpunkt der Ausübung des Vorkaufsrechts möglich ist.

§ 26. [Ausschluss des Vorkaufsrechts] Die Ausübung des Vorkaufsrechts ist ausgeschlossen, wenn

1. der Eigentümer das Grundstück an seinen Ehegatten oder an eine Person verkauft, die mit ihm in gerader Linie verwandt oder verschwägert oder in der Seitenlinie bis zum dritten Grad verwandt ist,

2. ...

3. ...

4. ...

§ 28. [Verfahren und Entschädigung] (1) Der Verkäufer hat der Gemeinde den Inhalt des Kaufvertrags unverzüglich mitzuteilen; die Mitteilung des Verkäufers wird durch die Mitteilung des Käufers ersetzt. Das Grundbuchamt darf bei Kaufverträgen den Käufer als Eigentümer in das Grundbuch nur eintragen, wenn ihm die Nichtausübung oder das Nichtbestehen des Vorkaufsrechts nachgewiesen ist. Besteht ein Vorkaufsrecht nicht oder wird es nicht ausgeübt, hat die Gemeinde auf Antrag eines Beteiligten darüber unverzüglich ein Zeugnis auszustellen. Das Zeugnis gilt als Verzicht auf die Ausübung des Vorkaufsrechts.

(2) Das Vorkaufsrecht kann nur binnen zwei Monaten nach Mitteilung des Kaufvertrags durch Verwaltungsakt gegenüber dem Verkäufer ausgeübt werden. Die §§ 463, 464 Abs. 2, §§ 465 bis 468 und 471 des Bürgerlichen Gesetzbuchs sind anzuwenden. Nach Mitteilung des Kaufvertrags ist auf Ersuchen der Gemeinde zur Sicherung ihres Anspruchs auf Übereignung des Grundstücks eine Vormerkung in das Grundbuch einzutragen; die Gemeinde trägt die Kosten der Eintragung der Vormerkung und ihrer Löschung. Das Vorkaufsrecht ist nicht übertragbar. Bei einem Eigentumserwerb aufgrund der Ausübung des Vorkaufsrechts erlöschen rechtsgeschäftliche Vorkaufsrechte. Wird die Gemeinde nach Ausübung des Vorkaufsrechts im Grundbuch als Eigentümerin eingetragen, kann sie das Grundbuchamt ersuchen, eine zur

Sicherung des Übereignungsanspruchs des Käufers im Grundbuch eingetragene Vormerkung zu löschen; sie darf das Ersuchen nur stellen, wenn die Ausübung des Vorkaufsrechts für den Käufer unanfechtbar ist.

(3) ¹Abweichend von Absatz 2 Satz 2 kann die Gemeinde den zu zahlenden Betrag nach dem Verkehrswert des Grundstücks (§ 194) im Zeitpunkt des Kaufes bestimmen, wenn der vereinbarte Kaufpreis den Verkehrswert in einer dem Rechtsverkehr erkennbaren Weise deutlich überschreitet. ²In diesem Falle ist der Verkäufer berechtigt, bis zum Ablauf eines Monats nach Unanfechtbarkeit des Verwaltungsaktes über die Ausübung des Vorkaufsrechts vom Vertrag zurückzutreten. ³Auf das Rücktrittsrecht sind die §§ 346 bis 349 und 351 des Bürgerlichen Gesetzbuchs entsprechend anzuwenden.

(4) ...

(5) ...

(6) ...

§ 142. [Sanierungssatzung] (1) Die Gemeinde kann ein Gebiet, in dem eine städtebauliche Sanierungsmaßnahme durchgeführt werden soll, durch Beschluss förmlich als Sanierungsgebiet festlegen (förmlich festgelegtes Sanierungsgebiet). Das Sanierungsgebiet ist so zu begrenzen, dass sich die Sanierung zweckmäßig durchführen lässt. Einzelne Grundstücke, die von der Sanierung nicht betroffen werden, können aus dem Gebiet ganz oder teilweise ausgenommen werden.

(2) ...

(3) ...

(4) ...

§ 143. [Bekanntmachung der Sanierungssatzung, Sanierungsvermerk] (1) ...

(2) Die Gemeinde teilt dem Grundbuchamt die rechtsverbindliche Sanierungssatzung mit und hat hierbei die von der Sanierungssatzung betroffenen Grundstücke einzeln aufzuführen. Das Grundbuchamt hat in die Grundbücher dieser Grundstücke einzutragen, dass eine Sanierung durchgeführt wird (Sanierungsvermerk). § 54 Abs. 2 und 3 ist entsprechend anzuwenden. Die Sätze 1 bis 3 sind nicht anzuwenden, wenn in der Sanierungssatzung die Genehmigungspflicht nach § 144 Abs. 2 ausgeschlossen ist.

§ 144. [Genehmigungspflichtige Vorhaben, Teilungen und Rechtsvorgänge] (1) Im förmlich festgelegten Sanierungsgebiet bedürfen der schriftlichen Genehmigung der Gemeinde

1. die in § 14 Abs. 1 bezeichneten Vorhaben und sonstigen Maßnahmen;

2. Vereinbarungen, durch die ein schuldrechtliches Vertragsverhältnis über den Gebrauch oder die Nutzung eines Grundstücks, Gebäudes oder Gebäudeteils auf bestimmte Zeit von mehr als einem Jahr eingegangen oder verlängert wird.

(2) Im förmlich festgelegten Sanierungsgebiet bedürfen der schriftlichen Genehmigung der Gemeinde

1. die rechtsgeschäftliche Veräußerung eines Grundstücks und die Bestellung und Veräußerung eines Erbbaurechts;

2. die Bestellung eines das Grundstück belastenden Rechts; dies gilt nicht für die Bestellung eines Rechts, das mit der Durchführung von Baumaßnahmen im Sinne des § 148 Abs. 2 im Zusammenhang steht;

3. ein schuldrechtlicher Vertrag, durch den eine Verpflichtung zu einem der in Nummer 1 oder 2 genannten Rechtsgeschäfte begründet wird; ist der schuldrechtliche Vertrag genehmigt worden, gilt auch das in Ausführung dieses Vertrags vorgenommene dingliche Rechtsgeschäft als genehmigt;

4. die Begründung, Änderung oder Aufhebung einer Baulast;

5. die Teilung eines Grundstücks.

(3) Die Gemeinde kann für bestimmte Fälle die Genehmigung für das förmlich festgelegte Sanierungsgebiet oder Teile desselben allgemein erteilen; sie hat dies ortsüblich bekannt zu machen.

(4) ...

§ 145. [Genehmigung] (1) Die Genehmigung wird durch die Gemeinde erteilt. Ist eine baurechtliche Genehmigung oder an ihrer Stelle eine baurechtliche Zustimmung erforderlich, wird die Genehmigung durch die Baugenehmigungsbehörde im Einvernehmen mit der Gemeinde erteilt. § 22 Abs. 5 Satz 2 bis 6 ist entsprechend anzuwenden.

(2) Die Genehmigung darf nur versagt werden, wenn Grund zur Annahme besteht, dass das Vorhaben, der Rechtsvorgang einschließlich der Teilung eines Grundstücks oder die damit erkennbar bezweckte Nutzung die Durchführung der Sanierung unmöglich machen oder wesentlich erschweren oder den Zielen und Zwecken der Sanierung zuwiderlaufen würde.

(3) ...

(4) ...

(5) ...

(6) ...

§ 192. [Gutachterausschuss] (1) Zur Ermittlung von Grundstückswerten und für sonstige Wertermittlungen werden selbstständige, unabhängige Gutachterausschüsse gebildet.

(2) Die Gutachterausschüsse bestehen aus einem Vorsitzenden und ehrenamtlichen weiteren Gutachtern.

(3) Der Vorsitzende und die weiteren Gutachter sollen in der Ermittlung von Grundstückswerten oder sonstigen Wertermittlungen sachkundig und erfahren sein und dürfen nicht hauptamtlich mit der Verwaltung der Grundstücke der Gebietskörperschaft, für deren Bereich der Gutachterausschuss gebildet ist, befasst sein. Für die Ermittlung der Bodenrichtwerte ist ein Bediensteter der zuständigen Finanzbehörde mit Erfahrung in der steuerlichen Bewertung von Grundstücken als Gutachter vorzusehen.

(4) Die Gutachterausschüsse bedienen sich einer Geschäftsstelle.

§ 193. [Aufgaben des Gutachterausschusses] (1) Der Gutachterausschuss erstattet Gutachten über den Verkehrswert von bebauten und unbebauten Grundstücken sowie Rechten an Grundstücken, wenn

1. die für den Vollzug dieses Gesetzbuchs zuständigen Behörden bei der Erfüllung der Aufgaben nach diesem Gesetzbuch,
2. die für die Feststellung des Werts eines Grundstücks oder der Entschädigung für ein Grundstück oder ein Recht an einem Grundstück aufgrund anderer gesetzlicher Vorschriften zuständigen Behörden,
3. die Eigentümer, ihnen gleichstehende Berechtigte, Inhaber anderer Rechte am Grundstück und Pflichtteilsberechtigte, für deren Pflichtteil der Wert des Grundstücks von Bedeutung ist, oder
4. Gerichte und Justizbehörden

es beantragen. Unberührt bleiben Antragsberechtigungen nach anderen Rechtsvorschriften.

(2) Der Gutachterausschuss kann außer über die Höhe der Entschädigung für den Rechtsverlust auch Gutachten über die Höhe der Entschädigung für andere Vermögensnachteile erstatten.

(3) Die Gutachten haben keine bindende Wirkung, soweit nichts anderes bestimmt oder vereinbart ist.

(4) Eine Abschrift des Gutachters ist dem Eigentümer zu übersenden.

(5) Der Gutachterausschuss führt eine Kaufpreissammlung, wertet sie aus und ermittelt Bodenrichtwerte und sonstige zur Wertermittlung erforderliche Daten ...

§ 194. [Verkehrswert] Der Verkehrswert (Marktwert) wird durch den Preis bestimmt, der in dem Zeitpunkt, auf den sich die Ermittlung bezieht, im gewöhnlichen Geschäftsverkehr nach den rechtlichen Gegebenheiten und tatsächlichen Eigenschaften, der sonstigen Beschaffenheit und der Lage des Grundstücks oder des sonstigen Gegenstands der Wertermittlung ohne Rücksicht auf ungewöhnliche oder persönliche Verhältnisse zu erzielen wäre.

§ 195. [Kaufpreissammlung] (1) Zur Führung der Kaufpreissammlung ist jeder Vertrag, durch den sich jemand verpflichtet, Eigentum an einem Grundstück gegen Entgelt, auch im Wege des Tauches, zu übertragen oder ein Erbbaurecht erstmals oder erneut zu bestellen, von der beurkundenden Stelle in Abschrift dem Gutachterausschuss zu übersenden. Dies gilt auch für das Angebot und die Annahme eines Vertrags, wenn diese getrennt beurkundet werden, sowie entsprechend für die Einigung vor einer Enteignungsbehörde, den Enteignungsbeschluss, den Beschluss über die Vorwegnahme einer Entscheidung im Umlegungsverfahren, den Beschluss über die Aufstellung eines Umlegungsplans, den Beschluss über eine vereinfachte Umlegung und für den Zuschlag in einem Zwangsversteigerungsverfahren.

(2) Die Kaufpreissammlung darf nur dem zuständigen Finanzamt für Zwecke der Besteuerung übermittelt werden. Vorschriften, nach denen Urkunden oder Akten den Gerichten oder Staatsanwaltschaften vorzulegen sind, bleiben unberührt.

(3) Auskünfte aus der Kaufpreissammlung sind bei berechtigtem Interesse nach Maßgabe landesrechtlicher Vorschriften zu erteilen (§ 199 Abs. 2 Nr. 4).

§ 196. [Bodenrichtwerte] (1) Aufgrund der Kaufpreissammlung sind für jedes Gemeindegebiet durchschnittliche Lagewerte für den Boden unter Berücksichtigung des unterschiedlichen Entwicklungszustands, mindestens jedoch für erschließungsbeitragspflichtiges oder erschließungsbeitragsfreies Bauland, zu ermitteln (Bodenrichtwerte). In bebauten Gebieten sind Bodenrichtwerte mit dem Wert zu ermitteln, der sich ergeben würde, wenn der Boden unbebaut wäre. Die Bodenrichtwerte sind, soweit nichts anderes bestimmt ist, jeweils zum Ende eines jeden Kalenderjahres zu ermitteln. Für Zwecke der steuerlichen Einheitsbewertung des Grundbesitzes sind Bodenrichtwerte zum jeweiligen Hauptfeststellungszeitpunkt zu ermitteln. Auf Antrag der für den Vollzug dieses Gesetzbuchs zuständigen Behörden sind Bodenrichtwerte für einzelne Gebiete bezogen auf einen abweichenden Zeitpunkt zu ermitteln.

(2) Hat sich in einem Gebiet die Qualität des Bodens durch einen Bebauungsplan oder andere Maßnahmen geändert, sind bei der nächsten Fortschreibung der Bodenrichtwerte auf der Grundlage der geänderten Qualität auch Bodenrichtwerte bezogen auf die Wertverhältnisse zum Zeitpunkt der letzten Hauptfeststellung der steuerlichen Einheitswerte des Grundbesitzes zu ermitteln. Die Ermittlung kann unterbleiben, wenn das zuständige Finanzamt darauf verzichtet.

(3) Die Bodenrichtwerte sind zu veröffentlichen und dem zuständigen Finanzamt mitzuteilen. Jedermann kann von der Geschäftsstelle Auskunft über die Bodenrichtwerte verlangen.

10 Gesetz über das Wohnungseigentum und das Dauerwohnrecht (Wohnungseigentumsgesetz – WEG)

vom 15. März 1951 (BGBl. I S. 175, ber. S. 209)

Einführung

Wohnungseigentum ist das **Sondereigentum an einer bestimmten Wohnung** in Verbindung mit dem Miteigentum an dem Grundstück, auf dem sich das Gebäude befindet (§ 1 WEG). Wohnungseigentum kann durch **Vertrag (§ 3 WEG)** oder durch **einseitige Teilungserklärung (§ 8 WEG)** des Grundstückseigentümers begründet werden.

Das Wohnungseigentum wird wie ein selbstständiges Grundstück behandelt, d.h., es wird beim Grundbuchamt ein Wohnungs-Grundbuch geführt **(§ 7 WEG)** und das Wohnungseigentum kann z.B. auch mit **Grundpfandrechten** belastet werden.

Die **Rechte und Pflichten** der Wohnungseigentümer untereinander sind in **§ 10ff. WEG** geregelt. Sie können vereinbaren, dass sie ihr Eigentum gemeinschaftlich **(§§ 21–25 WEG)** oder durch einen Verwalter **(§§ 26–28 WEG)** verwalten. Will jemand sein Wohnungseigentum veräußern, ist die **Genehmigung** der anderen Wohnungseigentümer oder des Verwalters erforderlich **(§ 12 WEG)**. Im Rahmen des Vollzugs des Kaufvertrages holt der Notar diese Genehmigung ein.

Übersicht

Erster Teil. Wohnungseigentum §§ 1–30
1. Abschnitt. Begründung des Wohnungseigentums §§ 2–9
2. Abschnitt. Gemeinschaft der Wohnungseigentümer §§ 10–19
3. Abschnitt. Verwaltung §§ 20–29
4. Abschnitt. Wohnungserbbaurecht §§ 30

Zweiter Teil. Dauerwohnrecht §§ 31–42

Dritter Teil. Verfahrensvorschriften §§ 43–58
1. Abschnitt. Verfahren der freiwilligen Gerichtsbarkeit in Wohnungseigentumssachen §§ 43–50
2. Abschnitt. Zuständigkeit für Rechtsstreitigkeiten §§ 51, 52
3. Abschnitt. Verfahren bei der Versteigerung des Wohnungseigentums §§ 53–58

Vierter Teil. Ergänzende Bestimmungen §§ 59–64

---

§ 1. [Begriffsbestimmungen] (1) Nach Maßgabe dieses Gesetzes kann an Wohnungen des Wohnungseigentums, an nicht zu Wohnzwecken dienenden Räumen eines Gebäudes das Teileigentum begründet werden.

(2) Wohnungseigentum ist das Sondereigentum an einer Wohnung in Verbindung mit dem Miteigentumsanteil an dem gemeinschaftlichen Eigentum, zu dem es gehört.

(3) Teileigentum ist das Sondereigentum an nicht zu Wohnzwecken dienenden Räumen eines Gebäudes in Verbindung mit dem Miteigentumsanteil an dem gemeinschaftlichen Eigentum, zu dem es gehört.

(4) Wohnungseigentum und Teileigentum können nicht in der Weise begründet werden, dass das Sondereigentum mit Miteigentum an mehreren Grundstücken verbunden wird.

(5) Gemeinschaftliches Eigentum im Sinne dieses Gesetzes sind das Grundstück sowie die Teile, Anlagen und Einrichtungen des Gebäudes, die nicht im Sondereigentum oder im Eigentum eines Dritten stehen.

(6) Für das Teileigentum gelten die Vorschriften über das Wohnungseigentum entsprechend.

§ 2. [Arten der Begründung] Wohnungseigentum wird durch die vertragliche Einräumung von Sondereigentum (§ 3) oder durch Teilung (§ 8) begründet.

§ 3. [Vertragliche Einräumung von Sondereigentum] (1) Das Miteigentum (§ 1008 des Bürgerlichen Gesetzbuches) an einem Grundstück kann durch Vertrag der Miteigentümer in der Weise beschränkt werden, dass jedem der Miteigentümer abweichend von § 93 des Bürgerlichen Gesetzbuches das Sondereigentum an einer bestimmten Wohnung oder an nicht zu Wohnzwecken dienenden bestimmten Räumen in einem auf dem Grundstück errichteten oder zu errichtenden Gebäude eingeräumt wird.

(2) [1]Sondereigentum soll nur eingeräumt werden, wenn die Wohnungen oder sonstigen Räume in sich abgeschlossen sind. [2]Garagenstellplätze gelten als abgeschlossene Räume, wenn ihre Flächen durch dauerhafte Markierungen ersichtlich sind.

§ 4. [Formvorschriften] (1) Zur Einräumung und zur Aufhebung des Sondereigentums ist die Einigung der Beteiligten über den Eintritt der Rechtsänderung und die Eintragung in das Grundbuch erforderlich.

(2) [1]Die Einigung bedarf der für die Auflassung vorgeschriebenen Form. [2]Sondereigentum kann nicht unter einer Bedingung oder Zeitbestimmung eingeräumt oder aufgehoben werden.

(3) Für einen Vertrag, durch den sich ein Teil verpflichtet, Sondereigentum einzuräumen, zu erwerben oder aufzuheben, gilt § 311b Abs. 1 des Bürgerlichen Gesetzbuchs entsprechend.

§ 5. [Gegenstand und Inhalt des Sondereigentums] (1) Gegenstand des Sondereigentums sind die gemäß § 3 Abs. 1 bestimmten Räume sowie die zu diesen Räumen gehörenden Bestandteile des Gebäudes, die verändert, beseitigt oder eingefügt werden können, ohne dass dadurch das gemeinschaftliche Eigentum oder ein auf Sondereigentum beruhendes Recht eines anderen Wohnungseigentümers über das nach § 14 zulässige Maß hinaus beeinträchtigt oder die äußere Gestaltung des Gebäudes verändert wird.

(2) Teile des Gebäudes, die für dessen Bestand oder Sicherheit erforderlich sind, sowie Anlagen und Einrichtungen, die dem gemeinschaftlichen Gebrauch der Wohnungseigentümer dienen, sind nicht Gegenstand des Sondereigentums, selbst wenn sie sich im Bereich der im Sondereigentum stehenden Räume befinden.

(3) Die Wohnungseigentümer können vereinbaren, dass Bestandteile des Gebäudes, die Gegenstand des Sondereigentums sein können, zum gemeinschaftlichen Eigentum gehören.

(4) Vereinbarungen über das Verhältnis der Wohnungseigentümer untereinander können nach den Vorschriften des 2. und 3. Abschnittes zum Inhalt des Sondereigentums gemacht werden …

§ 6. [Unselbstständigkeit des Sondereigentums] (1) Das Sondereigentum kann ohne den Miteigentumsanteil, zu dem es gehört, nicht veräußert oder belastet werden.

(2) Rechte an dem Miteigentumsanteil erstrecken sich auf das zu ihm gehörende Sondereigentum.

§ 7. [Grundbuchvorschriften] (1) [1]Im Falle des § 3 Abs. 1 wird für jeden Miteigentumsanteil von Amts wegen ein besonderes Grundbuchblatt (Wohnungsgrundbuch, Teileigentumsgrundbuch) angelegt. [2]Auf diesem ist das zu dem Miteigentumsanteil gehörende Sondereigentum und als Beschränkung des Miteigentums die Einräumung der zu den anderen Miteigentumsanteilen gehörenden Sondereigentumsrechte einzutragen. [3]Das Grundbuchblatt des Grundbuchstücks wird von Amts wegen geschlossen.

(2) (aufgehoben)

(3) Zur näheren Bezeichnung des Gegenstandes und des Inhalts des Sondereigentums kann auf die Eintragungsbewilligung Bezug genommen werden.

(4) [1]Der Eintragungsbewilligung sind als Anlagen beizufügen:
1. eine von der Baubehörde mit Unterschrift und Siegel oder Stempel versehene Bauzeichnung, aus der die Aufteilung des Gebäudes sowie die Lage und Größe der im Sondereigentum und der im gemeinschaftlichen Eigentum stehenden Gebäudeteile ersichtlich ist (Aufteilungsplan);

alle zu demselben Wohnungseigentum gehörenden Einzelräume sind mit der jeweils gleichen Nummer zu kennzeichnen.

2. eine Bescheinigung der Baubehörde, dass die Voraussetzungen des § 3 Abs. 2 vorliegen.
²Wenn in der Eintragungsbewilligung für die einzelnen Sondereigentumsrechte Nummern angegeben werden, sollen sie mit denen des Aufteilungsplanes übereinstimmen ...

(5) Für Teileigentumsgrundbücher gelten die Vorschriften über Wohnungsgrundbücher entsprechend.

§ 8. [Teilung durch den Eigentümer] (1) Der Eigentümer eines Grundstücks kann durch Erklärung gegenüber dem Grundbuchamt das Eigentum an dem Grund-stück in Miteigentumsanteile in der Weise teilen, dass mit jedem Anteil das Sondereigentum an einer bestimmten Wohnung oder an nicht zu Wohnzwecken dienenden Räumen in einem auf dem Grundstück errichteten oder zu errichtenden Gebäude verbunden ist.

(2) ¹Im Falle des Absatzes 1 gelten die Vorschriften des § 3 Abs. 2 und der §§ 5, 6, § 7 Abs. 1, 3 bis 5 entsprechend. ²Die Teilung wird mit der Anlegung der Wohnungsgrundbücher wirksam.

§ 12. [Veräußerungsbeschränkung] (1) Als Inhalt des Sondereigentums kann vereinbart werden, dass ein Wohnungseigentümer zur Veräußerung seines Wohnungseigentums der Zustimmung anderer Wohnungseigentümer oder eines Dritten bedarf.

(2) ¹Die Zustimmung darf nur aus einem wichtigen Grunde versagt werden. ²Durch Vereinbarung gemäß Absatz 1 kann dem Wohnungseigentümer darüber hinaus für bestimmte Fälle ein Anspruch auf Erteilung der Zustimmung eingeräumt werden.

(3) ...

(4) ...

§ 20. [Gliederung der Verwaltung] (1) Die Verwaltung des gemeinschaftlichen Eigentums obliegt den Wohnungseigentümern nach Maßgabe der §§ 21 bis 25 und dem Verwalter nach Maßgabe der §§ 26 bis 28, im Falle der Bestellung eines Verwaltungsbeirats auch diesem nach Maßgabe des § 29.

(2) Die Bestellung eines Verwalters kann nicht ausgeschlossen werden.

§ 21. [Verwaltung durch die Wohnungseigentümer] (1) Soweit nicht in diesem Gesetz oder durch Vereinbarung der Wohnungseigentümer etwas anderes bestimmt ist, steht die Verwaltung des gemeinschaftlichen Eigentums den Wohnungseigentümern gemeinschaftlich zu.

(2) Jeder Wohnungseigentümer ist berechtigt, ohne Zustimmung der anderen Wohnungseigentümer die Maßnahmen zu treffen, die zur Abwendung eines dem gemeinschaftlichen Eigentum unmittelbar drohenden Schadens notwendig sind.

(3) Soweit die Verwaltung des gemeinschaftlichen Eigentums nicht durch Vereinbarung der Wohnungseigentümer geregelt ist, können die Wohnungseigentümer einer der Beschaffenheit des gemeinschaftlichen Eigentums entsprechende ordnungsmäßige Verwaltung durch Stimmenmehrheit beschließen.

(4) Jeder Wohnungseigentümer kann eine Verwaltung verlangen, die den Vereinbarungen und Beschlüssen und, soweit solche nicht bestehen, dem Interesse der Gesamtheit der Wohnungseigentümer nach billigem Ermessen entspricht.

(5) Zu einer ordnungsmäßigen, dem Interesse der Gesamtheit der Wohnungseigentümer entsprechenden Verwaltung gehört insbesondere:
1. die Aufstellung einer Hausordnung;
2. die ordnungsmäßige Instandhaltung und Instandsetzung des gemeinschaftlichen Eigentums;
3. die Feuerversicherung des gemeinschaftlichen Eigentums zum Neuwert sowie die angemessene Versicherung der Wohnungseigentümer gegen Haus- und Grundbesitzerhaftpflicht;

4. die Ansammlung einer angemessenen Instandhaltungsrückstellung;
5. die Aufstellung eines Wirtschaftsplans (§ 28);
6. die Duldung aller Maßnahmen, die zur Herstellung einer Fernsprechteilnehmereinrichtung, einer Rundfunkempfangsanlage oder eines Energieversorgungsanschlusses zu Gunsten eines Wohnungseigentümers erforderlich sind.
    (6) ...
    (7) ...
    (8) ...

§ 23. [Wohnungseigentümerversammlung] (1) Angelegenheiten, über die nach diesem Gesetz oder nach einer Vereinbarung der Wohnungseigentümer die Wohnungseigentümer durch Beschluss entscheiden können, werden durch Beschlussfassung in einer Versammlung der Wohnungseigentümer geordnet.

(2) Zur Gültigkeit eines Beschlusses ist erforderlich, dass der Gegenstand bei der Einberufung bezeichnet ist.

(3) Auch ohne Versammlung ist ein Beschluss gültig, wenn alle Wohnungseigentümer ihre Zustimmung zu diesem Beschluss schriftlich erklären.

(4) ...

§ 24. [Einberufung, Vorsitz, Niederschrift] (1) Die Versammlung der Wohnungseigentümer wird von dem Verwalter mindestens einmal im Jahr einberufen.

(2) Die Versammlung der Wohnungseigentümer muss von dem Verwalter in den durch Vereinbarung der Wohnungseigentümer bestimmten Fällen, im Übrigen dann einberufen werden, wenn dies schriftlich unter Angabe des Zweckes und der Gründe von mehr als einem Viertel der Wohnungseigentümer verlangt wird.

(3) Fehlt ein Verwalter oder weigert er sich pflichtwidrig, die Versammlung der Wohnungseigentümer einzuberufen, so kann die Versammlung auch, falls ein Verwaltungsbeirat bestellt ist, von dessen Vorsitzenden oder seinem Vertreter einberufen werden.

(4) [1]Die Einberufung erfolgt in Textform. [2]Die Frist der Einberufung soll, sofern nicht ein Fall besonderer Dringlichkeit vorliegt, mindestens zwei Wochen betragen.

(5) Den Vorsitz in der Wohnungseigentümerversammlung führt, sofern diese nichts anderes beschließt, der Verwalter.

(6) [1]Über die in der Versammlung gefassten Beschlüsse ist eine Niederschrift aufzunehmen. [2]Die Niederschrift ist von dem Vorsitzenden und einem Wohnungseigentümer und, falls ein Verwaltungsbeirat bestellt ist, auch von dessen Vorsitzenden oder seinem Vertreter zu unterschreiben. [3]Jeder Wohnungseigentümer ist berechtigt, die Niederschrift einzusehen.

(7) Es ist eine Beschluss-Sammlung zu führen. ...

(8) Die Beschluss-Sammlung ist von dem Verwalter zu führen. ...

§ 25. [Mehrheitsbeschluss] (1) Für die Beschlussfassung in Angelegenheiten, über die die Wohnungseigentümer durch Stimmenmehrheit beschließen, gelten die Vorschriften der Absätze 2 bis 5.

(2) [1]Jeder Wohnungseigentümer hat eine Stimme. [2]Steht ein Wohnungseigentum mehreren gemeinschaftlich zu, so können sie das Stimmrecht nur einheitlich ausüben.

(3) Die Versammlung ist nur beschlussfähig, wenn die erschienenen stimmberechtigten Wohnungseigentümer mehr als die Hälfte der Miteigentumsanteile, berechnet nach der im Grundbuch eingetragenen Größe dieser Anteile, vertreten.

(4) [1]Ist eine Versammlung nicht gemäß Absatz 3 beschlussfähig, so beruft der Verwalter eine neue Versammlung mit dem gleichen Gegenstand ein. [2]Diese Versammlung ist ohne Rücksicht auf die Höhe der vertretenen Anteile beschlussfähig; hierauf ist bei der Einberufung hinzuweisen.

(5) ...

§ 26. [Bestellung und Abberufung des Verwalters] (1) [1]Über die Bestellung und Abberufung des Verwalters beschließen die Wohnungseigentümer mit Stimmenmehrheit . [2]Die Bestellung darf auf höchstens fünf Jahre vorgenommen werden, im Falle der ersten Bestellung nach der Begründung von Wohnungseigentum aber auf höchstens drei Jahre. [3]Die Abberufung des Verwalters kann auf das Vorliegen eines wichtigen Grundes beschränkt werden. [4]Ein wichtiger Grund liegt regelmäßig vor, wenn der Verwalter die Beschluss-Sammlung nicht ordnungsmäßig führt. [5]Andere Beschränkungen der Bestellung oder Abberufung des Verwalters sind nicht zulässig.

(2) Die wiederholte Bestellung ist zulässig; sie bedarf eines erneuten Beschlusses der Wohnungseigentümer, der frühestens ein Jahr vor Ablauf der Bestellungszeit gefasst werden kann.

(3) ...

§ 29. [Verwaltungsbeirat] (1) [1]Die Wohnungseigentümer können durch Stimmenmehrheit die Bestellung eines Verwaltungsbeirats beschließen. [2]Der Verwaltungsbeirat besteht aus einem Wohnungseigentümer als Vorsitzenden und zwei weiteren Wohnungseigentümern als Beisitzer.

(2) Der Verwaltungsbeirat unterstützt den Verwalter bei der Durchführung seiner Aufgaben.

(3) Der Wirtschaftsplan, die Abrechnung über den Wirtschaftsplan, Rechnungslegungen und Kostenanschläge sollen, bevor über sie die Wohnungseigentümerversammlung beschließt, vom Verwaltungsbeirat geprüft und mit dessen Stellungnahme versehen werden.

(4) Der Verwaltungsbeirat wird von dem Vorsitzenden nach Bedarf einberufen.

§ 30. [Wohnungserbbaurecht] (1) Steht ein Erbbaurecht mehreren gemeinschaftlich nach Bruchteilen zu, so können die Anteile in der Weise beschränkt werden, dass jedem der Mitberechtigten das Sondereigentum an einer bestimmten Wohnung oder an nicht zu Wohnzwecken dienenden bestimmten Räumen in einem aufgrund des Erbbaurechts errichteten oder zu errichtenden Gebäude eingeräumt wird (Wohnungserbbaurecht, Teilerbbaurecht).

(2) Ein Erbbauberechtigter kann das Erbbaurecht in entsprechender Anwendung des § 8 teilen.

(3) [1]Für jeden Anteil wird von Amts wegen ein besonderes Erbbaugrundbuchblatt angelegt (Wohnungserbbaugrundbuch, Teilerbbaugrundbuch). [2]Im Übrigen gelten für das Wohnungserbbaurecht (Teilerbbaurecht) die Vorschriften über das Wohnungseigentum (Teileigentum) entsprechend.

11 Gesetz über das Erbbaurecht (Erbbaurechtsgesetz – ErbbauRG)

vom 15. Januar 1919 - geändert durch Gesetz vom 17.12.2008 (BGBl. I S. 2586)

Einführung

Ein Grundstückseigentümer räumt einem Dritten in einem notariell zu beurkundenden *(§ 11 Abs. 2 ErbbauRG)* Erbbaurechtsvertrag das Recht ein, sein Grundstück zu bebauen. Der Eigentümer verliert damit für eine bestimmte Zeit (zumeist 99 Jahre) Besitz und Nutzungsrecht an seinem Grundstück, erhält dafür jedoch einen Erbbauzins *(§§ 9, 9 a ErbbauRG).*

Für das Erbbaurecht wird ein gesondertes (Erbbau-) Grundbuch angelegt *(§ 14 ErbbauRG).*

Auf das Erbbaurecht finden weitgehend die Vorschriften des BGB über das Grundstücksrecht Anwendung *(§ 11 ErbbauRG).* Das Erbbaurecht kann somit wie ein selbstständiges Grundstück z. B. mit Grundschulden belastet werden (beachte jedoch *§ 5 Abs. 2 ErbbauRG).*

Soll ein Erbbaurecht veräußert werden, so ist die Genehmigung des Grundstückseigentümers erforderlich *(§ 5 ErbbauRG).* Im Rahmen der Vollzugstätigkeit des Kaufvertrages holt der Notar diese Genehmigung ein.

Einzelheiten sind in den nachstehenden Vorschriften geregelt.

Übersicht

I. **Begriff und Inhalt des Erbbaurechts** §§ 1–13
   1. Gesetzlicher Inhalt § 1
   2. Vertragsmäßiger Inhalt §§ 2–8
   3. Erbbauzins §§ 9, 9 a
   4. Rangstelle § 10
   5. Anwendung des Grundstücksrechts § 11
   6. Bauwerk, Bestandteile §§ 12, 13

II. **Grundbuchvorschriften** §§ 14–17

III. **Beleihung** §§ 18–22
   1. Mündelhypothek §§ 18–20
   2. Sicherheitsgrenze für sonstige Beleihungen § 21
   3. Landesrechtliche Vorschriften § 22

IV. **Feuerversicherung, Zwangsversteigerung** §§ 23–25
   1. Feuerversicherung § 23
   2. Zwangsversteigerung §§ 24, 25
      a) des Erbbaurechts § 24
      b) des Grundstücks § 25

V. **Beendigung, Erneuerung, Heimfall** §§ 26–34
   1. Beendigung §§ 26–30
      a) Aufhebung § 26
      b) Zeitablauf §§ 27–30
   2. Erneuerung § 31
   3. Heimfall §§ 32, 33
   4. Bauwerk § 34

VI. **Schlussbestimmungen** §§ 35–39

§ 1. [Gesetzlicher Inhalt] (1) Ein Grundstück kann in der Weise belastet werden, dass demjenigen, zu dessen Gunsten die Belastung erfolgt, das veräußerliche und vererbliche Recht zusteht, auf oder unter der Oberfläche des Grundstücks ein Bauwerk zu haben (Erbbaurecht).

(2) Das Erbbaurecht kann auf einen für das Bauwerk nicht erforderlichen Teil des Grundstücks erstreckt werden, sofern das Bauwerk wirtschaftlich die Hauptsache bleibt.

(3) Die Beschränkung des Erbbaurechts auf einen Teil eines Gebäudes, insbesondere ein Stockwerk ist unzulässig.

(4) ...

§ 2. [Vertragsmäßiger Inhalt des Erbbaurechts] Zum Inhalt des Erbbaurechts gehören auch Vereinbarungen des Grundstückseigentümers und des Erbbauberechtigten über:

1. die Errichtung, die Instandhaltung und die Verwendung des Bauwerkes;
2. die Versicherung des Bauwerkes und seinen Wiederaufbau im Falle der Zerstörung;
3. die Tragung der öffentlichen und privatrechtlichen Lasten und Abgaben;
4. eine Verpflichtung des Erbbauberechtigten, das Erbbaurecht beim Eintreten bestimmter Voraussetzungen auf den Grundstückseigentümer zu übertragen (Heimfall);
5. eine Verpflichtung des Erbbauberechtigten zur Zahlung von Vertragsstrafen;
6. die Einräumung eines Vorrechts für den Erbbauberechtigten auf Erneuerung des Erbbaurechts nach dessen Ablauf;
7. eine Verpflichtung des Grundstückseigentümers, das Grundstück an den jeweiligen Erbbauberechtigten zu verkaufen.

§ 3. [Heimfallanspruch] Der Heimfallanspruch des Grundstückseigentümers kann nicht von dem Eigentum an dem Grundstück getrennt werden; der Eigentümer kann verlangen, dass das Erbbaurecht einem von ihm zu bezeichnenden Dritten übertragen wird.

§ 4. [Verjährung] Der Heimfallanspruch sowie der Anspruch auf eine Vertragsstrafe (§ 2 Nr. 4 und 5) verjährt in sechs Monaten von dem Zeitpunkt an, in dem der Grundstückseigentümer von dem Vorhandensein der Voraussetzungen Kenntnis erlangt, ohne Rücksicht auf diese Kenntnis in zwei Jahren vom Eintreten der Voraussetzungen an.

§ 5. [Zustimmung des Grundstückseigentümers] (1) Als Inhalt des Erbbaurechts kann auch vereinbart werden, dass der Erbbauberechtigte zur Veräußerung des Erbbaurechts der Zustimmung des Grundstückseigentümers bedarf.

(2) ¹Als Inhalt des Erbbaurechts kann ferner vereinbart werden, dass der Erbbauberechtigte zur Belastung des Erbbaurechts mit einer Hypothek, Grund- oder Rentenschuld oder einer Reallast der Zustimmung des Grundstückseigentümers bedarf. ²Ist eine solche Vereinbarung getroffen, so kann auch eine Änderung des Inhalts der Hypothek, Grund- oder Rentenschuld oder der Reallast, die eine weitere Belastung des Erbbaurechts enthält, nicht ohne die Zustimmung des Grundstückseigentümers erfolgen.

§ 8. [Zwangsvollstreckung in das Erbbaurecht] Verfügungen, die im Wege der Zwangsvollstreckung oder der Arrestvollziehung oder durch den Insolvenzverwalter erfolgen, sind insoweit unwirksam, als sie die Rechte des Grundstückseigentümers aus einer Vereinbarung gemäß § 5 vereiteln oder beeinträchtigen würden.

§ 9. [Erbbauzins] (1) ¹Wird für die Bestellung des Erbbaurechts ein Entgelt in wiederkehrenden Leistungen (Erbbauzins) ausbedungen, so finden die Vorschriften des Bürgerlichen Gesetzbuchs über die Reallasten entsprechende Anwendung. ²Die zu Gunsten der Landesgesetze bestehenden Vorbehalte über Reallasten finden keine Anwendung.

(2) ...

(3) ...

(4) ...

§ 10. [Rangstelle] (1) ¹Das Erbbaurecht kann nur zur ausschließlich ersten Rangstelle bestellt werden; der Rang kann nicht geändert werden. ²Rechte, die zur Erhaltung der Wirksamkeit gegenüber dem öffentlichen Glauben des Grundbuchs der Eintragung nicht bedürfen, bleiben außer Betracht.

(2) Die Landesregierungen werden ermächtigt, durch Rechtsverordnung zu bestimmen, dass bei der Bestellung des Erbbaurechts von dem Erfordernis der ersten Rangstelle

abgewichen werden kann, wenn dies für die vorhergehenden Berechtigten und den Bestand des Erbbaurechts unschädlich ist.

§ 11. [Anwendung des Grundstücksrechts] (1) [1]Auf das Erbbaurecht finden die sich auf Grundstücke beziehenden Vorschriften mit Ausnahme der §§ 925, 927, 928 des Bürgerlichen Gesetzbuchs sowie die Vorschriften über Ansprüche aus dem Eigentum entsprechende Anwendung, soweit sich nicht aus diesem Gesetz ein anderes ergibt. [2]Eine Übertragung des Erbbaurechts, die unter einer Bedingung oder einer Zeitbestimmung erfolgt, ist unwirksam.

(2) Auf einen Vertrag, durch den sich der eine Teil verpflichtet, ein Erbbaurecht zu bestellen oder zu erwerben, findet der § 311 b Abs.1 des Bürgerlichen Gesetzbuchs entsprechende Anwendung.

§ 14. [Erbbaugrundbuch] (1) [1]Für das Erbbaurecht wird bei der Eintragung in das Grundbuch von Amts wegen ein besonderes Grundbuchblatt (Erbbaugrundbuch) angelegt. [2]Im Erbbaugrundbuch sind auch der Eigentümer und jeder spätere Erwerber des Grundstücks zu vermerken. [3]Zur näheren Bezeichnung des Inhalts des Erbbaurechts kann auf die Eintragungsbewilligung Bezug genommen werden.

(2) Bei der Eintragung im Grundbuch des Grundstücks ist zur näheren Bezeichnung des Inhalts des Erbbaurechts auf das Erbbaugrundbuch Bezug zu nehmen.

(3) [1]Das Erbbaugrundbuch ist für das Erbbaurecht das Grundbuch im Sinne des Bürgerlichen Gesetzbuchs. [2]Die Eintragung eines neuen Erbbauberechtigten ist unverzüglich auf dem Blatte des Grundstücks zu vermerken. [3]Bei Wohnungs- und Teilerbbauberechtigten wird der Vermerk durch Bezugnahme auf die Wohnungs- und Teilerbbaugrundbücher ersetzt.

(4) ...

§ 15. [Zustimmung des Grundstückseigentümers] In den Fällen des § 5 darf der Rechtsübergang und die Belastung erst eingetragen werden, wenn dem Grundbuchamte die Zustimmung des Grundstückseigentümers nachgewiesen ist.

§ 16. [Löschung des Erbbaurechts] Bei der Löschung des Erbbaurechts wird das Erbbaugrundbuch von Amts wegen geschlossen.

§ 17. [Bekanntmachungen] (1) [1]Jede Eintragung in das Erbbaugrundbuch soll auch dem Grundstückseigentümer, die Eintragung von Verfügungsbeschränkungen des Erbbauberechtigten den im Erbbaugrundbuch eingetragenen dinglich Berechtigten bekannt gemacht werden. [2]...

(2) Dem Erbbauberechtigten soll die Eintragung eines Grundstückseigentümers, die Eintragung von Verfügungsbeschränkungen des Grundstückseigentümers sowie die Eintragung eines Widerspruchs gegen die Eintragung des Eigentümers in das Grundbuch des Grundstücks bekannt gemacht werden.

(3) Auf die Bekanntmachung kann verzichtet werden.

§ 26. [Aufhebung] Das Erbbaurecht kann nur mit Zustimmung des Grundstückseigentümers aufgehoben werden. [2]Die Zustimmung ist dem Grundbuchamt oder dem Erbbauberechtigten gegenüber zu erklären; sie ist unwiderruflich.

§ 27. [Entschädigung für das Bauwerk] (1) [1]Erlischt das Erbbaurecht durch Zeitablauf, so hat der Grundstückseigentümer dem Erbbauberechtigten eine Entschädigung für das Bauwerk zu leisten. [2]Als Inhalt des Erbbaurechts können Vereinbarungen über die Höhe der Entschädigung und die Art ihrer Zahlung sowie über ihre Ausschließung getroffen werden.

(2) ...

(3) [1]Der Grundstückseigentümer kann seine Verpflichtung zur Zahlung der Entschädigung dadurch abwenden, dass er dem Erbbauberechtigten das Erbbaurecht vor dessen Ablauf für die voraussichtliche Standdauer des Bauwerkes verlängert; lehnt der Erbbauberechtigte die Verlängerung ab, so erlischt der Anspruch auf Entschädigung. [2]Das Erbbaurecht kann zur Abwendung der Entschädigungspflicht wiederholt verlängert werden.

(4) Vor Eintritt der Fälligkeit kann der Anspruch auf Entschädigung nicht abgetreten werden.

§ 32. [Vergütung für das Erbbaurecht] (1) [1]Macht der Grundstückseigentümer von seinem Heimfallanspruch Gebrauch, so hat er dem Erbbauberechtigten eine angemessene Vergütung für das Erbbaurecht zu gewähren. [2]...

(2) ...

12 Gesetz über Maßnahmen zur Verbesserung der Agrarstruktur und zur Sicherung land- und forstwirtschaftlicher Betriebe (Grundstücksverkehrsgesetz – GrdstVG)

vom 28. Juli 1961 (BGBl. I S. 1091, ber. S. 1652 und 2000)

Einführung

Das Grundstücksverkehrsgesetz dient dem **Schutz der Land- und Forstwirtschaft** vor dem Ausverkauf ihres Bodens. Damit soll sichergestellt werden, dass genügend große land- und forstwirtschaftliche Nutzflächen erhalten bleiben. Die Veräußerung solcher Flächen muss von der nach Landesrecht zuständigen Behörde (in NRW z. B. **Landwirtschaftskammer**) genehmigt werden **(§§ 2, 3 GrdstVG).** Allerdings können die Länder bestimmen, dass diese Genehmigung erst ab einer bestimmten Größe (z. B. in NRW erst ab 10.000 qm) erforderlich ist **(§ 2 Abs. 3 Nr. 2 GrdstVG).** Im Rahmen des **Vollzugs** des Kaufvertrages holt der Notar die erforderliche Genehmigung ein.

Übersicht

Erster Abschnitt. Rechtsgeschäftliche Veräußerung §§ 1–12

Zweiter Abschnitt. Gerichtliche Zuweisung eines Betriebes §§ 13–17

Dritter Abschnitt. Verfahren §§ 18–26

Vierter Abschnitt. Siedlungsrechtliche Vorschriften §§ 27–30

Fünfter Abschnitt. Zusatz-, Übergangs- und Schlussbestimmungen §§ 31–39

§ 1. [Begriffsbestimmungen] (1) Die Vorschriften dieses Abschnitts gelten für landwirtschaftliche und forstwirtschaftliche Grundstücke sowie für Moor- und Ödland, das in landwirtschaftliche oder forstwirtschaftliche Kultur gebracht werden kann.

(2) Landwirtschaft im Sinne dieses Gesetzes ist die Bodenbewirtschaftung und die mit der Bodennutzung verbundene Tierhaltung, um pflanzliche oder tierische Erzeugnisse zu gewinnen, besonders der Ackerbau, die Wiesen- und Weidewirtschaft, der Erwerbsgartenbau, der Erwerbsobstbau und der Weinbau sowie die Fischerei in Binnengewässern.

(3) Grundstück im Sinne dieses Gesetzes ist auch ein Teil eines Grundstücks.

§ 2. [Genehmigungspflichtige Geschäfte] (1) [1]Die rechtsgeschäftliche Veräußerung eines Grundstücks und der schuldrechtliche Vertrag hierüber bedürfen der Genehmigung. [2]Ist ein schuldrechtlicher Vertrag genehmigt worden, so gilt auch die in Ausführung des Vertrages vorgenommene Auflassung als genehmigt. [3]Die Genehmigung kann auch vor der Beurkundung des Rechtsgeschäfts erteilt werden.

(2) Der Veräußerung eines Grundstücks stehen gleich
1. die Einräumung und die Veräußerung eines Miteigentumsanteils an einem Grundstück;
2. die Veräußerung eines Erbanteils an einen anderen als an einen Miterben, wenn der Nachlass im wesentlichen aus einem land- oder forstwirtschaftlichen Betrieb besteht;
3. die Bestellung des Nießbrauchs an einem Grundstück.

(3) Die Länder können
1. die Vorschriften dieses Abschnitts auf die Veräußerung von grundstücksgleichen Rechten, die die land- oder forstwirtschaftliche Nutzung eines Grundstücks zum Gegenstand haben, sowie von selbstständigen Fischereirechten füranwendbar erklären;

2. bestimmen, dass die Veräußerung von Grundstücken bis zu einer bestimmten Größe keiner Genehmigung bedarf.*
3. ...

§ 3. [Genehmigungsbehörde; Antragsberechtigte] (1) Über den Antrag auf Genehmigung entscheidet die nach Landesrecht zuständige Behörde (Genehmigungsbehörde), soweit nicht das Gericht zu entscheiden hat.

(2) ¹Zur Stellung des Antrags auf Genehmigung sind die Vertragsparteien und derjenige, zu dessen Gunsten der Vertrag geschlossen worden ist, berechtigt. ²Hat ein Notar den Vertrag beurkundet, so gilt dieser als ermächtigt, die Genehmigung zu beantragen.

§ 4. [Genehmigungsfreie Geschäfte] Die Genehmigung ist nicht notwendig, wenn

1. der Bund oder ein Land als Vertragsteil an der Veräußerung beteiligt ist;
2. eine mit den Rechten einer Körperschaft des öffentlichen Rechts ausgestattete Religionsgesellschaft ein Grundstück erwirbt, es sei denn, dass es sich um einen land- oder forstwirtschaftlichen Betrieb handelt;
3. die Veräußerung oder die Ausübung des Vorkaufsrechts der Durchführung eines Flurbereinigungsverfahrens, eines Siedlungsverfahrens oder eines Verfahrens nach § 37 des Bundesvertriebenengesetzes dient;
4. Grundstücke veräußert werden, die im räumlichen Geltungsbereich eines Bebauungsplanes im Sinne des § 30 des Baugesetzbuchs liegen, es sei denn, dass es sich um die Wirtschaftsstelle eines land- oder forstwirtschaftlichen Betriebes oder um Grundstücke handelt, die im Bebauungsplan als Grundstücke im Sinne des § 1 ausgewiesen sind;
5. ...

§ 5. [Zeugnis über Genehmigungsfreiheit] ¹Ist zur Veräußerung die Genehmigung nicht notwendig, so hat die Genehmigungsbehörde auf Antrag ein Zeugnis darüber zu erteilen. ²Das Zeugnis steht der Genehmigung gleich.

---

* So ist z.B. in NRW die Veräußerung von Grundstücken bis zu einer Größe von 1,0 ha (= 10 000 qm) genehmigungsfrei. Genehmigungsbehörde ist in NRW die Landwirtschaftskammer. (Ausführungsgesetz zum GrdstVG v. 14. 07. 1981 (GVNW, 403)).

13 Verordnung über die Pflichten der Makler, Darlehens- und Anlagenvermittler, Bauträger und Baubetreuer (Makler- und Bauträgerverordnung – MaBV)

vom 7. November 1990 (BGBl. I 1990, 2480)

Einführung

Häufig schließt ein bauwilliger Auftraggeber mit einem Bauträger einen sog. **Baubetreuungs- oder Bauträgervertrag.** Gegenstand dieses Vertrages ist sowohl die Errichtung des Bauwerkes als auch die organisatorische und finanzielle Abwicklung des Bauvorhabens. Bauträger ist, wer (gemäß § 34c Abs. 1 Nr. 3a der Gewerbeordnung) gewerbsmäßig Bauvorhaben als Bauherr im eigenen Namen für eigene oder fremde Rechnung vorbereitet oder durchführt und dazu Vermögenswerte von Erwerbern, Mietern, Pächtern oder sonstigen Nutzungsberechtigten oder von Bewerbern um Erwerbs- oder Nutzungsrechte verwendet.

Die Makler- und Bauträgerverordnung dient dem **Schutz des Auftraggebers** und soll sicherstellen, dass der Bauträger erst dann Geld erhält, wenn die in **§ 3 Abs. 1** genannten Voraussetzungen erfüllt sind. Die Teilzahlungen entsprechend dem Baufortschritt sind in **§ 3 Abs. 2** zwingend geregelt.

Übersicht

Anwendungsbereich § 1
Sicherheitsleistung, Versicherung § 2
Besondere Sicherungspflichten für Bauträger § 3
Verwendung von Vermögenswerten des Auftraggebers § 4
Hilfspersonal § 5
Getrennte Vermögensverwaltung § 6
Ausnahmevorschrift § 7
Rechnungslegung § 8
Anzeigepflicht § 9
Buchführungspflicht § 10
Informationspflicht § 11
Unzulässigkeit abweichender Vereinbarungen § 12
Inseratensammlung § 13
Aufbewahrung § 14
Auskunft und Nachschau § 15
Prüfungen § 16
Rechte und Pflichten der an der Prüfung Beteiligten § 17
Ordnungswidrigkeiten § 18

§ 3. [Besondere Sicherungspflichten für Bauträger] (1) Der Gewerbetreibende darf in den Fällen des § 34c Abs. 1 Satz 1 Nr. 3 Buchstabe a der Gewerbeordnung, sofern dem Auftraggeber Eigentum an einem Grundstück übertragen oder ein Erbbaurecht bestellt oder übertragen werden soll, Vermögenswerte des Auftraggebers zur Ausführung des Auftrages erst entgegennehmen oder sich zu deren Verwendung ermächtigen lassen, wenn

1. der Vertrag zwischen dem Gewerbetreibenden und dem Auftraggeber rechtswirksam ist und die für seinen Vollzug erforderlichen Genehmigungen vorliegen, diese Voraussetzungen durch eine schriftliche Mitteilung des Notars bestätigt und dem Gewerbetreibenden keine vertraglichen Rücktrittsrechte eingeräumt sind,
2. zur Sicherung des Anspruchs des Auftraggebers auf Eigentumsübertragung oder Bestellung oder Übertragung eines Erbbaurechts an dem Vertragsobjekt eine Vormerkung an der vereinbarten Rangstelle im Grundbuch eingetragen ist; bezieht sich der Anspruch auf Wohnungs- oder Teileigentum oder ein Wohnungs- oder Teilerbbaurecht, so muss außerdem die Begründung dieses Rechts im Grundbuch vollzogen sein,
3. die Freistellung des Vertragsobjekts von allen Grundpfandrechten, die der Vormerkung im Range vorgehen oder gleichstehen und nicht übernommen werden sollen, gesichert ist, und zwar auch für den Fall, dass das Bauvorhaben nicht vollendet wird,

4. die Baugenehmigung erteilt worden ist oder, wenn eine Baugenehmigung nicht oder nicht zwingend vorgesehen ist,
   a) von der zuständigen Behörde bestätigt worden ist, dass
      aa) die Baugenehmigung als erteilt gilt oder
      bb) nach den baurechtlichen Vorschriften mit dem Vorhaben begonnen werden darf, oder
   b) wenn eine derartige Bestätigung nicht vorgesehen ist, von dem Gewerbetreibenden bestätigt worden ist, dass
      aa) die Baugenehmigung als erteilt gilt oder
      bb) nach den baurechtlichen Vorschriften mit dem Bauvorhaben begonnen werden darf,

und nach Eingang dieser Bestätigung beim Auftraggeber mindestens ein Monat vergangen ist.

Die Freistellung nach Satz 1 Nr. 3 ist gesichert, wenn gewährleistet ist, dass die nicht zu übernehmenden Grundpfandrechte im Grundbuch gelöscht werden und zwar, wenn das Bauvorhaben vollendet wird, unverzüglich nach Zahlung der geschuldeten Vertragssumme, andernfalls unverzüglich nach Zahlung des dem erreichten Bautenstand entsprechenden Teils der geschuldeten Vertragssumme durch den Auftraggeber. Für den Fall, dass das Bauvorhaben nicht vollendet wird, kann sich der Kreditgeber vorbehalten, anstelle der Freistellung alle vom Auftraggeber vertragsgemäß im Rahmen des Absatzes 2 bereits geleisteten Zahlungen bis zum anteiligen Wert des Vertragsobjekts zurückzuzahlen. Die zur Sicherung der Freistellung erforderlichen Erklärungen einschließlich etwaiger Erklärungen nach Satz 3 müssen dem Auftraggeber ausgehändigt worden sein. Liegen sie bei Abschluss des notariellen Vertrages bereits vor, muss auf sie in dem Vertrag Bezug genommen sein; andernfalls muss der Vertrag einen ausdrücklichen Hinweis auf die Verpflichtung des Gewerbetreibenden zur Aushändigung der Erklärungen und deren notwendigen Inhalt enthalten.

(2) Der Gewerbetreibende darf in den Fällen des Absatzes 1 die Vermögenswerte ferner in bis zu sieben Teilbeträgen entsprechend dem Bauablauf entgegennehmen oder sich zu deren Verwendung ermächtigen lassen. Die Teilbeträge können aus den nachfolgenden Vomhundertsätzen zusammengesetzt werden:

1. 30 vom Hundert der Vertragssumme in den Fällen, in denen Eigentum an einem Grundstück übertragen werden soll oder 20 vom Hundert der Vertragssumme in den Fällen, in denen ein Erbbaurecht bestellt oder übertragen werden soll, nach Beginn der Erdarbeiten,
2. von der restlichen Vertragssumme
   - 40 vom Hundert nach Rohbaufertigstellung, einschließlich Zimmereiarbeiten,
   - 8 vom Hundert für die Herstellung der Dachflächen und Dachrinnen,
   - 3 vom Hundert für die Rohinstallation der Heizungsanlagen,
   - 3 vom Hundert für die Rohinstallation der Sanitäranlagen,
   - 3 vom Hundert für die Rohinstallation der Elektroanlagen,
   - 10 vom Hundert für den Fenstereinbau, einschließlich der Verglasung,
   - 6 vom Hundert für den Innenputz, ausgenommen Beiputzarbeiten,
   - 3 vom Hundert für den Estrich,
   - 4 vom Hundert für die Fliesenarbeiten im Sanitärbereich,
   - 12 vom Hundert nach Bezugsfertigkeit und Zug um Zug gegen Besitzübergabe,
   - 3 vom Hundert für die Fassadenarbeiten,
   - 5 vom Hundert nach vollständiger Fertigstellung.

Sofern einzelne der in Satz 2 Nr. 2 genannten Leistungen nicht anfallen, wird der jeweilige Vomhundertsatz anteilig auf die übrigen Raten verteilt. Betrifft das Bauvorhaben einen Altbau, so gelten die Sätze 1 und 2 mit der Maßnahme entsprechend, dass der hiernach zu errechnende Teilbetrag für schon erbrachte Leistungen mit Vorliegen der Voraussetzungen des Absatzes 1 entgegengenommen werden kann.

(3) ...

14 Personenstandsgesetz (PStG)

vom 19. Februar 2007 (BGBl. I S. 122)

Einführung

Die Standesämter führen zum Nachweis des jeweiligen Personenstandes sog. Personenstandsregister *(siehe § 3 PStG).*

Näheres regeln die nachstehenden Vorschriften.

Mit Inkrafttreten des Gesetzes zur Reform des Personenstandsrechts zum 1. Januar 2009 erfolgten wesentliche Änderungen des Personenstandsrechts in Deutschland. Im Mittelpunkt der Reform steht die Einführung elektronischer Personenstandsregister anstelle der bisherigen Personenstandsbücher. Dabei entfällt das kaum bekannte und oft mit dem Stammbuch der Familie verwechselte Familienbuch, einige seiner Funktionen erfüllen das Ehe-, Lebenspartnerschafts- und das Geburtenregister. Die selten benutzten Abstammungsurkunden und Geburtsscheine wurden abgeschafft, die Geburtsurkunde bleibt erhalten. Zudem wird die Benutzung der Personenstandsregister, insbesondere zu Forschungszwecken, neu geregelt.

Übersicht

Kapitel 1.   **Allgemeine Bestimmungen** §§ 1, 2

Kapitel 2.   **Personenstandsregister** §§ 3–10

Kapitel 3.   **Eheschließung** §§ 11–16

Kapitel 4.   **Lebenspartnerschaft** § 17

Kapitel 5.   **Geburt** §§ 18–27

Kapitel 6.   **Sterbefall** §§ 28–33

Kapitel 7.   **Besondere Beurkundungen** §§ 34–45

Kapitel 8.   **Berichtigungen und gerichtliches Verfahren** §§ 46–53

Kapitel 9.   **Beweiskraft und Benutzung der Personenstandsregister** §§ 54–68

Kapitel 10–12. **Zwangsmittel, Bußgeldvorschriften, Gebühren, Übergangsvorschriften** §§ 69–78

---

§ 1. [Personenstand, Aufgaben des Standesamts] (1) Personenstand im Sinne dieses Gesetzes ist die sich aus den Merkmalen des Familienrechts ergebende Stellung einer Person innerhalb der Rechtsordnung einschließlich ihres Namens. Der Personenstand umfasst Daten über Geburt, Eheschließung, Begründung einer Lebenspartnerschaft und Tod sowie damit in Verbindung stehende familien- und namensrechtliche Tatsachen.

(2) Die nach Landesrecht für das Personenstandswesen zuständigen Behörden (Standesämter) beurkunden den Personenstand nach Maßgabe dieses Gesetzes; sie wirken bei der Schließung von Ehen und der Begründung von Lebenspartnerschaften mit.

(3) ...

§ 2. [Standesbeamte] (1) Beurkundungen und Beglaubigungen für Zwecke des Personenstandswesens werden im Standesamt nur von hierzu bestellten Urkundspersonen (Standesbeamten) vorgenommen. Gleiches gilt für die Ausstellung von Personenstandsurkunden und sonstigen öffentlichen Urkunden. Die Zuständigkeit der Notare, anderer Urkundspersonen oder sonstiger Stellen für öffentliche Beurkundungen und Beglaubigungen bleibt unberührt.

(2)–(4) ...

§ 3. [Personenstandsregister] (1) Das Standesamt führt für seinen Zuständigkeitsbereich
1. ein Eheregister (§ 15),
2. ein Lebenspartnerschaftsregister (§ 17), wenn dies nach § 23 des Lebenspartnerschafts-
    gesetzes eingerichtet ist,
3. ein Geburtenregister (§ 21),
4. ein Sterberegister (§ 31).

Die Registereinträge bestehen aus einem urkundlichen Teil (Haupteintrag und
Folgebeurkundungen) und einem Hinweisteil.

(2) Die Personenstandsregister werden elektronisch geführt. Die Beurkundungen in den
Personenstandsregistern sind jährlich fortlaufend zu nummerieren und mit der Angabe des
Familiennamens des zugriffsberechtigten Standesbeamten abzuschließen. Die Identität der
Person, die die Eintragung vornimmt, muss jederzeit erkennbar sein. Das Programm muss
eine automatisierte Suche anhand der in die Personenstandsregister aufzunehmenden
Angaben zulassen; die Register müssen jederzeit nach Jahreseinträgen ausgewertet werden
können.

§ 12. [Anmeldung der Eheschließung] (1) Die Eheschließenden haben die beabsichtigte
Eheschließung mündlich oder schriftlich bei einem Standesamt, in dessen Zuständigkeitsbereich
einer der Eheschließenden seinen Wohnsitz oder seinen gewöhnlichen Aufenthalt hat, anzumelden. Hat keiner der Eheschließenden Wohnsitz oder gewöhnlichen Aufenthalt im Inland, so
ist das Standesamt, vor dem die Ehe geschlossen werden soll, für die Entgegennahme der
Anmeldung zuständig.

(2) Die Eheschließenden haben bei der Anmeldung der Eheschließung durch öffentliche
Urkunden nachzuweisen
1. ihren Personenstand,
2. ihren Wohnsitz oder gewöhnlichen Aufenthalt,
3. ihre Staatsangehörigkeit,
4. wenn sie schon verheiratet waren oder eine Lebenspartnerschaft begründet hatten, die
    letzte Eheschließung oder Begründung der Lebenspartnerschaft sowie die Auflösung
    dieser Ehe oder Lebenspartnerschaft. ...

(3) ...

§ 15. [Eintragung in das Eheregister] (1) Im Eheregister werden im Anschluss an die
Eheschließung beurkundet
1. Tag und Ort der Eheschließung,
2. die Vornamen und die Familiennamen der Ehegatten, Ort und Tag ihrer Geburt, ihr
    Geschlecht sowie auf Wunsch eines Ehegatten seine rechtliche Zugehörigkeit zu einer
    Religionsgemeinschaft, die Körperschaft des öffentlichen Rechts ist,
3. die nach der Eheschließung geführten Vornamen und Familiennamen der Ehegatten.

(2) ...

§ 21. [Eintragung in das Geburtenregister] (1) Im Geburtenregister werden beurkundet
1. die Vornamen und der Geburtsname des Kindes,
2. Ort sowie Tag, Stunde und Minute der Geburt,
3. das Geschlecht des Kindes*,
4. die Vornamen und die Familiennamen der Eltern sowie auf Wunsch eines Elternteils seine
    rechtliche Zugehörigkeit zu einer Religionsgemeinschaft, die Körperschaft des öffentli-
    chen Rechts ist.

(2) ...

(3) ...

---

*   siehe: Entscheidung und Maßgaben des BVerfG in B. vom 15. November 2017 (BGBl. I S. 3783)

§ 28. [Anzeige des Todes] Der Tod eines Menschen muss dem Standesamt, in dessen Zuständigkeitsbereich er gestorben ist,
1. von den in § 29 Abs. 1 Satz 1 genannten Personen mündlich oder
2. von den in § 30 Abs. 1 genannten Einrichtungen schriftlich
spätestens am dritten auf den Tod folgenden Werktag angezeigt werden.

§ 29. [Anzeige durch Personen] (1) Zur Anzeige sind verpflichtet
1. jede Person, die mit dem Verstorbenen in häuslicher Gemeinschaft gelebt hat,
2. die Person, in deren Wohnung sich der Sterbefall ereignet hat,
3. jede andere Person, die bei dem Tod zugegen war oder von dem Sterbefall aus eigenem Wissen unterrichtet ist.

Eine Anzeigepflicht besteht nur, wenn eine in der Reihenfolge früher genannte Person nicht vorhanden oder an der Anzeige gehindert ist.

(2) Ist mit der Anzeige ein bei einer Handwerkskammer oder Industrie- und Handelskammer registriertes Bestattungsunternehmen beauftragt, so kann die Anzeige auch schriftlich erstattet werden.

§ 30. [Anzeige durch Einrichtungen und Behörden] (1) Bei Sterbefällen in Krankenhäusern, Alten- und Pflegeheimen sowie sonstigen Einrichtungen gilt § 20 entsprechend. (Der Träger der Einrichtung ist zur Anzeige verpflichtet)

(2) Ist ein Anzeigepflichtiger nicht vorhanden oder ist sein Aufenthaltsort unbekannt und erlangt die für den Sterbeort zuständige Gemeindebehörde Kenntnis von dem Sterbefall, so hat sie die Anzeige zu erstatten.

(3) Findet über den Tod einer Person eine amtliche Ermittlung statt, so wird der Sterbefall auf schriftliche Anzeige der zuständigen Behörde eingetragen.,

§ 31. [Eintragung in das Sterberegister] (1) Im Sterberegister werden beurkundet
1. die Vornamen und der Familienname des Verstorbenen, Ort und Tag seiner Geburt, das Geschlecht sowie auf Wunsch des Anzeigenden die rechtliche Zugehörigkeit des Verstorbenen zu einer Religionsgemeinschaft, die Körperschaft des öffentlichen Rechts ist,
2. der letzte Wohnsitz und der Familienstand des Verstorbenen,
3. die Vornamen und der Familienname des Ehegatten oder Lebenspartners, wenn der Verstorbene im Zeitpunkt seines Todes verheiratet war oder eine Lebenspartnerschaft führte; war die Ehe oder Lebenspartnerschaft durch Tod aufgelöst oder war der Ehegatte oder Lebenspartner für tot erklärt oder war seine Todeszeit gerichtlich festgestellt worden, sind die Angaben für den letzten Ehegatten oder Lebenspartner aufzunehmen,
4. Ort sowie Tag, Stunde und Minute des Todes.

(2) ...

15 Zivilprozessordnung (ZPO)

in der Fassung vom 12. September 1950 (BGBl. S. 533)

Einführung

Die ZPO ist für Notare insoweit von Bedeutung, als hier (§ 724 ff. ZPO) die **Zwangsvollstreckung aus notariellen Urkunden** dargestellt ist.

Voraussetzung für die ZV aus notariellen Urkunden ist, dass sich der Schuldner in der Urkunde der sofortigen Zwangsvollstreckung unterworfen hat.

Zwangsvollstreckungsunterwerfung

Ich unterwerfe mich wegen aller Ansprüche des Gläubigers aus dieser Urkunde der sofortigen Zwangsvollstreckung in mein gesamtes Vermögen. Ich bin mit der jederzeitigen Erteilung einer vollstreckbaren Ausfertigung an den Gläubiger einverstanden, ohne dass es hierzu des Nachweises der Fälligkeit bedarf.

In diesem Fall muss der Gläubiger nicht den langen und kostspieligen Weg eines gerichtlichen Mahn- oder Klageverfahrens zur Erwirkung eines Titels gehen, sondern er kann schnell und einfach vollstrecken.

Der Notar erteilt dem Gläubiger von der notariellen Urkunde eine vollstreckbare Ausfertigung, indem er auf die Urkunde die Vollstreckungsklausel (§ 725 ZPO) setzt:

„Vorstehende Ausfertigung wird ... (Gläubiger) zum Zwecke der Zwangsvollstreckung gegen ... (Schuldner) erteilt"

Ort, Datum, Siegel   Unterschrift des Notars

Auf der Urschrift (die in der Urkundensammlung verbleibt), vermerkt der Notar:

„... (Gläubiger) wurde am ... eine vollstreckbare Ausfertigung erteilt"

Der Gläubiger lässt die vollstreckbare Urkunde (= Titel) durch den Gerichtsvollzieher zustellen (Parteizustellung).

Wartefrist 2 Wochen beachten (§ 798 ZPO)

Nach Ablauf der Wartefrist beauftragt der Gläubiger den Gerichtsvollzieher mit der Zwangsvollstreckung (Sachpfändung, Lohnpfändung etc.).

Übersicht – Auszug –

Erstes Buch: Allgemeine Vorschriften §§ 1–252
Zweites Buch: Verfahren im ersten Rechtszug §§ 253–510 b
Drittes Buch: Rechtsmittel §§ 511–577
Viertes Buch: Wiederaufnahme des Verfahrens §§ 578–591
Fünftes Buch: Urkunden- und Wechselprozess §§ 592– 605 a
Sechstes Buch: aufgehoben
Siebentes Buch: Mahnverfahren §§ 688–703 d
Achtes Buch: Zwangsvollstreckung §§ 704–945
Erster Abschnitt: **Allgemeine Vorschriften §§ 704–802**

§ 415. [Beweiskraft öffentlicher Urkunden über Erklärungen] (1) Urkunden, die von einer öffentlichen Behörde innerhalb der Grenzen ihrer Amtsbefugnisse oder von einer mit öffentlichem Glauben versehenen Person innerhalb des ihr zugewiesenen Geschäftskreises in der vorgeschriebenen Form aufgenommen sind (öffentliche Urkunden), begründen, wenn sie über eine vor der Behörde oder der Urkundsperson abgegebene Erklärung errichtet sind, vollen Beweis des durch die Behörde oder die Urkundsperson beurkundeten Vorganges.

(2) Der Beweis, dass der Vorgang unrichtig beurkundet sei, ist zulässig.

§ 437. [**Echtheit inländischer öffentlicher Urkunden**] (1) Urkunden, die nach Form und Inhalt als von einer öffentlichen Behörde oder von einer mit öffentlichem Glauben versehenen Person errichtet sich darstellen, haben die Vermutung der Echtheit für sich.

(2) Das Gericht kann, wenn es die Echtheit für zweifelhaft hält, auch von Amts wegen die Behörde oder die Person, von der die Urkunde errichtet sein soll, zu einer Erklärung über die Echtheit veranlassen.

§ 724. [**Vollstreckbare Ausfertigung**] (1) Die Zwangsvollstreckung wird aufgrund einer mit der Vollstreckungsklausel versehenen Ausfertigung des Urteils (voll-streckbare Ausfertigung) durchgeführt.

(2) Die vollstreckbare Ausfertigung wird von dem Urkundsbeamten der Geschäftsstelle des Gerichts des ersten Rechtszuges und, wenn der Rechtsstreit bei einem höheren Gericht anhängig ist, von dem Urkundsbeamten der Geschäftsstelle dieses Gerichts erteilt.

§ 725. [**Vollstreckungsklausel**] Die Vollstreckungsklausel:

"Vorstehende Ausfertigung wird dem usw. (Bezeichnung der Partei) zum Zwecke der Zwangsvollstreckung erteilt"

ist der Ausfertigung des Urteils am Schluss beizufügen, von dem Urkundsbeamten der Geschäftsstelle zu unterschreiben und mit dem Gerichtssiegel zu versehen.

§ 727. [**Vollstreckbare Ausfertigung für und gegen Rechtsnachfolger**] (1) Eine vollstreckbare Ausfertigung kann für den Rechtsnachfolger des in dem Urteil bezeichneten Gläubigers sowie gegen denjenigen Rechtsnachfolger des in dem Urteil bezeichneten Schuldners und denjenigen Besitzer der in Streit befangenen Sache, gegen die das Urteil nach § 325 wirksam ist, erteilt werden, sofern die Rechtsnachfolge oder das Besitzverhältnis bei dem Gericht offenkundig ist oder durch öffentliche oder öffentlich beglaubigte Urkunden nachgewiesen wird.

(2) Ist die Rechtsnachfolge oder das Besitzverhältnis bei dem Gericht offenkundig, so ist dies in der Vollstreckungsklausel zu erwähnen.

§ 792. [**Erteilung von Urkunden an Gläubiger**] Bedarf der Gläubiger zum Zwecke der Zwangsvollstreckung eines Erbscheins oder einer anderen Urkunde, die dem Schuldner auf Antrag von einer Behörde, einem Beamten oder einem Notar zu erteilen ist, so kann er die Erteilung anstelle des Schuldners verlangen.

§ 794. [**Weitere Vollstreckungstitel**] (1) [1]Die Zwangsvollstreckung findet ferner statt.

1.–4 a. ...

4 b. aus Beschlüssen nach § 796 b oder 796 c;

5. aus Urkunden, die von einem deutschen Gericht oder von einem deutschen Notar innerhalb der Grenzen seiner Amtsbefugnisse in der vorgeschriebenen Form aufgenommen sind, sofern die Urkunde über einen Anspruch errichtet ist, der einer vergleichsweisen Regelung zugänglich, nicht auf Abgabe einer Willenserklärung gerichtet ist und nicht den Bestand eines Mietverhältnisses über Wohnraum betrifft und der Schuldner sich in der Urkunde wegen des zu bezeichnenden Anspruchs der sofortigen Zwangsvollstreckung unterworfen hat.

(2) ...

§ 795. [**Zwangsvollstreckung aus Titeln nach § 794**] [1]Auf die Zwangsvollstreckung aus den in § 794 erwähnten Schuldtiteln sind die Vorschriften der §§ 724 bis 793 entsprechend anzuwenden, soweit nicht in den §§ 795 a bis 800 abweichende Vorschriften enthalten sind.

§ 796c. [Vollstreckbarerklärung durch einen Notar] (1) ¹Mit Zustimmung der Parteien kann ein Vergleich ferner von einem Notar, der seinen Amtssitz im Bezirk eines nach § 796a Abs. 1 zuständigen Gerichts hat, in Verwahrung genommen und für vollstreckbar erklärt werden.

(2) ...

§ 797. [Vollstreckbare Ausfertigung vollstreckbarer Urkunden] (1) ...

(2) ¹Die vollstreckbare Ausfertigung notarieller Urkunden wird von dem Notar erteilt, der die Urkunde verwahrt. ²Befindet sich die Urkunde in der Verwahrung einer Behörde, so hat diese die vollstreckbare Ausfertigung zu erteilen.

(3) Die Entscheidung über Einwendungen, welche die Zulässigkeit der Vollstreckungsklausel und die Zulässigkeit der Erteilung einer weiteren vollstreckbaren Ausfertigung betreffen, wird ... bei notariellen Urkunden von dem Amtsgericht getroffen, in dessen Bezirk der die Urkunde verwahrende Notar oder die verwahrende Behörde den Amtssitz hat. Die Entscheidung über die Erteilung einer weiteren vollstreckbaren Ausfertigung wird ... bei einer notariellen Urkunde von dem die Urkunde verwahrenden Notar [getroffen] oder, wenn die Urkunde von einer Behörde verwahrt wird, von dem Amtsgericht, in dessen Bezirk diese Behörde ihren Amtssitz hat.

(4) ...

(5) ...

(6) ...

§ 798. [Wartefrist] Aus einem Kostenfestsetzungsbeschluss, der nicht auf das Urteil gesetzt ist, aus Beschlüssen nach § 794 Abs. 1 Nr. 4b sowie aus den nach § 794 Abs. 1 Nr. 5 aufgenommenen Urkunden darf die Zwangsvollstreckung nur beginnen, wenn der Schuldtitel mindestens zwei Wochen vorher zugestellt ist.

§ 799. [Vollstreckbare Urkunde bei Rechtsnachfolge] Hat sich der Eigentümer eines mit einer Hypothek, einer Grundschuld oder einer Rentenschuld belasteten Grundstücks in einer nach § 794 Abs. 1 Nr. 5 aufgenommenen Urkunde der sofortigen Zwangsvollstreckung unterworfen und ist dem Rechtsnachfolger des Gläubigers eine vollstreckbare Ausfertigung erteilt, so ist die Zustellung der die Rechtsnachfolge nachweisenden öffentlichen oder öffentlich beglaubigten Urkunde nicht erforderlich, wenn der Rechtsnachfolger als Gläubiger im Grundbuch eingetragen ist.

§ 800. [Vollstreckbare Urkunde gegen den jeweiligen Eigentümer] (1) ¹Der Eigentümer kann sich in einer nach § 794 Abs. 1 Nr. 5 aufgenommenen Urkunde in Ansehung einer Hypothek, einer Grundschuld oder einer Rentenschuld der sofortigen Zwangsvollstreckung in der Weise unterwerfen, dass die Zwangsvollstreckung aus der Urkunde gegen den jeweiligen Eigentümer des Grundstücks zulässig sein soll. ²Die Unterwerfung bedarf in diesem Falle der Eintragung in das Grundbuch.

(2) Bei der Zwangsvollstreckung gegen einen späteren Eigentümer, der im Grundbuch eingetragen ist, bedarf es nicht der Zustellung der den Erwerb des Eigentums nachweisenden öffentlichen oder öffentlich beglaubigten Urkunde.

(3) Ist die sofortige Zwangsvollstreckung gegen den jeweiligen Eigentümer zulässig, so ist für die im § 797 Abs. 5 bezeichneten Klagen das Gericht zuständig, in dessen Bezirk das Grundstück gelegen ist.

16 Rechtspflegergesetz (RPflG)

vom 5. November 1969 (BGBl. I S. 2065)

Einführung

Mit keinem anderen Organ der Rechtspflege hat der Notar so häufig zu tun wie mit dem Rechtspfleger. Das liegt daran, dass dem Rechtspfleger vor allem die *Angelegenheiten der freiwilligen Gerichtsbarkeit* (Grundbuch, Registersachen usw.) übertragen sind *(§ 3 RPflG)*. Der Rechtspfleger handelt und entscheidet eigenverantwortlich *(§ 4 RPflG)*. Lediglich in Ausnahmefällen hat er die Angelegenheit dem Richter zu übergeben *(§ 5 RPflG)*. Gegen die Entscheidungen des Rechtspflegers ist der Rechtsbehelf der Erinnerung möglich *(§ 11 RPflG)*.

Übersicht

Erster Abschnitt. Aufgaben und Stellung des Rechtspflegers §§ 1–13

Zweiter Abschnitt. Dem Richter vorbehaltene Geschäfte in Familiensachen und auf dem Gebiet der freiwilligen Gerichtsbarkeit sowie in Insolvenzverfahren und schifffahrtsrechtlichen Verteilungsverfahren §§ 14–19b

Dritter Abschnitt. Dem Rechtspfleger nach § 3 Nr. 3 übertragene Geschäfte §§ 20–24a

Vierter Abschnitt. Sonstige Vorschriften auf dem Gebiet der Gerichtsverfassung §§ 25–28

Fünfter Abschnitt. Dem Rechtspfleger übertragene Geschäfte in anderen Bereichen §§ 29–32

Sechster Abschnitt. Schlussvorschriften §§ 33–40

---

§ 1. [Allgemeine Stellung des Rechtspflegers] Der Rechtspfleger nimmt die ihm durch dieses Gesetz übertragenen Aufgaben der Rechtspflege wahr.

§ 3. [Übertragene Geschäfte] Dem Rechtspfleger werden folgende Geschäfte übertragen:

1. in vollem Umfange die nach den gesetzlichen Vorschriften vom Richter wahrzunehmenden Geschäfte des Amtsgerichts in

   a) Vereinssachen nach den §§ 29, 37, 55 bis 79 des Bürgerlichen Gesetzbuchs sowie nach Buch 5 des Gesetzes über das Verfahren in Familiensachen und in den Angelegenheiten der freiwilligen Gerichtsbarkeit,

   b) ...,

   c) Aufgebotsverfahren nach Buch 8 des Gesetzes über das Verfahren in Familiensachen und in den Angelegenheiten der freiwilligen Gerichtsbarkeit,

   d) ...,

   e) Güterrechtsregistersachen nach den §§ 1558 bis 1563 des Bürgerlichen Gesetzbuchs sowie nach Buch 5 des Gesetzes über das Verfahren in Familiensachen und in den Angelegenheiten der freiwilligen Gerichtsbarkeit, auch in Verbindung mit § 7 des Lebenspartnerschaftsgesetzes,

   f) Urkundssachen einschließlich der Entgegennahme der Erklärung,

   g) ...

   h) Grundbuchsachen, Schiffsregister- und Schiffsbauregistersachen sowie Sachen des Registers für Pfandrechte an Luftfahrzeugen,

   i) Verfahren nach dem Gesetz über die Zwangsversteigerung und die Zwangsverwaltung,

   k) ...,

   l) ...;

   m) ...;

2. vorbehaltlich der in den §§ 14 bis 19b dieses Gesetzes aufgeführten Ausnahmen die nach den gesetzlichen Vorschriften vom Richter wahrzunehmenden Geschäfte des Amtsgerichts in

   a) Kindschaftssachen und Adoptionssachen sowie entsprechenden Lebenspartnerschaftssachen nach den §§ 151, 186 und 269 des Gesetzes über das Verfahren in Familiensachen und in den Angelegenheiten der freiwilligen Gerichtsbarkeit,

   b) Betreuungssachen sowie betreuungsgerichtlichen Zuweisungssachen nach den §§ 271 und 340 des Gesetzes über das Verfahren in Familiensachen und in den Angelegenheiten der freiwilligen Gerichtsbarkeit,

   c) Nachlass- und Teilungssachen nach § 342 des Gesetzes über das Verfahren in Familiensachen und in den Angelegenheiten der freiwilligen Gerichtsbarkeit,

   d) Handels-, Genossenschafts- und Partnerschaftsregistersachen sowie unternehmensrechtlichen Verfahren nach den §§ 374 und 375 des Gesetzes über das Verfahren in Familiensachen und in den Angelegenheiten der freiwilligen Gerichtsbarkeit,

   e) Verfahren nach der Insolvenzordnung,

   f) (aufgehoben)

   g) ...,

   h) ...;

3. die in den §§ 20 bis 24a, 25 und 25a dieses Gesetzes einzeln aufgeführten Geschäfte

   a) in Verfahren nach der Zivilprozessordnung und dem Mieterschutzgesetz,

   b) in Festsetzungsverfahren,

   c) des Gerichts in Straf- und Bußgeldverfahren,

   d) in Verfahren vor dem Patentgericht,

   e) auf dem Gebiet der Aufnahme von Erklärungen,

   f) auf dem Gebiet der Beratungshilfe,

   g) auf dem Gebiet der Familiensachen,

   h) in Verfahren über die Verfahrenskostenhilfe nach dem Gesetz über das Verfahren in Familiensachen und in den Angelegenheiten der freiwilligen Gerichtsbarkeit;

4. die in den §§ 29 bis 31 dieses Gesetzes einzeln aufgeführten Geschäfte

   a) im internationalen Rechtsverkehr,

   b) in Hinterlegungssachen,

   c) der Staatsanwaltschaft im Strafverfahren und der Vollstreckung in Straf- und Bußgeldsachen sowie von Ordnungs- und Zwangsmitteln.

§ 4. [Umfang der Übertragung] (1) Der Rechtspfleger trifft alle Maßnahmen, die zur Erledigung der ihm übertragenen Geschäfte erforderlich sind.

(2) ...

§ 5. [Vorlage an den Richter] (1) Der Rechtspfleger hat ihm übertragene Geschäfte dem Richter vorzulegen, wenn

1. sich bei der Bearbeitung der Sache ergibt, dass eine Entscheidung des Bundesverfassungsgerichts oder eines für Verfassungsstreitigkeiten zuständigen Gerichts eines Landes nach Artikel 100 des Grundgesetzes einzuholen ist;

2. zwischen dem übertragenen Geschäft und einem vom Richter wahrzunehmenden Geschäft ein so enger Zusammenhang besteht, dass eine getrennte Behandlung nicht sachdienlich ist.

(2) Der Rechtspfleger kann ihm übertragene Geschäfte dem Richter vorlegen, wenn die Anwendung ausländischen Rechts in Betracht kommt.

(3) Die vorgelegten Sachen bearbeitet der Richter, solange er es für erforderlich hält. Er kann die Sachen dem Rechtspfleger zurückgeben. Gibt der Richter eine Sache an den Rechtspfleger zurück, so ist dieser an eine von dem Richter mitgeteilte Rechtsauffassung gebunden.

§ 11. [Rechtsbehelfe] (1) Gegen die Entscheidungen des Rechtspflegers ist das Rechtsmittel gegeben, das nach den allgemeinen verfahrensrechtlichen Vorschriften zulässig ist.

(2) Kann gegen die Entscheidung nach den allgemeinen verfahrensrechtlichen Vorschriften ein Rechtsmittel nicht eingelegt werden, so findet die Erinnerung statt, die innerhalb einer Frist von zwei Wochen einzulegen ist. Hat der Erinnerungsführer die Frist ohne sein Verschulden nicht eingehalten, ist ihm auf Antrag Wiedereinsetzung in den vorigen Stand zu gewähren, wenn er die Erinnerung binnen zwei Wochen nach der Beseitigung des Hindernisses einlegt und die Tatsachen, welche die Wiedereinsetzung begründen, glaubhaft macht. Ein Fehlen des Verschuldens wird vermutet, wenn eine Rechtsbehelfsbelehrung unterblieben oder fehlerhaft ist. Die Wiedereinsetzung kann nach Ablauf eines Jahres, von dem Ende der versäumten Frist an gerechnet, nicht mehr beantragt werden. Der Rechtspfleger kann der Erinnerung abhelfen. Erinnerungen, denen er nicht abhilft, legt er dem Richter zur Entscheidung vor. Auf die Erinnerung sind im Übrigen die Vorschriften der Zivilprozessordnung über die sofortige Beschwerde sinngemäß anzuwenden.

(3) Gerichtliche Verfügungen, die nach den Vorschriften der Grundbuchordnung, der Schiffsregisterordnung oder des Gesetzes über das Verfahren in Familiensachen und in den Angelegenheiten der freiwilligen Gerichtsbarkeit wirksam geworden sind und nicht mehr geändert werden können, sind mit der Erinnerung nicht anfechtbar. Die Erinnerung ist ferner in den Fällen der §§ 694, 700 der Zivilprozessordnung und gegen die Entscheidungen über die Gewährung eines Stimmrechts (§§ 77, 237 und 238 der Insolvenzordnung) ausgeschlossen.

(4) Das Erinnerungsverfahren ist gerichtsgebührenfrei.

17 Bedingungen für Anderkonten und Anderdepots von Notaren (Anderkto)

Einführung

Gemäß **§ 57 BeurkG** (bitte lesen!) darf der Notar Geld zur Verwahrung nur entgegennehmen, wenn ein **berechtigtes Sicherungsinteresse** besteht. In diesem Fall muss er die ihm anvertrauten Gelder unverzüglich einem Sonderkonto, dem sog. Notaranderkonto, zuführen (**§ 58 BeurkG,** bitte lesen!). Zu diesem Konto führt er die in der DONot genannten Bücher, insbesondere die **Anderkontenliste (§ 12 Abs. 5 DONot), das Verwahrungsbuch (§ 11 DONot)** und das **Massenbuch (§ 12 DONot).**

Nachstehend wird am Beispiel eines Geldein- und -ausgangs kurz dargestellt, wie das Verwahrungsgeschäft abläuft.

Kaufpreiszahlung und -fälligkeit

> „Der Kaufpreis beträgt 100 000,00 Euro (in Worten einhunderttausend Euro). Er ist fällig und zahlbar bis spätestens 15. April .. auf das Anderkonto Nr. 12345 des amtierenden Notars bei der Dresdner Bank Dortmund. Die Erschienenen beantragen ausdrücklich die Verwahrung des Geldes durch den Notar und weisen ihn an, den Verwahrungsbetrag nach Vorliegen der in diesem Vertrag bestimmten Voraussetzungen an den Verkäufer auszuzahlen. Der Notar nimmt den Verwahrungsantrag und die Verwahrungsanweisung an."

- **Eröffnung** eines Notaranderkontos (z. B. Kto.Nr. 12345 bei der Dresdner Bank Dortmund)
- Eintragung des Anderkontos in die Anderkontenliste
- Neues Blatt im Massenbuch einrichten (z. B. Masse Nr. 12/.. für Urk.Nr. 149/..)

- **Geldeingang:** auf Kontoauszug Eingangsstempel und Nr. der Masse eintragen,
- Geldeingang in das Massenbuch und Verwahrungsbuch eintragen,
- Kontoauszug in Blattsammlung abheften

- **Geldausgang:** Überweisungsauftrag an Verkäufer
- Ausführungsbestätigung der Bank (Kopie des Überweisungsauftrages) mit Nr. der Masse versehen und in Blattsammlung abheften
- Kontoauszug wie oben bearbeiten (Eingangsstempel, Nr. der Masse, Blattsammlung)

- **Konto auflösen:** Massenbuch und Anderkontenliste abschließen (rot durchstreichen)

- **Hebegebühr** berechnen (1,0 Geb., Nr. 23100 KVGNotKG; Wert § 124 GNotKG)

Für die Führung des Anderkontos bei der Bank gelten besondere Bedingungen, die nachstehend abgedruckt sind.

Bedingungen für Anderkonten und Anderdepots von Notaren

Begriffsbestimmungen

1. Für Notare werden Anderkonten und Anderdepots (beide im Folgenden „Anderkonten" genannt) als Sonderkonten für fremde Gelder und Wertpapiere, die ihnen als Notare anvertraut wurden, eingerichtet. Der Bank gegenüber ist nur der Notar berechtigt und verpflichtet.

Kontoeröffnung

2. Bei jeder Kontoeröffnung ist der Notar verpflichtet, den Namen und die Anschrift desjenigen mitzuteilen, für dessen Rechnung er handelt. Wird das Anderkonto vom Notar für einen anderen als den nach Satz 1 benannten wirtschaftlich Berechtigten wiederverwendet,

ist der Notar verpflichtet, unverzüglich Name und Anschrift des neuen wirtschaftlich Berechtigten schriftlich mitzuteilen. Auf Wunsch des Notars kann die Bank weitere Anderkonten auch ohne schriftlichen Kontoeröffnungsantrag einrichten.

3. Ist der Notar auch Rechtsanwalt (Anwaltsnotar), so führt die Bank das Anderkonto als Rechtsanwaltsanderkonto, sofern er nicht beantragt hat, das Anderkonto als Notaranderkonto zu führen.

Kontoführung

4. Der Notar darf Werte, die ihm nicht als Notar anvertraut wurden, nicht einem Anderkonto zuführen oder auf einem Anderkonto belassen.

5. Die Eigenschaft eines Kontos als Anderkonto kann nicht aufgehoben werden. Ist der Notar auch Rechtsanwalt (Anwaltsnotar), so kann er bestimmen, dass ein Anderkonto in Zukunft als Rechtsanwaltsanderkonto zu führen ist.

6. Die Bank nimmt unbeschadet der Regelung in Nr. 2 Satz 1 und 2 keine Kenntnis davon, wer bei einem Anderkonto Rechte gegen den Notar geltend zu machen befugt ist. Rechte Dritter auf Leistung aus einem Anderkonto oder auf Auskunft über ein Anderkonto bestehen der Bank gegenüber nicht; die Bank ist demgemäß nicht berechtigt, einem Dritten Verfügungen über ein Anderkonto zu gestatten oder Auskunft über das Anderkonto zu erteilen, selbst wenn nachgewiesen wird, dass das Konto im Interesse des Dritten errichtet worden ist.

7. Die Bank prüft die Rechtmäßigkeit der Verfügungen des Notars in seinem Verhältnis zu Dritten nicht, auch wenn es sich um Überweisungen von einem Anderkonto auf ein Eigenkonto handelt.

8. Ansprüche gegen die Bank aus Anderkonten sind nicht abtretbar und nicht verpfändbar.

9. Im Falle der Pfändung wird die Bank den pfändenden Gläubiger im Rahmen der Drittschuldnererklärung auf die Eigenschaft als Anderkonto hinweisen.

10. Die Bank wird bei einem Anderkonto weder das Recht der Aufrechnung noch ein Pfand- oder Zurückbehaltungsrecht geltend machen, es sei denn wegen Forderungen, die in Bezug auf das Anderkonto selbst entstanden sind.

Verfügungsbefugnis und Rechtsnachfolge

11. Über das Notaranderkonto darf nur der Notar persönlich, dessen amtlich bestellter Vertreter oder der Notariatsverwalter oder eine sonstige nach § 58 Abs. 3 BeurkG berechtigte Person verfügen.

Wenn der Notar oder Notariatsverwalter aus rechtlichen Gründen (z. B. Erlöschen des Amtes, Verlegung des Amtssitzes, vorläufige Amtsenthebung) an der Amtsausübung gehindert ist, endet seine Verfügungsbefugnis.

Nach einer vorläufigen Amtsenthebung steht die Verfügungsbefugnis dem von der Landesjustizverwaltung wegen der Amtsenthebung bestellten Vertreter oder Notariatsverwalter zu, vor dessen Bestellung der zuständigen Notarkammer. Bis zur Bestellung eines Vertreters oder Notariatsverwalters bleibt der Notar Kontoinhaber ohne Verfügungsbefugnis (§ 55 Abs. 2 Satz 3 BNotO). Mit der Bestellung wird der Notariatsverwalter Kontoinhaber (§ 58 Abs. 1 BNotO).

In den übrigen Fällen wird die zuständige Notarkammer Kontoinhaber, bis die Landesjustizverwaltung einen Notariatsverwalter bestellt oder einem anderen Notar die Verfügungsbefugnis übertragen hat (§ 54b Abs. 3 Satz 2 BeurkG).

Einzelverwahrung von fremden Wertpapieren und Kostbarkeiten

12. Für die Einzelverwahrung von fremden Wertpapieren und Kostbarkeiten, die nicht unter Verwendung eines Anderkontos erfolgt, gelten auf Antrag des Notars die vorstehenden Bedingungen mit Ausnahme von Nr. 2 sinngemäß.

18 Gesetz über das Verfahren in Familiensachen und in den Angelegenheiten der freiwilligen Gerichtsbarkeit (FamFG)

vom 17. Dezember 2008 (BGBl I S. 2586)

Einführung

Am 1. September 2009 trat das Gesetz über das Verfahren in Familiensachen und in den Angelegenheiten der freiwilligen Gerichtsbarkeit (FamFG) in Kraft.

Das FamFG besteht aus 9 Büchern (siehe Übersicht). Buch 1 und Buch 2 enthalten die Grundlagen für das gerichtliche Verfahren in Scheidungssachen, Kindschaftssachen, Abstammungssachen, Adoptionssachen, Wohnungszuweisungs- und Hausratssachen, Gewaltschutzsachen, Versorgungsausgleichssachen, Unterhaltssachen, Güterrechtssachen und sonstigen Familiensachen.

Das Verfahren in Familiensachen wurde grundlegend reformiert. Dies zeigt sich vor allem in der Einführung des Großen Familiengerichts als eigenständige Abteilung beim Amtsgericht. Der Aufgabenbereich dieser Familiengerichte wurde wesentlich erweitert. Sie sind nun auch zuständig für Vormundschaften und Adoptionsverfahren sowie alle aus der Ehe herrührenden vermögensrechtlichen Streitigkeiten. Daneben gibt es bei den Amtsgerichten eine Abteilung für Betreuungssachen (Betreuungsgerichte). Die Vormundschaftsgerichte wurden abgeschafft.

Die Neuregelung des Verfahrens der freiwilligen Gerichtsbarkeit hat u. a. auch Auswirkungen auf die Verfahren in Nachlasssachen

Folgende Übersicht soll zunächst die beiden Verfügungen von Todes wegen gegenüber stellen:

	Testament (§ 2229 ff. BGB)		**Erbvertrag (§ 2274 ff. BGB)**
Rechtsgeschäft	einseitig oder gemeinschaftlich (Eheleute)		zweiseitig (Vertrag!), zwischen jedermann (-frau) möglich
Bindung	jederzeitiger Widerruf möglich		verpflichtet beide Seiten
Form	***privatschriftlich*** (eigenhändig)	***öffentlich*** (notariell)	nur öffentlich (notariell)
Mindestalter	18 Jahre	16 Jahre	18 Jahre
Verwahrung	an jedem Ort oder Amtsgericht	Amtsgericht	Notar oder Amtsgericht
Kosten d. Notars (Wert: § 102 GNotKG)	einseitig: 1,0 Geb., KV-Nr. 21200 gemeinschaftlich: 2,0 Geb., KV-Nr. 21100		2,0 Geb., KV-Nr. 21100
Erbschein erforderlich?	privates Testament: ja öffentliches Testament: i. d. R. nein		i. d. R. nein

Notarielle Abwicklung letztwilliger Verfügungen von Todes wegen

Die letztwillige Verfügung (öffentliches Testament oder Erbvertrag) wird im ausgefüllten und vom Notar unterzeichneten Umschlag mit Lacksiegel verschlossen. Es wird ein Vermerkblatt gefertigt. Die Verfügung wird im Regelfall in amtliche Verwahrung beim Nachlassgericht gegeben. In diesem Fall erhält der Notar eine elektronische Empfangsbestätigung. Dadurch wird sichergestellt, dass Urkunden nicht auf dem Postweg verloren gehen. Auf Wunsch kann ein Erbvertrag auch vom Notar verwahrt werden.

Damit für den Todesfall sichergestellt ist, dass eine Verfügung existiert, benachrichtigt das Nachlassgericht bzw. der Notar das ***zentrale Testamentsregister bei der Bundesnotarkammer*** (neu ab 01.01.2012). Für jeden Erblasser ist eine gesonderte Registrierung erforderlich. Das zentrale Testamentsregister vergibt für jede Registrierung eine Registernummer und ggf. eine Verwahrnummer, unter der die Verfügung später aufgefunden werden kann.

Die Übermittlung der Verwahrangaben erfolgt elektronisch durch den Notar bzw. das Gericht. Das zentrale Testamentsregister stellt dem Erblasser eine Registrierungsbestätigung zur Verfügung, damit er die Angaben auf Richtigkeit und Vollständigkeit überprüfen kann.

Zum zentralen Testamentsregister beachte die Vorschriften in §§ 78 ff BNotO, § 34a BeurkG, § 9 DONot, § 20 DONot, sowie nachstehend § 347 FamFG und die Testamentsregisterverordnung (ZTRV), abgedruckt auf S. 145 ff. Näheres siehe unter: www.testamentsregister.de

Übersicht (Auszug)

Buch 1 Allgemeiner Teil §§ 1–110
Buch 2 Verfahren in Familiensachen §§ 111–270
Buch 3 Verfahren in Betreuungs- und Unterbringungssachen §§ 271–341
Buch 4 Verfahren in Nachlass- und Teilungssachen §§ 342–373
Buch 5 Verfahren in Registersachen u. a. §§ 374–409
Buch 6 Weitere Angelegenheiten der freiwilligen Gerichtsbarkeit §§ 410–414
Buch 7 Verfahren in Freiheitsentziehungssachen §§ 415–432
Buch 8 Verfahren in Aufgebotssachen §§ 433–484
Buch 9 Schlussvorschriften §§ 485–491

§ 342. [Begriffsbestimmung] (1) Nachlasssachen sind Verfahren, die
1. die besondere amtliche Verwahrung von Verfügungen von Todes wegen,
2. die Sicherung des Nachlasses einschließlich Nachlasspflegschaften,
3. die Eröffnung von Verfügungen von Todes wegen,
4. die Ermittlung der Erben,
5. die Entgegennahme von Erklärungen, die nach gesetzlicher Vorschrift dem Nachlassgericht gegenüber abzugeben sind,
6. Erbscheine, Testamentsvollstreckerzeugnisse und sonstige vom Nachlassgericht zu erteilende Zeugnisse,
7. die Testamentsvollstreckung,
8. die Nachlassverwaltung sowie
9. sonstige den Nachlassgerichten durch Gesetz zugewiesene Aufgaben betreffen.

(2) ...

§ 343. [Örtliche Zuständigkeit] (1) Örtlich zuständig ist das Gericht, in dessen Bezirk der Erblasser im Zeitpunkt seines Todes seinen gewöhnlichen Aufenthalt hatte.

(2) Hatte der Erblasser im Zeitpunkt seines Todes keinen gewöhnlichen Aufenthalt im Inland, ist das Gericht zuständig, in dessen Bezirk der Erblasser seinen letzten gewöhnlichen Aufenthalt im Inland hatte.

(3) Ist eine Zuständigkeit nach den Absätzen 1 und 2 nicht gegeben, ist das Amtsgericht Schöneberg in Berlin zuständig, wenn der Erblasser Deutscher ist oder sich Nachlassgegenstände im Inland befinden. Das Amtsgericht Schöneberg in Berlin kann die Sache aus wichtigem Grund an ein anderes Nachlassgericht verweisen.

§ 344. [Besondere örtliche Zuständigkeit] (1) Für die besondere amtliche Verwahrung von Testamenten ist zuständig,
1. wenn das Testament vor einem Notar errichtet ist, das Gericht, in dessen Bezirk der Notar seinen Amtssitz hat;
2. ...
3. ...

Der Erblasser kann jederzeit die Verwahrung bei einem nach Satz 1 örtlich nicht zuständigen Gericht verlangen.

(2) Die erneute besondere amtliche Verwahrung eines gemeinschaftlichen Testaments nach § 349 Abs. 2 Satz 2 erfolgt bei dem für den Nachlass des Erstverstorbenen zuständigen Gericht, es sei denn, dass der überlebende Ehegatte oder Lebenspartner die Verwahrung bei einem anderen Amtsgericht verlangt.

(3) Die Absätze 1 und 2 gelten entsprechend für die besondere amtliche Verwahrung von Erbverträgen.

(4) Für die Sicherung des Nachlasses ist jedes Gericht zuständig, in dessen Bezirk das Bedürfnis für die Sicherung besteht.

(4a) Für die Auseinandersetzung eines Nachlasses ist jeder Notar zuständig, der seinen Amtssitz im Bezirk des Amtsgerichts hat, in dem der Erblasser seinen letzten gewöhnlichen Aufenthalt hatte. Hatte der Erblasser keinen gewöhnlichen Aufenthalt im Inland, ist jeder Notar zuständig, der seinen Amtssitz im Bezirk eines Amtsgerichts hat, in dem sich Nachlassgegenstände befinden. Von mehreren örtlich zuständigen Notaren ist derjenige zur Vermittlung berufen, bei dem zuerst ein auf Auseinandersetzung gerichteter Antrag eingeht. Vereinbarungen der an der Auseinandersetzung Beteiligten bleiben unberührt.

(5) Für die Auseinandersetzung des Gesamtguts einer Gütergemeinschaft ist, falls ein Anteil an dem Gesamtgut zu einem Nachlass gehört, der Notar zuständig, der für die Auseinandersetzung über den Nachlass zuständig ist. ...

(6) ...

(7) Für die Entgegennahme einer Erklärung, mit der eine Erbschaft ausgeschlagen oder mit der die Versäumung der Ausschlagungsfrist, die Annahme oder Ausschlagung einer Erbschaft oder eine Anfechtungserklärung ihrerseits angefochten wird, ist auch das Nachlassgericht zuständig, in dessen Bezirk die erklärende Person ihren gewöhnlichen Aufenthalt hat. Die Urschrift der Niederschrift oder die Urschrift der Erklärung in öffentlich beglaubigter Form ist von diesem Gericht an das zuständige Nachlassgericht zu übersenden.

§ 345. [Beteiligte] (1) In Verfahren auf Erteilung eines Erbscheins ist Beteiligter der Antragsteller. Ferner können als Beteiligte hinzugezogen werden:
1. die gesetzlichen Erben,
2. diejenigen, die nach dem Inhalt einer vorliegenden Verfügung von Todes wegen als Erben in Betracht kommen,
3. die Gegner des Antragstellers, wenn ein Rechtsstreit über das Erbrecht anhängig ist,
4. diejenigen, die im Fall der Unwirksamkeit der Verfügung von Todes wegen Erbe sein würden, sowie
5. alle Übrigen, deren Recht am Nachlass durch das Verfahren unmittelbar betroffen wird.
Auf ihren Antrag sind sie hinzuzuziehen.

(2) ...

(3) ...

(4) ...

Das Gericht kann alle Übrigen, deren Recht durch das Verfahren unmittelbar betroffen wird, als Beteiligte hinzuziehen. Auf ihren Antrag sind sie hinzuzuziehen.

§ 346. [Verfahren bei besonderer amtlicher Verwahrung] (1) Die Annahme einer Verfügung von Todes wegen in besondere amtliche Verwahrung sowie deren Herausgabe ist von dem Richter anzuordnen und von ihm und dem Urkundsbeamten der Geschäftsstelle gemeinschaftlich zu bewirken.

(2) ...

(3) Dem Erblasser soll über die in Verwahrung genommene Verfügung von Todes wegen ein Hinterlegungsschein erteilt werden; bei einem gemeinschaftlichen Testament erhält jeder Erblasser einen eigenen Hinterlegungsschein, bei einem Erbvertrag jeder Vertragschließende.

§ 347. **[Mitteilung über die Verwahrung]** (1) Nimmt das Gericht ein eigenhändiges Testament oder ein Nottestament in die besondere amtliche Verwahrung, übermittelt es unverzüglich die Verwahrangaben im Sinne von § 78d Absatz 2 Satz 2 der Bundesnotarordnung elektronisch an die das Zentrale Testamentsregister führende Registerbehörde. Satz 1 gilt entsprechend für eigenhändige gemeinschaftliche Testamente und Erbverträge, die nicht in besondere amtliche Verwahrung genommen worden sind, wenn sie nach dem Tod des Erstverstorbenen eröffnet wurden und nicht ausschließlich Anordnungen enthalten, die sich auf den mit dem Tod des Erstverstorbenen eingetretenen Erbfall beziehen.

(2)–(6) ...

§ 348. **[Eröffnung von Verfügungen von Todes wegen durch das Nachlassgericht]** (1) Sobald das Gericht vom Tod des Erblassers Kenntnis erlangt hat, hat es eine in seiner Verwahrung befindliche Verfügung von Todes wegen zu eröffnen. Über die Eröffnung ist eine Niederschrift aufzunehmen. War die Verfügung von Todes wegen verschlossen, ist in der Niederschrift festzustellen, ob der Verschluss unversehrt war.

(2) Das Gericht kann zur Eröffnung der Verfügung von Todes wegen einen Termin bestimmen und die gesetzlichen Erben sowie die sonstigen Beteiligten zum Termin laden. Den Erschienenen ist der Inhalt der Verfügung von Todes wegen mündlich bekannt zu geben. Sie kann den Erschienenen auch vorgelegt werden; auf Verlangen ist sie ihnen vorzulegen.

(3) Das Gericht hat den Beteiligten den sie betreffenden Inhalt der Verfügung von Todes wegen schriftlich bekannt zu geben. Dies gilt nicht für Beteiligte, die in einem Termin nach Absatz 2 anwesend waren.

§ 349. **[Besonderheiten bei der Eröffnung von gemeinschaftlichen Testamenten und Erbverträgen]** (1) Bei der Eröffnung eines gemeinschaftlichen Testaments sind die Verfügungen des überlebenden Ehegatten oder Lebenspartners, soweit sie sich trennen lassen, den Beteiligten nicht bekannt zu geben.

(2) Hat sich ein gemeinschaftliches Testament in besonderer amtlicher Verwahrung befunden, ist von den Verfügungen des verstorbenen Ehegatten oder Lebenspartners eine beglaubigte Abschrift anzufertigen. Das Testament ist wieder zu verschließen und bei dem nach § 344 Abs. 2 zuständigen Gericht erneut in besondere amtliche Verwahrung zurückzubringen.

(3) Absatz 2 gilt nicht, wenn das Testament nur Anordnungen enthält, die sich auf den Erbfall des erstversterbenden Ehegatten oder Lebenspartners beziehen, insbesondere wenn das Testament sich auf die Erklärung beschränkt, dass die Ehegatten oder Lebenspartner sich gegenseitig zu Erben einsetzen.

(4) Die Absätze 1 bis 3 sind auf Erbverträge entsprechend anzuwenden.

§ 351. **[Eröffnungsfrist für Verfügungen von Todes wegen]** Befindet sich ein Testament, ein gemeinschaftliches Testament oder ein Erbvertrag seit mehr als 30 Jahren in amtlicher Verwahrung, soll die verwahrende Stelle von Amts wegen ermitteln, ob der Erblasser noch lebt. Kann die verwahrende Stelle nicht ermitteln, dass der Erblasser noch lebt, ist die Verfügung von Todes wegen zu eröffnen. ...

§ 352. **[Angaben im Antrag auf Erteilung eines Erbscheins; Nachweis der Richtigkeit]** (1) Wer die Erteilung eines Erbscheins als gesetzlicher Erbe beantragt, hat anzugeben
1. den Zeitpunkt des Todes des Erblassers,
2. den letzten gewöhnlichen Aufenthalt und die Staatsangehörigkeit des Erblassers,
3. das Verhältnis, auf dem sein Erbrecht beruht,
4. ob und welche Personen vorhanden sind oder vorhanden waren, durch die er von der Erbfolge ausgeschlossen oder sein Erbteil gemindert werden würde,
5. ob und welche Verfügungen des Erblassers von Todes wegen vorhanden sind,
6. ob ein Rechtsstreit über sein Erbrecht anhängig ist,
7. dass er die Erbschaft angenommen hat,
8. die Größe seines Erbteils.

Ist eine Person weggefallen, durch die der Antragsteller von der Erbfolge ausgeschlossen oder sein Erbteil gemindert werden würde, so hat der Antragsteller anzugeben, in welcher Weise die Person weggefallen ist.

(2) Wer die Erteilung des Erbscheins aufgrund einer Verfügung von Todes wegen beantragt, hat

1. die Verfügung zu bezeichnen, auf der sein Erbrecht beruht,
2. anzugeben, ob und welche sonstigen Verfügungen des Erblassers von Todes wegen vorhanden sind, und
3. die in Absatz 1 Satz 1 Nummer 1, 2 und 6 bis 8 sowie Satz 2 vorgeschriebenen Angaben zu machen.

(3) Der Antragsteller hat die Richtigkeit der Angaben nach Absatz 1 Satz 1 Nummer 1 und 3 sowie Satz 2 durch öffentliche Urkunden nachzuweisen und im Fall des Absatzes 2 die Urkunde vorzulegen, auf der sein Erbrecht beruht. Sind die Urkunden nicht oder nur mit unverhältnismäßigen Schwierigkeiten zu beschaffen, so genügt die Angabe anderer Beweismittel. Zum Nachweis, dass der Erblasser zur Zeit seines Todes im Güterstand der Zugewinngemeinschaft gelebt hat, und zum Nachweis der übrigen nach den Absätzen 1 und 2 erforderlichen Angaben hat der Antragsteller vor Gericht oder vor einem Notar an Eides statt zu versichern, dass ihm nichts bekannt sei, was der Richtigkeit seiner Angaben entgegensteht. Das Nachlassgericht kann dem Antragsteller die Versicherung erlassen, wenn es sie für nicht erforderlich hält.

§ 357. [Einsicht in eine eröffnete Verfügung von Todes wegen; Ausfertigung eines Erbscheins oder anderen Zeugnisses] (1) Wer ein rechtliches Interesse glaubhaft macht, ist berechtigt, eine eröffnete Verfügung von Todes wegen einzusehen.

(2) Wer ein rechtliches Interesse glaubhaft macht, kann verlangen, dass ihm von dem Gericht eine Ausfertigung des Erbscheins erteilt wird. ...

§ 363. [Teilungssachen] (1) Bei mehreren Erben hat der Notar auf Antrag die Auseinandersetzung des Nachlasses zwischen den Beteiligten zu vermitteln; das gilt nicht, wenn ein zur Auseinandersetzung berechtigter Testamentsvollstrecker vorhanden ist.

(2) Antragsberechtigt ist jeder Miterbe, der Erwerber eines Erbteils sowie derjenige, welchem ein Pfandrecht oder ein Nießbrauch an einem Erbteil zusteht.

(3) In dem Antrag sollen die Beteiligten und die Teilungsmasse bezeichnet werden.

§ 365. [Ladung] (1) Der Notar hat den Antragsteller und die übrigen Beteiligten zu einem Verhandlungstermin zu laden. Die Ladung durch öffentliche Zustellung ist unzulässig.

(2) Die Ladung soll den Hinweis darauf enthalten, dass ungeachtet des Ausbleibens eines Beteiligten über die Auseinandersetzung verhandelt wird und dass die Ladung zu dem neuen Termin unterbleiben kann, falls der Termin vertagt oder ein neuer Termin zur Fortsetzung der Verhandlung anberaumt werden sollte. Sind Unterlagen für die Auseinandersetzung vorhanden, ist in der Ladung darauf hinzuweisen, dass die Unterlagen in den Geschäftsräumen des Notars eingesehen werden können.

§ 366. [Außergerichtliche Vereinbarung] (1) Treffen die erschienenen Beteiligten vor der Auseinandersetzung eine Vereinbarung, insbesondere über die Art der Teilung, hat der Notar die Vereinbarung zu beurkunden. Das Gleiche gilt für Vorschläge eines Beteiligten, wenn nur dieser erschienen ist.

(2) Sind alle Beteiligten erschienen, hat der Notar die von ihnen getroffene Vereinbarung zu bestätigen. Dasselbe gilt, wenn die nicht erschienenen Beteiligten ihre Zustimmung zu einer gerichtlichen Niederschrift oder in einer öffentlich beglaubigten Urkunde erteilen.

(3) Ist ein Beteiligter nicht erschienen, hat der Notar, wenn der Beteiligte nicht nach Absatz 2 Satz 2 zugestimmt hat, ihm den ihn betreffenden Inhalt der Urkunde bekannt zu geben und ihn gleichzeitig zu benachrichtigen, dass er die Urkunde in den Geschäftsräumen des Notars

einsehen und eine Abschrift der Urkunde fordern kann. Die Bekanntgabe muss den Hinweis enthalten, dass sein Einverständnis mit dem Inhalt der Urkunde angenommen wird, wenn er nicht innerhalb einer von dem Notar zu bestimmenden Frist die Anberaumung eines neuen Termins beantragt oder wenn er in dem neuen Termin nicht erscheint.

(4) Beantragt der Beteiligte rechtzeitig die Anberaumung eines neuen Termins und erscheint er in diesem Termin, ist die Verhandlung fortzusetzen; anderenfalls hat der Notar die Vereinbarung zu bestätigen.

§ 368. [Auseinandersetzungsplan; Bestätigung] (1) Sobald nach Lage der Sache die Auseinandersetzung stattfinden kann, hat der Notar einen Auseinandersetzungsplan anzufertigen. Sind die erschienenen Beteiligten mit dem Inhalt des Plans einverstanden, hat der Notar die Auseinandersetzung zu beurkunden. Sind alle Beteiligten erschienen, hat der Notar die Auseinandersetzung zu bestätigen; dasselbe gilt, wenn die nicht erschienenen Beteiligten ihre Zustimmung zu gerichtlichem Protokoll oder in einer öffentlich beglaubigten Urkunde erteilen.

(2) Ist ein Beteiligter nicht erschienen, hat der Notar nach § 366 Abs. 3 und 4 zu verfahren. § 367 ist entsprechend anzuwenden.

§ 370. [Aussetzung bei Streit] Ergeben sich bei den Verhandlungen Streitpunkte, ist darüber eine Niederschrift aufzunehmen und das Verfahren bis zur Erledigung der Streitpunkte auszusetzen. Soweit unstreitige Punkte beurkundet werden können, hat der Notar nach den §§ 366 und 368 Abs. 1 und 2 zu verfahren.

§ 492. [Anwendbare Vorschriften bei Zuständigkeit von Notaren] (1) Wird in Verfahren nach § 342 Absatz 2 Nummer 1 ein Notar anstelle des Amtsgerichts tätig, so sind die für das Amtsgericht geltenden Vorschriften entsprechend anzuwenden. Der Notar nimmt die Aufgaben des Richters, des Rechtspflegers und des Urkundsbeamten der Geschäftsstelle wahr. Geschäftsstelle sind die Geschäftsräume des Notars. Anstelle von Justizbediensteten handelt der Gerichtsvollzieher. Die Ausführung der vom Notar bewilligten öffentlichen Zustellung erfolgt auf dessen Ersuchen durch das Amtsgericht, in dessen Bezirk sich der Amtssitz des Notars befindet.

(2) Ist gegen die Entscheidung des Notars nach den allgemeinen verfahrensrechtlichen Vorschriften ein Rechtsmittel nicht gegeben, so findet die Erinnerung statt, die innerhalb der für die Beschwerde geltenden Frist beim Notar einzulegen ist. Der Notar kann der Erinnerung abhelfen. Erinnerungen, denen er nicht abhilft, legt er dem Amtsgericht vor, in dessen Bezirk sich sein Amtssitz befindet. Auf die Erinnerung sind im Übrigen die Vorschriften über die Beschwerde sinngemäß anzuwenden.

(3) Verfügungen, Beschlüsse oder Zeugnisse des Notars, die nach den Vorschriften dieses Gesetzes wirksam geworden sind und nicht mehr geändert werden können, sind mit der Erinnerung nicht anfechtbar.

Verordnung zur Einrichtung und Führung des Zentralen Testamentsregisters (Testamentsregister-Verordnung – ZTRV)

vom 11.07.2011 (BGBl. I S. 1386), Geltung ab 01.01.2012

§ 1. [Inhalt des Registers] Die Registerbehörde nimmt folgende Verwahrangaben in das Zentrale Testamentsregister auf:

1. Daten des Erblassers

    a) Familienname, Geburtsname, Vornamen und Geschlecht,
    b) Tag und Ort der Geburt,
    c) Geburtsstandesamt und Geburtenregisternummer, wenn die Geburt im Inland beurkundet wurde,
    d) Staat der Geburt, wenn der Erblasser im Ausland geboren wurde,

2. Bezeichnung und Anschrift der Verwahrstelle,

3. Verwahrnummer, Verwahrbuchnummer oder Aktenzeichen des Verfahrens der Verwahrstelle,

4. Art und Datum der Errichtung der erbfolgerelevanten Urkunde und

5. Name, Amtssitz und Urkundenrollen-Nummer des Notars bei notariellen Urkunden.

Die Registerbehörde kann zusätzliche Angaben aufnehmen, die für das Auffinden der erbfolgerelevanten Urkunde erforderlich sind.

§ 2. [Meldung zum Register] (1) Notare und Gerichte (Melder) übermitteln nach § 34 a Absatz 1 und 2 des Beurkundungsgesetzes, nach § 347 des Gesetzes über das Verfahren in Familiensachen und in den Angelegenheiten der freiwilligen Gerichtsbarkeit und nach § 78d Absatz 4 der Bundesnotarordnung die Verwahrangaben an die Registerbehörde. Betrifft eine erbfolgerelevante Urkunde mehrere Erblasser, sind die Verwahrangaben für jeden Erblasser zu übermitteln.

(2) Jede Übermittlung muss alle Verwahrangaben nach § 1 Satz 1 enthalten, mit Ausnahme der Geburtenregisternummer, die nachträglich übermittelt werden kann. Im Fall der besonderen amtlichen Verwahrung der Urkunde übermittelt das Gericht eine Verwahrbuchnummer nur, wenn die Urkunde unter der Verwahrnummer nach § 3 Absatz 1 Satz 1 bei dem Verwahrgericht nicht aufgefunden werden kann.

(3) Der Melder übermittelt die erforderlichen Daten, wie sie ihm vom Erblasser mitgeteilt wurden.

§ 3. [Registrierungsverfahren] (1) Die Registerbehörde fasst die übermittelten Verwahrangaben für jeden Erblasser unter einer Registernummer zu einem Datensatz (Verwahrdatensatz) zusammen und ordnet jeder erbfolgerelevanten Urkunde, die in die besondere amtliche Verwahrung zu nehmen ist, eine Verwahrnummer zu. Die Verwahrnummern werden bezogen auf jedes Verwahrgericht vergeben. Die Registerbehörde speichert diesen Verwahrdatensatz in einem elektronischen System (Registrierung).

(2) Die Registerbehörde bestätigt dem Melder jede erfolgreiche Registrierung und übermittelt diesem für den Erblasser die Angaben des Verwahrdatensatzes. Im Fall der besonderen amtlichen Verwahrung teilt die Registerbehörde zusätzlich die nach Absatz 1 Satz 1 vergebene Verwahrnummer mit. Konnte die Registrierung nicht durchgeführt werden, teilt die Registerbehörde dies dem Melder unter Angabe der Gründe mit.

(3) Ist eine notarielle erbfolgerelevante Urkunde in besondere amtliche Verwahrung zu nehmen, teilt der Notar dem Verwahrgericht die Verwahrnummer mit, die ihm von der Registerbehörde mitgeteilt wurde. Das Verwahrgericht bestätigt der Registerbehörde die Inverwahrnahme der erbfolgerelevanten Urkunde und übermittelt ihr eine Verwahrbuchnummer, wenn die Urkunde unter der Verwahrnummer nach § 3 Absatz 1 Satz 1 bei dem Verwahrgericht nicht aufgefunden werden kann.

§ 7. [Benachrichtigungen im Sterbefall] (1) Erhält die Registerbehörde von dem zuständigen Standesamt eine Sterbefallmitteilung zu einer Person, für die im Zentralen Testamentsregister Verwahrangaben registriert sind, teilt sie der Verwahrstelle unter Übermittlung der Daten nach § 6 Absatz 1 unverzüglich mit, welche erbfolgerelevante Urkunde betroffen ist und welches Nachlassgericht nach Absatz 3 Satz 1 benachrichtigt wird. Liegen Verwahrangaben verschiedener Stellen vor, so ist jede dieser Stellen entsprechend zu benachrichtigen. Verwahrdatensätze, zu denen eine Rücknahme nach § 4 Absatz 2 registriert wurde, bleiben unberücksichtigt.

(2) Ist oder wird bekannt, dass die Zuständigkeit für die Verwahrung einer erbfolgerelevanten Urkunde von den Verwahrangaben im Zentralen Testamentsregister abweicht, etwa weil das Gericht aufgelöst oder der Notar aus dem Amt geschieden ist, sendet die Registerbehörde die Benachrichtigung nach Absatz 1 an die nun zuständige Stelle. Hilfsweise ist das Amtsgericht zu benachrichtigen, in dessen Bezirk die aufgehobene Verwahrstelle lag.

(3) Sind im Zentralen Testamentsregister Verwahrangaben registriert, teilt die Registerbehörde dem nach § 343 des Gesetzes über das Verfahren in Familiensachen und in den Angelegenheiten der freiwilligen Gerichtsbarkeit zuständigen Nachlassgericht mit, welche Verwahrangaben im Zentralen Testamentsregister enthalten sind und welche Verwahrstelle sie benachrichtigt hat, und übersendet die Sterbefallmitteilung. Lässt sich das zuständige Nachlassgericht mithilfe der Sterbefallmitteilung (§ 6) nicht eindeutig bestimmen, wird vermutet, dass das zu benachrichtigende Nachlassgericht dasjenige ist, das für den letzten inländischen Wohnsitz des Erblassers örtlich zuständig ist. Wenn die Sterbefallmitteilung keinen inländischen Wohnsitz nennt, wird als zu benachrichtigendes Nachlassgericht das Amtsgericht Schöneberg in Berlin vermutet. Ist im Zentralen Testamentsregister neben einer Verwahrangabe eine Mitteilung nach § 78d Absatz 1 Satz 1 Nummer 2 der Bundesnotarordnung gespeichert, teilt die Registerbehörde auch diese Daten mit. Sind im Zentralen Testamentsregister Verwahrangaben nicht registriert, übersendet die Registerbehörde die Sterbefallmitteilung oder vorhandene Mitteilungen nach § 78d Absatz 1 Satz 1 Nummer 2 der Bundesnotarordnung nur auf Antrag. ...

(4) Das Nachlassgericht bestätigt der Registerbehörde den Eingang einer erbfolgerelevanten Urkunde unter Angabe des Datums des Eingangs der Urkunde und des Aktenzeichens des Nachlassverfahrens. Die Registerbehörde ergänzt den Ort der Verwahrung der erbfolgerelevanten Urkunde in den betroffenen Verwahrdatensätzen.

(5) ...

§ 9. [Elektronische Kommunikation] (1) Meldungen, Bestätigungen, Benachrichtigungen, Registerabfragen und -auskünfte erfolgen grundsätzlich elektronisch.

(2) Die Registerbehörde stellt zur elektronischen Kommunikation mit Notaren, Gerichten und Standesämtern geeignete bundeseinheitliche Schnittstellen zur Verfügung. Die elektronische Übermittlung der Daten erfolgt durch geeignete bundeseinheitliche Transportprotokolle sowie in einheitlich strukturierten Datensätzen.

(3) ...

(4) ...

19 Verwendung von Urkunden im Ausland (AuslUrk)

Einführung (Näheres siehe https://www.auswaertiges-amt.de/de/ReiseUndSicherheit/ reise-und-sicherheitshinweise/konsularinfo > Urkunden und Beglaubigungen > Internationaler Urkundenverkehr)

Für die Verwendung deutscher Urkunden im Ausland ist grundsätzlich zu prüfen:

1. Erkennt der fremde Staat die deutsche Urkunde *ohne weiteres* an?
   (Bilaterale Befreiung von jeglichen Beglaubigungsformalitäten)

> z. B. Belgien, Dänemark, Frankreich, Italien, Österreich

2. Ist mit dem fremden Staat das *Apostille-Verfahren* nach dem Haager Übereinkommen vereinbart?
   (Überbeglaubigung durch den Landgerichtspräsidenten) – siehe nachfolgende Seiten

> z. B. Argentinien, Finnland, Griechenland, Großbritannien, Israel, Japan, Liechtenstein, Luxemburg, Malta, Mauritius, Niederlande, Norwegen, Portugal, Schweiz, Spanien, Türkei, Ungarn, USA

3. Ist weder Befreiung (Zf. 1) noch Apostille (Zf. 2) vereinbart, ist die *Legalisation* der Urkunde erforderlich.
   Dazu muss die Urkunde zunächst *durch den Landgerichtspräsidenten zwischenbeglaubigt* werden. Anschließend erteilt die diplomatische Vertretung des Verwendungslandes (Botschaft, Konsulat) die Legalisation.

> z. B. Ägypten, Algerien, Australien, Brasilien, Bulgarien, Chile, Indien, Indonesien, Irland, Island, Kanada, Kenia, Kolumbien, Kuba, Libanon, Marokko, Mexiko, Monaco, Neuseeland, Polen, Schweden, Südafrika, Syrien, Thailand, ehem. UdSSR, Venezuela, Vietnam

4. Einige wenige Länder verlangen, bevor ihre diplomatischen Vertretungen die Legalisation (Zf. 3) erteilen, zusätzlich zur Zwischenbeglaubigung durch den Landgerichtspräsidenten eine *Endbeglaubigung durch das Bundesverwaltungsamt in Köln.*

> z. B. Birma, China, Irak, Jordanien, Ruanda, Rumänien, Saudi-Arabien, Somalia, Togo

Haager Übereinkommen vom 5. Oktober 1961 zur Befreiung ausländischer öffentlicher Urkunden von der Legalisation

(BGBl. 1965 II 875)

– Auszug –

Die Unterzeichnerstaaten dieses Übereinkommens, mit dem Wunsche, ausländische öffentliche Urkunden von der diplomatischen oder konsularischen Legalisation zu befreien, haben beschlossen, zu diesem Zweck ein Übereinkommen zu schließen und haben die folgenden Bestimmungen vereinbart:

Art. 1. Dieses Übereinkommen ist auf öffentliche Urkunden anzuwenden, die in dem Hoheitsgebiet eines anderen Vertragsstaates vorgelegt werden sollen.

Als öffentliche Urkunde im Sinne dieses Übereinkommens werden angesehen:

a) Urkunden eines staatlichen Gerichts oder einer Amtsperson als Organ der Rechtspflege, einschließlich der Urkunden, die von der Staatsanwaltschaft oder einem Vertreter des öffentlichen Interesses, von einem Urkundsbeamten der Geschäftsstelle oder von einem Gerichtsvollzieher ausgestellt sind;
b) Urkunden der Verwaltungsbehörden;
c) notarielle Urkunden;
d) amtliche Bescheinigungen, die auf Privaturkunden angebracht sind, wie z.B. Vermerke über die Registrierung, Stichvermerke zur Feststellung eines bestimmten Zeitpunktes und Beglaubigungen von Unterschriften.

Dieses Übereinkommen ist jedoch nicht anzuwenden.

a) auf Urkunden, die von diplomatischen oder konsularischen Vertretern errichtet sind,
b) auf Urkunden der Verwaltungsbehörden, die sich unmittelbar auf den Handelsverkehr oder auf das Zollverfahren beziehen.

Art. 2. Jeder Vertragsstaat befreit die Urkunden, auf die dieses Übereinkommen anzuwenden ist und die in seinem Hoheitsgebiet vorgelegt werden sollen, von der Legalisation. Unter Legalisation im Sinne dieses Übereinkommens ist nur die Förmlichkeit zu verstehen, durch welche die diplomatischen oder konsularischen Vertreter des Landes, in dessen Hoheitsgebiet die Urkunde vorgelegt werden soll, die Echtheit der Unterschrift, die Eigenschaft, in welcher der Unterzeichner der Urkunde gehandelt hat, und gegebenenfalls die Echtheit des Siegels oder Stempels, mit dem die Urkunde versehen ist, bestätigen.

Art. 3. Zur Bestätigung der Echtheit der Unterschrift, der Eigenschaft, in welcher der Unterzeichner der Urkunde gehandelt hat und gegebenenfalls der Echtheit des Siegels oder Stempels, mit dem die Urkunde versehen ist, darf als Förmlichkeit nur verlangt werden, dass die in Artikel 4 vorgesehene Apostille angebracht wird, welche die zuständige Behörde des Staates ausstellt, in dem die Urkunde errichtet worden ist.

Die in Absatz 1 erwähnte Förmlichkeit darf jedoch nicht verlangt werden, wenn Gesetze oder andere Rechtsvorschriften des Staates, in dem die Urkunde vorgelegt wird, oder dort bestehende Gebräuche oder wenn Vereinbarungen zwischen zwei oder mehreren Vertragsstaaten sie entbehrlich machen, sie vereinfachen oder die Urkunde von der Legalisation befreien.

Art. 4. Die in Artikel 3 Absatz 1 vorgesehene Apostille wird auf der Urkunde selbst oder auf einem mit ihr verbundenen Blatt angebracht; sie muss dem Muster entsprechen, das diesem Übereinkommen als Anlage beigefügt ist.

Die Apostille kann jedoch in der Amtssprache der Behörde, die sie ausstellt, abgefasst werden. Die gedruckten Teile des Musters können auch in einer zweiten Sprache wiedergegeben werden. Die Überschrift „Apostille (Convention de La Haye du 5 octobre 1961)" muss in französischer Sprache abgefasst sein.

Art. 5. Die Apostille wird auf Antrag des Unterzeichners oder eines Inhabers der Urkunde ausgestellt.

Ist die Apostille ordnungsgemäß ausgefüllt, so wird durch sie die Echtheit der Unterschrift, die Eigenschaft in welcher der Unterzeichner der Urkunde gehandelt hat und gegebenenfalls die Echtheit des Siegels oder Stempels, mit dem die Urkunde versehen ist, nachgewiesen.

Die Unterschrift und das Siegel oder der Stempel auf der Apostille bedürfen keiner Bestätigung.

Art. 6. Jeder Vertragsstaat bestimmt die Behörden, die zuständig sind, die Apostille nach Artikel 3 Absatz 1 auszustellen.

Er notifiziert diese Bestimmung dem Ministerium für Auswärtige Angelegenheiten der Niederlande bei der Hinterlegung der Ratifikations- oder der Beitrittsurkunde oder bei der Erklärung über die Ausdehnung des Übereinkommens. Er notifiziert ihm auch jede Änderung, die in der Bestimmung dieser Behörden eintritt.

Art. 7. Jede nach Artikel 6 bestimmte Behörde hat ein Register oder ein Verzeichnis in einer anderen Form zu führen, in das die Ausstellung der Apostillen eingetragen wird; dabei sind zu vermerken: a) die Geschäftsnummer und der Tag der Ausstellung der Apostille, b) der Name des Unterzeichners der öffentlichen Urkunde und die Eigenschaft, in der er gehandelt hat oder bei Urkunden ohne Unterschrift die Behörde, die das Siegel oder den Stempel beigefügt hat.

Auf Antrag eines Beteiligten hat die Behörde, welche die Apostille ausgestellt hat, festzustellen, ob die Angaben, die in der Apostille enthalten sind, mit denen des Registers oder des Verzeichnisses übereinstimmen.

Muster der Apostille

Die Apostille soll die Form eines Quadrats mit Seiten von mindestens 9 Zentimetern haben.

APOSTILLE
(Convention de La Haye du 5 octobre 1961)

1. Land: _____
   Diese öffentliche Urkunde
2. ist unterschrieben von _____
3. in seiner Eigenschaft als _____
4. Sie ist versehen mit dem Siegel/Stempel des (der)
   _____

Bestätigt

5. in _____ 6. am _____
7. durch _____
8. unter/Nr. _____
9. Siegel/Stempel   10. Unterschrift
   _____   _____

C   Handels- und Gesellschaftsrecht

20 Handelsgesetzbuch (HGB)
(ohne Seehandel)
vom 10. Mai 1897 (RGBl. S. 219)

Einführung

Das Handelsgesetzbuch ist das spezielle Recht der Kaufleute. Für die notarielle Praxis sind insbesondere folgende Teile des HGB von Bedeutung:

– *Kaufmann* (§ 1 ff. HGB)
  = kaufmännisch geführtes Unternehmen
  (Ist-, Form-, Kann-, Scheinkaufmann)
– *Handelsregister* (§ 8 ff. HGB)
  = Verzeichnis der kaufmännisch geführten Unternehmen
  Abt. A: Einzel- und Personengesellschaften (e. K., OHG, KG)
  Abt. B: Kapitalgesellschaften (GmbH, AG)
  Wirkung der Eintragung
  – konstitutiv = rechtserzeugend z. B. GmbH-Gründung
  – deklaratorisch = rechtsbezeugend z. B. Prokuraerteilung
  Öffentlicher Glaube des HR (§ 15 HGB)
– *Anmeldung zum Handelsregister*
  Gemäß § 12 HGB sind Anmeldungen zum Handelsregister elektronisch in öffentlich beglaubigter Form einzureichen.
  Hierzu wird zunächst eine HR-Anmeldung in Papierform erstellt, eigenhändig unterschrieben und vom Notar mit Beglaubigungsvermerk versehen.
  In einem zweiten Schritt fertigt der Notar elektronisch beglaubigte Dateien, und zwar eine Datei mit dem Originaltext der Papierurkunde sowie eine weitere Datei mit dem elektronischen Beglaubigungsvermerk („Elektronische Datei stimmt mit der Papierurkunde überein").
  Software XNotar, SigNotar
– *Firma* (§ 17 ff. HGB)
  = Name eines kaufmännisch geführten Unternehmens; frei wählbar (Namens-, Sach-, Fantasiefirma); muss als Zusatz die Rechtsform enthalten
– *Prokura* (§ 48 ff. HGB)
– *OHG* (§ 105 ff. HGB)
  Gesetzliche Vertretung (§ 125 HGB)
– *KG* (§ 161 ff. HGB)
  Gesetzliche Vertretung (§§ 161 Abs. 2, 170 HGB)
– *AG* und *GmbH* sind in besonderen Gesetzen geregelt (siehe nachstehend AktG und GmbHG)

Übersicht – Auszug –

Erstes Buch. Handelsstand §§ 1–104
Erster Abschnitt. Kaufleute §§ 1–7
Zweiter Abschnitt. Handelsregister; Unternehmensregister §§ 8–16
Dritter Abschnitt. Handelsfirma §§ 17–37a
Vierter Abschnitt. (aufgehoben)
Fünfter Abschnitt. Prokura und Handlungsvollmacht §§ 48–58.
Sechster Abschnitt. Handlungsgehilfen und Handlungslehrlinge §§ 59–83
Siebenter Abschnitt. Handelsvertreter §§ 84–92c
Achter Abschnitt. Handelsmakler §§ 93–104

Zweites Buch. Handelsgesellschaften und stille Gesellschaft §§ 105–236
Erster Abschnitt. Offene Handelsgesellschaft §§ 105–160
   Erster Titel. Errichtung der Gesellschaft §§ 105–108
   Zweiter Titel. Rechtsverhältnis der Gesellschafter untereinander §§ 109–122
   Dritter Titel. Rechtsverhältnis der Gesellschafter zu Dritten §§ 123–130b
   Vierter Titel. Auflösung der Gesellschaft und Ausscheiden von Gesellschaftern §§ 131–144
   Fünfter Titel. Liquidation der Gesellschaft §§ 145–158
   Sechster Titel. Verjährung §§ 159, 160
Zweiter Abschnitt. Kommanditgesellschaft §§ 161–177a
Dritter Abschnitt. Stille Gesellschaft §§ 230–236

Drittes Buch. Handelsbücher §§ 238–342a

---

§ 1. [Istkaufmann] (1) Kaufmann im Sinne dieses Gesetzbuchs ist, wer ein Handelsgewerbe betreibt.

(2) Handelsgewerbe ist jeder Gewerbebetrieb, es sei denn, dass das Unternehmen nach Art oder Umfang einen in kaufmännischer Weise eingerichteten Geschäftsbetrieb nicht erfordert.

§ 2. [Kannkaufmann] Ein gewerbliches Unternehmen, dessen Gewerbebetrieb nicht schon nach § 1 Abs. 2 Handelsgewerbe ist, gilt als Handelsgewerbe im Sinne dieses Gesetzbuchs, wenn die Firma des Unternehmens in das Handelsregister eingetragen ist. Der Unternehmer ist berechtigt, aber nicht verpflichtet, die Eintragung nach den für die Eintragung kaufmännischer Firmen geltenden Vorschriften herbeizuführen. Ist die Eintragung erfolgt, so findet eine Löschung der Firma auch auf Antrag des Unternehmers statt, sofern nicht die Voraussetzung des § 1 Abs. 2 eingetreten ist.

§ 3. [Land- und Forstwirtschaft] (1) Auf den Betrieb der Land- und Forstwirtschaft finden die Vorschriften des § 1 keine Anwendung.

(2) Für ein land- oder forstwirtschaftliches Unternehmen, das nach Art und Umfang einen in kaufmännischer Weise eingerichteten Geschäftsbetrieb erfordert, gilt § 2 mit der Maßgabe, dass nach Eintragung in das Handelsregister eine Löschung der Firma nur nach den allgemeinen Vorschriften stattfindet, welche für die Löschung kaufmännischer Firmen gelten.

(3) Ist mit dem Betrieb der Land- oder Forstwirtschaft ein Unternehmen verbunden, das nur ein Nebengewerbe des land- oder forstwirtschaftlichen Unterneh-mens darstellt, so finden auf das im Nebengewerbe betriebene Unternehmen die Vorschriften der Absätze 1 und 2 entsprechende Anwendung.

§ 4. [Minderkaufmann] (aufgehoben)

§ 5. [Kaufmann kraft Eintragung] Ist eine Firma im Handelsregister eingetragen, so kann gegenüber demjenigen, welcher sich auf die Eintragung beruft, nicht geltend gemacht werden, dass das unter der Firma betriebene Gewerbe kein Handelsgewerbe sei.

§ 6. [Handelsgesellschaften; Formkaufmann] (1) Die in Betreff der Kaufleute gegebenen Vorschriften finden auch auf die Handelsgesellschaften Anwendung.

(2) Die Rechte und Pflichten eines Vereins, dem das Gesetz ohne Rücksicht auf den Gegenstand des Unternehmens die Eigenschaft eines Kaufmanns beilegt, bleiben unberührt, auch wenn die Voraussetzungen des § 1 Abs. 2 nicht vorliegen.

§ 7. [Kaufmannseigenschaft und öffentliches Recht] Durch die Vorschriften des öffentlichen Rechtes, nach welchen die Befugnis zum Gewerbebetrieb ausgeschlossen oder von gewissen Voraussetzungen abhängig gemacht ist, wird die Anwendung der die Kaufleute betreffenden Vorschriften dieses Gesetzbuchs nicht berührt.

§ 8. [Handelsregister] (1) Das Handelsregister wird von den Gerichten elektronisch geführt.

(2) Andere Datensammlungen dürfen nicht unter Verwendung oder Beifügung der Bezeichnung „Handelsregister" in den Verkehr gebracht werden.

§ 8a. [Eintragungen in das Handelsregister; Verordnungsermächtigung] (1) Eine Eintragung in das Handelsregister wird wirksam, sobald sie in den für die Handelsregistereintragungen bestimmten Datenspeicher aufgenommen ist und auf Dauer inhaltlich unverändert in lesbarer Form wiedergegeben werden kann.

(2) Die Landesregierungen werden ermächtigt, durch Rechtsverordnung nähere Bestimmungen über die elektronische Führung des Handelsregisters, die elektronische Anmeldung, die elektronische Einreichung von Dokumenten sowie deren Aufbewahrung zu treffen, soweit nicht durch das Bundesministerium der Justiz und für Verbraucherschutz nach § 387 Abs. 2 des Gesetzes über das Verfahren in Familiensachen und in den Angelegenheiten der freiwilligen Gerichtsbarkeit entsprechende Vorschriften erlassen werden. Dabei können sie auch Einzelheiten der Datenübermittlung regeln sowie die Form zu übermittelnder elektronischer Dokumente festlegen, um die Eignung für die Bearbeitung durch das Gericht sicherzustellen. Die Landesregierungen können die Ermächtigung durch Rechtsverordnung auf die Landesjustizverwaltungen übertragen.

§ 8 b. [Unternehmensregister] (1) Das Unternehmensregister wird vorbehaltlich einer Regelung nach § 9a Abs. 1 vom Bundesministerium der Justiz und für Verbraucherschutz elektronisch geführt.

(2) Über die Internetseite des Unternehmensregisters sind zugänglich:

1. Eintragungen im Handelsregister und deren Bekanntmachung und zum Handelsregister eingereichte Dokumente;
2. Eintragungen im Genossenschaftsregister und deren Bekanntmachung und zum Genossenschaftsregister eingereichte Dokumente;
3. Eintragungen im Partnerschaftsregister und deren Bekanntmachung und zum Partnerschaftsregister eingereichte Dokumente;
4.–11. ...

(3) Zur Einstellung in das Unternehmensregister sind dem Unternehmensregister zu übermitteln:

1. die Daten nach Absatz 2 Nr. 4 bis 8 durch den Betreiber des elektronischen Bundesanzeigers;
2. die Daten nach Absatz 2 Nr. 9 und 10 durch den jeweils Veröffentlichungspflichtigen oder den von ihm mit der Veranlassung der Veröffentlichung beauftragten Dritten. (...)

(4) ...

§ 9. [Einsichtnahme in das Handelsregister und das Unternehmensregister] (1) Die Einsichtnahme in das Handelsregister sowie in die zum Handelsregister eingereichten Dokumente ist jedem zu Informationszwecken gestattet. Die Landesjustizverwaltungen bestimmen das elektronische Informations- und Kommunikationssystem, über das die Daten aus den Handelsregistern abrufbar sind, und sind für die Abwicklung des elektronischen Abrufverfahrens zuständig. Die Landesregierung kann die Zuständigkeit durch Rechtsverordnung abweichend regeln; sie kann diese Ermächtigung durch Rechtsverordnung auf die Landesjustizverwaltung übertragen. Die Länder können ein länderübergreifendes, zentrales elektronisches Informations- und Kommunikationssystem bestimmen. Sie können auch eine Übertragung der Abwicklungsaufgaben auf die zuständige Stelle eines anderen Landes sowie mit dem Betreiber des Unternehmensregisters eine Übertragung der Abwicklungsaufgaben auf das Unternehmensregister vereinbaren.

(2) Sind Dokumente nur in Papierform vorhanden, kann die elektronische Übermittlung nur für solche Schriftstücke verlangt werden, die weniger als zehn Jahre vor dem Zeitpunkt der Antragstellung zum Handelsregister eingereicht wurden.

(3) Die Übereinstimmung der übermittelten Daten mit dem Inhalt des Handelsregisters und den zum Handelsregister eingereichten Dokumenten wird auf Antrag durch das Gericht beglaubigt. Dafür ist eine qualifizierte elektronische Signatur zu verwenden.

(4) Von den Eintragungen und den eingereichten Dokumenten kann ein Ausdruck verlangt werden. Von den zum Handelsregister eingereichten Schriftstücken, die nur in Papierform vorliegen, kann eine Abschrift gefordert werden. Die Abschrift ist von der Geschäftsstelle zu beglaubigen und der Ausdruck als amtlicher Ausdruck zu fertigen, wenn nicht auf die Beglaubigung verzichtet wird.

(5) Das Gericht hat auf Verlangen eine Bescheinigung darüber zu erteilen, dass bezüglich des Gegenstandes einer Eintragung weitere Eintragungen nicht vorhanden sind oder dass eine bestimmte Eintragung nicht erfolgt ist.

(6) Für die Einsichtnahme in das Unternehmensregister gilt Absatz 1 Satz 1 entsprechend. Anträge nach den Absätzen 2 bis 5 können auch über das Unternehmensregister an das Gericht vermittelt werden.

§ 10. [Bekanntmachung der Eintragungen] Das Gericht macht die Eintragungen in das Handelsregister in dem von der Landesjustizverwaltung bestimmten elektronischen Informations- und Kommunikationssystem in der zeitlichen Folge ihrer Eintragung nach Tagen geordnet bekannt; § 9 Abs. 1 Satz 4 und 5 gilt entsprechend. Soweit nicht ein Gesetz etwas anderes vorschreibt, werden die Eintragungen ihrem ganzen Inhalt nach veröffentlicht.

§ 12. [Anmeldungen zur Eintragung und Einreichungen] (1) Anmeldungen zur Eintragung in das Handelsregister sind elektronisch in öffentlich beglaubigter Form einzureichen. Die gleiche Form ist für eine Vollmacht zur Anmeldung erforderlich. Anstelle der Vollmacht kann die Bescheinigung eines Notars nach § 21 Absatz 3 der Bundesnotarordnung eingereicht werden. Rechtsnachfolger eines Beteiligten haben die Rechtsnachfolge soweit tunlich durch öffentliche Urkunden nachzuweisen.

(2) Dokumente sind elektronisch einzureichen. Ist eine Urschrift oder eine einfache Abschrift einzureichen oder ist für das Dokument die Schriftform bestimmt, genügt die Übermittlung einer elektronischen Aufzeichnung; ist ein notariell beurkundetes Dokument oder eine öffentlich beglaubigte Abschrift einzureichen, so ist ein mit einem einfachen elektronischen Zeugnis (§ 39a des Beurkundungsgesetzes) versehenes Dokument zu übermitteln.

§ 13. [Zweigniederlassungen von Unternehmen mit Sitz im Inland] (1) Die Errichtung einer Zweigniederlassung ist von einem Einzelkaufmann oder einer juristischen Person beim Gericht der Hauptniederlassung, von einer Handelsgesellschaft beim Gericht des Sitzes der Gesellschaft, unter Angabe des Ortes der Zweigniederlassung und des Zusatzes, falls der Firma der Zweigniederlassung ein solcher beigefügt wird, zur Eintragung anzumelden. In gleicher Weise sind spätere Änderungen der die Zweigniederlassung betreffenden einzutragenden Tatsachen anzumelden.

(2) Das zuständige Gericht trägt die Zweigniederlassung auf dem Registerblatt der Hauptniederlassung oder des Sitzes unter Angabe des Ortes der Zweigniederlassung und des Zusatzes, falls der Firma der Zweigniederlassung ein solcher beigefügt ist, ein, es sei denn, die Zweigniederlassung ist offensichtlich nicht errichtet worden.

(3) Die Absätze 1 und 2 gelten entsprechend für die Aufhebung der Zweigniederlassung.

§ 14. [Festsetzung von Zwangsgeld] [1]Wer seiner Pflicht zur Anmeldung, zur Zeichnung der Unterschrift oder zur Einreichung von Schriftstücken zum Handelsregister nicht nachkommt, ist hierzu von dem Registergericht durch Festsetzung von Zwangsgeld anzuhalten. [2]Das einzelne Zwangsgeld darf den Betrag von fünftausend Euro nicht übersteigen.

§ 15. [Publizität des Handelsregisters] (1) Solange eine in das Handelsregister einzutragende Tatsache nicht eingetragen und bekannt gemacht ist, kann sie von demjenigen, in dessen Angelegenheiten sie einzutragen war, einem Dritten nicht entgegengesetzt werden, es sei denn, dass sie diesem bekannt war.

(2) ¹Ist die Tatsache eingetragen und bekannt gemacht worden, so muss ein Dritter sie gegen sich gelten lassen. ²Dies gilt nicht bei Rechtshandlungen, die innerhalb von fünfzehn Tagen nach der Bekanntmachung vorgenommen werden, sofern der Dritte beweist, dass er die Tatsache weder kannte noch kennen musste.

(3) Ist eine einzutragende Tatsache unrichtig bekannt gemacht, so kann sich ein Dritter demjenigen gegenüber, in dessen Angelegenheiten die Tatsache einzutragen war, auf die bekannt gemachte Tatsache berufen, es sei denn, dass er die Unrichtigkeit kannte.

(4) Für den Geschäftsverkehr mit einer in das Handelsregister eingetragenen Zweigniederlassung ist im Sinne dieser Vorschriften die Eintragung und Bekanntmachung durch das Gericht der Zweigniederlassung entscheidend.

§ 17. [Begriff der Firma] (1) Die Firma eines Kaufmanns ist der Name, unter dem er seine Geschäfte betreibt und die Unterschrift abgibt.

(2) Ein Kaufmann kann unter seiner Firma klagen und verklagt werden.

§ 18. [Firma] (1) Die Firma muss zur Kennzeichnung des Kaufmanns geeignet sein und Unterscheidungskraft besitzen.

(2) Die Firma darf keine Angaben enthalten, die geeignet sind, über geschäftliche Verhältnisse, die für die angesprochenen Verkehrskreise wesentlich sind, irrezuführen. Im Verfahren vor dem Registergericht wird die Eignung zur Irreführung nur berücksichtigt, wenn sie ersichtlich ist.

§ 19. [Firma eines Einzelkaufmanns, einer OHG oder KG] (1) Die Firma muss, auch wenn sie nach den §§ 21, 22, 24 oder nach anderen gesetzlichen Vorschriften fortgeführt wird, enthalten:

1. bei Einzelkaufleuten die Bezeichnung „eingetragener Kaufmann", „eingetragene Kauffrau" oder eine allgemein verständliche Abkürzung dieser Bezeichnung, insbesondere „e. K.", „e. Kfm." oder „e. Kfr.";

2. bei einer offenen Handelsgesellschaft die Bezeichnung „offene Handelsgesellschaft" oder eine allgemein verständliche Abkürzung dieser Bezeichnung;

3. bei einer Kommanditgesellschaft die Bezeichnung „Kommanditgesellschaft" oder eine allgemein verständliche Abkürzung dieser Bezeichnung.

(2) Wenn in einer offenen Handelsgesellschaft oder Kommanditgesellschaft keine natürliche Person persönlich haftet, muss die Firma, auch wenn sie nach den §§ 21, 22, 24 oder nach anderen gesetzlichen Vorschriften fortgeführt wird, eine Bezeichnung enthalten, welche die Haftungsbeschränkung kennzeichnet.

§ 22. [Fortführung bei Erwerb des Handelsgeschäfts] (1) Wer ein bestehendes Handelsgeschäft unter Lebenden oder von Todes wegen erwirbt, darf für das Geschäft die bisherige Firma, auch wenn sie den Namen des bisherigen Geschäftsinhabers enthält, mit oder ohne Beifügung eines das Nachfolgeverhältnis andeutenden Zusatzes fortführen, wenn der bisherige Geschäftsinhaber oder dessen Erben in die Fortführung der Firma ausdrücklich willigen.

(2) Wird ein Handelsgeschäft aufgrund eines Nießbrauchs, eines Pachtvertrags oder eines ähnlichen Verhältnisses übernommen, so finden diese Vorschriften entsprechende Anwendung.

§ 29. [Anmeldung der Firma] Jeder Kaufmann ist verpflichtet, seine Firma, den Ort und die inländische Geschäftsanschrift seiner Handelsniederlassung bei dem Gericht, in dessen Bezirk sich die Niederlassung befindet, zur Eintragung in das Handelsregister anzumelden.

§ 30. [Unterscheidbarkeit] (1) Jede neue Firma muss sich von allen an demselben Ort oder in derselben Gemeinde bereits bestehenden und in das Handelsregister oder in das Genossenschaftsregister eingetragenen Firmen deutlich unterscheiden.

(2) ...   (3) ...   (4) ...

§ 48. [Erteilung der Prokura; Gesamtprokura] (1) Die Prokura kann nur von dem Inhaber des Handelsgeschäfts oder seinem gesetzlichen Vertreter und nur mittels ausdrücklicher Erklärung erteilt werden.

(2) Die Erteilung kann an mehrere Personen gemeinschaftlich erfolgen (Gesamtprokura).

§ 49. [Umfang der Prokura] (1) Die Prokura ermächtigt zu allen Arten von gerichtlichen und außergerichtlichen Geschäften und Rechtshandlungen, die der Betrieb eines Handelsgewerbes mit sich bringt.

(2) Zur Veräußerung und Belastung von Grundstücken ist der Prokurist nur ermächtigt, wenn ihm diese Befugnis besonders erteilt ist.

§ 50. [Beschränkung des Umfanges] (1) Eine Beschränkung des Umfanges der Prokura ist Dritten gegenüber unwirksam.

(2) Dies gilt insbesondere von der Beschränkung, dass die Prokura nur für gewisse Geschäfte oder gewisse Arten von Geschäften oder nur unter gewissen Umständen oder für eine gewisse Zeit oder an einzelnen Orten ausgeübt werden soll.

(3) [1]Eine Beschränkung der Prokura auf den Betrieb einer von mehreren Niederlassungen des Geschäftsinhabers ist Dritten gegenüber nur wirksam, wenn die Niederlassungen unter verschiedenen Firmen betrieben werden. [2]Eine Verschiedenheit der Firmen im Sinne dieser Vorschrift wird auch dadurch begründet, dass für eine Zweigniederlassung der Firma ein Zusatz beigefügt wird, der sie als Firma der Zweigniederlassung bezeichnet.

§ 51. [Zeichnung des Prokuristen] Der Prokurist hat in der Weise zu zeichnen, dass er der Firma seinen Namen mit einem die Prokura andeutenden Zusatze beifügt.

§ 52. [Widerruflichkeit; Unübertragbarkeit; Tod des Inhabers] (1) Die Prokura ist ohne Rücksicht auf das der Erteilung zu Grunde liegende Rechtsverhältnis jederzeit widerruflich, unbeschadet des Anspruchs auf die vertragsmäßige Vergütung.

(2) Die Prokura ist nicht übertragbar.

(3) Die Prokura erlischt nicht durch den Tod des Inhabers des Handelsgeschäfts.

§ 53. [Anmeldung der Erteilung und des Erlöschens; Zeichnung des Prokuristen] (1) [1]Die Erteilung der Prokura ist von dem Inhaber des Handelsgeschäfts zur Eintragung in das Handelsregister anzumelden. [2]Ist die Prokura als Gesamtprokura erteilt, so muss auch dies zur Eintragung angemeldet werden.

(2) Das Erlöschen der Prokura ist in gleicher Weise wie die Erteilung zur Eintragung anzumelden.

§ 54. [Handlungsvollmacht] (1) Ist jemand ohne Erteilung der Prokura zum Betrieb eines Handelsgewerbes oder zur Vornahme einer bestimmten zu einem Handelsgewerbe gehörigen Art von Geschäften oder zur Vornahme einzelner zu einem Handelsgewerbe gehöriger Geschäfte ermächtigt, so erstreckt sich die Vollmacht (Handlungsvollmacht) auf alle Geschäfte und Rechtshandlungen, die der Betrieb eines derartigen Handelsgewerbes oder die Vornahme derartiger Geschäfte gewöhnlich mit sich bringt.

(2) Zur Veräußerung oder Belastung von Grundstücken, zur Eingehung von Wechselverbindlichkeiten, zur Aufnahme von Darlehen und zur Prozessführung ist der Handlungsbevollmächtigte nur ermächtigt, wenn ihm eine solche Befugnis besonders erteilt ist.

(3) Sonstige Beschränkungen der Handlungsvollmacht braucht ein Dritter nur dann gegen sich gelten zu lassen, wenn er sie kannte oder kennen musste.

§ 57. [Zeichnung des Handlungsbevollmächtigten] Der Handlungsbevollmächtigte hat sich bei der Zeichnung jedes eine Prokura andeutenden Zusatzes zu enthalten; er hat mit einem das Vollmachtsverhältnis ausdrückenden Zusatze zu zeichnen.

§ 58. [Unübertragbarkeit der Handlungsvollmacht] Der Handlungsbevollmächtigte kann ohne Zustimmung des Inhabers des Handelsgeschäfts seine Handlungsvollmacht auf einen anderen nicht übertragen.

§ 105. [Begriff der OHG; Anwendbarkeit des BGB] (1) Eine Gesellschaft, deren Zweck auf den Betrieb eines Handelsgewerbes unter gemeinschaftlicher Firma gerichtet ist, ist eine offene Handelsgesellschaft, wenn bei keinem der Gesellschafter die Haftung gegenüber den Gesellschaftsgläubigern beschränkt ist.

(2) Eine Gesellschaft, deren Gewerbebetrieb nicht schon nach § 1 Abs. 2 Handelsgewerbe ist oder die nur eigenes Vermögen verwaltet, ist offene Handelsgesellschaft, wenn die Firma des Unternehmens in das Handelsregister eingetragen ist. § 2 Satz 2 und 3 gilt entsprechend.

(3) Auf die offene Handelsgesellschaft finden, soweit nicht in diesem Abschnitt ein anderes vorgeschrieben ist, die Vorschriften des Bürgerlichen Gesetzbuchs über die Gesellschaft Anwendung.

§ 106. [Anmeldung zum Handelsregister] (1) Die Gesellschaft ist bei dem Gericht, in dessen Bezirke sie ihren Sitz hat, zur Eintragung in das Handelsregister anzumelden.

(2) Die Anmeldung hat zu enthalten:

1. den Namen, Vornamen, Geburtsdatum und Wohnort jedes Gesellschafters;
2. die Firma der Gesellschaft und den Ort, wo sie ihren Sitz hat;
3. (weggefallen);
4. die Vertretungsmacht der Gesellschafter.

§ 107. [Anzumeldende Änderungen] Wird die Firma einer Gesellschaft geändert oder der Sitz der Gesellschaft an einen anderen Ort verlegt oder tritt ein neuer Gesellschafter in die Gesellschaft ein, so ist dies ebenfalls zur Eintragung in das Handelsregister anzumelden.

§ 108. [Anmeldung durch alle Gesellschafter] (1) Die Anmeldungen sind von sämtlichen Gesellschaftern zu bewirken.

§ 109. [Gesellschaftsvertrag] Das Rechtsverhältnis der Gesellschafter untereinander richtet sich zunächst nach dem Gesellschaftsvertrage; die Vorschriften der §§ 110 bis 122 finden nur insoweit Anwendung, als nicht durch den Gesellschaftsvertrag ein anderes bestimmt ist.

§ 114. [Geschäftsführung] (1) Zur Führung der Geschäfte der Gesellschaft sind alle Gesellschafter berechtigt und verpflichtet.

(2) Ist im Gesellschaftsvertrag die Geschäftsführung einem Gesellschafter oder mehreren Gesellschaftern übertragen, so sind die übrigen Gesellschafter von der Geschäftsführung ausgeschlossen.

§ 120. [Gewinn und Verlust] (1) Am Schlusse jedes Geschäftsjahrs wird aufgrund der Bilanz der Gewinn oder der Verlust des Jahres ermittelt und für jeden Gesellschafter sein Anteil daran berechnet.

(2) Der einem Gesellschafter zukommende Gewinn wird dem Kapitalanteil des Gesellschafters zugeschrieben; der auf einen Gesellschafter entfallende Verlust sowie das während des Geschäftsjahrs auf den Kapitalanteil entnommene Geld wird davon abgeschrieben.

§ 121. [Verteilung von Gewinn und Verlust] (1) [1]Von dem Jahresgewinn gebührt jedem Gesellschafter zunächst ein Anteil in Höhe von vier vom Hundert seines Kapitalanteils. [2]Reicht der Jahresgewinn hierzu nicht aus, so bestimmen sich die Anteile nach einem entsprechend niedrigeren Satze.

(2) [1]Bei der Berechnung des nach Absatz 1 einem Gesellschafter zukommenden Gewinnanteils werden Leistungen, die der Gesellschafter im Laufe des Geschäftsjahrs als Einlage gemacht hat, nach dem Verhältnisse der seit der Leistung abgelaufenen Zeit berücksichtigt. [2]Hat der Gesellschafter im Laufe des Geschäftsjahrs Geld auf seinen Kapitalanteil

entnommen, so werden die entnommenen Beträge nach dem Verhältnisse der bis zur Entnahme abgelaufenen Zeit berücksichtigt.

(3) Derjenige Teil des Jahresgewinns, welcher die nach den Absätzen 1 und 2 zu berechnenden Gewinnanteile übersteigt, sowie der Verlust eines Geschäftsjahrs wird unter die Gesellschafter nach Köpfen verteilt.

§ 122. [Entnahmen] (1) Jeder Gesellschafter ist berechtigt, aus der Gesellschaftskasse Geld bis zum Betrage von vier vom Hundert seines für das letzte Geschäftsjahr festgestellten Kapitalanteils zu seinen Lasten zu erheben und, soweit es nicht zum offenbaren Schaden der Gesellschaft gereicht, auch die Auszahlung seines den bezeichneten Betrag übersteigenden Anteils am Gewinne des letzten Jahres zu verlangen.

(2) Im Übrigen ist ein Gesellschafter nicht befugt ohne Einwilligung der anderen Gesellschafter seinen Kapitalanteil zu vermindern.

§ 123. [Wirksamkeit im Verhältnis zu Dritten] (1) Die Wirksamkeit der offenen Handelsgesellschaft tritt im Verhältnisse zu Dritten mit dem Zeitpunkt ein, in welchem die Gesellschaft in das Handelsregister eingetragen wird.

(2) Beginnt die Gesellschaft ihre Geschäfte schon vor der Eintragung, so tritt die Wirksamkeit mit dem Zeitpunkte des Geschäftsbeginns ein, soweit nicht aus § 2 oder § 105 Abs. 2 sich ein anderes ergibt.

(3) Eine Vereinbarung, dass die Gesellschaft erst mit einem späteren Zeitpunkt ihren Anfang nehmen soll, ist Dritten gegenüber unwirksam.

§ 124. [Rechtliche Selbstständigkeit; Zwangsvollstreckung in Gesellschaftsvermögen] (1) Die offene Handelsgesellschaft kann unter ihrer Firma Rechte erwerben und Verbindlichkeiten eingehen, Eigentum und andere dingliche Rechte an Grundstücken erwerben, vor Gericht klagen und verklagt werden.

(2) Zur Zwangsvollstreckung in das Gesellschaftsvermögen ist ein gegen die Gesellschaft gerichteter vollstreckbarer Schuldtitel erforderlich.

§ 125. [Vertretung der Gesellschaft] Zur Vertretung der Gesellschaft ist jeder Gesellschafter ermächtigt, wenn er nicht durch den Gesellschaftsvertrag von der Vertretung ausgeschlossen ist.

(2) ¹Im Gesellschaftsvertrage kann bestimmt werden, dass alle oder mehrere Gesellschafter nur in Gemeinschaft zur Vertretung der Gesellschaft ermächtigt sein sollen (Gesamtvertretung). ²Die zur Gesamtvertretung berechtigten Gesellschafter können einzelne von ihnen zur Vornahme bestimmter Geschäfte oder bestimmter Arten von Geschäften ermächtigen. ³Ist der Gesellschaft gegenüber eine Willenserklärung abzugeben, so genügt die Abgabe gegenüber einem der zur Mitwirkung bei der Vertretung befugten Gesellschafter.

(3) ¹Im Gesellschaftsvertrage kann bestimmt werden, dass die Gesellschafter, wenn nicht mehrere zusammen handeln, nur in Gemeinschaft mit einem Prokuristen zur Vertretung der Gesellschaft ermächtigt sein sollen. ²Die Vorschriften des Absatzes 2 Satz 2 und 3 finden in diesem Falle entsprechende Anwendung.

§ 126. [Umfang der Vertretungsmacht] (1) Die Vertretungsmacht der Gesellschafter erstreckt sich auf alle gerichtlichen und außergerichtlichen Geschäfte und Rechtshandlungen einschließlich der Veräußerung und Belastung von Grundstücken sowie der Erteilung und des Widerrufs einer Prokura.

(2) Eine Beschränkung des Umfanges der Vertretungsmacht ist Dritten gegenüber unwirksam; dies gilt insbesondere von der Beschränkung, dass sich die Vertretung nur auf gewisse Geschäfte oder Arten von Geschäften erstrecken oder dass sie nur unter gewissen Umständen oder für eine gewisse Zeit oder an einzelnen Orten stattfinden soll.

(3) In Betreff der Beschränkung auf den Betrieb einer von mehreren Niederlassungen der Gesellschaft finden die Vorschriften des § 50 Abs. 3 entsprechende Anwendung.

§ 127. [Entziehung der Vertretungsmacht] Die Vertretungsmacht kann einem Gesellschafter auf Antrag der übrigen Gesellschafter durch gerichtliche Entscheidung entzogen werden, wenn ein wichtiger Grund vorliegt; ein solcher Grund ist insbesondere grobe Pflichtverletzung oder Unfähigkeit zur ordnungsgemäßen Vertretung der Gesellschaft.

§ 128. [Persönliche Haftung der Gesellschafter] [1]Die Gesellschafter haften für die Verbindlichkeiten der Gesellschaft den Gläubigern als Gesamtschuldner persönlich. [2]Eine entgegenstehende Vereinbarung ist Dritten gegenüber unwirksam.

§ 130. [Haftung des eintretenden Gesellschafters] (1) Wer in eine bestehende Gesellschaft eintritt, haftet gleich den anderen Gesellschaftern nach Maßgabe der §§ 128 und 129 für die vor seinem Eintritte begründeten Verbindlichkeiten der Gesellschaft, ohne Unterschied, ob die Firma eine Änderung erleidet oder nicht.

(2) Eine entgegenstehende Vereinbarung ist Dritten gegenüber unwirksam.

§ 131. [Auflösungsgründe] (1) Die offene Handelsgesellschaft wird aufgelöst:
1. durch den Ablauf der Zeit, für welche sie eingegangen ist;
2. durch Beschluss der Gesellschafter;
3. durch die Eröffnung des Insolvenzverfahrens über das Vermögen der Gesell-schaft;
4. durch gerichtliche Entscheidung.

§ 143. [Anmeldung von Auflösung und Ausscheiden] (1) Die Auflösung der Gesellschaft ist von sämtlichen Gesellschaftern zur Eintragung in das Handelsregister anzumelden. Dies gilt nicht in den Fällen der Eröffnung oder der Ablehnung der Eröffnung des Insolvenzverfahrens über das Vermögen der Gesellschaft (§ 131 Abs. 1 Nr. 3 und Abs. 2 Nr. 1). In diesen Fällen hat das Gericht die Auflösung und ihren Grund von Amts wegen einzutragen. Im Falle der Löschung der Gesellschaft (§ 131 Abs. 2 Nr. 2) entfällt die Eintragung der Auflösung.

(2) Absatz 1 Satz 1 gilt entsprechend für das Ausscheiden eines Gesellschafters aus der Gesellschaft.

(3) Ist anzunehmen, dass der Tod eines Gesellschafters die Auflösung oder das Ausscheiden zur Folge gehabt hat, so kann, auch ohne dass die Erben bei der Anmeldung mitwirken, die Eintragung erfolgen, soweit einer solchen Mitwirkung besondere Hindernisse entgegenstehen.

§ 161. [Begriff der KG; Anwendbarkeit der OHG-Vorschriften] (1) Eine Gesellschaft, deren Zweck auf den Betrieb eines Handelsgewerbes unter gemeinschaftlicher Firma gerichtet ist, ist eine Kommanditgesellschaft, wenn bei einem oder bei einigen von den Gesellschaftern die Haftung gegenüber den Gesellschaftsgläubigern auf den Betrag einer bestimmten Vermögenseinlage beschränkt ist (Kommanditisten), während bei dem anderen Teile der Gesellschafter eine Beschränkung der Haftung nicht stattfindet (persönlich haftende Gesellschafter).

(2) Soweit nicht in diesem Abschnitt ein anderes vorgeschrieben ist, finden auf die Kommanditgesellschaft die für die offene Handelsgesellschaft geltenden Vorschriften Anwendung.

§ 162. [Anmeldung zum Handelsregister] (1) Die Anmeldung der Gesellschaft hat außer den in § 106 Abs. 2 vorgesehenen Angaben die Bezeichnung der Kommanditisten und den Betrag der Einlage eines jeden von ihnen zu enthalten. Ist eine Gesellschaft bürgerlichen Rechts Kommanditist, so sind auch deren Gesellschafter entsprechend § 106 Abs. 2 und spätere Änderungen in der Zusammensetzung der Gesellschafter zur Eintragung anzumelden.

(2) Bei der Bekanntmachung der Eintragung der Gesellschaft sind keine Angaben zu den Kommanditisten zu machen; die Vorschriften des § 15 sind insoweit nicht anzuwenden.

(3) Diese Vorschriften finden im Falle des Eintritts eines Kommanditisten in eine bestehende Handelsgesellschaft und im Falle des Ausscheidens eines Kommanditisten aus einer Kommanditgesellschaft entsprechende Anwendung.

§ 163. [Rechtsverhältnis der Gesellschafter untereinander] Für das Verhältnis der Gesellschafter untereinander gelten in Ermangelung abweichender Bestimmungen des Gesellschaftsvertrags die besonderen Vorschriften der §§ 164 bis 169.

§ 164. [Geschäftsführung] ¹Die Kommanditisten sind von der Führung der Geschäfte der Gesellschaft ausgeschlossen; sie können einer Handlung der persönlich haftenden Gesellschafter nicht widersprechen, es sei denn, dass die Handlung über den gewöhnlichen Betrieb des Handelsgewerbes der Gesellschaft hinausgeht.

§ 166. [Kontrollrecht] (1) Der Kommanditist ist berechtigt, die abschriftliche Mitteilung des Jahresabschlusses zu verlangen und dessen Richtigkeit unter Einsicht der Bücher und Papiere zu prüfen.

(2) ...

(3) ...

§ 167. [Gewinn und Verlust] (1) Die Vorschriften des § 120 über die Berechnung des Gewinns oder Verlustes gelten auch für den Kommanditisten.

(2) Jedoch wird der einem Kommanditisten zukommende Gewinn seinem Kapitalanteil nur so lange zugeschrieben, als dieser den Betrag der bedungenen Einlage nicht erreicht.

(3) An dem Verluste nimmt der Kommanditist nur bis zum Betrage seines Kapitalanteils und seiner noch rückständigen Einlage teil.

§ 168. [Verteilung von Gewinn und Verlust] (1) Die Anteile der Gesellschafter am Gewinne bestimmen sich soweit der Gewinn den Betrag von vier vom Hundert der Kapitalanteile nicht übersteigt nach den Vorschriften des § 121 Abs. 1 und 2.

(2) An Ansehung des Gewinns, welcher diesen Betrag übersteigt, sowie in Ansehung des Verlustes gilt, soweit nicht ein anderes vermehrt ist, ein den Umständen nach angemessenes Verhältnis der Anteile als bedungen.

§ 169. [Gewinnauszahlung] (1) ¹§ 122 findet auf den Kommanditisten keine Anwendung. ²Dieser hat nur Anspruch auf Auszahlung des ihm zukommenden Gewinns; er kann auch die Auszahlung des Gewinns nicht fordern, solange sein Kapitalanteil durch Verlust unter den auf die bedungene Einlage geleisteten Betrag herabgemindert ist oder durch die Auszahlung unter diesen Betrag herabgemindert werden würde.

(2) Der Kommanditist ist nicht verpflichtet, den bezogenen Gewinn wegen späterer Verluste zurückzuzahlen.

§ 170. [Vertretung der KG] Der Kommanditist ist zur Vertretung der Gesellschaft nicht ermächtigt.

§ 171. [Haftung des Kommanditisten] (1) Der Kommanditist haftet den Gläubigern der Gesellschaft bis zur Höhe seiner Einlage unmittelbar; die Haftung ist ausgeschlossen, soweit die Einlage geleistet ist.

(2) ...

§ 175. [Anmeldung der Änderung einer Einlage] ¹Die Erhöhung sowie die Herabsetzung einer Einlage ist durch die sämtlichen Gesellschafter zur Eintragung in das Handelsregister anzumelden. (...)

§ 176. [Haftung vor Eintragung] (1) ¹Hat die Gesellschaft ihre Geschäfte begonnen, bevor sie in das Handelsregister des Gerichts, in dessen Bezirke sie ihren Sitz hat, eingetragen ist, so haftet jeder Kommanditist, der dem Geschäftsbeginne zugestimmt hat, für die bis zur Eintragung begründeten Verbindlichkeiten der Gesellschaft gleich einem persönlich haftenden Gesellschafter, es sei denn, dass seine Beteiligung als Kommanditist dem Gläubiger bekannt war. ²Diese Vorschrift kommt nicht zur Anwendung, soweit sich aus § 2 oder § 105 Abs. 2 ein anderes ergibt.

(2) Tritt ein Kommanditist in eine bestehende Handelsgesellschaft ein, so findet die Vorschrift des Absatzes 1 Satz 1 für die in der Zeit zwischen seinem Eintritt und dessen Eintragung in das Handelsregister begründeten Verbindlichkeiten der Gesellschaft entsprechende Anwendung.

§ 177. [Tod des Kommanditisten] Beim Tod eines Kommanditisten wird die Gesellschaft mangels abweichender vertraglicher Bestimmung mit den Erben fortgesetzt.

21 Gesetz betreffend die Gesellschaften mit beschränkter Haftung (GmbHG)

vom 20. April 1892 (RGBl. S. 477)
in der Fassung der Bekanntmachung vom 20. Mai 1898 (RGBl. S. 846)

Einführung

Wegen ihrer besonderen wirtschaftlichen Bedeutung ist die GmbH in einem besonderen Gesetz, dem GmbH-Gesetz, geregelt.

Die GmbH wird durch mindestens *einen Gesellschafter* (§ 1) gegründet. Der *Gesellschaftsvertrag* muss notariell beurkundet werden (§§ 2, 3) und durch den/die Geschäftsführer zur *Eintragung in das Handelsregister* angemeldet werden. Erst mit Eintragung im Handelsregister ist die GmbH entstanden = konstitutive Wirkung (§ 11).

Die GmbH ist eine *juristische Person* mit eigener Rechtspersönlichkeit (§ 13). Sie ist Träger von Rechten und Pflichten und kann als Partei klagen und verklagt werden. Da sie sich jedoch nicht „artikulieren" kann, wird sie gesetzlich vertreten durch den *Geschäftsführer* (§§ 6, 35 ff.).

Die Gesellschaft kann auch mit einem Stammkapital von weniger als 25 000,00 Euro gegründet werden. Sie muss dann jedoch in der Firma die Bezeichnung "Unternehmergesellschaft (haftungsbeschränkt)" oder "UG (haftungsbeschränkt)" führen (§ 5a).

Übersicht

Erster Abschnitt. Errichtung der Gesellschaft §§ 1–12

Zweiter Abschnitt. Rechtsverhältnisse der Gesellschaft und der Gesellschafter §§ 13–34

Dritter Abschnitt. Vertretung und Geschäftsführung §§ 35–52

Vierter Abschnitt. Abänderungen des Gesellschaftsvertrages §§ 53–59

Fünfter Abschnitt. Auflösung und Nichtigkeit der Gesellschaft §§ 60–77

Sechster Abschnitt. Schlussbestimmungen §§ 78–86

§ 1. [Zweck] Gesellschaften mit beschränkter Haftung können nach Maßgabe der Bestimmungen dieses Gesetzes zu jedem gesetzlich zulässigen Zweck durch eine oder mehrere Personen errichtet werden.

§ 2. [Form des Gesellschaftsvertrags] (1) ¹Der Gesellschaftsvertrag bedarf notarieller Form. ²Er ist von sämtlichen Gesellschaftern zu unterzeichnen.

(1a) Die Gesellschaft kann in einem vereinfachten Verfahren gegründet werden, wenn sie höchstens drei Gesellschafter und einen Geschäftsführer hat. Für die Gründung im vereinfachten Verfahren ist das in der Anlage bestimmte Musterprotokoll zu verwenden. Darüber hinaus dürfen keine vom Gesetz abweichenden Bestimmungen getroffen werden. Das Musterprotokoll gilt zugleich als Gesellschafterliste. Im Übrigen finden auf das Musterprotokoll die Vorschriften dieses Gesetzes über den Gesellschaftsvertrag entsprechende Anwendung. *(Anlage zu § 2 GmbHG: Am Ende dieses Gesetzestextes befindet sich ein Musterprotokoll für die Gründung einer Einpersonen-GmbH.)*

(2) Die Unterzeichnung durch Bevollmächtigte ist nur aufgrund einer notariell errichteten oder beglaubigten Vollmacht zulässig.

§ 3. [Inhalt des Gesellschaftsvertrags] (1) Der Gesellschaftsvertrag muss enthalten:
1. die Firma und den Sitz der Gesellschaft,
2. den Gegenstand des Unternehmens,
3. den Betrag des Stammkapitals,

4. die Zahl und die Nennbeträge der Geschäftsanteile, die jeder Gesellschafter gegen Einlage auf das Stammkapital (Stammeinlage) übernimmt.

(2) Soll das Unternehmen auf eine gewisse Zeit beschränkt sein oder sollen den Gesellschaftern außer der Leistung von Kapitaleinlagen noch andere Verpflichtungen gegenüber der Gesellschaft auferlegt werden, so bedürfen auch diese Bestimmungen der Aufnahme in den Gesellschaftsvertrag.

§ 4. [Firma] Die Firma der Gesellschaft muss, auch wenn sie nach § 22 des Handelsgesetzbuchs oder nach anderen gesetzlichen Vorschriften fortgeführt wird, die Bezeichnung „Gesellschaft mit beschränkter Haftung" oder eine allgemein verständliche Abkürzung dieser Bezeichnung enthalten. Verfolgt die Gesellschaft ausschließlich und unmittelbar steuerbegünstigte Zwecke nach den §§ 51 bis 68 der Abgabenordnung kann die Abkürzung „gGmbH" lauten.

§ 5. [Stammkapital; Geschäftsanteil] (1) Das Stammkapital der Gesellschaft muss mindestens fünfundzwanzigtausend Euro betragen.

(2) Der Nennbetrag jedes Geschäftsanteils muss auf volle Euro lauten. Ein Gesellschafter kann bei Errichtung der Gesellschaft mehrere Geschäftsanteile übernehmen.

(3) ^{1}Die Höhe der Nennbeträge der einzelnen Geschäftsanteile kann verschieden bestimmt werden. ^{2}Die Summe der Nennbeträge aller Geschäftsanteile muss mit dem Stammkapital übereinstimmen.

(4) ^{1}Sollen Sacheinlagen geleistet werden, so müssen der Gegenstand der Sacheinlage und der Nennbetrag des Geschäftsanteils, auf die sich die Sacheinlage bezieht, im Gesellschaftsvertrag festgesetzt werden. ^{2}Die Gesellschafter haben in einem Sachgründungsbericht die für die Angemessenheit der Leistungen für Sacheinlagen wesentlichen Umstände darzulegen und beim Übergang eines Unternehmens auf die Gesellschaft die Jahresergebnisse der beiden letzten Geschäftsjahre anzugeben.

§ 5a. [Unternehmergesellschaft] (1) Eine Gesellschaft, die mit einem Stammkapital gegründet wird, das den Betrag des Mindeststammkapitals nach § 5 Abs. 1 unterschreitet, muss in der Firma abweichend von § 4 die Bezeichnung „Unternehmergesellschaft (haftungsbeschränkt)" oder „UG (haftungsbeschränkt)" führen.

(2) Abweichend von § 7 Abs. 2 darf die Anmeldung erst erfolgen, wenn das Stammkapital in voller Höhe eingezahlt ist. Sacheinlagen sind ausgeschlossen.

(3) ...

(4) ...

(5) ...

§ 6. [Geschäftsführer] (1) Die Gesellschaft muss einen oder mehrere Geschäftsführer haben.

(2) ^{1}Geschäftsführer kann nur eine natürliche, unbeschränkt geschäftsfähige Person sein. ...

(3) ^{1}Zu Geschäftsführern können Gesellschafter oder andere Personen bestellt werden. ^{2}...

(4) ...

(5) ...

§ 7. [Anmeldung der Gesellschaft] (1) Die Gesellschaft ist bei dem Gericht, in dessen Bezirk sie ihren Sitz hat, zur Eintragung in das Handelsregister anzumelden.

(2) ^{1}Die Anmeldung darf erst erfolgen, wenn auf jeden Geschäftsanteil, soweit nicht Sacheinlagen vereinbart sind, ein Viertel des Nennbetrags eingezahlt ist. ^{2}Insgesamt muss auf das Stammkapital mindestens soviel eingezahlt sein, dass der Gesamtbetrag der eingezahlten Geldeinlagen zuzüglich des Gesamtbetrags der Geschäftsanteile, für die Sacheinlagen zu leisten sind, die Hälfte des Mindeststammkapitals gemäß § 5 Abs. 1 erreicht.

(3) Die Sacheinlagen sind vor der Anmeldung der Gesellschaft zur Eintragung in das Handelsregister so an die Gesellschaft zu bewirken, dass sie endgültig zur freien Verfügung der Geschäftsführer stehen.

§ 8. [Inhalt der Anmeldung] (1) Der Anmeldung müssen beigefügt sein:

1. der Gesellschaftsvertrag und im Fall des § 2 Abs. 2 die Vollmachten der Vertreter, welche den Gesellschaftsvertrag unterzeichnet haben oder eine beglaubigte Abschrift dieser Urkunden,
2. die Legitimation der Geschäftsführer, sofern dieselben nicht im Gesellschaftsvertrag bestellt sind,
3. eine von den Anmeldenden unterschriebene Liste der Gesellschafter nach den Vorgaben des § 40,
4. im Fall des § 5 Abs. 4 die Verträge, die den Festsetzungen zu Grunde liegen oder zu ihrer Ausführung geschlossen worden sind und der Sachgründungsbericht,
5. wenn Sacheinlagen vereinbart sind, Unterlagen darüber, dass der Wert der Sacheinlagen den Nennbetrag der dafür übernommenen Geschäftsanteile erreicht.

(2) ¹In der Anmeldung ist die Versicherung abzugeben, dass die in § 7 Abs. 2 und 3 bezeichneten Leistungen auf die Geschäftsanteile bewirkt sind und dass der Gegenstand der Leistungen sich endgültig in der freien Verfügung der Geschäftsführer befindet. ²Das Gericht kann bei erheblichen Zweifeln an der Richtigkeit der Versicherung Nachweise (unter anderem Einzahlungsbelege) verlangen.

(3) ...

(4) In der Anmeldung ist ferner anzugeben:
1. eine inländische Geschäftsanschrift,
2. Art und Umfang der Vertretungsbefugnis der Geschäftsführer.

(5) Für die Einreichung von Unterlagen nach diesem Gesetz gilt § 12 Absatz 2 des Handelsgesetzbuchs entsprechend.

§ 9. [Geldeinlage statt Sacheinlage] (1) Erreicht der Wert einer Sacheinlage im Zeitpunkt der Anmeldung der Gesellschaft zur Eintragung in das Handelsregister nicht den Betrag der dafür übernommenen Stammeinlage, hat der Gesellschafter in Höhe des Fehlbetrags eine Einlage in Geld zu leisten.

(2) Der Anspruch der Gesellschaft verjährt in zehn Jahren seit der Eintragung der Gesellschaft in das Handelsregister.

§ 10. [Eintragung in das Handelsregister] (1) ¹Bei der Eintragung in das Handelsregister sind die Firma und der Sitz der Gesellschaft, der Gegenstand des Unternehmens, die Höhe des Stammkapitals, der Tag des Abschlusses des Gesellschaftsvertrages und die Personen der Geschäftsführer anzugeben. ²Ferner ist einzutragen, welche Vertretungsbefugnis die Geschäftsführer haben.

(2) Enthält der Gesellschaftsvertrag Bestimmungen über die Zeitdauer der Gesellschaft, oder über das genehmigte Kapital, so sind auch diese Bestimmungen einzutragen. ...

§ 11. [Rechtszustand vor der Eintragung] (1) Vor der Eintragung in das Handelsregister des Sitzes der Gesellschaft besteht die Gesellschaft mit beschränkter Haftung als solche nicht.

(2) Ist vor der Eintragung im Namen der Gesellschaft gehandelt worden, so haften die Handelnden persönlich und solidarisch.

§ 13. [Juristische Person; Handelsgesellschaft] (1) Die Gesellschaft mit beschränkter Haftung als solche hat selbstständig ihre Rechte und Pflichten; sie kann Eigentum und andere dingliche Rechte an Grundstücken erwerben, vor Gericht klagen und verklagt werden.

(2) Für die Verbindlichkeiten der Gesellschaft haftet den Gläubigern derselben nur das Gesellschaftsvermögen.

(3) Die Gesellschaft gilt als Handelsgesellschaft im Sinne des Handelsgesetzbuchs.

§ 35. [Vertretung der Gesellschaft] (1) ¹Die Gesellschaft wird durch die Geschäftsführer gerichtlich und außergerichtlich vertreten. ²Hat eine Gesellschaft keinen Geschäftsführer (Führungslosigkeit), wird die Gesellschaft für den Fall, dass ihr gegenüber Willenserklärungen abgegeben oder Schriftstücke zugestellt werden, durch die Gesellschafter vertreten.

(2) ¹Sind mehrere Geschäftsführer bestellt, sind sie alle nur gemeinschaftlich zur Vertretung der Gesellschaft befugt, es sei denn, dass der Gesellschaftsvertrag etwas anderes bestimmt. ²Ist der Gesellschaft gegenüber eine Willenserklärung abzugeben, genügt die Abgabe gegenüber einem Vertreter der Gesellschaft nach Absatz 1. ³An die Vertreter der Gesellschaft nach Absatz 1 können unter der im Handelsregister eingetragenen Geschäftsanschrift Willenserklärungen abgegeben und Schriftstücke für die Gesellschaft zugestellt werden. ...

(3) ¹Befinden sich alle Geschäftsanteile der Gesellschaft in der Hand eines Gesellschafters oder daneben in der Hand der Gesellschaft und ist er zugleich deren alleiniger Geschäftsführer, so ist auf seine Rechtsgeschäfte mit der Gesellschaft § 181 des Bürgerlichen Gesetzbuchs anzuwenden. ²Rechtsgeschäfte zwischen ihm und der von ihm vertretenen Gesellschaft sind, auch wenn er nicht alleiniger Geschäftsführer ist, unverzüglich nach ihrer Vornahme in eine Niederschrift aufzunehmen.

§ 37. [Beschränkung der Vertretungsbefugnis] (1) Die Geschäftsführer sind der Gesellschaft gegenüber verpflichtet, die Beschränkungen einzuhalten, welche für den Umfang ihrer Befugnis, die Gesellschaft zu vertreten, durch den Gesellschaftsvertrag oder, soweit dieser nicht ein anderes bestimmt, durch die Beschlüsse der Gesellschafter festgesetzt sind.

(2) ¹Gegen dritte Personen hat eine Beschränkung der Befugnis der Geschäftsführer, die Gesellschaft zu vertreten, keine rechtliche Wirkung. ²Dies gilt insbesondere für den Fall, dass die Vertretung sich nur auf gewisse Geschäfte oder Arten von Geschäften erstrecken oder nur unter gewissen Umständen oder für eine gewisse Zeit oder an einzelnen Orten stattfinden soll oder, dass die Zustimmung der Gesellschafter oder eines Organs der Gesellschaft für einzelne Geschäfte erforderlich ist.

§ 38. [Widerruf der Bestellung] (1) Die Bestellung der Geschäftsführer ist zu jeder Zeit widerruflich, unbeschadet der Entschädigungsansprüche aus bestehenden Verträgen.

(2) ¹Im Gesellschaftsvertrag kann die Zulässigkeit des Widerrufs auf den Fall beschränkt werden, dass wichtige Gründe denselben notwendig machen. ²Als solche Gründe sind insbesondere grobe Pflichtverletzung oder Unfähigkeit zur ordnungsmäßigen Geschäftsführung anzusehen.

§ 39. [Anmeldung der Geschäftsführer] (1) Jede Änderung in den Personen der Geschäftsführer sowie die Beendigung der Vertretungsbefugnis eines Geschäftsführers ist zur Eintragung in das Handelsregister anzumelden.

(2) Der Anmeldung sind die Urkunden über die Bestellung der Geschäftsführer oder über die Beendigung der Vertretungsbefugnis in Urschrift oder öffentlich beglaubigter Abschrift beizufügen.

(3) ¹Die neuen Geschäftsführer haben in der Anmeldung zu versichern, dass keine Umstände vorliegen, die ihrer Bestellung nach § 6 Abs. 2 Satz 2 Nr. 2 und 3 sowie Satz 3 entgegenstehen und dass sie über ihre unbeschränkte Auskunftspflicht gegenüber dem Gericht belehrt worden sind. ...

§ 40. [Liste der Gesellschafter] (1) ¹Die Geschäftsführer haben unverzüglich nach Wirksamwerden jeder Veränderung in den Personen der Gesellschafter oder des Umfangs ihrer Beteiligung eine von ihnen unterschriebene Liste der Gesellschafter zum Handelsregister einzureichen, aus welcher Name, Vorname, Geburtsdatum und Wohnort derselben sowie die Nennbeträge und die laufenden Nummern der von einem jeden derselben übernommenen Geschäftsanteile sowie die durch den jeweiligen Nennbetrag eines Geschäftsanteils vermittelte jeweilige prozentuale Beteiligung am Stammkapital zu entnehmen sind. ²Ist ein

Gesellschafter selbst eine Gesellschaft, so sind bei eingetragenen Gesellschaften in die Liste deren Firma, Satzungssitz, zuständiges Register und Registernummer aufzunehmen, bei nicht eingetragenen Gesellschaften deren jeweilige Gesellschafter unter einer zusammenfassenden Bezeichnung mit Name, Vorname, Geburtsdatum und Wohnort. [3]Hält ein Gesellschafter mehr als einen Geschäftsanteil, ist in der Liste der Gesellschafter zudem der Gesamtumfang der Beteiligung am Stammkapital als Prozentsatz gesondert anzugeben. [4]Die Änderung der Liste durch die Geschäftsführer erfolgt auf Mitteilung und Nachweis.

(2) [1]Hat ein Notar an Veränderungen nach Absatz 1 Satz 1 mitgewirkt, hat er unverzüglich nach deren Wirksamwerden ohne Rücksicht auf etwaige später eintretende Unwirksamkeitsgründe die Liste anstelle der Geschäftsführer zu unterschreiben, zum Handelsregister einzureichen und eine Abschrift der geänderten Liste an die Gesellschaft zu übermitteln. [2]Die Liste muss mit der Bescheinigung des Notars versehen sein, dass die geänderten Eintragungen den Veränderungen entsprechen, an denen er mitgewirkt hat, und die übrigen Eintragungen mit dem Inhalt der zuletzt im Handelsregister aufgenommenen Liste übereinstimmen.

(3) Geschäftsführer, welche die ihnen nach Absatz 1 obliegende Pflicht verletzen, haften denjenigen, deren Beteiligung sich geändert hat, und den Gläubigern der Gesellschaft für den daraus entstandenen Schaden als Gesamtschuldner..

§ 53. [Form der Satzungsänderung] (1) Eine Abänderung des Gesellschaftsvertrages kann nur durch Beschluss der Gesellschafter erfolgen.

(2) [1]Der Beschluss muss notariell beurkundet werden, derselbe bedarf einer Mehrheit von drei Vierteilen der abgegebenen Stimmen. [2]Der Gesellschaftsvertrag kann noch andere Erfordernisse aufstellen.

(3) Eine Vermehrung der den Gesellschaftern nach dem Gesellschaftsvertrag obliegenden Leistungen kann nur mit Zustimmung sämtlicher beteiligter Gesellschafter beschlossen werden.

§ 54. [Anmeldung und Eintragung] (1) [1]Die Abänderung des Gesellschaftsvertrages ist zur Eintragung in das Handelsregister anzumelden. [2]Der Anmeldung ist der vollständige Wortlaut des Gesellschaftsvertrags beizufügen; er muss mit der Bescheinigung eines Notars versehen sein, dass die geänderten Bestimmungen des Gesellschaftsvertrags mit dem Beschluss über die Änderung des Gesellschaftsvertrags und die unveränderten Bestimmungen mit dem zuletzt zum Handelsregister eingereichten vollständigen Wortlaut des Gesellschaftsvertrags übereinstimmen.

(2) ...

(3) Die Abänderung hat keine rechtliche Wirkung, bevor sie in das Handelsregister des Sitzes der Gesellschaft eingetragen ist.

§ 55. [Erhöhung des Stammkapitals] (1) Wird eine Erhöhung des Stammkapitals beschlossen, so bedarf es zur Übernahme jeder auf das erhöhte Kapital zu leistenden Stammeinlage einer notariell aufgenommenen oder beglaubigten Erklärung des Übernehmers.

(2) [1]Zur Übernahme einer Stammeinlage können von der Gesellschaft die bisherigen Gesellschafter oder andere Personen, welche durch die Übernahme ihren Beitritt zu der Gesellschaft erklären, zugelassen werden. [2]Im letzteren Falle sind außer dem Betrage der Stammeinlage auch sonstige Leistungen, zu welchen der Beitretende nach dem Gesellschaftsvertrage verpflichtet sein soll, in der in Absatz 1 bezeichneten Urkunde ersichtlich zu machen.

(3) Wird von einem der Gesellschaft bereits angehörenden Gesellschafter eine Stammeinlage auf das erhöhte Kapital übernommen, so erwirbt derselbe einen weiteren Geschäftsanteil.

(4) ...

§ 57. [Anmeldung der Erhöhung] (1) Die beschlossene Erhöhung des Stammkapitals ist zur Eintragung in das Handelsregister anzumelden, nachdem das erhöhte Kapital durch Übernahme von Stammeinlagen gedeckt ist.

(2) [1]In der Anmeldung ist die Versicherung abzugeben, dass die Einlagen auf das neue Stammkapital ... bewirkt sind und dass der Gegenstand der Leistungen sich endgültig in der freien Verfügung der Geschäftsführer befindet. ...

(3) Der Anmeldung sind beizufügen:

1. die in § 55 Abs. 1 bezeichneten Erklärungen oder eine beglaubigte Abschrift derselben;

2. eine von den Anmeldenden unterschriebene Liste der Personen, welche die neuen Stammeinlagen übernommen haben; aus der Liste muss der Betrag der von jedem übernommenen Einlage ersichtlich sein;

3. bei einer Kapitalerhöhung mit Sacheinlagen die Verträge, die den Festsetzungen nach § 56 zu Grunde liegen oder zu ihrer Ausführung geschlossen worden sind.

(4) ...

§ 78. [Anmeldungspflichtige] Die in diesem Gesetz vorgesehenen Anmeldungen zum Handelsregister sind durch die Geschäftsführer oder die Liquidatoren, die in § 7 Abs. 1, § 57 Abs. 1, § 57 i Abs. 1, § 58 Abs. 1 Nr. 3 vorgesehenen Anmeldungen sind durch sämtliche Geschäftsführer zu bewirken.

Anlage zu § 2 GmbHG:

Musterprotokoll für die Gründung einer Einpersonen-GmbH:

Urk.Nr. ...

Vor mir, dem Notar ... mit Amtssitz in ..., erschien heute, von Person bekannt, Herr ...

Der Erschienene errichtet hiermit als alleiniger Gesellschafter nach § 2 Abs. 1a GmbHG eine Gesellschaft mit beschränkter Haftung unter der Firma ... mit Sitz in ...

Gegenstand des Unternehmens ist ...

Das Stammkapital der Gesellschaft beträgt ... Euro und wird vollständig von dem alleinigen Gesellschafter, Herrn ... (Geschäftsanteil Nr. 1) übernommen.

Zum Geschäftsführer der Gesellschaft wird Herr ... bestellt. Der Geschäftsführer ist von den Beschränkungen des § 181 BGB befreit.

Die Gesellschaft trägt die mit der Gründung der Gesellschaft verbundenen Kosten bis zur Höhe ihres Stammkapitals. Darüber hinaus gehende Kosten trägt der Gesellschafter.

Eine Ausfertigung dieser Urkunde erhält der Gesellschafter. Beglaubigte Ablichtungen erhalten die Gesellschaft sowie – in elektronischer Form – das Registergericht. Das Finanzamt – Körperschaftssteuerstelle – erhält eine einfache Abschrift.

Ort, Datum,

Unterschrift des Gesellschafters, Unterschrift des Notars

22 Aktiengesetz (AktG)

vom 6. September 1965 (BGBl. I S. 1089)

Einführung

Wegen ihrer besonderen wirtschaftlichen Bedeutung ist die Aktiengesellschaft (AG) in einem besonderen Gesetz, dem AktG, geregelt.

Die AG wird durch mindestens **eine Person** gegründet (§ 2). Die **Satzung** muss notariell beurkundet werden (§23) und zur **Eintragung in das Handelsregister** angemeldet werden (§ 36). Erst mit Eintragung im Handelsregister ist die AG entstanden = konstitutive Wirkung (§ 41).

Die AG ist eine **juristische Person** mit eigener Rechtspersönlichkeit. Sie ist Träger von Rechten und Pflichten und kann als Partei klagen und verklagt werden. Da sie sich jedoch nicht **„artikulieren"** kann, wird sie gesetzlich vertreten durch den **Vorstand** (§ 78).

Das Grundkapital der AG beträgt mindestens 50 000,00 Euro (§ 7).

Übersicht

Erster Teil. Allgemeine Vorschriften §§ 1–22

Zweiter Teil. Gründung der Gesellschaft §§ 23–53

Dritter Teil. Rechtsverhältnisse der Gesellschaft und der Gesellschafter §§ 53a–75

Vierter Teil. Verfassung der Aktiengesellschaft §§ 76–147

1. Abschnitt. Vorstand §§ 76–94
2. Abschnitt. Aufsichtsrat §§ 95–116
3. Abschnitt. Benutzung des Einflusses auf die Gesellschaft § 117
4. Abschnitt. Hauptversammlung §§ 118–147
1. Unterabschnitt. Rechte der Hauptversammlung §§ 118–120
2. Unterabschnitt. Einberufung der Hauptversammlung §§ 121–128
3. Unterabschnitt. Verhandlungsniederschrift. Auskunftsrecht §§ 129–132
4. Unterabschnitt. Stimmrecht §§ 133–137
5. Unterabschnitt. Sonderbeschluss § 138
6. Unterabschnitt. Vorzugsaktien ohne Stimmrecht §§ 139–141
7. Unterabschnitt. Sonderprüfung. Geltendmachung von Ersatzansprüchen §§ 142–147

---

§ 1. [Wesen der Aktiengesellschaft] (1) [1]Die Aktiengesellschaft ist eine Gesellschaft mit eigener Rechtspersönlichkeit. [2]Für die Verbindlichkeiten der Gesellschaft haftet den Gläubigern nur das Gesellschaftsvermögen.

(2) Die Aktiengesellschaft hat ein in Aktien zerlegtes Grundkapital.

§ 2. [Gründerzahl] An der Feststellung des Gesellschaftsvertrags (der Satzung) müssen sich eine oder mehrere Personen beteiligen, welche die Aktien gegen Einlagen übernehmen.

§ 3. [Formkaufmann; Börsennotierung] (1) Die Aktiengesellschaft gilt als Handelsgesellschaft, auch wenn der Gegenstand des Unternehmens nicht im Betrieb eines Handelsgewerbes besteht.

(2) Börsennotiert im Sinne dieses Gesetzes sind Gesellschaften, deren Aktien zu einem Markt zugelassen sind, der von staatlich anerkannten Stellen geregelt und überwacht wird, regelmäßig stattfindet und für das Publikum mittelbar oder unmittelbar zugänglich ist.

§ 4. [Firma] Die Firma der Aktiengesellschaft muss, auch wenn sie nach § 22 des Handelsgesetzbuchs oder nach anderen gesetzlichen Vorschriften fortgeführt wird, die Bezeichnung „Aktiengesellschaft" oder eine allgemein verständliche Abkürzung dieser Bezeichnung enthalten.

§ 5. [Sitz] Sitz der Gesellschaft ist der Ort im Inland, den die Satzung bestimmt.

§ 6. [Grundkapital] Das Grundkapital muss auf einen Nennbetrag in Euro lauten.

§ 7. [Mindestnennbetrag des Grundkapitals] Der Mindestnennbetrag des Grundkapitals ist fünfzigtausend Euro.

§ 8. [Form und Mindestbeträge der Aktien] (1) Die Aktien können entweder als Nennbetragsaktien oder als Stückaktien begründet werden.

(2) [1]Nennbetragsaktien müssen auf mindestens einen Euro lauten. [2]Aktien über einen geringeren Nennbetrag sind nichtig. [3]Für den Schaden aus der Ausgabe sind die Ausgeber den Inhabern als Gesamtschuldner verantwortlich. [4]Höhere Aktiennennbeträge müssen auf volle Euro lauten.

(3) [1]Stückaktien lauten auf keinen Nennbetrag. [2]Die Stückaktien einer Gesellschaft sind am Grundkapital in gleichem Umfang beteiligt. [3]Der auf die einzelne Aktie entfallende anteilige Betrag des Grundkapitals darf einen Euro nicht unterschreiten. [4]Absatz 2 Satz 2 und 3 findet entsprechende Anwendung.

(4) Der Anteil am Grundkapital bestimmt sich bei Nennbetragsaktien nach dem Verhältnis ihres Nennbetrags zum Grundkapital, bei Stückaktien nach der Zahl der Aktien.

(5) Die Aktien sind unteilbar.

(6) Diese Vorschriften gelten auch für Anteilscheine, die den Aktionären vor der Ausgabe der Aktien erteilt werden (Zwischenscheine).

§ 9. [Ausgabebetrag der Aktien] (1) Für einen geringeren Betrag als den Nennbetrag oder den auf die einzelne Stückaktie entfallenden anteiligen Betrag des Grundkapitals dürfen Aktien nicht ausgegeben werden (geringster Ausgabebetrag).

(2) Für einen höheren Betrag ist die Ausgabe zulässig.

§ 10. [Aktien und Zwischenscheine] (1) Die Aktien können auf den Inhaber oder auf Namen lauten.

(2) [1]Sie müssen auf Namen lauten, wenn sie vor der vollen Leistung des Nennbetrags oder des höheren Ausgabebetrags ausgegeben werden. [2]Der Betrag der Teilleistungen ist in der Aktie anzugeben.

(3) ...

(4) ...

(5) ...

§ 12. [Stimmrecht. Keine Mehrstimmrechte] (1) [1]Jede Aktie gewährt das Stimmrecht. [2]Vorzugsaktien können nach den Vorschriften dieses Gesetzes als Aktien ohne Stimmrecht ausgegeben werden.

(2) Mehrstimmrechte sind unzulässig.

§ 23. [Feststellung der Satzung] (1) [1]Die Satzung muss durch notarielle Beurkundung festgestellt werden. [2]Bevollmächtigte bedürfen einer notariell beglaubigten Vollmacht.

(2) In der Urkunde sind anzugeben
1. die Gründer;
2. bei Nennbetragsaktien der Nennbetrag, bei Stückaktien die Zahl, der Ausgabebetrag und, wenn mehrere Gattungen bestehen, die Gattung der Aktien, die jeder Gründer übernimmt;
3. der eingezahlte Betrag des Grundkapitals.

(3) Die Satzung muss bestimmen
1. die Firma und den Sitz der Gesellschaft;
2. den Gegenstand des Unternehmens; namentlich ist bei Industrie- und Handelsunternehmen die Art der Erzeugnisse und Waren, die hergestellt und gehandelt werden sollen, näher anzugeben;
3. die Höhe des Grundkapitals;

4. die Zerlegung des Grundkapitals entweder in Nennbetragsaktien oder in Stückaktien, bei Nennbetragsaktien deren Nennbeträge und die Zahl der Aktien jeden Nennbetrags, bei Stückaktien deren Zahl, außerdem, wenn mehrere Gattungen bestehen, die Gattung der Aktien und die Zahl der Aktien jeder Gattung;
5. ob die Aktien auf den Inhaber oder auf den Namen ausgestellt werden;
6. die Zahl der Mitglieder des Vorstands oder die Regeln, nach denen diese Zahl festgelegt wird.

(4) Die Satzung muss ferner Bestimmungen über die Form der Bekanntmachungen der Gesellschaft enthalten.

(5) ¹Die Satzung kann von den Vorschriften dieses Gesetzes nur abweichen, wenn es ausdrücklich zugelassen ist. ²Ergänzende Bestimmungen der Satzung sind zulässig, es sei denn, dass dieses Gesetz eine abschließende Regelung enthält.

§ 28. [Gründer] Die Aktionäre, die die Satzung festgestellt haben, sind die Gründer der Gesellschaft.

§ 29. [Errichtung der Gesellschaft] Mit der Übernahme aller Aktien durch die Gründer ist die Gesellschaft errichtet.

§ 30. [Bestellung des Aufsichtsrats, des Vorstands und des Abschlussprüfers] (1) ¹Die Gründer haben den ersten Aufsichtsrat der Gesellschaft und den Abschlussprüfer für das erste Voll- oder Rumpfgeschäftsjahr zu bestellen. ²Die Bestellung bedarf notarieller Beurkundung.

(2) Auf die Zusammensetzung und die Bestellung des ersten Aufsichtsrats sind die Vorschriften über die Bestellung von Aufsichtsratsmitgliedern der Arbeitnehmer nicht anzuwenden.

(3) ¹Die Mitglieder des ersten Aufsichtsrats können nicht für längere Zeit als bis zur Beendigung der Hauptversammlung bestellt werden, die über die Entlastung für das erste Voll- oder Rumpfgeschäftsjahr beschließt. ²Der Vorstand hat rechtzeitig vor Ablauf der Amtszeit des ersten Aufsichtsrats bekannt zu machen, nach welchen gesetzlichen Vorschriften der nächste Aufsichtsrat nach seiner Ansicht zusammenzusetzen ist.

(4) Der Aufsichtsrat bestellt den ersten Vorstand.

§ 36. [Anmeldung der Gesellschaft] (1) Die Gesellschaft ist bei dem Gericht von allen Gründern und Mitgliedern des Vorstands und des Aufsichtsrats zur Eintragung in das Handelsregister anzumelden.

(2) ¹Die Anmeldung darf erst erfolgen, wenn auf jede Aktie, soweit nicht Sacheinlagen vereinbart sind, der eingeforderte Betrag ordnungsgemäß eingezahlt worden ist (§ 54 Abs. 3) und, soweit er nicht bereits zur Bezahlung der bei der Gründung angefallenen Steuern und Gebühren verwandt wurde, endgültig zur freien Verfügung des Vorstands steht.

§ 39. [Inhalt der Eintragung] (1) ¹Bei der Eintragung der Gesellschaft sind die Firma und der Sitz der Gesellschaft, eine inländische Geschäftsanschrift, der Gegenstand des Unternehmens, die Höhe des Grundkapitals, der Tag der Feststellung der Satzung und die Vorstandsmitglieder anzugeben. ²Wenn eine Person, die für Willenserklärungen und Zustellungen an die Gesellschaft empfangsberechtigt ist, mit einer inländischen Anschrift zur Eintragung in das Handelsregister angemeldet wird, sind auch diese Angaben einzutragen; Dritten gegenüber gilt die Empfangsberechtigung als fortbestehend, bis sie im Handelsregister gelöscht und die Löschung bekannt gemacht worden ist, es sei denn, dass die fehlende Empfangsberechtigung dem Dritten bekannt war. ³Ferner ist einzutragen, welche Vertretungsbefugnis die Vorstandsmitglieder haben.

(2) Enthält die Satzung Bestimmungen über die Dauer der Gesellschaft oder über das genehmigte Kapital, so sind auch diese Bestimmungen einzutragen.

§ 41. [Handeln im Namen der Gesellschaft vor der Eintragung] (1) ¹Vor der Eintragung in das Handelsregister besteht die Aktiengesellschaft als solche nicht. ²Wer vor der Eintragung der Gesellschaft in ihrem Namen handelt, haftet persönlich; handeln mehrere, so haften sie als Gesamtschuldner.

(2) ...

(3) ...

(4) ...

§ 78. [Vertretung] (1) ¹Der Vorstand vertritt die Gesellschaft gerichtlich und außergerichtlich. ²Hat eine Gesellschaft keinen Vorstand (Führungslosigkeit), wird die Gesellschaft für den Fall, dass ihr gegenüber Willenserklärungen abgegeben oder Schriftstücke zugestellt werden, durch den Aufsichtsrat vertreten.

(2) ¹Besteht der Vorstand aus mehreren Personen, so sind, wenn die Satzung nichts anderes bestimmt, sämtliche Vorstandsmitglieder nur gemeinschaftlich zur Vertretung der Gesellschaft befugt. ²Ist eine Willenserklärung gegenüber der Gesellschaft abzugeben, so genügt die Abgabe gegenüber einem Vorstandsmitglied oder im Fall des Absatzes 1 Satz 2 gegenüber einem Aufsichtsratsmitglied. An die Vertreter der Gesellschaft nach Absatz 1 können unter der im Handelsregister eingetragenen Geschäftsanschrift Willenserklärungen gegenüber der Gesellschaft abgegeben und Schriftstücke für die Gesellschaft zugestellt werden. Unabhängig hiervon können die Abgabe und die Zustellung auch unter der eingetragenen Anschrift der empfangsberechtigten Person nach § 39 Abs. 1 Satz 2 erfolgen.

(3) ¹Die Satzung kann auch bestimmen, dass einzelne Vorstandsmitglieder allein oder in Gemeinschaft mit einem Prokuristen zur Vertretung der Gesellschaft befugt sind. ²Dasselbe kann der Aufsichtsrat bestimmen, wenn die Satzung ihn hierzu ermächtigt hat. ³Absatz 2 Satz 2 gilt in diesen Fällen sinngemäß.

(4) ¹Zur Gesamtvertretung befugte Vorstandsmitglieder können einzelne von ihnen zur Vornahme bestimmter Geschäfte oder bestimmter Arten von Geschäften ermächtigen. ²Dies gilt sinngemäß, wenn ein einzelnes Vorstandsmitglied in Gemeinschaft mit einem Prokuristen zur Vertretung der Gesellschaft befugt ist.

§ 118. [Hauptversammlung] (1) Die Aktionäre üben ihre Rechte in den Angelegenheiten der Gesellschaft in der Hauptversammlung aus, soweit das Gesetz nichts anderes bestimmt. Die Satzung kann vorsehen oder den Vorstand dazu ermächtigen vorzusehen, dass die Aktionäre an der Hauptversammlung auch ohne Anwesenheit an deren Ort und ohne einen Bevollmächtigten teilnehmen und sämtliche oder einzelne ihrer Rechte ganz oder teilweise im Wege elektronischer Kommunikation ausüben können.

(2) Die Satzung kann vorsehen oder den Vorstand dazu ermächtigen vorzusehen, dass Aktionäre ihre Stimmen, auch ohne an der Versammlung teilzunehmen, schriftlich oder im Wege elektronischer Kommunikation abgeben dürfen (Briefwahl).

(3) Die Mitglieder des Vorstands und des Aufsichtsrats sollen an der Hauptversammlung teilnehmen. Die Satzung kann jedoch bestimmte Fälle vorsehen, in denen die Teilnahme von Mitgliedern des Aufsichtsrats im Wege der Bild- und Tonübertragung erfolgen darf.

(4) Die Satzung oder die Geschäftsordnung gemäß § 129 Abs. 1 kann vorsehen oder den Vorstand oder den Versammlungsleiter dazu ermächtigen vorzusehen, die Bild- und Tonübertragung der Versammlung zuzulassen.

§ 119. [Rechte der Hauptversammlung] (1) Die Hauptversammlung beschließt in den im Gesetz und in der Satzung ausdrücklich bestimmten Fällen, namentlich über

1. die Bestellung der Mitglieder des Aufsichtsrats, soweit sie nicht in den Aufsichtsrat zu entsenden oder als Aufsichtsratsmitglieder der Arbeitnehmer nach dem Mitbestimmungsgesetz, dem Mitbestimmungsergänzungsgesetz, dem Drittelbeteiligungsgesetz oder dem Gesetz über die Mitbestimmung der Arbeitnehmer bei einer grenzüberschreitenden Verschmelzung zu wählen sind;

2. die Verwendung des Bilanzgewinns;

3. die Entlastung der Mitglieder des Vorstands und des Aufsichtsrats;

4. die Bestellung des Abschlussprüfers;

5. Satzungsänderungen;

6. Maßnahmen der Kapitalbeschaffung und der Kapitalherabsetzung;

7. die Bestellung von Prüfern zur Prüfung von Vorgängen bei der Gründung oder der Geschäftsführung;

8. die Auflösung der Gesellschaft.

(2) Über Fragen der Geschäftsführung kann die Hauptversammlung nur entscheiden, wenn der Vorstand es verlangt.

23 Gesetz über Partnerschaftsgesellschaften
Angehöriger Freier Berufe
(Partnerschaftsgesellschaftsgesetz – PartGG)

vom 25. Juli 1994 (BGBl. I S. 1744)

Einführung

Die Partnerschaft ist ähnlich der OHG eine rechtsfähige Personengesellschaft. In einer Partnerschaft können sich Angehörige freier Berufe, z. B. Rechtsanwälte, zur Ausübung ihres Berufes zusammenschließen *(§ 1 PartGG)*. Notare können sich jedoch nicht zu einer Partnerschaft zusammenschließen. Der Name der Partnerschaft ergibt sich aus *§ 2 PartGG*. Form und Inhalt des Partnerschaftsvertrages sind in *§ 3 PartGG* geregelt. Die Partnerschaft ist in öffentlich beglaubigter Form zur Eintragung in das Partnerschaftsregister anzumelden *(§§ 4, 5 PartGG)*. Rechte und Pflichten der Partner untereinander sowie die Vertretung und Haftung nach außen sind, ähnlich wie bei der OHG, in *§ 6 ff. PartGG* geregelt.

§ 1. [Voraussetzungen der Partnerschaft] (1) [1]Die Partnerschaft ist eine Gesellschaft, in der sich Angehörige Freier Berufe zur Ausübung ihrer Berufe zusammenschließen. [2]Sie übt kein Handelsgewerbe aus. [3]Angehörige einer Partnerschaft können nur natürliche Personen sein.

(2) [1]Die Freien Berufe haben im allgemeinen auf der Grundlage besonderer beruflicher Qualifikation oder schöpferischer Begabung die persönliche, eigenverantwortliche und fachlich unabhängige Erbringung von Dienstleistungen höherer Art im Interesse der Auftraggeber und der Allgemeinheit zum Inhalt. [2]Ausübung eines Freien Berufs im Sinne dieses Gesetzes ist die selbstständige Berufstätigkeit der Ärzte, Zahnärzte, Tierärzte, Heilpraktiker, Krankengymnasten, Hebammen, Heilmasseure, Diplom-Psychologen, Mitglieder der Rechtsanwaltskammern, Patentanwälte, Wirtschaftsprüfer, Steuerberater, beratenden Volks- und Betriebswirte, vereidigten Buchprüfer (vereidigte Buchrevisoren), Steuerbevollmächtigten, Ingenieure, Architekten, Handelschemiker, Lotsen, hauptberuflichen Sachverständigen, Journalisten, Bildberichterstatter, Dolmetscher, Übersetzer und ähnlicher Berufe sowie der Wissenschaftler, Künstler, Schriftsteller, Lehrer und Erzieher.

(3) Die Berufsausübung in der Partnerschaft kann in Vorschriften über einzelne Berufe ausgeschlossen oder von weiteren Voraussetzungen abhängig gemacht werden.

(4) Auf die Partnerschaft finden, soweit in diesem Gesetz nichts anderes bestimmt ist, die Vorschriften des Bürgerlichen Gesetzbuchs über die Gesellschaft Anwendung.

§ 2. [Name der Partnerschaft] (1) [1]Der Name der Partnerschaft muss den Namen mindestens eines Partners, den Zusatz „und Partner" oder „Partnerschaft" sowie die Berufsbezeichnungen aller in der Partnerschaft vertretenen Berufe enthalten. [2]Die Beifügung von Vornamen ist nicht erforderlich. [3]Die Namen anderer Personen als der Partner dürfen nicht in den Namen der Partnerschaft aufgenommen werden.

(2) ...

§ 3. [Partnerschaftsvertrag] (1) Der Partnerschaftsvertrag bedarf der Schriftform.

(2) Der Partnerschaftsvertrag muss enthalten

1. den Namen und den Sitz der Parterschaft;
2. den Namen und den Vornamen sowie den in der Partnerschaft ausgeübten Beruf und den Wohnort jedes Partners;
3. den Gegenstand der Partnerschaft.

§ 4. [Anmeldung der Partnerschaft] (1) [1]Auf die Anmeldung der Partnerschaft in das Partnerschaftsregister sind § 106 Abs. 1 und § 108 des Handelsgesetzbuchs entsprechend anzuwenden. [2]Die Anmeldung hat die in § 3 Abs. 2 vorgeschriebenen Angaben zu enthalten.

³Änderungen dieser Angaben sind gleichfalls zur Eintragung in das Partnerschaftsregister anzumelden.

(2) ¹In der Anmeldung ist die Zugehörigkeit jedes Partners zu dem Freien Beruf, den er in der Partnerschaft ausübt, anzugeben. ²Das Registergericht legt bei der Eintragung die Angaben der Partner zu Grunde, es sei denn, ihm ist deren Unrichtigkeit bekannt.

(3) ...

§ 5. [Inhalt der Eintragung] (1) Die Eintragung hat die in § 3 Abs. 2 genannten Angaben, das Geburtsdatum jedes Partners und die Vertretungsmacht der Partner zu enthalten.

(2) ...

§ 6. [Rechtsverhältnis der Partner untereinander] (1) Die Partner erbringen ihre beruflichen Leistungen unter Beachtung des für sie geltenden Berufsrechts.

(2) Einzelne Partner können im Partnerschaftsvertrag nur von der Führung der sonstigen Geschäfte ausgeschlossen werden.

(3) ¹Im Übrigen richtet sich das Rechtsverhältnis der Partner untereinander nach dem Partnerschaftsvertrag. ²Soweit der Partnerschaftsvertrag keine Bestimmungen enthält, sind die §§ 110 bis 116 Abs. 2, §§ 117 bis 119 des Handelsgesetzbuchs entsprechend anzuwenden.

§ 7. [Wirksamkeit im Verhältnis zu Dritten; rechtliche Selbstständigkeit; Vertretung] (1) Die Partnerschaft wird im Verhältnis zu Dritten mit ihrer Eintragung in das Partnerschaftsregister wirksam.

(2) § 124 des Handelsgesetzbuchs ist entsprechend anzuwenden.

(3) Auf die Vertretung der Partnerschaft sind die Vorschriften des § 125 Abs. 1, 2 und 4 sowie der §§ 126 und 127 des Handelsgesetzbuchs entsprechend anzuwenden.

(4) ¹Die Partnerschaft kann als Prozess- oder Verfahrensbevollmächtigte beauftragt werden. ²Sie handelt durch ihre Partner und Vertreter, in deren Person die Erbringung rechtsbesorgender Leistungen gesetzlich vorgeschriebenen Voraussetzungen im Einzelfalle vorliegen müssen und ist in gleichem Umfang wie diese postulationsfähig. ³Verteidiger im Sinne des § 137 ff. der Strafprozessordnung ist nur die für die Partnerschaft handelnde Person.

(5) Für die Angaben auf Geschäftsbriefen der Partnerschaft ist § 125a Abs. 1 Satz 1, Abs. 2 des Handelsgesetzbuchs mit der Maßgabe entsprechend anzuwenden, dass bei einer Partnerschaft mit beschränkter Berufshaftung auch der von dieser gewählte Namenszusatz im Sinne des § 8 Absatz 4 Satz 3 anzugeben ist.

§ 8. [Haftung für Verbindlichkeiten der Partnerschaft] (1) ¹Für Verbindlichkeiten der Partnerschaft haften den Gläubigern neben dem Vermögen der Partnerschaft die Partner als Gesamtschuldner. ²Die §§ 129 und 130 des Handelsgesetzbuchs sind entsprechend anzuwenden.

(2) Waren nur einzelne Partner mit der Bearbeitung eines Auftrags befasst, so haften nur sie gemäß Absatz 1 für berufliche Fehler neben der Partnerschaft; ausgenommen sind Bearbeitungsbeiträge von untergeordneter Bedeutung.

(3) Durch Gesetz kann für einzelne Berufe eine Beschränkung der Haftung für Ansprüche aus Schäden wegen fehlerhafter Berufsausübung auf einen bestimmten Höchstbetrag zugelassen werden, wenn zugleich eine Pflicht zum Abschluss einer Berufshaftpflichtversicherung der Partner oder der Partnerschaft begründet wird.

(4) ...

§ 9. [Ausscheiden eines Partners; Auflösung der Partnerschaft] (1) Auf das Ausscheiden eines Partners und die Auflösung der Partnerschaft sind, soweit im folgenden nichts anderes bestimmt ist, die §§ 131 bis 144 des Handelsgesetzbuchs entsprechend anzuwenden.

(2) (aufgehoben)

(3) Verliert ein Partner eine erforderliche Zulassung zu dem Freien Beruf, den er in der Partnerschaft ausübt, so scheidet er mit deren Verlust aus der Partnerschaft aus.

(4) ¹Die Beteiligung an einer Partnerschaft ist nicht vererblich. ²Der Partnerschaftsvertrag kann jedoch bestimmen, dass sie an Dritte vererblich ist, die Partner im Sinne des § 1 Abs. 1 und 2 sein können. ³§ 139 des Handelsgesetzbuchs ist nur insoweit anzuwenden, als der Erbe der Beteiligung befugt ist, seinen Austritt aus der Partnerschaft zu erklären.

§ 10. [Liquidation der Partnerschaft; Nachhaftung] (1) Für die Liquidation der Partnerschaft sind die Vorschriften über die Liquidation der offenen Handelsgesellschaft entsprechend anwendbar.

(2) Nach der Auflösung der Partnerschaft oder nach dem Ausscheiden des Partners bestimmt sich die Haftung der Partner aus Verbindlichkeiten der Partnerschaft nach den §§ 159, 160 des Handelsgesetzbuchs.

24 Wechselgesetz (WG)

vom 21. Juni 1933 (RGBl. I S. 399)

Einführung

Der Wechsel ist eine Schuldurkunde, in der sich der Schuldner (Bezogener, Akzeptant) verpflichtet, an den Gläubiger (Aussteller, Wechselnehmer) am Verfalltag die Wechselsumme zu zahlen.

Wird der Wechsel nicht rechtzeitig eingelöst, muss der Wechselgläubiger die Tatsache der Nichteinlösung durch eine öffentliche Urkunde, den sog. Wechselprotest nachweisen (Art. 44 WG). Die Ausstellung der Protesturkunde erfolgt i. d. R. durch den Notar (Art. 79 WG), Form und Inhalt ergeben sich aus § 80 ff. WG.

Übersicht

Erster Teil. Gezogener Wechsel Art. 1–74

Erster Abschnitt. Ausstellung und Form des gezogenen Wechsels Art. 1–10
Zweiter Abschnitt. Indossament Art. 11–20
Dritter Abschnitt. Annahme Art. 21–29
Vierter Abschnitt. Wechselbürgschaft Art. 30–32
Fünfter Abschnitt. Verfall Art. 33–37
Sechster Abschnitt. Zahlung Art. 38–42
Siebenter Abschnitt. Rückgriff mangels Annahme und mangels Zahlung Art. 43–54
Achter Abschnitt. Ehreneintritt Art. 55–63
  1. Allgemeine Vorschriften Art. 55
  2. Ehrenannahme Art. 56–58
  3. Ehrenzahlung Art. 59–63
Neunter Abschnitt. Ausfertigung mehrerer Stücke eines Wechsels; Wechselabschriften Art. 64–68
  1. Ausfertigungen Art. 64–66
  2. Abschriften Art. 67, 68
Zehnter Abschnitt. Änderungen Art. 69
Elfter Abschnitt. Verjährung Art. 70, 71
Zwölfter Abschnitt. Allgemeine Vorschriften Art. 72–74

Zweiter Teil. Eigener Wechsel Art. 75–78

Dritter Teil. Ergänzende Vorschriften Art. 79–90

Erster Abschnitt. Protest Art. 79–87
Zweiter Abschnitt. Bereicherung Art. 89
Dritter Abschnitt. Abhanden gekommene Wechsel und Protesturkunden Art. 90

Vierter Teil. Geltungsbereich der Gesetze Art. 91–98

Art. 1. [Bestandteile] Der gezogene Wechsel enthält:

1. die Bezeichnung als Wechsel im Texte der Urkunde und zwar in der Sprache, in der sie ausgestellt ist;
2. die unbedingte Anweisung, eine bestimmte Geldsumme zu zahlen;
3. den Namen dessen, der zahlen soll (Bezogener);
4. die Angabe der Verfallzeit;
5. die Angabe des Zahlungsortes;
6. den Namen dessen an den oder an dessen Order gezahlt werden soll;
7. die Angabe des Tages und des Ortes der Ausstellung;
8. die Unterschrift des Ausstellers.

Art. 2. [Fehlen von Bestandteilen] (1) Eine Urkunde, der einer der in vorstehendem Artikel bezeichneten Bestandteile fehlt, gilt nicht als gezogener Wechsel, vorbehaltlich der in den folgenden Absätzen bezeichneten Fälle.

(2) Ein Wechsel ohne Angabe der Verfallzeit gilt als Sichtwechsel.

(3) ...

(4) ...

Art. 3. [**Eigene Order; trassiert-eigener Wechsel; gezogener Wechsel**]

(1) Der Wechsel kann an die eigene Order des Ausstellers lauten.

(2) Er kann auf den Aussteller selbst gezogen werden.

(3) Er kann für Rechnung eines Dritten gezogen werden.

Art. 4. [**Zahlungsort**] Der Wechsel kann bei einem Dritten, am Wohnort des Bezogenen oder an einem anderen Orte, zahlbar gestellt werden.

Art. 6. [**Wechselsumme**] (1) Ist die Wechselsumme in Buchstaben und in Ziffern angegeben, so gilt bei Abweichungen die in Buchstaben angegebene Summe.

(2) Ist die Wechselsumme mehrmals in Buchstaben oder mehrmals in Ziffern angegeben, so gilt bei Abweichungen die geringste Summe.

Art. 9. [**Haftung des Ausstellers**] (1) Der Aussteller haftet für die Annahme und die Zahlung des Wechsels.

(2) Er kann die Haftung für die Annahme ausschließen; jeder Vermerk, durch den er die Haftung für die Zahlung ausschließt, gilt als nicht geschrieben.

Art. 11. [**Übertragung des Wechsels**] (1) Jeder Wechsel kann durch Indossament übertragen werden, auch wenn er nicht ausdrücklich an Order lautet.

(2) ...   (3) ...

Art. 13. [**Form; Blankoindossament**] (1) [1]Das Indossament muss auf den Wechsel oder auf ein mit dem Wechsel verbundenes Blatt (Anhang) gesetzt werden. [2]Es muss von dem Indossanten unterschrieben werden.

(2) ...

Art. 14. [**Transportfunktion**] (1) Das Indossament überträgt alle Rechte aus dem Wechsel.

(2) ...

Art. 15. [**Garantiefunktion**] (1) Der Indossant haftet mangels eines entgegenstehenden Vermerks für die Annahme und die Zahlung.

(2) Er kann untersagen, dass der Wechsel weiter indossiert wird, in diesem Falle haftet er denen nicht, an die der Wechsel weiter indossiert wird.

Art. 16. [**Legitimationsfunktion**] (1) [1]Wer den Wechsel in Händen hat, gilt als rechtmäßiger Inhaber, sofern er sein Recht durch eine ununterbrochene Reihe von Indossamenten nachweist und zwar auch dann, wenn das letzte ein Blankoindossament ist.

(2) ...

Art. 17. [**Einwendungen des Wechselschuldners**] Wer aus dem Wechsel in Anspruch genommen wird, kann dem Inhaber keine Einwendungen entgegensetzen, die sich auf seine unmittelbaren Beziehungen zu dem Aussteller oder zu einem früheren Inhaber gründen, es sei denn, dass der Inhaber bei dem Erwerb des Wechsels bewusst zum Nachteil des Schuldners gehandelt hat.

Art. 25. [**Annahmeerklärung**] (1) [1]Die Annahmeerklärung wird auf den Wechsel gesetzt. [2]Sie wird durch das Wort „angenommen" oder ein gleichbedeutendes Wort ausgedrückt; sie ist vom Bezogenen zu unterschreiben. [3]Die bloße Unterschrift des Bezogenen auf der Vorderseite des Wechsels gilt als Annahme.

(2) ...

Art. 28. [**Wirkung der Annahme**] (1) Der Bezogene wird durch die Annahme verpflichtet, den Wechsel bei Verfall zu bezahlen.

(2) ...

Art. 33. [Verfallzeiten] (1) Ein Wechsel kann gezogen werden

auf Sicht;
auf eine bestimmte Zeit nach Sicht;
auf eine bestimmte Zeit nach der Ausstellung;
auf einen bestimmten Tag.

(2) Wechsel mit anderen oder mit mehreren aufeinander folgenden Verfallzeiten sind nichtig.

Art. 38. [Vorlegung zur Zahlung] (1) Der Inhaber eines Wechsels, der an einem bestimmten Tag oder bestimmte Zeit nach der Ausstellung oder nach Sicht zahlbar ist, hat den Wechsel am Zahlungstag oder an einem der beiden folgenden Werktagen zur Zahlung vorzulegen.

(2) Die Einlieferung in eine Abrechnungsstelle steht der Vorlegung zur Zahlung gleich.

Art. 39. [Aushändigung des quittierten Wechsels; Teilzahlung] (1) Der Bezogene kann vom Inhaber gegen Zahlung die Aushändigung des quittierten Wechsels verlangen.

(2) Der Inhaber darf eine Teilzahlung nicht zurückweisen.

(3) Im Falle der Teilzahlung kann der Bezogene verlangen, dass sie auf dem Wechsel vermerkt und ihm eine Quittung erteilt wird.

Art. 43. [Rückgriff mangels Zahlung] (1) Der Inhaber kann gegen die Indossanten, den Aussteller und die anderen Wechselverpflichteten bei Verfall des Wechsels Rückgriff nehmen, wenn der Wechsel nicht bezahlt worden ist.

(2) Das gleiche Recht steht dem Inhaber schon vor Verfall zu,

1. wenn die Annahme ganz oder teilweise verweigert worden ist;
2. wenn über das Vermögen des Bezogenen, gleichviel ob er den Wechsel angenommen hat oder nicht, das Insolvenzverfahren eröffnet worden ist oder wenn der Bezogene auch nur seine Zahlungen eingestellt hat oder wenn eine Zwangsvollstreckung in sein Vermögen fruchtlos verlaufen ist;
3. wenn über das Vermögen des Ausstellers eines Wechsels, dessen Vorlegung zur Annahme untersagt ist, das Insolvenzverfahren eröffnet worden ist.

Art. 44. [Protest] (1) Die Verweigerung der Annahme oder der Zahlung muss durch eine öffentliche Urkunde (Protest mangels Annahme oder mangels Zahlung) festgestellt werden.

(2) [1]Der Protest mangels Annahme muss innerhalb der Frist erhoben werden, die für die Vorlegung zur Annahme gilt. [2]Ist im Fall des Artikels 24 Abs. 1 der Wechsel am letzten Tage der Frist zum ersten Mal vorgelegt worden, so kann der Protest noch am folgenden Tag erhoben werden.

(3) [1]Der Protest mangels Zahlung muss bei einem Wechsel, der an einem bestimmten Tag oder bestimmte Zeit nach der Ausstellung oder nach Sicht zahlbar ist, an einem der beiden auf den Zahlungstag folgenden Werktage erhoben werden. [2]Bei einem Sichtwechsel muss der Protest mangels Zahlung in den gleichen Fristen erhoben werden, wie sie im vorhergehenden Absatz für den Protest mangels Annahme vorgesehen sind.

(4) Ist Protest mangels Annahme erhoben worden, so bedarf es weder der Vorlegung zur Zahlung noch des Protestes mangels Zahlung.

(5) Hat der Bezogene, gleichviel ob er den Wechsel angenommen hat oder nicht, seine Zahlungen eingestellt, oder ist eine Zwangsvollstreckung in sein Vermögen fruchtlos verlaufen, so kann der Inhaber nur Rückgriff nehmen, nachdem der Wechsel dem Bezogenen zur Zahlung vorgelegt und Protest erhoben worden ist.

(6) [1]Ist über das Vermögen des Bezogenen, gleichviel ob er den Wechsel angenommen hat oder nicht oder über das Vermögen des Ausstellers eines Wechsels, dessen Vorlegung zur Annahme untersagt ist, das Insolvenzverfahren eröffnet worden, so genügt es zur

Ausübung des Rückgriffsrechts, dass der gerichtliche Beschluss über die Eröffnung des Insolvenzverfahrens vorgelegt wird. [2]Die Vorlegung der Bekanntmachung des gerichtlichen Beschlusses im Internet oder die Veröffentlichung nach § 9 Absatz 2 Satz 1 der Insolvenzordnung ist der Vorlegung des gerichtlichen Beschlusses gleichzuachten.

Art. 45. [Benachrichtigungen] (1) [1]Der Inhaber muss seinen unmittelbaren Vormann und den Aussteller von dem Unterbleiben der Annahme oder der Zahlung innerhalb der vier Werktage benachrichtigen, die auf den Tag der Protesterhebung oder im Fall des Vermerks „ohne Kosten", auf den Tag der Vorlegung folgen. [2]Jeder Indossant muss innerhalb zweier Werktage nach Empfang der Nachricht seinem unmittelbaren Vormann von der Nachricht, die er erhalten hat, Kenntnis geben und ihm die Namen und Adressen derjenigen mitteilen, die vorher Nachricht gegeben haben und so weiter in der Reihenfolge, bis zum Aussteller. [3]Die Fristen laufen vom Empfang der vorhergehenden Nachricht.

(2) ...

(3) ...

(4) ...

(5) ...

(6) ...

Art. 47. [Haftung der Wechselschuldner] (1) Alle, die einen Wechsel ausgestellt, angenommen, indossiert oder mit einer Bürgschaftserklärung versehen haben, haften dem Inhaber als Gesamtschuldner.

(2) Der Inhaber kann jeden einzeln oder mehrere oder alle zusammen in Anspruch nehmen, ohne an die Reihenfolge gebunden zu sein, in der sie sich verpflichtet haben.

(3) Das Gleiche Recht steht jedem Wechselverpflichteten zu, der den Wechsel eingelöst hat.

(4) Durch die Geltendmachung des Anspruchs gegen einen Wechselverpflichteten verliert der Inhaber nicht seine Rechte gegen die anderen Wechselverpflichteten, auch nicht gegen die Nachmänner desjenigen, der zuerst in Anspruch genommen worden ist.

Art. 48. [Rückgriff des Protestanten] (1) Der Inhaber kann im Wege des Rückgriffs verlangen:
1. die Wechselsumme, soweit der Wechsel nicht angenommen oder nicht eingelöst worden ist, mit den etwa bedungenen Zinsen;
2. Zinsen zu sechs vom Hundert seit dem Verfalltag. Bei einem Wechsel, der im Inland sowohl ausgestellt als auch zahlbar ist, beträgt der Zinssatz zwei vom Hundert über dem jeweiligen Basiszinssatz nach § 247 des Bürgerlichen Gesetzbuchs, mindestens aber sechs vom Hundert; Änderungen des Diskontsatzes sind für die Verzinsung ab Beginn des Tages wirksam, an dem die Deutsche Bundesbank die Änderung im Bundesanzeiger bekannt gemacht hat;
3. die Kosten des Protestes und der Nachrichten sowie die anderen Auslagen;
4. eine Vergütung, die mangels besonderer Vereinbarung ein Drittel vom Hundert der Hauptsumme des Wechsels beträgt und diesen Satz keinesfalls überschreiten darf.

(2) ...

Art. 49. [Rückgriff des Einlösers] Wer den Wechsel eingelöst hat, kann von seinen Vormännern verlangen:
1. den vollen Betrag, den er gezahlt hat;
2. die Zinsen dieses Betrags zu sechs vom Hundert seit dem Tag der Einlösung. Bei einem Wechsel, der im Inland sowohl ausgestellt als auch zahlbar ist, beträgt der Zinssatz zwei vom Hundert über dem jeweiligen Basiszinssatz nach § 247 des Bürgerlichen Gesetzbuchs, mindestens aber sechs vom Hundert; Änderungen des Diskontsatzes sind für die Verzinsung ab Beginn des Tages wirksam, an dem die Deutsche Bundesbank die Änderung im Bundesanzeiger bekannt gemacht hat;

3. seine Auslagen;
4. eine Vergütung, die nach den Vorschriften des Artikels 48 Abs. 1 Nr. 4 berechnet wird.

Art. 50. [Aushändigung der Wechselpapiere] (1) Jeder Wechselverpflichtete, gegen den Rückgriff genommen wird oder genommen werden kann, ist berechtigt, zu verlangen, dass ihm gegen Entrichtung der Rückgriffssumme der Wechsel mit dem Protest und eine quittierte Rechung ausgehändigt werden.

(2) ...

Art. 53. [Rechtsverlust bei Fristversäumung] (1) Mit der Versäumung der Fristen

> für die Vorlegung eines Wechsels, der auf Sicht oder auf eine bestimmte Zeit nach Sicht lautet,

> für die Erhebung des Protestes mangels Annahme oder mangels Zahlung,

> für die Vorlegung zur Zahlung im Falle des Vermerkes „ohne Kosten"

verliert der Inhaber seine Rechte gegen die Indossanten, den Aussteller und alle anderen Wechselverpflichteten, mit Ausnahme des Annehmers.

(2) ...

(3) ...

Art. 79. [Protestpersonen] (1) Jeder Protest muss durch einen Notar oder Gerichtsbeamten aufgenommen werden.

Art. 80. [Inhalt des Protestes] (1) In dem Protest ist aufzunehmen:

1. der Name dessen, für den protestiert wird, sowie der Name dessen, gegen den protestiert wird;

2. die Angabe, dass derjenige, gegen den protestiert wird, ohne Erfolg zur Vornahme der wechselrechtlichen Leistung aufgefordert worden oder nicht anzutreffen gewesen ist oder dass seine Geschäftsräume oder seine Wohnung sich nicht haben ermitteln lassen;

3. die Angabe des Ortes und des Tages, an dem die Aufforderung geschehen oder ohne Erfolg versucht worden ist.

(2) Verlangt der Bezogene, dem ein Wechsel zur Annahme vorgelegt wird, die nochmalige Vorlegung am nächsten Tage, so ist dies im Protest zu vermerken.

(3) Der Protest ist von dem Protestbeamten zu unterschreiben und mit dem Amtssiegel oder dem Amtsstempel zu versehen.

Art. 81. [Form des Protestes] (1) Der Protest ist auf den Wechsel oder auf ein mit dem Wechsel zu verbindendes Blatt zu setzen.

(2) Er soll unmittelbar hinter den letzten auf der Rückseite des Wechsels befindlichen Vermerk, in Ermangelung eines solchen unmittelbar an einen Rand der Rückseite gesetzt werden.

(3) [1]Wird der Protest auf ein Blatt gesetzt, das mit dem Wechsel verbunden wird, so soll die Verbindungsstelle mit dem Amtssiegel oder dem Amtsstempel versehen werden. [2]Ist dies geschehen, so braucht der Unterschrift des Protestbeamten ein Siegel oder Stempel nicht beigefügt zu werden.

(4) [1]Wird der Protest unter Vorlegung mehrerer Ausfertigungen desselben Wechsels oder unter Vorlegung der Urschrift und einer Abschrift erhoben, so genügt die Beurkundung auf einer der Ausfertigungen oder auf der Urschrift. [2]Auf den anderen Ausfertigungen oder auf der Abschrift ist zu vermerken, auf welche Ausfertigung der Protest gesetzt worden ist oder dass er sich auf der Urschrift befindet. [3]Auf den Vermerk finden die Vorschriften des Absatzes 2 und des Absatzes 3 Satz 1 entsprechend Anwendung. [4]Der Protestbeamte hat den Vermerk zu unterschreiben.

Art. 85. [Berichtigung; Abschriften; Vermerke] (1) [1]Schreibfehler, Auslassungen und sonstige Mängel der Protesturkunde können bis zur Aushändigung der Urkunde an denjenigen, für den der Protest erhoben worden ist, von dem Protestbeamten berichtigt werden. [2]Die Berichtigung ist als solche unter Beifügung der Unterschrift kenntlich zu machen.

(2) [1]Von dem Protest ist eine beglaubigte Abschrift zurückzubehalten. [2]Über den Inhalt des Wechsels oder der Wechselabschrift ist ein Vermerk aufzunehmen. [3]Der Vermerk hat zu enthalten:

1. den Betrag des Wechsels;

2. die Verfallzeit;

3. den Ort und den Tag der Ausstellung;

4. den Namen des Ausstellers, den Namen dessen, an den oder an dessen Order gezahlt werden soll und den Namen des Bezogenen;

5. falls eine vom Bezogenen oder bei eigenen Wechseln vom Aussteller verschiedene Personen angegeben ist, bei der die Zahlung geleistet werden soll, den Namen dieser Person sowie die Namen der etwaigen Notadressen und derjenigen, die den Wechsel zu Ehren angenommen haben.

(3) Die Abschriften und Vermerke sind geordnet aufzubewahren.

25 Scheckgesetz (ScheckG)
vom 14. August 1933 (RGBl. I S. 597)

Einführung

Der Scheck ist eine Anweisung des Kontoinhabers an seine Bank, bei Vorlage des Schecks zulasten seines Kontos an den Empfänger (Inhaber) des Schecks einen bestimmten Geldbetrag zu zahlen.

Der **Barscheck** wird vom Inhaber bei der bezogenen Bank in bar eingelöst (halbbare Zahlung). Der **Verrechnungsscheck** („Nur zur Verrechnung") wird dem Empfänger nach Einreichung auf seinem Konto gutgeschrieben (bargeldlose Zahlung).

Beim **Inhaberscheck** („ Zahlen Sie an ... oder Überbringer") wird die Schecksumme jedem Inhaber ohne Legitimationsprüfung ausgezahlt. Beim **Orderscheck** („Zahlen Sie an ... oder Order") muss die Bank die Legitimation des Scheckinhabers durch Indossament (Weitergabevermerk auf der Rückseite) prüfen.

Übersicht

Erster Abschnitt. Ausstellung und Form des Schecks Art. 1–13
Zweiter Abschnitt. Übertragung Art. 14–24
Dritter Abschnitt. Scheckbürgschaft Art. 25–27
Vierter Abschnitt. Vorlegung und Zahlung Art. 28–36
Fünfter Abschnitt. Gekreuzter Scheck und Verrechnungsscheck Art. 37–39
Sechster Abschnitt. Rückgriff mangels Zahlung Art. 40–48
Siebenter Abschnitt. Ausfertigung mehrerer Stücke eines Schecks Art. 49, 50
Achter Abschnitt. Änderungen Art. 51
Neunter Abschnitt. Verjährung Art. 52, 53
Zehnter Abschnitt. Allgemeine Vorschriften Art. 54–57
Elfter Abschnitt. Ergänzende Vorschriften Art. 58, 59
Zwölfter Abschnitt. Geltungsbereich der Gesetze Art. 60–66

Art. 1. [Bestandteile] Der Scheck enthält:

1. die Bezeichnung als Scheck im Texte der Urkunde und zwar in der Sprache, in der sie ausgestellt ist;
2. die unbedingte Anweisung, eine bestimmte Geldsumme zu zahlen;
3. den Namen dessen, der zahlen soll (Bezogener);
4. die Angabe des Zahlungsortes;
5. die Angabe des Tages und des Ortes der Ausstellung;
6. die Unterschrift des Ausstellers.

Art. 2. [Fehlen von Bestandteilen] (1) Eine Urkunde, in der einer der im vorstehenden Artikel bezeichneten Bestandteile fehlt, gilt nicht als Scheck, vorbehaltlich der in den folgenden Absätzen bezeichneten Fälle.

(2) ¹Mangels einer besonderen Angabe gilt der bei dem Namen des Bezogenen angegebene Ort als Zahlungsort. ²Sind mehrere Orte bei dem Namen des Bezogenen angegeben, so ist der Scheck an dem an erster Stelle angegebenen Orte zahlbar.

(3) Fehlt eine solche und jede andere Angabe, so ist der Scheck an dem Orte zahlbar, an dem der Bezogene seine Hauptniederlassung hat.

(4) Ein Scheck ohne Angabe des Ausstellungsortes gilt als ausgestellt an dem Orte, der bei dem Namen des Ausstellers angegeben ist.

Art. 3. [Bezogener] ¹Der Scheck darf nur auf einen Bankier gezogen werden, bei dem der Aussteller ein Guthaben hat und gemäß einer ausdrücklichen oder stillschweigenden Vereinbarung, wonach der Aussteller das Recht hat, über dieses Guthaben mittels Scheck zu verfügen. ³Die Gültigkeit der Urkunde als Scheck wird jedoch durch die Nichtbeachtung dieser Vorschriften nicht berührt.

Art. 9. [Schecksumme] (1) Ist die Schecksumme in Buchstaben und in Ziffern angegeben, so gilt bei Abweichungen die in Buchstaben angegebene Summe.

(2) Ist die Schecksumme mehrmals in Buchstaben oder mehrmals in Ziffern angegeben, so gilt bei Abweichungen die geringste Summe.

Art. 12. [Haftung des Ausstellers] [1]Der Aussteller haftet für die Zahlung des Schecks. [2]Jeder Vermerk, durch den er diese Haftung ausschließt, gilt als nicht geschrieben.

Art. 28. [Fälligkeit] (1) [1]Der Scheck ist bei Sicht zahlbar. [2]Jede gegenteilige Angabe gilt als nicht geschrieben.

(2) Ein Scheck, der vor Eintritt des auf ihm angegebenen Ausstellungstages zur Zahlung vorgelegt wird, ist am Tage der Vorlegung zahlbar.

Art. 29. [Vorlegungsfristen] (1) Ein Scheck, der in dem Lande der Ausstellung zahlbar ist, muss binnen acht Tagen zur Zahlung vorgelegt werden.

(2) Ein Scheck, der in einem anderen Lande als dem der Ausstellung zahlbar ist, muss binnen zwanzig Tagen vorgelegt werden, wenn Ausstellungsort und Zahlungsort sich in demselben Erdteil befinden und binnen siebzig Tagen, wenn Ausstellungsort und Zahlungsort sich in verschiedenen Erdteilen befinden.

(3) Hierbei gelten die in einem Lande Europas ausgestellten und in einem an das Mittelmeer grenzenden Lande zahlbaren Schecks ebenso wie die in einem an das Mittelmeer grenzenden Lande ausgestellten und in einem Lande Europas zahlbaren Schecks als Schecks, die in demselben Erdteile ausgestellt und zahlbar sind.

(4) Die vorstehend erwähnten Fristen beginnen an dem Tage zu laufen, der in dem Scheck als Ausstellungstag angegeben ist.

Art. 40. [Rückgriff] Der Inhaber kann gegen die Indossanten, den Aussteller und die anderen Scheckverpflichteten Rückgriff nehmen, wenn der rechtzeitig vorgelegte Scheck nicht eingelöst und die Verweigerung der Zahlung festgestellt worden ist:
1. durch eine öffentliche Urkunde (Protest) oder
2. durch eine schriftliche, datierte Erklärung des Bezogenen auf dem Scheck, die den Tag der Vorlegung angibt, oder
3. durch eine datierte Erklärung einer Abrechnungsstelle, dass der Scheck rechtzeitig eingeliefert und nicht bezahlt worden ist.

Art. 55. [Feiertage; Samstage] (1) Die Vorlegung und der Protest eines Schecks können nur an einem Werktag, jedoch nicht an einem Sonnabend, stattfinden.

(2) [1]Fällt der letzte Tag einer Frist, innerhalb derer eine auf den Scheck bezügliche Handlung, insbesondere die Vorlegung, der Protest oder eine gleichbedeutende Feststellung vorgenommen werden muss, auf einen gesetzlichen Feiertag oder einen Sonnabend, so wird die Frist bis zum nächsten Werktage verlängert. [2]Feiertage, die in den Lauf einer Frist fallen, werden bei der Berechnung der Frist mitgezählt.

(3) Im Übrigen finden auf die Vorlegung des Schecks und den Protest die Vorschriften der Artikel 79 bis 87 des Wechselgesetzes entsprechende Anwendung.

Art. 56. [Berechnung der Fristen] Bei der Berechnung der in diesem Gesetz vorgesehenen Fristen wird der Tag, an dem sie zu laufen beginnen, nicht mitgezählt.

D   Steuerrecht

26 Grunderwerbsteuergesetz (GrEStG)

vom 17. Dezember 1982 (BGBl. I S. 1777)

Einführung

Jede Eigentumsübertragung an einem Grundstück (Ausnahmen siehe *§ 3 GrdEStG*) unterliegt der Grunderwerbsteuer. Damit das Finanzamt diese Steuer vom Erwerber erheben kann, ist der Notar verpflichtet, dem zuständigen Finanzamt *(§ 17 GrdEStG)* das Rechtsgeschäft auf einem Formular *(Veräußerungsanzeige)* anzuzeigen und eine Abschrift der Urkunde beizufügen *(§ 18 GrdEStG)*. Die Grunderwerbsteuer beträgt 3,5 % vom Wert der Gegenleistung *(§§ 8, 11 GrdEStG)*, also i. d. R. vom Kaufpreis. Allerdings begnügen sich nur noch wenige Bundesländer mit diesem Steuersatz. Seit dem 1. September 2006 dürfen die Bundesländer den Steuersatz selbst festlegen (Art. 105 Abs. 2a GG). In den meisten Bundesländern wurde der Steuersatz *auf bis zu 6,5 %* erhöht, z. B. in Nordrhein-Westfalen, Berlin, Brandenburg, Bremen, Hamburg, Niedersachsen, Saarland, Sachsen-Anhalt, Schleswig-Holstein und Thüringen. (Gesetz über die Festsetzung des Steuersatzes für die Grunderwerbsteuer). Sobald der Erwerber die Steuer gezahlt hat, erteilt das Finanzamt die Unbedenklichkeitsbescheinigung (§ 22 GrdEStG).

Übersicht

1. **Abschnitt: Gegenstand der Steuer** §§ 1–2
2. **Abschnitt: Steuervergünstigungen** §§ 3–7
3. **Abschnitt: Bemessungsgrundlage** §§ 8–10
4. **Abschnitt: Steuerberechnung** §§ 11–12
5. **Abschnitt: Steuerschuld** §§ 13–15
6. **Abschnitt: Nichtfestsetzung der Steuer** § 16
7. **Abschnitt: Örtliche Zuständigkeit, Anzeigepflichten, Unbedenklichkeitsbescheinigung** §§ 17–22
8. **Abschnitt: Übergangs- und Schlussvorschriften** §§ 23–28

§ 1. [Erwerbsvorgänge] (1) Der Grunderwerbsteuer unterliegen die folgenden Rechtsvorgänge, soweit sie sich auf inländische Grundstücke beziehen:

1. ein Kaufvertrag oder ein anderes Rechtsgeschäft, das den Anspruch auf Übereignung begründet;

2. die Auflassung, wenn kein Rechtsgeschäft vorausgegangen ist, das den Anspruch auf Übereignung begründet;

3.–7. ...

4. das Meistgebot im Zwangsversteigerungsverfahren;

(2)–(4) ...

(5) Bei einem Tauschvertrag, der für beide Vertragsteile den Anspruch auf Übereignung eines Grundstücks begründet, unterliegt der Steuer sowohl die Vereinbarung über die Leistung des einen als auch die Vereinbarung über die Leistung des anderen Vertragsteils.

(6) ...

§ 3. [Allgemeine Ausnahmen von der Besteuerung] Von der Besteuerung sind ausgenommen:

1. Der Erwerb eines Grundstücks, wenn der für die Berechnung der Steuer maßgebende Wert (§ 8) 2 500 Euro nicht übersteigt;

2. der Grundstückserwerb von Todes wegen und Grundstücksschenkungen unter Lebenden im Sinne des Erbschaftsteuer- und Schenkungsteuergesetzes. Schenkungen unter einer Auflage unterliegen der Besteuerung jedoch hinsichtlich des Wertes solcher Auflagen, die bei der Schenkungsteuer abziehbar sind;

3. der Erwerb eines zum Nachlass gehörigen Grundstücks durch Miterben zur Teilung des Nachlasses. Den Miterben steht der überlebende Ehegatte oder Lebenspartner gleich, wenn er mit den Erben des verstorbenen Ehegatten oder Lebenspartners gütergemeinschaftliches Vermögen zu teilen hat oder wenn ihm in Anrechnung auf eine Ausgleichsforderung am Zugewinn des verstorbenen Ehegatten oder Lebenspartners ein zum Nachlass gehöriges Grundstück übertragen wird. Den Miterben stehen außerdem ihre Ehegatten oder ihre Lebenspartner gleich;

4. der Grundstückserwerb durch den Ehegatten oder den Lebenspartner des Veräußerers;

5. der Grundstückserwerb durch den früheren Ehegatten des Veräußerers im Rahmen der Vermögensauseinandersetzung nach der Scheidung;

5a. der Grundstückserwerb durch den früheren Lebenspartner des Veräußerers im Rahmen der Vermögensauseinandersetzung nach der Aufhebung der Lebenspartnerschaft;

6. der Erwerb eines Grundstücks durch Personen, die mit dem Veräußerer in gerader Linie verwandt sind oder deren Verwandtschaft durch die Annahme als Kind bürgerlich-rechtlich erloschen ist. Den Abkömmlingen stehen die Stiefkinder gleich. Den in den Sätzen 1 und 2 genannten Personen stehen deren Ehegatten oder deren Lebenspartner gleich;

7. ...

8. ...

§ 8. [Bemessungsgrundlage] (1) Die Steuer bemisst sich nach dem Wert der Gegenleistung.

(2) ...

§ 11. [Steuersatz, Abrundung] (1) Die Steuer beträgt 3,5 vom Hundert (3,5 %).

(2) Die Steuer ist auf volle Euro nach unten abzurunden.

§ 15. [Fälligkeit der Steuer] Die Steuer wird einen Monat nach der Bekanntgabe des Steuerbescheids fällig. Das Finanzamt darf eine längere Zahlungsfrist setzen.

§ 16. [Nichtfestsetzung der Steuer] (1) Wird ein Erwerbsvorgang rückgängig gemacht, bevor das Eigentum am Grundstück auf den Erwerber übergegangen ist, so wird auf Antrag die Steuer nicht festgesetzt oder die Steuerfestsetzung aufgehoben.

1. wenn die Rückgängigmachung durch Vereinbarung, durch Ausübung eines vorbehaltenen Rücktrittsrechts oder eines Wiederkaufsrechts innerhalb von zwei Jahren seit der Entstehung der Steuer stattfindet;

2. wenn die Vertragsbedingungen nicht erfüllt werden und der Erwerbsvorgang deshalb aufgrund eines Rechtsanspruchs rückgängig gemacht wird.

(2) ...

§ 17. [Örtliche Zuständigkeit, Feststellung von Besteuerungsgrundlagen] (1) Für die Besteuerung ist vorbehaltlich des Satzes 2 das Finanzamt örtlich zuständig, in dessen Bezirk das Grundstück oder der wertvollste Teil des Grundstücks liegt. Liegt das Grundstück in den Bezirken von Finanzämtern verschiedener Länder, so ist jedes dieser Finanzämter für die Besteuerung des Erwerbs insoweit zuständig, als der Grundstücksteil in seinem Bezirk liegt.

§ 18. [Anzeigepflicht der Gerichte, Behörden und Notare] (1) Gerichte, Behörden und Notare haben dem zuständigen Finanzamt Anzeige nach amtlich vorgeschriebenem Vordruck zu erstatten über

1. Rechtsvorgänge, die sie beurkundet oder über die sie eine Urkunde entworfen und darauf eine Unterschrift beglaubigt haben, wenn die Rechtsvorgänge ein Grundstück im Geltungsbereich dieses Gesetzes betreffen;

2. Anträge auf Berichtigung des Grundbuchs, die sie beurkundet oder über die sie eine Urkunde entworfen und darauf eine Unterschrift beglaubigt haben, wenn der Antrag darauf gestützt wird, dass der Grundstückseigentümer gewechselt hat;

3. Zuschlagsbeschlüsse im Zwangsversteigerungsverfahren, Enteignungsbeschlüsse und andere Entscheidungen, durch die ein Wechsel im Grundstückseigentum bewirkt wird. Die Anzeigepflicht der Gerichte besteht auch beim Wechsel im Grundstückseigentum aufgrund einer Eintragung im Handels-, Genossenschafts- oder Vereinsregister;

4. nachträgliche Änderungen oder Berichtigungen eines der unter Nummer 1 bis 3 aufgeführten Vorgänge.

Der Anzeige ist eine Abschrift der Urkunde über den Rechtsvorgang, den Antrag, den Beschluss oder die Entscheidung beizufügen. Eine elektronische Übermittlung der Anzeige ist ausgeschlossen.

(2) Die Anzeigepflicht bezieht sich auch auf Vorgänge, die ein Erbbaurecht oder ein Gebäude auf fremdem Boden betreffen. Sie gilt außerdem für Vorgänge, die die Übertragung von Anteilen an einer Kapitalgesellschaft, einer bergrechtlichen Gewerkschaft, einer Personenhandelsgesellschaft oder eine Gesellschaft des bürgerlichen Rechts betreffen, wenn zum Vermögen der Gesellschaft ein im Geltungsbereich dieses Gesetzes liegendes Grundstück gehört.

(3) Die Anzeigen sind innerhalb von zwei Wochen nach der Beurkundung oder der Unterschriftsbeglaubigung oder der Bekanntgabe der Entscheidung zu erstatten und zwar auch dann, wenn die Wirksamkeit des Rechtsvorgangs vom Eintritt einer Bedingung, vom Ablauf einer Frist oder von einer Genehmigung abhängig ist. Sie sind auch dann zu erstatten, wenn der Rechtsvorgang von der Besteuerung ausgenommen ist.

(4) Die Absendung der Anzeige ist auf der Urschrift der Urkunde, in den Fällen, in denen eine Urkunde entworfen und darauf eine Unterschrift beglaubigt worden ist, auf der zurückbehaltenen beglaubigten Abschrift zu vermerken.

(5) Die Anzeigen sind an das für die Besteuerung, in den Fällen des § 17 Abs. 2 und 3 an das für die gesonderte Feststellung zuständige Finanzamt zu richten.

§ 20. [Inhalt der Anzeigen] (1) Die Anzeigen müssen enthalten:

1. Vorname, Zuname und Anschrift des Veräußerers und des Erwerbers, gegebenenfalls auch, ob und um welche begünstigte Person im Sinne des § 3 Nr. 3 bis 7 es sich bei dem Erwerber handelt;

2. die Bezeichnung des Grundstücks nach Grundbuch, Kataster, Straße und Hausnummer;

3. die Größe des Grundstücks und bei bebauten Grundstücken die Art der Bebauung;

4. die Bezeichnung des anzeigepflichtigen Vorgangs und den Tag der Beurkundung, bei einem Vorgang, der einer Genehmigung bedarf, auch die Bezeichnung desjenigen, dessen Genehmigung erforderlich ist;

5. den Kaufpreis oder die sonstige Gegenleistung (§ 9);

6. den Namen der Urkundsperson.

(2) Die Anzeigen, die sich auf Anteile an einer Gesellschaft beziehen, müssen außerdem enthalten:

1. die Firma und den Ort der Geschäftsleitung der Gesellschaft;

2. die Bezeichnung des oder der Gesellschaftsanteile.

§ 21. [Urkundenaushändigung] Die Gerichte, Behörden und Notare dürfen Urkunden, die einen anzeigepflichtigen Vorgang betreffen, den Beteiligten erst aushändigen und Ausfertigungen oder beglaubigte Abschriften den Beteiligten erst erteilen, wenn sie die Anzeigen in allen Teilen vollständig (§§ 18 und 20) an das Finanzamt abgesandt haben.

§ 22. [Unbedenklichkeitsbescheinigung] (1) Der Erwerber eines Grundstücks darf in das Grundbuch erst dann eingetragen werden, wenn eine Bescheinigung des für die Besteuerung zuständigen Finanzamts vorgelegt wird (§ 17 Abs. 1 Satz 1) oder Bescheinigungen der für die Besteuerung zuständigen Finanzämter (§ 17 Abs. 1 Satz 2) vorgelegt werden, dass der Eintragung steuerliche Bedenken nicht entgegenstehen. Die obersten Finanzbehörden der Länder können im Einvernehmen mit den Landesjustizverwaltungen Ausnahmen hiervon vorsehen.

(2) Das Finanzamt hat die Bescheinigung zu erteilen, wenn die Grunderwerbsteuer entrichtet, sichergestellt oder gestundet worden ist oder wenn Steuerfreiheit gegeben ist. Es darf die Bescheinigung auch in anderen Fällen erteilen, wenn nach seinem Ermessen die Steuerforderung nicht gefährdet ist. Das Finanzamt hat die Bescheinigung schriftlich zu erteilen. Eine elektronische Übermittlung der Bescheinigung ist ausgeschlossen.

27 Erbschaftsteuer- und Schenkungsteuergesetz (ErbStG)

vom 19. Februar 1991 (BGBl. I S. 468)

Einführung

Der Erwerb von Todes wegen (Erbschaft) und die unentgeltliche Zuwendung unter Lebenden (Schenkungen) unterliegen der Erbschaftsteuer *(§ 1 ErbStG)*. Damit das Finanzamt diese Steuer vom Erwerber erheben kann, ist der Notar verpflichtet, jede diesbezügliche Beurkundung dem Finanzamt anzuzeigen *(§ 34 ErbStG)*. Das Finanzamt erhebt dann die Steuer unter Berücksichtigung der Steuerklasse *(§ 15 ErbStG)* und der Freibeträge *(§§ 16, 17 ErbStG)*. Die Steuersätze (in %) ergeben sich aus der Tabelle zu *§ 19 ErbStG*.

Übersicht

1. **Abschnitt: Steuerpflicht** §§ 1–9
2. **Abschnitt: Wertermittlung** §§ 10–13 c
3. **Abschnitt: Berechnung der Steuer** §§ 14–19 a
4. **Abschnitt: Steuerfestsetzung und Erhebung** §§ 20–35
5. **Abschnitt: Ermächtigungs- und Schlussvorschriften** §§ 36–39

§ 1. [Steuerpflichtige Vorgänge]

(1) Der Erbschaftsteuer (Schenkungsteuer) unterliegen

1. der Erwerb von Todes wegen,
2. die Schenkungen unter Lebenden,
3. die Zweckzuwendungen,
4. ...

(2) Soweit nichts anderes bestimmt ist, gelten die Vorschriften dieses Gesetzes über die Erwerbe von Todes wegen auch für Schenkungen und Zweckzuwendungen, die Vorschriften und Schenkungen auch für Zweckzuwendungen unter Lebenden.

§ 15. [Steuerklassen]
(1) Nach dem persönlichen Verhältnis des Erwerbers zum Erblasser oder Schenker werden die folgenden drei Steuerklassen unterschieden:

Steuerklasse I
1. der Ehegatte und der Lebenspartner,
2. die Kinder und Stiefkinder,
3. die Abkömmlinge der in Nummer 2 genannten Kinder und Stiefkinder,
4. die Eltern und Voreltern bei Erwerben von Todes wegen;

Steuerklasse II
1. die Eltern und Voreltern, soweit sie nicht zur Steuerklasse I gehören,
2. die Geschwister,
3. die Abkömmlinge ersten Grades von Geschwistern,
4. die Stiefeltern,
5. die Schwiegerkinder,
6. die Schwiegereltern,
7. der geschiedene Ehegatte und der Lebenspartner einer aufgehobenen Lebenspartnerschaft;

Steuerklasse III
alle übrigen Erwerber und die Zweckzuwendungen.

(1 a) ...

(2) ...

(3) ...

§ 16. [Freibeträge] (1) Steuerfrei bleibt in den Fällen des § 2 Abs. 1 Nr. 1 der Erwerb
1. des Ehegatten und des Lebenspartners in Höhe von 500 000 Euro;
2. der Kinder im Sinne der Steuerklasse I Nr. 2 und der Kinder verstorbener Kinder im Sinne der Steuerklasse I Nr. 2 in Höhe von 400 000 Euro;
3. der Kinder der Kinder im Sinne der Steuerklasse I Nr. 2 in Höhe von 200 000 Euro;
4. der übrigen Personen der Steuerklasse I in Höhe von 100 000 Euro;
5. der Personen der Steuerklasse II in Höhe von 20 000 Euro;
6. (weggefallen)
7. der übrigen Personen der Steuerklasse III in Höhe von 20 000 Euro.

    (2) ...

§ 17. [Besonderer Versorgungsfreibetrag] (1) [1]Neben dem Freibetrag nach § 16 Abs. 1 Nr. 1 wird dem überlebenden Ehegatten und dem überlebenden Lebenspartner ein besonderer Versorgungsfreibetrag von 256 000 Euro gewährt. [2]Der Freibetrag wird bei Ehegatten, denen aus Anlass des Todes des Erblassers nicht der Erbschaftsteuer unterliegende Versorgungsbezüge zustehen, um den nach § 14 des Bewertungsgesetzes zu ermittelnden Kapitalwert dieser Versorgungsbezüge gekürzt.

    (2) [1]Neben dem Freibetrag nach § 16 Abs. 1 Nr. 2 wird Kindern im Sinne der Steuerklasse I Nr. 2 (§ 15 Abs. 1) für Erwerbe von Todes wegen ein besonderer Versorgungsfreibetrag in folgender Höhe gewährt:
1. bei einem Alter bis zu 5 Jahren in Höhe von 52 000 Euro;
2. bei einem Alter von mehr als 5 bis 10 Jahren in Höhe von 41 000 Euro;
3. bei einem Alter von mehr als 10 bis 15 Jahren in Höhe von 30 700 Euro;
4. bei einem Alter von mehr als 15 bis 20 Jahren in Höhe von 20 500 Euro;
5. bei einem Alter von mehr als 20 Jahren bis zur Vollendung des 27. Lebensjahres in Höhe von 10 300 Euro.

§ 19. [Steuersätze] (1) Die Erbschaftsteuer wird nach folgenden Vomhundertsätzen erhoben:

Wert des steuerpflichtigen Erwerbs bis einschließlich ... Euro	Vomhundertsatz in der Steuerklasse		
	I	II	III
75 000	7	30	30
300 000	11	30	30
600 000	15	30	30
6 000 000	19	30	30
13 000 000	23	50	50
26 000 000	27	50	50
über 26 000 000	30	50	50

    (2) ...

§ 34. [Anzeigepflicht der Gerichte, Behörden, Beamten und Notare] (1) Die Gerichte, Behörden, Beamten und Notare haben dem für die Verwaltung der Erbschaftsteuer zuständigen Finanzamt Anzeige zu erstatten über diejenigen Beurkundungen, Zeugnisse und Anordnungen, die für die Festsetzung einer Erbschaftsteuer von Bedeutung sein können.

    (2) Insbesondere haben anzuzeigen:
1. die Standesämter:
    die Sterbefälle;

2. die Gerichte und die Notare:

   die Erteilung von Erbscheinen, Europäischen Nachlasszeugnissen, Testamentsvollstreckerzeugnissen und Zeugnissen über die Fortsetzung der Gütergemeinschaft, die Beschlüsse über Todeserklärungen sowie die Anordnung von Nachlasspflegschaften und Nachlassverwaltungen;

3. die Gerichte, die Notare und die deutschen Konsuln:

   die eröffneten Verfügungen von Todes wegen, die abgewickelten Erbauseinandersetzungen, die beurkundeten Vereinbarungen der Gütergemeinschaft und die beurkundeten Schenkungen und Zweckzuwendungen.

| E | **Anlagen und Muster** |

28 Anhang zur DONot

Urkundenrolle*

der/des

Notarin/Notar .... in ....

Band _____

Dieser Band umfasst ohne das Titelblatt .... Seiten.

...., den ....

(Siegel)

...., Notarin/Notar
(Unterschrift)

---

* Auf dem Titelblatt des Verwahrungsbuches tritt an die Stelle des Wortes „Urkundenrolle" das Wort „Verwahrungsbuch".

Anlage

Jahr 2000 Urkundenrolle der/des Notarin/Notars _____ in _____

Muster 2
*) Seite 1

Lfd. Nr.	Tag der Ausstellung der Urkunde	Ort des Amtsgeschäfts	Name, Wohnort oder Sitz der nach § 8 Abs. 5 DONot aufzuführenden Personen	Gegenstand des Geschäfts	Bemerkungen
1	2	2a	3	4	5
1	3. Januar	Geschäftsstelle	Jürgen K. in B.; Hans H. in B.	Grundstückskaufvertrag	vgl. Nr. 7
2	3. Januar	Geschäftsstelle	Erich E. in D., Peter E. in A., Berta A. geb. Z. in D., letztere vertreten durch Peter E. in A. in Erbengemeinschaft nach Friedrich E. in A.	Erbauseinandersetzungsvertrag	vgl. Nr. 6
3	3. Januar	Stadthalle B., X-Straße 1, B.	AL Aktiengesellschaft in B.	Hauptversammlung	
4	3. Januar	Hauptverwaltung der AL-Aktiengesellschaft, X-Allee, B.	AL Aktiengesellschaft in B.; Axel P. in K., Karl M. in B., Susanne M. in B., Peter M. in K., Richard B. in K.	Anmeldung zum Handelsregister und Unterschr.-Begl. mit Entwurf	
5	4. Januar	anwaltliche Zweigstelle nach § 27 Abs. 2 BRAO, X-Platz 25, A.	Anton A. in B., Renate B. geb. A. in A.	(Grundschuldbestellung und) Unterschriftsbeglaubigung ohne Entwurf	
6	7. Januar	Wohnung der Berta A., XChaussee, D.	Berta A. geb. Z. in D.	Genehmigung der Erbauseinandersetzung Nr. 2	verwahrt bei Nr. 2
7	7. Januar	Geschäftsstelle	Jürgen K. in B., Hans H. in B.	Nachtrag zum Kaufvertrag Nr. 1	verwahrt bei Nr. 1

*) Wird die Urkundenrolle in Buchform geführt, so kann die Überschrift entfallen.
Zu Abweichungen in der Gestaltung der Urkundenrolle vgl. § 6 Abs. 3 DONot

Verwahrungs-

Seite _____

Einnahme

Lfd. Nr.	Datum		Bezeichung des Hinterlegers	Es sind hinterlegt				Eintragung im Massenbuch (Nr. des Karteiblatts)	
				Geld		Wertpapiere und Kostbarkeiten			
						Bezeichnung	Nenn- oder Schätzungswert EUR		
	Monat	Tag		EUR	Ct.			Seite	Nr.
1	2		3	4		5		6	
	2000								
1	Jan.	3.	Peter H. in B.	5 000	–	–	–	1	1
2	Jan.	5.	C. Bank in B. für Peter H. daselbst	–	–	7 v.H. Bundesanleihe mit Erneuerungsscheinen	10 000	1	1
3	Jan.	7.	Jürgen N. in Z.	1 500	–	–	–	2	2
4	Jan.	10.	Franz F. in N.	2 000	–	–	–	2	3
5	Jan.	17.	Derselbe	–	–	8 v.H. Pfandbriefe der Dtsch. Hypo-Bank Bremen mit Erneuerungsscheinen	15 000	2	3
6	Jan.	20.	Lothar F. in K.	2 500	–	–	–	3	4
7	Jan.	25.	**Petra P. in K.**	900	–	Sparkassenbuch Nr. 45675 Sparkasse in K.	–	3	4
			Übertrag:						

Abweichungen von der Gestaltung des Verwaltungsbuchs — ausgenommen Abweichungen im Format —

buch

Ausgabe

Lfd. Nr.	Datum		Bezeichung des Empfängers	Es sind ausgegeben				Eintragung im Massenbuch (Nr. des Karteiblatts)		Bemerkungen
				Geld		Wertpapiere und Kostbarkeiten				
	Monat	Tag		EUR	Ct.	Bezeichnung	Nenn- oder Schätzungs- wert EUR	Seite	Nr.	
1	2		3	4		5		6		7
	2000									
1	Jan.	7.	H., Rechts- anwalt in K.	1 500	–	–	–	2	2	
2	Jan.	11.	Amtsge- richt in P.	1 800	–	–	–	2	3	
3	Jan.	17.	Finanzamt in B.	200	–	–	–	2	3	
4	Jan.	17.	Peter K. in B.	3 000	–	7 v.H. Bundesan- leihe mit Erneu- erungsscheinen	10 000	1	1	
5	Jan.	17.	Peter H. in B.	1 500	–	–	–	1	1	
6	Jan.	17.	Verrech- nung auf Notar- gebühren	500	–	– ·	–	1	1	
			Übertrag:							

bedürfen der Genehmigung der Aufsichtsbehörde

Verwahrungsbuch (Loseblattform)*

Lfd. Nr.	Datum Monat	Tag	Bezeichnung des Hinterlegers oder Empfängers	Geld Einnahme EUR	Ct.	Ausgabe EUR	Ct.	Nenn- oder Schätzungswert EUR	Wertpapiere und Kostbarkeiten Einnahme	Ausgabe	Nr. der Masse	Bemerkungen	Seite
1	2		3	4				5			6	7	
	2000												
1	Jan.	3.	Peter H. in B.	5 000	–	–	–	10 000	7. v. H. Bundesanleihe mit Erneuerungsscheinen	–	1		
2	Jan.	5.	C. Bank in B. für Peter H. daselbst	–	–	–	–	–	–	–	1		
3	Jan.	7.	Jürgen N. in Z.	1 500	–	–	–	–	–	–	2		
4	Jan.	7.	H., Rechtsanwalt in K.	–	–	1 500	–	–	–	–	2		
5	Jan.	10.	Franz F. in N.	2 000	–	–	–	–	–	–	3		
6	Jan.	11.	Amtsgericht in P.	–	–	1 800	–	–	–	–	3		
7	Jan.	17.	Franz F. in N.	–	–	–	–	15 000	8. v. H. Pfandbriefe der Dtsch. Hypothekenbank Bremen mit Erneuerungsscheinen	–	3		
8	Jan.	17.	Finanzamt in B.	–	–	200	–	–	–	–	3		
9	Jan.	17.	Peter K. in B.	–	–	3000	–	–	–	7 v. H. Bundesanleihe mit Erneuerungsscheinen	1		
10	Jan.	17.	Peter H. in B.	–	–	1 500	–	–	–	–	1		
11	Jan.	17.	Verrechnung auf Notargeb.	–	–	500	–	–	–	–	1		
12	Jan.	20.	Lothar F. in K.	2 500	–	–	–	–	–	–	4		
13	Jan.	25.	Petra P. in K.	900	–	–	–	–	Sparkassenbuch Nr. 45675 Sparkasse in K.	–	4		

* Quer- oder Längsformat möglich.
Abweichungen von der Gestaltung des Verwahrungsbuches — ausgenommen Abweichungen im Format — bedürfen der Genehmigung der Aufsichtsbehörde.

Massen-

Seite _____

			Es sind hinterlegt		
	Datum	Bezeichung des Hinterlegers	Geld	Wertpapiere und Kostbarkeiten	
				Bezeichnung	Nenn- oder Schätzungswert EUR
	Monat	Tag		EUR	Ct.		
1	2		3	4		5	

1	2		3	4		5	
	2000		(Seite 1)			1. Peter H. in B., Beleihungsmasse, URNr. 1293/00, Kreis-	
1	Jan.	3.	Peter H. in B.	5 000	–	–	–
2	Jan.	5.	C. Bank in B. für Peter H. daselbst	–	–	7. v. H. Bundesanleihe Serie A Nr. 4760, 4761, 4762, 4763, 4764, 4755, 4766, 4767, 4768, 4769 zu je 1 000 EUR mit Erneuerungsscheinen zu diesen Nummern	10 000
			Einnahmen	5 000	–		
			Ausgaben	5 000	–		
			(Seite 2)				
	2000					2. Jürgen N. in Z., Vergleich vom 3. 12. 1999, URNr. 1210/	
3	Jan.	7.	Jürgen N. in Z.	1 500	–	–	–
	2000					3. Max M. in H., Nachlaßmasse, URNr. 45/00, Volks-	
1	Jan.	10.	Franz F. in H.	2 000	–	–	–
5	Jan.	17.	Derselbe	–	–	8. v. H. Pfandbriefe der Dtsch. Hypo-Bank, Bremen Serie V Nr. 201, 207, 211 zu je 5 000 EUR mit Erneuerungsscheinen zu diesen Nummern	15 000
			(Seite 3)				
	2000					4. Lothar F. in K., Kaufgeldermasse, URNr. 86/00, Stadt-	
4.	Jan.	20.	Lothar F. in K.	2 500	–	–	–
7	Jan.	25.	**Petra P. in K.**	900	–	Sparkassenbuch Nr. 45675, Sparkasse in K.	–

buch

Datum		Bezeichnung des Empfängers	Geld		Wertpapiere und Kostbarkeiten		Bemerkungen
					Bezeichnung	Nenn- oder Schätzungs- wert EUR	
Monat	Tag		EUR	Ct.			
1	2	3	4		5		6

Ausgabe — Es sind ausgegeben

	Monat	Tag	Bezeichnung des Empfängers	EUR	Ct.	Bezeichnung	Nenn- oder Schätzungswert EUR	Bemerkungen
sparkasse in B., Konto-Nr. 174 130								
2000								
4	Jan.	17.	Peter K. in B.	3 000	–	7 v. H. Bundesanleihe Serie A Nr. 4760, 4761, 4762, 4763, 4764, 4785, 4768, 4767, 4768, 4769 zu je 1 000 EUR mit Erneuerungs- scheinen zu diesen Nummern	10 000 –	
5	Jan.	17.	Peter H. in B.	1 500	–	–	–	
6	Jan.	17.	Verr. auf Notargeb.	500	–	–	–	
			Ausgaben	5 000	–			
99, B. Bank in K., Konto-Nr. 832 410								
2000								
1	Jan.	7.	H., Rechts- anwalt in K.	1 500	–	–	–	
bank R., Konto-Nr. 34 215								
2000								
2	Jan.	11.	AmtsG. in P.	1 800	–	–	–	
3	Jan.	17.	FinAmt in B.	200	–	–	–	
sparkasse in H., Konto-Nr. 260 382								
2000								

Massenbuch (Karteiform)*

URNr. 1293/00

Anderkonto: Kreissparkasse in B., Konto-Nr. 174 130

Peter H. in B. Beleihungsmasse

Massen-Nr. 1

Lfd. Nr.	Datum Monat	Tag	Bezeichnung des Hinterlegers oder Empfängers	Geld Einnahme EUR	Ct.	Geld Ausgabe EUR	Ct.	Wertpapiere und Kostbarkeiten Nenn- oder Schätzungswert EUR	Einnahme	Ausgabe	Blatt / Seite Lfd. Nr. des Verw. Buches
1	2		3	4				5			6
x										Übertrag:	x
	2000										
1	Jan.	3.	Peter H. in B.	5 000	—	—	—	—	—	—	1
2	Jan.	5.	C. Bank in B. für Peter H. daselbst	—	—	—	—	10 000	7. v. H. Bundesanleihe Serie A Nr. 4760, 4761, 4762, 4763, 4764, 4765, 4766, 4767, 4768, 4769 zu je 1 000 EUR mit Erneuerungsscheinen zu diesen Nummern	—	2
3	Jan.	17.	Peter K. in B.	—	—	3 000	—	10 000	—	7 v. H. Bundesanleihe Serie A Nr. 4760, 4761, 4762, 4763, 4764, 4765, 4766, 4767, 4768, 4769 mit Erneuerungsscheinen zu diesen Nummern	9
4	Jan.	17.	Peter H. in B.	—	—	1 500	—	—	—	—	10
5	Jan.	17.	Verrechnung auf Notargeb.	—	—	500	—	—	—	—	11
x			Übertrag:	5 000	—	5 000	—				x

* Quer- oder Längsformat möglich.
Abweichungen von der Gestaltung des Massenbuchs — ausgenommen Abweichungen im Format — bedürfen der Genehmigung der Aufsichtsbehörde.

An die/den
Frau Präsidentin/Herrn Präsidenten des Landgerichts

in _____

Ü b e r s i c h t

über

Geschäfte der Notarin/des Notars ....

Amtsgerichtsbezirk ....

Amtssitz ....

im Kalenderjahr ....

- in der Zeit vom .... bis .... *)

Die Richtigkeit bescheinigt

...., den ....

....
Notarin/Notar

I. U r k u n d s g e s c h ä f t e   **Zahl**

1. Summe aller Beurkundungen und Beschlüsse nach der Urkundenrolle
   Davon: ....

   a) Beglaubigungen von Unterschriften oder Handzeichen:
      aa) mit Anfertigung eines Urkundenentwurfs . . . .

      bb) ohne Anfertigung eines Urkundenentwurfs . . . .

   b) Verfügungen von Todes wegen . . . .

   c) Vermittlungen von Auseinandersetzungen **). . . . .

   d) Sonstige Beurkundungen und Beschlüsse ***) . . . .

2. Wechsel- und Scheckproteste . . . .

3. Zusammen: . . . .

II. V e r w a h r u n g s g e s c h ä f t e

  Zahl der Eintragungen im Verwahrungsbuch:

  a) Einnahmen . . . .

  b) Ausgaben . . . .

---

*) Nur ausfüllen, falls die Notarin/der Notar nicht während des ganzen Kalenderjahres im Amte war.
**) einschließlich der in die Urkundenrolle eingetragenen Beurkundungen und Beschlüsse nach dem Sachenrechtsbereinigungsgesetz
   (§ 8 Abs. 1 Nr. 7, § 24 Abs. 2 Nr. 3 DONot).
***) einschließlich der Vollstreckbarerklärungen nach § 796 c Abs. 1, § 1053 Abs. 4 ZPO.

An die/den
Frau Präsidentin/Herrn Präsidenten des Landgerichts

in _____

(Seite 1)

Übersicht

über die Verwahrungsgeschäfte der Notarin/des Notars

_____ in _____

nach dem Stand vom 31. Dezember 1999

	Betrag		Bemerkungen
	EUR	Cent	
I. Geld			
1. Der sich aus den Kontoauszügen ergebende Bestand der am Jahresschluss verwahrten Geldbeträge Gesamtbetrag:	42 500	-	
2. Überschuss der Einnahmen über die Ausgaben nach Spalte 4 des Verwahrungsbuchs	42 500	-	
3. Bestand, nach den einzelnen Massen gegliedert *Massenbuch Nr. 11/99* a)	900	-	Sparkasse in Seefeld, Sparkonto Nr. 106402 v. 18.12.1999 (Sparbuch in der Kanzlei)
b)	10 500	-	I.-Kreditanstalt in Seefeld Anderkonto Nr. 3042 001 v. 16.12.1999
Massenbuch Nr. 12/99 *(URNr. 440/99)*	12 000	-	desgl. Anderkonto Nr. 3042005 v. 30.12.1999
Massenbuch Nr. 15/99 *(URNr. 446/99)*	19 100	-	desgl. Anderkonto Nr. 3042 018 v. 29.12.1999
Summe:	42 500	-	

(Seite 2)

	Betrag		Bemerkungen
	EUR	Cent	
II. Wertpapiere und Kostbarkeiten Bestand, nach den einzelnen Massen gegliedert *Massenbuch Nr. 11/99 (URNr. 433/99)* *4 v.H. Pfandbriefe der Bayer. Vereinsbank München mit Zins- und Erneuerungsscheinen*	5 000	-	bei der N-Kreditanstalt in Seefeld

Ich versichere hiermit, dass die vorstehende Übersicht vollständig und richtig ist und dass die unter I 3 aufgeführten Geldbeträge mit den in den Kontoauszügen der Kreditinstitute und gegebenenfalls in den Sparbüchern angegebenen Guthaben übereinstimmen.

_____ , den _____   _____

                                                            Notarin/Notar

Niederschrift
über die Verpflichtung eines beim Notar Beschäftigten

Der unterzeichnende Notar

mit Amtssitz in

hat am

Herrn/Frau

gem. § 26 BNotO über dessen/deren Pflichten belehrt und gem. § 1 des Verpflichtungsgesetzes förmlich verpflichtet. Darüber wurde die folgende Niederschrift aufgenommen:

Der/Die Beschäftigte wurde von mir, dem Notar, auf die gewissenhafte Erfüllung seiner/ihrer Obliegenheiten verpflichtet.

Er/Sie wurde auf die Bestimmung des § 14 Abs. 4 BNotO hingewiesen. Hiernach ist es jedem bei einem Notar Beschäftigten untersagt, Darlehen sowie Grundstücksgeschäfte zu vermitteln oder im Zusammenhang mit einer Amtshandlung des Notars eine Bürgschaft oder sonstige Gewährleistung für einen Beteiligten zu übernehmen.

Ferner wurde auf die Verpflichtung zur Wahrung des Amtsgeheimnisses nach § 18 BNotO hingewiesen. Danach ist jeder bei einem Notar Beschäftigte verpflichtet, über die ihm bei seiner Tätigkeit beim Notar bekannt gewordenen Angelegenheiten gegen jedermann Verschwiegenheit zu bewahren. Auf die strafrechtlichen Folgen der Verletzung der Schweigepflicht wurde hingewiesen.

Dem/Der Beschäftigten wurde sodann der Inhalt der folgenden Strafvorschriften des Strafgesetzbuches bekannt gegeben:

§ 133 Abs. 1, 3 – Verwahrungsbruch
§ 201 – Verletzung der Vertraulichkeit des Wortes
§ 203 – Verletzung von Privatgeheimnissen
§ 204 – Verwertung fremder Geheimnisse
§§ 331 Abs. 1, 332 – Vorteilsannahme und Bestechlichkeit
§ 353 b Abs. 1–3 – Verletzung des Dienstgeheimnisses
§ 355 – Verletzung des Steuergeheimnisses
§ 358 – Nebenfolgen.

Dem/Der Beschäftigten ist bekannt, dass die Strafvorschriften für ihn/sie gelten. Ihm/Ihr ist ferner bekannt, dass die Strafvorschriften, sofern ihre Anwendung eine förmliche Verpflichtung voraussetzt, aufgrund der heutigen Verpflichtung für ihn/sie gelten.

Der/Die Beschäftigte erklärte, von dem Inhalt der vorgenannten Bestimmungen der Bundesnotarordnung und des Strafgesetzbuches Kenntnis erhalten zu haben.

Der Notar hat ihn/sie durch Handschlag zur Wahrung des Amtsgeheimnisses und zur gewissenhaften Erfüllung aller anderen Obliegenheiten verpflichtet.

Er/Sie unterzeichnete dieses Protokoll zum Zeichen der Genehmigung und bestätigte den Empfang einer Abschrift dieser Niederschrift.

_____   _____
(Unterschrift des Notars)   (Unterschrift des/der Verpflichteten)

29 Anschriften und Internetadressen der Notarkammern

Bundesnotarkammer
10117 Berlin, Mohrenstr. 34
www.bnotk.de

Notarkammer Baden-Württemberg
70174 Stuttgart, Friedrichstr. 9a
www.notarkammer-baden-wuerttemberg.de

Landesnotarkammer Bayern
80333 München, Ottostraße 10
www.notare.bayern.de

Notarkammer Berlin
10179 Berlin, Littenstr. 10
www.notarkammer-berlin.de

Notarkammer Brandenburg
14467 Potsdam, Dortusstr. 71
www.notarkammer-brandenburg.de

Notarkammer Braunschweig
38100 Braunschweig, Lessingplatz 1
www.notk-bs.de

Bremer Notarkammer
28195 Bremen, Knochenhauerstraße 36–37
www.notk-bremen.de

Notarkammer Celle
29225 Celle, Riemannstr. 15
www.celle-notarkammer.de

Notarkammer Frankfurt
60322 Frankfurt am Main, Bockenheimer Anlage 36
www.notarkammer-ffm.de

Hamburgische Notarkammer
20354 Hamburg, Gustav-Mahler-Platz 1
www.hamburgische-notarkammer.de

Notarkammer Hamm (Westfälische Notarkammer)
59063 Hamm, Ostenallee 18
www.westfaelische-notarkammer.de

Notarkammer Kassel
34117 Kassel, Karthäuser Str. 5 a
www.notarkammer-kassel.de

Notarkammer Koblenz
56068 Koblenz, Hohenzollernstraße 18
www.notarkammer-koblenz.de

Notarkammer Mecklenburg-Vorpommern
19061 Schwerin, Alexandrinenstr. 26
www.notarkammer-mv.de

Notarkammer Oldenburg
26122 Oldenburg i. O., Staugraben 5
www.notk-oldenburg.de

Notarkammer Pfalz
76726 Germersheim, Bahnhofstr. 4
www.notarkammer-pfalz.de

Rheinische Notarkammer
50667 Köln, Burgmauer 53
www.rhnotk.de

Saarländische Notarkammer
66424 Homburg, Rondell 3
www.notare-saarland.de

Notarkammer Sachsen
01097 Dresden, Königstr. 23
www.notarkammer-sachsen.de

Notarkammer Sachsen-Anhalt
39108 Magdeburg, Winckelmannstr. 24
www.notarkammer-sachsen-anhalt.de

Schleswig-Holsteinische Notarkammer
24837 Schleswig, Gottorfstraße 13
https://www.rak-sh.de/

Notarkammer Thüringen
99084 Erfurt, Regierungsstr. 28
www.notarkammer-thueringen.de

30 Nützliche Internetadressen

www.anwalts-notariat.de	Arbeitsgemeinschaft der Anwaltsnotare
https://verlage.westermanngruppe.de/ bildungsverlag-eins/	Bildungsverlag EINS GmbH
www.bnotk.de	Bundesnotarkammer
www.dnoti.de	Deutsches Notarinstitut
www.notarinstitut.de	Institut für Notarrecht
www.bundesanzeiger.de	Bundesanzeiger
https://www.bgbl.de/	Bundesgesetzblatt
www.bmjv.de	Bundesministerium der Justiz und für Verbraucherschutz
www.buzer.de	Juristisches Internetportal (Gesetzesänderungen gut zu recherchieren)
www.dejure.org	Juristisches Internetportal
www.dnotv.de	Deutscher Notarverein
www.gesetze-im-internet.de	Gesetzessammlung des Bundesjustizministeriums
www.grundbuch-portal.de	Online-Portal der Grundbuchämter
www.jm.nrw.de	Justizministerium NRW
www.juraforum.de	Juristisches Internetportal
www.jusline.de	Juristisches Internetportal
www.justiz.nrw.de	Formulare, Online-Verfahren in NRW
www.soldan.de	Soldan GmbH
www.notarnet.de	Elektronischer Rechtsverkehr der Notare
www.recht.de	Forum Deutsches Recht
www.recht.nrw.de	Ländergesetze NRW
www.rechtswoerterbuch.de	Sehr guter Rechtsfinder
www.testamentsregister.de	Zentrales Testamentsregister Bundesnotarkammer
www.unternehmensregister.de	Speicherung von Unternehmensdaten
www.vorsorgeregister.de	Zentrales Vorsorgeregister (Bundesnotarkammer)